Zidane, une vie secrète

Du même auteur
aux Éditions J'ai lu

CARLA, UNE VIE SECRÈTE
N° 9781

Besma

LAHOURI

Zidane, une vie secrète

DOCUMENT

J'AI LU

Avant-propos

Sortie le 24 février, cette vie secrète de Zidane a été un grand succès auprès du public. Un grand merci aux dizaines de milliers de Français qui se sont passionnés pour cette biographie non autorisée. « La première bio qui n'est pas cire-pompes », comme l'a qualifiée Eugène Saccomano : l'hommage de cet amoureux du football est le plus beau compliment qu'on pouvait faire à cet ouvrage.

Mieux encore, cette enquête, la première du genre, sur l'icône Zidane a permis de libérer la parole. Ainsi, du footballeur Gérôme Rothen au journaliste David Garcia, nombreux sont ceux qui osent aujourd'hui s'attaquer au milieu si fermé du football. Une chose impossible il y a quelques mois encore.

Loin des partis pris et des règlements de compte, cette vie secrète aurait pu s'appeler « Dans la peau de Zidane ». Tant l'auteur s'est attelée à décortiquer l'incroyable machine Zizou.

« Il est parfois moins admirable d'user
de son pouvoir que de se retenir d'en user. »

Henry de MONTHERLANT
La Reine morte

Préface

C'est un personnage sacré, un dieu vivant, une légende mondiale. Écrire un livre sur lui relève presque du blasphème. Depuis longtemps, Zinedine Zidane ne fait plus partie du commun des mortels. Il a trop fait rêver. Zizou est de ces stars qui bercent le sommeil des enfants et enchantent la vie des adultes. Chercher à savoir qui il est, ce qu'il fait, c'est un peu comme soulever la longue robe du père Noël, critiquer un bienfaiteur de l'humanité, ou s'intéresser de près à son meilleur ami. Cela ne se fait pas. Interdit. Prohibé. Nombre de ses proches réagissent avec effroi à l'idée qu'on puisse enquêter sur lui. Pourquoi tant de secrets ?

Zinedine Zidane lui-même estime qu'il devrait rester à l'abri de toute biographie. Le 12 janvier 2008, dans la bible du sport, *L'Équipe Magazine*, il s'offusque qu'on puisse lui faire l'honneur d'écrire à son sujet : « J'ai entendu dire qu'une biographie se préparait sur moi. Une bio, je n'avais pas envie d'en faire une. Je préférais faire un DVD par moi-même, ne pas laisser les autres parler sur moi. Je ne voulais pas contribuer à un bouquin, de manière épisodique, sans y être associé. » Quelques semaines plus tôt, le premier quotidien sportif français s'est déjà fait l'écho de ce projet de livre, révélant à quel point Zidane était en colère à l'idée d'imaginer qu'un journaliste puisse suivre son parcours sans lui avoir au préalable demandé la permission. Impossible, à ses yeux, d'imaginer que sa biographie puisse être entreprise par quelqu'un qui n'est pas un fidèle, un fan, un adorateur. On l'adule ou on se tait.

Il faut dire que l'ancien capitaine des Bleus, personnalité préférée des Français, a du génie sur le terrain mais aussi du talent quand il s'agit de protéger sa légende. Si, affectueusement, des millions de fans l'appellent Zizou comme s'il faisait partie de la famille, ils sont loin de soupçonner la puissance de ses réseaux. En décembre 2007, son agent, Alain Migliaccio[1], conseille par exemple à l'auteur de ces lignes de mettre fin à son enquête. Que lui propose-t-il en échange ? De rencontrer le grand homme... pour une simple interview. Ah, la belle affaire ! Et pourquoi pas un autographe, à encadrer et accrocher au-dessus du lit, histoire de récompenser l'arrêt de la rédaction d'un ouvrage ?

Zidane a pris soin de tout verrouiller. L'ancien intendant des Bleus, Henri Émile[2], une sorte de super-nounou en somme, qui a partagé la vie de l'équipe nationale jusqu'en 2004, explique qu'il n'est pas question pour lui de parler puisque Zizou le lui a « formellement interdit ». Un ex-coéquipier comme Vikash Dhorasoo[3], encensé par la presse pour son courage et sa liberté de parole et dont les mauvaises relations avec Zizou sont pourtant connues du milieu, nous assène de son côté avec verdeur :

1. Entretien avec l'auteur, 20 décembre 2007.
2. Entretien avec l'auteur, décembre 2006.
3. Entretien avec l'auteur, février 2008.

« Rien à branler de ton bouquin, je parle pas. » La plupart de ses autres coéquipiers font preuve d'une semblable réticence : « S'il n'est pas d'accord, on ne parle pas. » Même Guy Alba, le président de l'association ELA que parraine Zidane et donc à l'affût de la moindre médiatisation, préfère se taire, « par pudeur ». De son côté, le président de l'Agence française de lutte contre le dopage, Pierre Bordry[1], demande à lire le manuscrit en échange d'un entretien. Et pourquoi l'auteur ne devrait-il pas en plus solliciter une autorisation avec un tampon officiel ?

Quand nous disons que la rédaction de cet ouvrage n'est pas allée sans difficultés, nous ne plaisantons pas. Ainsi, le dimanche 30 mars 2008, vers 20 heures, des cambrioleurs fracassent la porte pourtant blindée du domicile de l'éditeur de cette biographie. Ils emportent notamment un ordinateur contenant des documents, dont une version encore inaboutie du livre que vous venez d'ouvrir. Il n'y a rien de grave, puisqu'un manuscrit plus complet a été enregistré sur deux autres ordinateurs. Au début, les policiers suivent une autre piste. Mais, cinq jours après le premier vol, l'appartement de l'une des deux autres personnes à détenir un exemplaire du manuscrit, une amie, est à son tour victime d'un vol avec effraction. Les enquêteurs de la police judiciaire parisienne, ne croyant pas à un hasard, décident d'interroger l'auteur de ces lignes. Une fois n'est pas coutume, les circonstances de la rédaction d'une biographie se retrouvent sur procès-verbal avant même parution. L'avenir dira peut-être s'il ne s'agissait que d'une très malheureuse coïncidence ou si quelqu'un a voulu se renseigner sur le

1. Entretien avec l'auteur, septembre 2007.

contenu d'un travail qui faisait beaucoup de bruit bien avant d'atteindre le public.

Il faut dire que cette enquête, justement, nécessita une belle débauche d'énergie. En charge de la communication de multinationales et de grands patrons, Jacques Bungert[1], qui veille sur l'image de Zidane, n'accepte de rencontrer l'auteur qu'après plus de vingt demandes d'entretiens. Finalement, il se contentera d'une question : « Quel intérêt d'écrire un livre sur Zidane ? » Oui, tiens, quelle singulière idée de s'intéresser à l'un des êtres humains les plus connus de la planète ? Hormis l'imagerie d'Épinal, que sait-on de la vie de cette icône du foot sacrée idole mondiale ? Adulé par les foules, celui qui règne en maître dans le cœur des Français depuis des années est, finalement et paradoxalement, l'un des hommes les plus secrets du pays.

Pour la première fois depuis la naissance de ce mythe planétaire, cette biographie lève le voile sur les mystères d'un sportif devenu le héros de plusieurs générations. Elle aura nécessité plus d'un an et demi d'investigation à travers la France, les Pays-Bas, l'Espagne, l'Italie et l'Algérie, exigé des centaines d'heures d'entretiens avec les acteurs directs et indirects de cette incroyable épopée qu'est devenue, au fil des années, la vie de Zizou. Grands patrons, entraîneurs, anciens coéquipiers, amis d'enfance, parents, journalistes, médecins, professionnels du football, politiques, leurs témoignages dessinent le portrait inédit d'un joueur au talent exceptionnel et à la personnalité hors normes, tout à la fois séducteur et caractériel, subtil et violent, généreux et manipulateur.

---

1. Entretien avec l'auteur, juillet 2007.

Prologue

C'était un dimanche. Un 7 mai. Nous étions en 2006. Un vent d'émotion étreint le public du mythique stade madrilène, le Santiago-Bernabeu. Plus de quatre-vingt mille *merengue* sont venus dire adieu au numéro 5 le plus célèbre d'Espagne. Ses parents, ses proches ont fait le déplacement depuis Marseille. Tous sont bouleversés.

À bientôt 34 ans, Zidane sait que son avenir de joueur est derrière lui. Alors qu'il doit une année supplémentaire au Real de Madrid, il a préféré partir avant d'être poussé dehors, avant d'être hué ou méprisé par les socios madrilènes. Peu de gens le savent mais Zizou a renoncé volontairement à son salaire annuel de 12 millions d'euros. Un geste d'une rare élégance dans un milieu où l'argent a transformé le joueur en impitoyable mercenaire depuis des décennies. Ce geste, Florentino Perez ne l'oubliera jamais. Celui qui a toujours considéré Zizou comme un de ses fils voit dans cet acte un attachement inconditionnel du joueur à son club et à la ville de Madrid. Dix ans plus tard, le 4 janvier 2016, Zizou est nommé entraîneur du Real. Il est le premier Français de l'histoire à prendre la tête de celle que l'on surnomme « La

Maison Blanche », pour la « modique » somme de 3,5 millions d'euros par an. C'est entouré de son épouse Véronique et de ses quatre fils, Enzo, Luca, Théo et Elyaz que l'ancien minot de la Castellane savoure son sacre.

PREMIÈRE PARTIE

LE COUP DE TÊTE

1
L'aveu

Alger, 11 décembre 2006. L'Algérie est en ébullition. Zizou, l'enfant du pays, la star du football, revient enfin dans la patrie de ses parents après vingt ans d'absence. Villages ripolinés pour l'occasion, posters à l'effigie de la star accrochés sur les immeubles, fleurs aux balcons, kyrielle de gendarmes pour ouvrir la route, ministres au garde-à-vous… Rien n'est trop beau pour le plus grand joueur du monde, reçu comme un chef d'État. Abdelaziz Bouteflika a d'ailleurs affrété un appareil présidentiel pour faire venir le héros. Celui-ci a fait le voyage avec ses parents. Seul son frère Noureddine, qui a la phobie de l'avion, a pris le bateau. À l'arrivée, une foule en liesse et des ministres en tenue d'apparat attendent les Zidane sur le tarmac de l'aéroport Houari-Boumediène d'Alger. Un cortège de voitures escorte ensuite la petite troupe, accueillie en grande pompe à quelques kilomètres de la capitale, à Zéralda. C'est dans cette station balnéaire, très courue par la bourgeoisie algéroise, qu'est située la résidence d'été présidentielle où sont accueillis tous les hôtes de marque du pays. Invité par les autorités à prendre ses quartiers dans la somptueuse demeure, le champion s'y installe pour les cinq jours de son périple. Un séjour de haut dignitaire, avec toutes les prérogatives inhérentes au statut, y compris la présence de goûteurs, chargés de s'assurer que les plats présentés au héros sont comestibles. Un traitement digne d'un chef d'État américain.

Au milieu de ce périple de cinq jours, une soirée est organisée à Zéralda avec les siens. L'ancien capitaine des Bleus est maladivement pudique, mais, une fois n'est pas coutume, il semble heureux d'être là. Simplement vêtu d'un jean et d'un tee-shirt, il accueille à bras ouverts les élus qui, triés sur le volet, réussissent à franchir l'impressionnant dispositif de sécurité. Assis dans le salon richement décoré, le champion, entouré de son clan, apparaît détendu. Son père, Smaïl, modeste ouvrier à la retraite, a l'air de vivre un rêve éveillé : celui qui quitta son hameau en Kabylie en septembre 1953 pour tenter sa chance de l'autre côté de la Méditerranée assiste à la marche triomphale de son fils prodigue. Pour la première fois, il constate en direct l'aura phénoménale de son petit dernier. Tout pomponné dans son complet gris, rehaussé pour l'occasion d'une cravate à pois jaunes, Smaïl Zidane n'en croit pas ses yeux. Quelques jours plus tôt, le patriarche Zidane, attablé dans un café de la gare de Lyon, expliquait de sa voix basse, colorée d'un léger accent marseillais : « Nous avons accepté l'invitation du président Bouteflika car on ne refuse pas l'hospitalité. Prions pour que tout se passe pour le mieux[1]. » Depuis, il n'a pas lâché son fils d'une semelle, se tenant toujours à sa gauche et le couvant de regards inquiets. Sans doute

1. Entretien avec l'auteur, 2 décembre 2006.

a-t-il été impressionné par le comité d'accueil. Mais cet homme pudique et discret n'en a rien montré, affichant, de réception officielle en visite au pas de charge, le même sourire mesuré, observant le même silence, attendant toujours qu'on vienne le chercher, même quand, écrasé par la foule comme à Bougie, les portes se referment sur lui. À ses côtés, Malika, sa femme, affiche la même retenue. Pour elle non plus, pourtant, ce voyage n'est pas anodin. « Je m'adapte à tout. J'ai l'impression de ne jamais avoir quitté l'Algérie et, pourtant, je n'y étais pas revenue depuis dix-sept ans. Et comme le fils voulait que je l'accompagne, alors je suis venue. Mais ça me fait très mal de voir tous ces enfants démunis… Il faudrait une main magique, malheureusement nous n'avons pas ce pouvoir[1] », nous murmure-t-elle. À quoi peut-elle bien penser, assise sept heures durant à la table du président Bouteflika, lors de cet interminable déjeuner au palais présidentiel ? Au menu : filet de poisson et méchoui de mouton, le tout arrosé de jus de citron et de limonade. Plus tard, Malika commentera ainsi ce déjeuner présidentiel : « Le repas était très agréable. Le président Bouteflika ? Je l'ai trouvé très simple et très bon… communicant. » Impassible, la maman de Zizou, mais pas dupe. Il tarde surtout à Malika de retrouver sa vie « normale ».

À Bougie, la capitale de la Basse-Kabylie, personne n'a remarqué la présence de Smaïl Zidane lors de la visite du centre hospitalier de la ville : bousculé par les fans qui se précipitaient dans le sillage de sa star de fils, il a laissé passer la foule, seul dans son coin. Mais, s'il semble un peu dépassé par les événements,

1. Entretien avec l'auteur, 14 décembre 2006.

sa fierté est bien réelle. Noureddine, son fils, l'alter ego de Zinedine, discret et pourtant indispensable, est toujours là. Ne laissant rien paraître de ses émotions, sa seule présence suffit à rassurer le clan.

Et puis il y a Akbou, un cousin de Zidane. Ce pharmacien d'à peine quarante ans est l'un des rares à avoir gardé contact avec les Zidane de Marseille. Ce matin de décembre 2006, vêtu de son costume des grandes occasions, il n'a pas hésité à faire les trois heures de route qui séparent la Kabylie de la capitale. Le fils aîné d'Akbou, un adolescent, réclame depuis des années de serrer la main du génie du ballon rond. Enfin, le jour est venu. À la fin de cette étrange soirée familiale, Akbou prend sur lui d'aborder le sujet qui brûle les lèvres d'une partie de l'assemblée. Il évoque « ce coup de tête, typiquement de chez nous[1] ». Le coup de tête auquel il fait référence, c'est celui auquel une bonne partie de l'humanité a assisté presque en direct. C'était le 9 juillet 2006, le soir d'une finale de Coupe du monde entre la France et l'Italie. Il restait quelques minutes à jouer à la fin des prolongations, quand le capitaine des Bleus a brusquement enfoncé le haut de son crâne dans la poitrine d'un défenseur italien, Marco Materazzi. Depuis, à part les journalistes, personne, ou presque, n'a osé évoquer le sujet en présence du joueur. Cinq mois plus tard, ce soir à Zéralda, en Algérie, Akbou profite de l'occasion pour expliquer à son cousin qu'il a bien fait d'agir ainsi. Ici, rappelle-t-il, « on défend la famille quitte à en mourir ». Avec ces belles paroles, Akbou entend mettre du baume au cœur de Zidane. Il lui prodigue même une accolade pudique pour exprimer

1. Entretien avec l'auteur, 14 décembre 2006.

sa fierté. Le « nif », ce fameux orgueil algérien, est une valeur fondamentale.

Stupeur. Zizou semble désemparé. Avec une pointe d'agacement, la star rétorque : « Ne dis jamais que j'ai bien fait de lui mettre une tête, à Materazzi. Ça n'était pas bien et je le regrette. » Silence. Certes, le sportif s'est déjà excusé, mais seulement auprès des « enfants du monde entier » qui l'ont regardé. Jamais encore, il n'a exprimé ses remords pour le geste en lui-même. Akbou reste sans voix, médusé par cette réaction contraire à celle escomptée. Peut-être pressent-il, à cet instant, l'ampleur du drame qu'a vécu Zidane. S'il avait su... Akbou réalise que cet aveu confessé à la tribu, à ces gens tellement éloignés de sa « cour » habituelle, est un honneur. L'idole médiatique internationale a réservé sa confidence la plus sincère à un cousin éloigné, vivant au « bled », loin de la planète des stars. Enfin, cet aveu révèle à une partie de la famille à quel point le mutisme princier de Zidane l'a enfermé dans la pire des prisons. La liberté suprême d'un Zizou ombrageux déclarant, quelques mois plus tôt sur Canal +, une semaine après le coup de tête : « Je ne peux pas regretter mon geste... Le coupable, c'est celui qui provoque », n'était qu'un faux-semblant. En reprenant la route, Akbou se sent finalement plus proche de son cousin de France. Le Zizou-Christ adulé par les foules n'est donc qu'un homme, rien qu'un homme.

Peu après, à 300 kilomètres de la capitale, dans le douar d'Aguemoun, en Kabylie, la liesse des habitants est à son comble. C'est dans ce petit village accroché aux collines et planté de figuiers, le berceau de sa famille où il compte encore une centaine de cousins, neveux et parents éloignés, que Zidane a choisi de terminer son voyage. Parents, voisins, curieux, tous se sont mis sur leur trente et un pour accueillir le fils prodige. Quelques mois après la finale maudite de la Coupe du monde, tous font bloc pour soutenir l'enfant du pays, plus exactement le descendant du pays. En ce jour tant entendu, ils veulent eux aussi lui expliquer leur fierté d'avoir sauvé l'honneur de la famille en assénant ce coup de tête à « l'Italien ». Ici, où le temps semble a l'air de s'être arrêté, où l'électricité se montre capricieuse, où les routes ne sont plus goudronnées depuis des années, on le comprend mieux que personne. Ou croit le comprendre. Car, jamais révélée jusqu'à présent, la confidence faite quelques jours plus tôt au cousin Akbou éclaire d'un jour nouveau les incroyables plaidoiries publiques mondiales déclamées à l'époque pour sauver le soldat Zidane. Ici, dans le pays de ses ancêtres, Zizou, porte-parole malgré lui de tous les humiliés de la terre, dément tout, se repent. Il ne veut plus entendre les uns et les autres lui répéter qu'il a eu raison.

2

Le match le plus long

Certes, le coup de tête ne fut qu'un drame sportif. Mais il le fut à l'échelle mondiale. Le 9 juillet 2006, il est 19 h 15 à l'horloge de l'Olympiastadion de Berlin quand Zidane entre dans l'arène du monumental stade construit pour accueillir les Jeux olympiques de 1936. En ce lieu, le Noir américain Jesse Owens entra dans la légende en remportant quatre médailles sous le nez d'Adolf Hitler. Soixante-dix ans plus tard, les applaudissements crépitent avec la même ferveur avant la finale suprême qui opposera la France et l'Italie. La foule est émue par l'adieu programmé du capitaine de l'équipe nationale française. Zidane s'échauffe sur le terrain, le visage concentré. Dans les gradins, les supporters disparaissent sous les banderoles « Allez Zizou ». Il y a là la cohorte des anonymes, mais aussi quelques célébrités : le prince Albert de Monaco, la fille de l'ancien président américain Bill Clinton, Chelsea. On remarque aussi le réalisateur Spike Lee, le basketteur Tony Parker, les chanteurs Jamiroquai ou Nâdiya.

Quand la moitié du stade entonne *La Marseillaise*, les onze joueurs ne cillent pas, figés dans une immobilité impressionnante. C'est à croire qu'ils devinent que la dernière manche de la compétition mondiale va prendre des airs de tragédie grecque. À 20 heures, l'arbitre siffle le début du match, à l'issue duquel un seul homme brandira devant des millions d'êtres humains le trophée tant rêvé, 3 kg d'or 18 carats reposant sur une couronne de malachite : le joueur comblé sera soit Zinedine Zidane, soit Fabio Cannavaro, le capitaine de l'équipe italienne.

Sur le terrain, les joueurs vont vite en besogne. Fébriles, tendus, ils paraissent décidés à se montrer virils. Dès la première minute de jeu, Thierry Henry est visé. Fracassé au sol par Cannavaro, le joueur se retrouve sans connaissance. Le médecin le presse de questions : « Titi, on est où ? », en lui examinant le blanc des yeux. Mais comment oublier que nous sommes en finale ? Thierry Henry à peine relevé, le ballet continue. Vite, très vite. Dès la septième minute, le défenseur italien Marco Materazzi tacle Florent Malouda. L'arbitre siffle un penalty en faveur des Bleus. Devant leurs écrans de télévision, les spectateurs français vibrent d'optimisme. En Italie, les supporters de la Squadra azzura retiennent leur souffle. Certains se cachent derrière leur main. Ne pas voir. Dans le stade, le silence est assourdissant.

Zidane s'avance dans la surface de réparation. Face au gardien italien, il est d'un calme olympien. Soudain, surprise, le capitaine offre à ses fans une panenka divine. La panenka est cette petite pichenette, cette frappe piquée exécutée en touchant légèrement le ballon, qui arrive en plein milieu du but, pour retomber lentement derrière la ligne, passant au-dessus de la tête du gardien. Voilà le pauvre Gianluigi Buffon, l'un des plus grands gardiens de but au monde, ridiculisé devant deux milliards de téléspectateurs. Un moment hors du temps. But ? Oui, non ? La balle a effleuré la ligne puis est ressortie des cages. L'arbitre arrive en courant, Zidane lève la main pour réclamer son officialisation. Le but est accordé. Cette panenka, Domenech ne la pardonnera jamais. On ne met pas en danger une équipe pour forger sa propre gloire. Avec un « geste fou », selon les propres termes de Fabien Barthez, qui mime l'action à l'autre bout du stade. « Quel panache ! » répliquent en chœur tous les commentateurs sportifs de la Terre. Qu'importe. Ce but offre définitivement au numéro 10 le statut d'un véritable héros de l'antiquité.

Les Italiens sont touchés mais pas atteints. Ils se font de plus en plus pressants. Le rouleau compresseur azzura est terrible. À la dix-neuvième minute, un corner d'Andrea Pirlo donne l'occasion à Materazzi de se venger : du haut de son 1 mètre 93, il se paie le luxe de prendre appui sur le géant Patrick Vieira avec sa main et… de marquer de la tête. But !!!!!!!!!! La première mi-temps se soldera sur ce score nul.

Après la reprise, à la soixante-dix-huitième minute de jeu, l'Italien Fabio Cannavaro déboîte l'épaule de Zidane. Un signe de Dieu ! Le médecin de l'équipe de France accourt sur le terrain et supplie Zidane de sortir : c'est une occasion de partir en héros sous les applaudissements de la foule. La mission serait plus que remplie… Mais l'orgueilleux refuse ce clin d'œil du destin. Souffrant, suant, le numéro 10 français préfère continuer à se battre. D'autant que, bientôt, ce sont les prolongations qui commencent. À la cent quatrième minute, un ballon frappé de la tête mais arrêté par Gigi Buffon marque la fin de la baraka du capitaine français. Zidane pousse un hurlement. Lui qui voulait tant refaire la finale de 1998 et rééditer son doublé de la tête semble soudain abandonné des dieux. Ce que tout le monde ignore, c'est que Domenech prévoit de sortir Zidane quelques minutes avant la fin du match pour lui offrir une véritable *standing ovation*. L'entraîneur, celui que Zizou nommait avec mépris « l'autre », rêvait d'offrir le plus bel adieu au numéro 10.

Le voilà fatigué, affaibli, à bout de nerfs. Dans le camp d'en face, Marco Materazzi est déjà un héros : son équipe lui doit le premier but italien. Est-ce cette assurance crâne qui exaspère tant notre capitaine d'équipe ? Ce qui est sûr, c'est qu'à ce moment du match Marco Materazzi, simple défenseur, ne s'est encore jamais approché de Zidane. Contrairement à ce que dira Zizou plus tard, le défenseur italien ne l'a pas harcelé. Seul le Calabrais Gennaro Gattuso, surnommé le Diable rouge, l'a marqué à la culotte durant ces cent sept minutes de match. Mais ce n'est pas Gattuso qui va recevoir un violent coup de tête. C'est Materazzi. Est-ce parce que celui-ci vient de lui tirer le maillot ? Est-ce parce qu'il l'a insulté ? « Va te faire enculer ! Donne-le à ta pute de sœur, ton maillot. Pédé ! Pédé de Zidane[1] ! » aurait-il lancé, après que Zidane lui a demandé avec ironie : « Si vraiment tu veux mon maillot, je te le donnerai après. » Or, pour un joueur qui a usé autant de crampons sur les pelouses des plus grands stades du monde, ces insanités que d'aucuns prêtent à l'Italien ne sont que peccadilles de cour de récréation. D'autant que Materazzi et Zidane se sont déjà

1. Ce sont les propos mêmes confirmés par Materazzi dans un entretien au magazine *TV Sorrisi e canzoni*, le 18 août 2007.

chamaillés sur une pelouse par le passé, lors d'un match de championnat italien à l'issue duquel, pas rancuniers, ils ont... échangé leurs maillots ! Ce soir de finale, il est 21 h 47 quand le coup de tête part. À la hauteur du thorax. En onze secondes, l'Italien est à terre, et Zidane s'éloigne déjà, le regard vide.

Le plus ahurissant, c'est que les deux milliards de téléspectateurs n'ont rien vu. Aucune caméra n'a saisi le coup de boule en direct. Perché, en tribune, un photographe, un seul, assiste à la scène. Son nom ? John MacDougall. Chargé par l'AFP de couvrir la finale, John est distrait. Trop loin du terrain, exceptionnellement muni d'une grosse optique, un 800 sigma – au lieu de son 600 habituel –, son regard est attiré 40 mètres plus bas par un geste qu'il pense anodin : « Zidane parlait à Materazzi en se triturant le maillot. J'ai vu qu'il y avait embrouille. Et quand Zidane a commencé à s'en aller, j'ai cru que l'incident était clos, j'aurais donc pu détourner le regard. Mais soudain, en quelques secondes, je l'ai vu faire demi-tour. Et donner un coup de tête à Materazzi, son poing serré. C'était violent et totalement imprévisible. Je n'ai appuyé qu'une seule fois sur le déclencheur, et non pas en rafale comme d'habitude. Autour de moi, mes confrères n'avaient rien vu. Cela a duré trois secondes. J'étais choqué par la violence de ce geste[1]. » Sa photo fera le tour du monde. Mais, sur le moment, les commentateurs, faute d'images, tardent à réaliser ce qui vient de se produire. Et pour cause : l'arbitre n'a rien vu non plus et, par conséquent, ne siffle pas d'arrêt du jeu. Le match continue, comme si de rien n'était... Les observateurs s'agitent, s'interrogent : sur le terrain,

1. Entretien avec l'auteur, mai 2008.

Materazzi est au sol, en train de se tordre de douleur. Le goal Buffon, lui, sort de sa cage en éructant. L'action se poursuivant du côté français, il interpelle ses coéquipiers et l'arbitre, à l'autre bout du terrain. Une caméra saisit les yeux remplis d'effroi de David Trezeguet. Tous les regards se tournent alors vers l'attaquant : a-t-il fait quelque chose ? Vu quelque chose ? Le goaleador a l'air d'un coupable. Dans les tribunes, Jean-François Lamour, le ministre des Sports, pressent l'incident. Jacques Chirac, inquiet, s'agite et le presse de se renseigner.

Zidane, lui, a l'air d'un enfant qui a commis une énorme bêtise et espère passer inaperçu. Il cherche le regard de sa famille, pour vérifier s'ils ont vu la scène. Justement, dans la tribune officielle, un photographe people a repéré Véronique Zidane. Arrivée en retard, juste après le début du match, elle est, comme les autres membres de sa famille, placée près du poteau du corner gauche. Debout, vêtue d'un chemisier bigarré et d'un jean clair, elle serre les poings comme l'a fait Zizou quelques secondes plus tôt. À sa gauche, son beau-frère Noureddine, en polo noir frappé d'un écusson en or, retient par les épaules Enzo, le fils aîné des Zidane. La famille ne semble pas vraiment réaliser ce qui s'est passé : stupeur, incrédulité, leurs corps et leurs visages paraissent dire : « Non, il y a une erreur. » Nous sommes à la cent neuvième minute. À quelques mètres en dessous sur le terrain, Alou Diarra, Claude Makelele et Lilian Thuram parlent avec l'arbitre, Horacio Elizondo. Ils veulent s'expliquer, raconter, se défendre. Pendant ce temps-là, Robert Duverne, le préparateur physique, continue de vociférer et demande à Wiltord de jouer cette maudite balle.

Enfin, alors que l'on s'achemine tout droit vers des prolongations, l'arbitre siffle l'arrêt du jeu. À la cent dixième minute. Mais le flottement continue. Que faire ? Qui punir ? L'arbitre de touche, Dario Garcia, n'a rien vu. Finalement, c'est le réalisateur allemand Wolfgang Straub qui, en projetant sur les écrans de l'arbitre de touche le coup de tête filmé par sa caméra, une des vingt-huit utilisées durant ce Mondial, met fin à la confusion. Ironie du sort : quelques instants auparavant, il filmait Thierry Henry, le rival déclaré de Zizou, sur le point de sortir. Ainsi, lors d'un match, chaque objectif suit un joueur durant quinze minutes. Titi sorti, sa caméra s'est portée sur Zidane seulement une minute avant le coup de tête. Décidant ainsi du sort du numéro 10. Le juge de touche espagnol, Luis Medina Cantalejo, qui regarde les images, prévient l'arbitre Elizondo et jure sur l'honneur avoir vu la scène. Quand Elizondo convoque Zidane et brandit le carton rouge sous les yeux de deux milliards de téléspectateurs, c'est le choc. Zizou qui, toute sa vie, a « refusé de balancer quiconque » ne répond pas à l'arbitre qui lui demande : « Qu'est-ce qui s'est passé ? » Tout juste consent-il à murmurer : « Le rouge, je le mérite, rassurez-vous, mais vous n'avez rien vu avant ? » Frustrés, en colère, certains des joueurs, comme le milieu de terrain défensif Alou Diarra, essaient de parlementer. L'arbitre refuse de donner des explications sur le carton rouge. Même l'équipe italienne semble effondrée. Buffon dépose un baiser sur la tempe de Zidane. Ses coéquipiers français, têtes baissées, lui forment un passage. Le champion du monde donne le brassard de capitaine à Willy Sagnol, lequel le confie à son tour à Fabien Barthez. Le capitaine déchu, les larmes aux yeux, déserte le terrain à quelques minutes du coup de sifflet final. Dans les gradins, Laurent Blanc, un ancien Bleu, sait le sentiment d'impuissance qu'on éprouve à ne plus faire partie de l'équipe à un tel moment. Lui aussi expulsé lors du Mondial 1998, ce qui le priva de la finale, il connaît l'horreur d'abandonner les siens.

Mais Zidane ne rate pas seulement une finale, il rate aussi, et surtout, une sortie qu'il prévoyait autrement moins piteuse. Il la voyait même grandiose... Ainsi, il rêvait de marquer un deuxième but, une autre panenka, comme il le confiera au président de la Fédération française de foot, Jean-Pierre Escalette. Et puis il y a le tee-shirt qu'il porte ce jour-là, en secret : un blanc caché sous son maillot de numéro 10, qu'il a endossé lors de chaque match éliminatoire depuis le début de la Coupe du monde, au cas où ce serait le dernier. Dessus, il a fait inscrire des remerciements pour exprimer sa gratitude à son public, à sa famille, à tous ceux qui ont cru en lui depuis le début de sa carrière. Pour fêter sa retraite et dire adieu au terrain, il comptait le dévoiler à la Terre entière, l'exhiber pendant un tour d'honneur qui marquerait les esprits. Un baroud d'honneur programmé pour être inoubliable.

Las ! Personne ne saura la reconnaissance qu'il veut exprimer. Zidane se dirige vers la sortie, passe à 2 mètres de la Coupe du monde, posée sur son socle. Bientôt, des bras vont la soulever, l'embrasser, l'enlacer. Le trophée est sur la gauche du joueur, si près qu'il pourrait presque le toucher. Debout, Raymond Domenech, livide, costume bleu marine, chemise blanche et cravate sombre, applaudit. Quoi ? Qui ? Zizou n'a pas un regard pour le trophée en or. Il avance de quelques mètres, déroule lentement le long bandeau blanc, un strip comme on le nomme, qui lui ceint le poignet et le pouce – comme si sa vie en dépendait – et s'engouffre vers le tunnel qui mène aux vestiaires. Un chemin de croix. Les spectateurs n'en reviennent pas. Dans un silence de plomb juste perturbé par le bruit des crampons de ses chaussures Predator sur le sol, ils voient Zidane descendre la soixantaine de marches. À cet instant, le joueur quitte le terrain. Pour toujours.

3

Les secrets du vestiaire

Quelques minutes plus tard, alors que ses coéquipiers jettent leurs dernières forces sur la pelouse dans l'espoir de gagner tout de même cette finale, Zidane est prostré dans un vestiaire lugubre. Alors que le règlement de l'UEFA stipule que la salle doit être « spacieuse, bien éclairée et propre », le joueur se morfond dans une pièce carrelée minuscule. Deux hommes l'ont suivi dans cet espace réduit : Pierre Repellini[1], chargé de l'intendance des Bleus, en costume Smalto, et Joffrey Martin, le kinésithérapeute de l'équipe, vêtu d'un survêtement. Mais Zidane souhaite rester seul. Et le leur fait savoir. L'intendant et le kiné quittent le vestiaire et s'installent à côté, dans les petits boxes qui leur sont attribués. À quoi pense le capitaine ? Dépassé par la portée de son geste, il s'est muré dans le silence. Plus tard, incapable d'exorciser ce souvenir, Zidane repassera en boucle le DVD du match dans sa villa madrilène, attendant que ses quatre fils soient couchés pour se « refaire le match » encore et encore. Mais, pour le moment, il ne peut que se

1. Entretien avec l'auteur, février 2008.

réfugier dans son for intérieur. Le temps semble s'être arrêté.

Sur le terrain, en revanche, la partie continue. Pour ne pas ennuyer Zizou, de l'autre côté de la cloison, Repellini et Martin allument une télévision en réglant le son au minimum. La partie de tirs au but va bientôt commencer. Dans les vestiaires, les deux hommes retiennent leur souffle. Le gardien français, Fabien Barthez, refuse de prendre connaissance de la liste des tireurs italiens. Plus tard, il confiera qu'il préférait ne pas savoir, pour ne pas se mettre la pression : « Je ne voulais m'en prendre qu'à moi-même… si par malheur… » De leur côté, l'entraîneur Raymond Domenech et Pierre Mankowski, son adjoint, s'interrogent pendant une dizaine de minutes sur le choix des buteurs français. Qui doit tirer ? La veille, seuls le défenseur Éric Abidal et l'attaquant David Trezeguet se sont portés candidats en cas de tirs aux buts. La foule attend dans l'angoisse… Cinq gladiateurs sont finalement désignés. Reclus dans son sous-sol, Zizou continue de garder le silence, ne prenant pas la peine de savoir ce qui se passe dans le stade. Il y a une télévision dans le vestiaire, mais il ne l'allume pas. Sous son crâne, la tempête est trop forte.

À l'extérieur, les joueurs français se dirigent vers les buts. Après Pirlo, qui a marqué, c'est au tour de Wiltord. Le score est de 1 partout. Quand David Trezeguet s'avance, Buffon est inquiet. Les deux hommes jouent ensemble depuis six ans en club, à la Juve. C'est peut-être pour surprendre ce gardien qui le connaît si bien que Trezeguet décide de changer sa façon de tirer en visant en haut, à gauche. Hélas, la balle heurte la barre transversale. Dans les gradins, le père du jeune joueur a les larmes aux yeux. Comme le reste de la famille, que personne n'ose regarder. La chance de David Trezeguet, si l'on peut dire, c'est le coup de tête du célèbre numéro 10, qui balaiera cette énorme « bévue ». Zidane, lui, n'entend pas les clameurs de la foule. Pierre Repellini n'ose pas aller le voir : « Dans de telles circonstances, on n'a pas besoin de parler, ni de faire de grands discours. Plus on est transparent, mieux c'est pour tout le monde[1]. » Il ignore si Zizou a vu les larmes de Trezeguet qui s'essuie le visage sur son maillot blanc et le désespoir de Patrick Vieira. Alors que le joueur est toujours prostré dans le vestiaire, Repellini hésite sur la suite des événements. Intendant des Bleus et membre de la Fédération française de football, il doit s'occuper de l'équipe et assister à la remise des médailles. Ainsi lui faut-il remonter à la surface. Mais il souhaite que Zizou l'accompagne. Il pousse la porte du vestiaire et pose la question. Peine perdue, Zizou refuse. Le joueur déchu n'a pas la force de venir chercher une médaille de perdant.

Repellini décide de laisser Zidane au sous-sol. C'est Momo, le responsable de la sécurité des Bleus, un Français d'origine algérienne lui aussi marseillais, qui prend le relais auprès du numéro 10. Zidane attend donc le retour de ses coéquipiers en compagnie de Momo et du kiné. Ni l'un ni l'autre n'osent lui dévoiler le score final : nul besoin de l'achever. Il sait simplement que l'équipe de France, celle qui le considérait comme un sauveur, a perdu. Par sa faute.

Vingt-sept minutes après l'expulsion de Zidane, l'Italie est championne du monde. Sur le terrain, les Bleus sont hagards. Fabien Barthez, le premier, monte sur le podium pour recevoir sa médaille.

1. Entretien avec l'auteur, février 2008.

Raymond Domenech ferme la marche. C'est au tour des Italiens de se voir remettre le trophée. Seul Thierry Henry, ainsi que cinq remplaçants et l'entraîneur restent pour applaudir les vainqueurs. Dans l'histoire de la Coupe du monde, cette défection des perdants constitue une première : aucune équipe n'a jamais refusé d'assister à la prise de trophée par l'équipe gagnante. Pire encore : les Bleus ne respectent pas le protocole de la FIFA en n'acceptant pas de poser pour la photo comme il est d'usage pour les vice-champions du monde. Domenech tente bien un « prenez d'abord la photo avant de partir », personne ne l'écoute. Ils regagnent les vestiaires en ordre dispersé, vers 22 h 30. Zidane a revêtu un survêtement Adidas. Son costume de ville bleu foncé est accroché à la porte de son casier. Désormais, il connaît le score final. À cet instant, seul Lilian Thuram a le cran de lui demander des explications. Il veut savoir si Materazzi a tenu des propos racistes. Zidane répond que non. Dhorasoo, qui a entrepris de filmer la Coupe du monde avec sa petite caméra portable (ses images deviendront un film, *Substitute*), enregistre la scène, jusqu'à ce qu'un joueur le somme d'arrêter[1].

Si Nicolas Sarkozy, alors ministre de l'Intérieur, est interdit de vestiaires depuis le début de la finale, Jacques Chirac, lui, est attendu par une équipe de France accablée. Quand il arrive, le président prend Zizou à part et lui parle dix longues minutes. Ce que le chef de l'État veut savoir avant tout, c'est si l'ancien capitaine des Bleus viendra déjeuner à l'Élysée le lendemain, comme convenu. Très vite, le ministre des Sports Jean-François Lamour sonne l'heure du départ

1. *L'Équipe Magazine*, 26 décembre 2006.

pour la délégation officielle. Aux regards fermés des joueurs, aux pieds de Zizou qui trépignent, l'ancien champion olympique a compris qu'il est temps de les laisser entre eux.

À huis clos, Zizou voudrait prendre la parole, seul face aux joueurs, assommés par la défaite. Il prie les membres du staff de s'éclipser. Raymond Domenech aimerait ajouter quelque chose. En attendant, Zidane se jette à l'eau : « Voilà, je voulais vous dire que je suis désolé. » Il explique du bout des lèvres qu'il regrette d'avoir laissé tomber ses camarades alors que la devise du groupe était, depuis le début des entraînements, « Vaincre ensemble, mourir ensemble », comme l'avait affirmé Makelele. Quand Raymond Domenech prend la parole à son tour, ses premiers mots sont pour Zizou, l'ancien capitaine. Devant les joueurs, l'entraîneur tient à… remercier Zinedine Zidane. Le costume à peine froissé, la gorge nouée face à ses troupes, l'entraîneur exprime sa gratitude pour ce que Zidane a apporté aux Bleus durant cette Coupe du monde. Un discours d'une minute. « Il a réagi de manière impulsive, raconte un proche de l'entraîneur. Il n'avait pas envie de voir Zizou quitter le foot ainsi. L'ambiance était dure. Certains joueurs pleuraient de rage. D'autres étaient anéantis. Il a compris que, s'il ne faisait rien, Zidane quitterait les Bleus la tête basse[1]. »

Décidément, Raymond Domenech, du début à la fin de cette aventure, aura été surprenant. Au fond de lui, l'entraîneur en a gros sur le cœur. Certains des joueurs attendaient que le coach évoque le coup de tête, mais rien. Quelques secondes plus tard, il se met à applaudir le capitaine. Seul. Léger

1. Entretien anonyme avec l'auteur, juin 2008.

flottement puis Patrick Vieira tape des mains doucement. Et soudain, c'est le tonnerre d'applaudissements. Certains avaient la chair de poule. Tous les joueurs lui rendent hommage. Certains, tel Jean-Alain Boumsong[1], vont jusqu'à lui demander de signer leur maillot. Les mains démentent parfois les tripes. L'ancien capitaine des Bleus paraît lui-même surpris d'échapper aussi facilement aux reproches de ses coéquipiers. De fait, personne, alors, n'ose reparler à Zidane de son forfait. Personne, en dehors de Lilian Thuram, ne lui pose la question qui brûle toutes les lèvres : « Pourquoi ? Pourquoi un tel geste ? Qu'est-ce que Materazzi t'a dit pour déclencher une telle réaction ? » Ni son entraîneur ni ses coéquipiers. Même Christophe Dugarry, le vrai pote, le fidèle compagnon des fêtes nocturnes. Aujourd'hui, il concède ne jamais avoir osé l'interroger. Plus étrange encore : ni Noureddine, ni Farid, ses frères les plus proches, n'oseront jamais le questionner sur ce qui s'est vraiment passé.

Il est presque minuit. Nul n'imagine, parmi les derniers spectateurs qui quittent l'Olympiastadion, qu'il règne, au sous-sol, comme une ambiance de réveillon. C'est à peine si certains joueurs aperçoivent, en sortant des vestiaires, Materazzi, qui passe, une chaîne stéréo sous le bras, sans un regard pour eux. Tous regagnent le Westin Grand Hôtel de Berlin, où les attendent les familles. Par superstition, aucune fête n'a été prévue en cas de victoire. Mais un goût étrange et amer est dans toutes les bouches. Personne ne semble vraiment réaliser que le monde entier n'attend qu'une chose : savoir ce qui s'est passé dans la tête de Zizou. Certains s'attardent

1. *L'Équipe Magazine*, décembre 2006.

au bar de l'hôtel, mais la plupart rejoignent leur chambre. Zizou, lui, brille par son absence.

Depuis la fin du match, le téléphone de Zizou ne cesse de sonner. Mais le joueur le plus célèbre du monde ne répond plus. Même Alain Migliaccio, son agent de longue date et homme clé de la PME Zidane, ne sait pas où il se trouve. En réalité, il quitte le stade en compagnie de ses deux frères, Noureddine et Farid, venus le chercher à la sortie. Ensemble, ils vont manger un morceau dans un modeste restaurant. À table, Noureddine et Farid se gardent de demander à leur frère de s'expliquer, se contentant d'essayer de le réconforter. En vain. À une heure du matin, le trio est de retour à l'hôtel Westin. Abattu, Zidane s'enferme dans sa chambre avec sa femme. Christophe Dugarry, l'ancien coéquipier de 1998, l'ami de toujours, lui laisse un message sur son téléphone portable : « Je suis avec toi, je pense à toi[1]. » Zidane ne répond pas.

À des milliers de kilomètres de là, dans son fief natal d'Aguemoun, en Algérie, un homme devine le séisme intérieur qui ravage le joueur. Madjid, le seul frère de la famille à ne pas être à Berlin ce soir, a regardé le match dans un café en compagnie de tous les hommes du hameau. Il a fumé cigarette sur cigarette, jusqu'au moment fatidique : quand, sur l'écran, son petit frère a commis l'irréparable, son visage émacié s'est décomposé. Aussitôt, il s'est levé et a quitté le bar. Quelques heures plus tard, il annonce, lugubre : « Ziz va s'enfermer dans un mutisme qui peut durer longtemps[2]. »

1. Entretien avec l'auteur, janvier 2008.
2. *Le Parisien*, 11 juillet 2006.

4

Chronique d'un geste annoncé

Quelle est la clé de ce geste aberrant ? Il ne faut pas compter sur Zinedine Zidane pour en révéler la raison. Si ses coéquipiers, qui, au fond, ne lui pardonneront jamais son geste, ne l'interrogent pas, ce n'est pas seulement parce qu'ils n'osent pas, mais parce qu'ils devinent. Ils savent que l'histoire était en partie écrite d'avance, tant ils avaient décelé les signes précurseurs d'une fatalité.

Pour comprendre, il convient de remonter quelques semaines avant la Coupe du monde. Nous sommes au début de l'été 2006. Zidane s'apprête à fêter ses 34 ans, le 23 juin. Dans le milieu du football, c'est un âge canonique. Les mauvaises langues prétendent que le joueur est usé par les blessures à répétition, fatigué après une dernière saison calamiteuse au Real Madrid… En un mot, qu'il est trop vieux. L'ancien international Bernard Lacombe estime que Zizou est « en fin de parcours », qu'il « ralentit les Bleus[1] ». La presse espagnole, pourtant en admiration devant « le phénomène », ne l'épargne guère plus. « Nous allons mettre Zidane

1. *L'Équipe Magazine*, 2006.

à la retraite », clame même en une le quotidien sportif espagnol *Marca*, avant de promettre que « le coq gaulois va se faire déplumer[1] ». Ce ne sont pas seulement des commérages de journalistes. La maigreur inhabituelle du joueur frappe, au point d'inquiéter sa famille et ses amis. « Il m'a fait penser au cycliste Lance Armstrong durant le Tour de France », se souvient Stéphane Mandard, journaliste au *Monde*[2]. Sur le terrain, ses performances n'ont rien d'encourageant. Lors de ses derniers matchs sous les couleurs du Real, les rares fois où il a joué il n'a pas marqué. Celui qui, en 2005, était revenu en sauveur des Bleus n'est plus que l'ombre de lui-même.

Le reste de l'équipe, la plus âgée de la Coupe du monde, ne vaut guère mieux. Les Bleus, entraînés par un Domenech contesté, ont certes passé le stade des qualifications, mais sans briller, c'est le moins que l'on puisse dire. Personne ne croit en eux. Ce Mondial sent tellement la débâcle qu'aucune marque française de prêt-à-porter ne souhaite les sponsoriser, révèle un membre de la Fédération française de football. Ironie du sort, c'est une griffe italienne, Smalto, qui s'est dévouée pour fournir les costumes.

Le premier tour du Mondial est catastrophique. Les 13 et 18 juin, les rencontres contre la Suisse, à Stuttgart, et la Corée du Sud, à Leipzig, se soldent par deux matchs nuls (0-0 et 1-1). Zidane n'a pas fait d'étincelles : le vieux lion, s'il continue à donner quelques bons ballons à ses partenaires, semble incapable de jouer plus d'une heure. Et quand il joue, c'est pour récolter un carton jaune, un à

1. *Marca*, 26 juin 2006.
2. Entretien avec l'auteur, mars 2008.

chaque rencontre. Le deuxième, face aux Coréens, le prive du prochain match contre les Togolais, pourtant décisif pour se qualifier. Les Bleus vont-ils nous refaire le coup de la Coupe du monde en Corée et au Japon, où ils n'avaient même pas franchi le deuxième tour ? Zizou lui-même n'y croit guère. La veille de la rencontre, dans le plus grand secret il a préparé ses valises en cachette, prêt à quitter l'Allemagne sur-le-champ en cas de défaite. Seul le personnel technique de la Fédération est au courant. Le 23 juin, à Cologne, la France retient son souffle… et respire : les Bleus gagnent 2-0, avec les deux buts d'écart nécessaires pour accéder aux huitièmes de finale.

Celles-ci auront lieu quatre jours plus tard, le 27 juin, à Hanovre. La veille, lors d'une conférence de presse, Raymond Domenech confie : « Ma seule crainte, c'est qu'un joueur se fasse sortir bêtement parce qu'on l'aura provoqué. » Personne ne prête attention à cette mise en garde. Il est peu probable, pourtant, qu'une telle phrase soit simplement le fruit du hasard… Le lendemain, un miracle se produit. Avec un score de 3-1 contre les Espagnols, largement favoris, les Français sortent de sa torpeur une Coupe du monde que l'on croyait jouée d'avance. Le 1er juillet, le quart de finale France-Brésil peaufine ce scénario hollywoodien avec un score de 1-0 pour les Bleus et rappelle l'incroyable épopée de 1998. Zidane s'est enfin, miraculeusement, réveillé. Ce match, il l'a mené de bout en bout, offrant, à la cinquante-septième minute, une passe décisive magistrale à Thierry Henry, dont le but a ravivé les espoirs les plus fous. Quelques minutes à peine après le coup de sifflet final, les célébrités se bousculent à la porte des vestiaires. Michel Platini doit patienter une dizaine de minutes avant de pouvoir entrer, ce qui le mettra dans une rage folle, raconte un membre du staff : Zizou est tout simplement en train d'improviser une danse frénétique sur la table de massage. Quant à Jacques Chirac, il réussit à forcer le passage, mais se retrouve entouré de joueurs exultant de joie, certains totalement nus. À Paris, les Champs-Élysées sont envahis une fois encore par une foule black-blanc-beur qui, parée des couleurs tricolores et de drapeaux algériens, se sent prête à revivre le grand soir en chantant *I Will Survive*. Avec les espoirs de victoire, le « plus grand joueur du monde » paraît ressuscité. De Rio à Boston, d'Alger à Marseille, la zizoumania se répand à la vitesse d'un ballon tiré au but. La France est au sommet de l'Olympe par la seule grâce d'un homme au jeu de jambes virtuose.

Le 5 juillet, jour de la demi-finale contre le Portugal, alors que les supporters tricolores sont en transe, un joueur pressent pourtant que tout pourrait déraper. Lilian Thuram, le compagnon de 1998, vient glisser à l'oreille de Zinedine : « Garde ton calme, s'il te plaît. » Comme Aimé Jacquet, jadis… Mais, pendant le match, Zizou garde son calme. La demi-finale, conquise à l'arraché 1 à 0, ne fait qu'augmenter d'un cran la pression et l'euphorie générales. Dans leur cœur, les Français sont déjà les champions du monde. Un peuple derrière le capitaine de son équipe. Zidane, l'artisan modeste de ce revirement inespéré.

Le matin du 9 juillet, quand les joueurs se retrouvent autour de la table pour le petit déjeuner, ils découvrent une feuille de papier déposée devant leur bol de café. Ce sont les paroles de *La Marseillaise* qu'a fait imprimer Thuram. Son souhait ? Que chacun les apprenne et les chante le soir de la finale. Dans la journée, le jeune humoriste Jamel Debbouze rejoint Zizou dans sa chambre d'hôtel. Vêtu d'un survêtement bleu clair Adidas, le sportif est allongé sur son lit. À quelques heures de la finale, le comique veut détendre l'atmosphère. « Tu ne veux pas me dédicacer une roulette ? Tu diras que c'est pour Melja [Jamel en verlan] ! » La roulette, c'est cette action qui consiste à enrouler le ballon du pied derrière son dos avant de le lancer en l'air : un geste d'expert. « Je t'en mets deux si tu veux ! » répond le joueur, en tapant dans la main du comique. Jamel continue sur sa lancée : « Moi j'suis toi, sur la tête de ma mère, je fais une roulette sur la surface de réparation, je jette le maillot, comme ça, et je pars... Ce serait bien de mettre en scène ta sortie. Allez, tu mets un but et tu pars[1] ! » Et Zidane de rigoler, avec l'assurance mêlée de timidité de ceux qui ont déjà tutoyé les dieux. Une roulette ? Pas de problème. Et pourquoi pas une panenka tant qu'il y est ? Pourquoi pas, même, un coup de tête ? Ce coup de tête, Zidane en rêve. Mais en face, il voit un but, pas un buste. Après tout, que pourrait-il exister de plus glorieux que faire des adieux en marquant de la tête, comme lors de la finale France-Brésil du Mondial 1998 ? Las ! Le symbole est trop beau et la fanfaronnade de Jamel, hélas dramatiquement prémonitoire.

Le soir de la finale, avant qu'elle débute, le capitaine ne porte ni son bracelet rouge porte-bonheur, qu'il embrasse souvent avant le début d'un match, ni son alliance, qu'il n'a jamais quittée depuis son mariage avec Véronique et qu'il remettra ensuite.

1. *Le Dernier Match*, Stéphane Meunier, 2007, Canal+.

Pourquoi donc ? Pour une raison qui lui appartient. Zizou est donc énervé, très énervé. Personne ne le sait encore, mais un Italien va payer les pots cassés !

Dans sa vie de footballeur, la bonne entente avec Véronique est essentielle. En dix-sept ans de mariage, le couple s'est construit autour d'une carrière hors normes. Véronique Lentisco-Fernandez, l'ancienne ballerine qui a stoppé ses études de danse pour épouser ce beau brun au regard sérieux, est une maîtresse femme qui règne sur sa famille avec l'autorité naturelle conférée par ses origines espagnoles. Mais elle a consenti beaucoup de sacrifices sur l'autel du football et a parfois du mal à supporter l'aura planétaire de son champion de mari, sollicité de toutes parts en permanence. Le dernier match de son époux aura-t-il été la rencontre de trop ? Comme le rappelle un ancien de l'équipe de France, « arriver sur un terrain en ayant mal dormi peut vous pourrir un match ». Surtout quand on prépare son baroud d'honneur de nouveau retraité. « Ce jour-là, il semblait porter toutes les misères du monde sur ses épaules[1] », confie Christophe Dugarry. Mais ne pouvait deviner le fardeau qu'il lui faudrait porter plus tard…

Il est 20 heures. Des millions de supporters aux visages bleu, blanc, rouge ont les yeux rivés aux écrans géants. Les grands de ce monde interrompent leurs activités pour se consacrer au dernier match du samouraï français : George et Barbara Bush à la Maison Blanche, Fidel Castro, entouré de ses gardes du corps dans son bunker présidentiel, à La Havane, le président iranien Mahmoud Ahmadinejad, qui en oublie sa guerre contre Israël… Même en Irak, les

1. Entretien avec l'auteur, janvier 2008.

attentats cessent le temps d'une trêve improvisée. À Berlin, l'arbitre siffle le début de la rencontre. Parmi les joueurs, la tension est palpable. Et plus encore chez Zizou. La fatigue physique ? L'excès de tension accumulée depuis le début de la compétition ? Le souci de réussir sa sortie, de raccrocher ses crampons de façon inoubliable avec ce tee-shirt blanc qu'il espère exhiber à tous en guise de remerciement ? L'obsession d'être à la hauteur ? L'espoir fou de partir sur une nouvelle victoire au Mondial ? Ce 9 juillet 2006, les raisons de déraper ne manquent pas. Et le dérapage a eu lieu.

5
La gueule de bois

Le lendemain de cette maudite finale, les joueurs quittent l'hôtel Westin de Berlin sans demander leur reste. Rasés de frais et habillés élégamment, ils sont attendus à l'Élysée pour le déjeuner. Les épouses, qui n'ont pas prévu d'accompagner leurs maris à ce rendez-vous en haut lieu, sont vêtues simplement : jean et chemisiers pour la plupart d'entre elles. À l'aéroport de Berlin, les douaniers allemands, mus par on ne sait quel excès de zèle, contrôlent soigneusement les papiers de chacun, posent des questions, vérifient, revérifient et passent tout au peigne fin. Ce qui devait constituer une simple formalité vire au calvaire. Le vol BLE 888 de la compagnie Air France, qui devait décoller à 10 heures, s'envole avec une heure de retard. À Roissy, l'avion atterrit à 13 h 15 et les Bleus sortent non par le terminal 3, comme prévu, mais par la zone réservée au fret. Les quelques supporters qui attendent les héros depuis deux heures repartiront bredouilles.

Jacques Chirac a bien fait les choses. Deux cars de la Garde nationale ont été mis à la disposition des joueurs. Autoroutes et périphériques sont fermés pour laisser passer les héros malheureux de la finale. Auraient-ils gagné que les choses n'auraient pas été faites en plus grand. Quelques minutes plus tard, sur le perron de l'Élysée, le président est heureux d'accueillir l'équipe au complet… Très ému, il lit un discours retravaillé à la hâte : « Cher Zinedine Zidane, ce que je veux vous dire, au moment le plus intense, peut-être à un moment dur de votre carrière, c'est l'admiration et c'est l'affection de la nation tout entière, son respect aussi, mais l'affection et l'admiration. Vous êtes un virtuose, un génie du football mondial. Vous êtes aussi un homme de cœur, d'engagement, de conviction. Et c'est pour cela que la France vous admire et vous aime. » Le tout dure à peine cinq minutes. Les joueurs sont ensuite guidés vers la salle de réception, où ils sont répartis sur plusieurs tables. À celle d'honneur trônent, aux côtés de Jacques Chirac, Zinedine Zidane et Raymond Domenech. Dans la salle, les sportifs, le ventre noué et la tête ailleurs, goûtent à peine aux plats servis. Une heure et quart plus tard, le repas est terminé.

En réalité, le président n'en laisse rien paraître mais, sous ses dehors affables, il est furieux. Comme de nombreux Français, il a été exaspéré par le capitaine des Bleus. Plein d'amertume, il s'est d'ailleurs emporté devant quelques proches : « Quel con ! Comment a-t-il pu donner un coup de tête à l'Italien, en pleine finale ? » Lui qui rêvait de quitter l'Élysée après une deuxième victoire en Coupe du monde est dépité. N'avait-il pas prévu de récompenser les joueurs avec une médaille, comme en 1998, lorsqu'il leur avait remis la Légion d'honneur ? Mais, cette fois, le cœur n'y est pas. Il ne leur donne pas les décorations, préférant les remettre, plus tard, à… sa propre escorte personnelle. Quant au défilé sur les Champs-Élysées, programmé quelle que soit l'issue de la finale, il est tout simplement annulé. Le soir, les joueurs doivent se contenter du balcon de l'hôtel Crillon, à Paris, devant lequel se sont massées quelques milliers de personnes. À 16 heures, un à un les joueurs viennent saluer de la main la foule amassée sous le balcon. Les larmes de Trezeguet, qui a l'air de demander avec un geste pardon aux Français, le sourire triste de Vieira ou le visage fermé de Zidane déclenchent des applaudissements. Quelques « Zizou on t'aime » fusent. Cependant, la fête est évidemment gâchée.

Plus personne n'a envie de trinquer. Mais en absolvant publiquement le capitaine des Bleus, Jacques Chirac a coupé court à toute critique. Dans les jours qui suivent, nombre d'hommes et de femmes politiques expriment leur sentiment sur « l'affaire ». Rares sont ceux qui, comme Philippe de Villiers, demandent au joueur français « de s'excuser, et dire ses regrets » pour « ce coup de tête fatal à son image ». La plupart, au fond, comprennent et pardonnent au capitaine d'équipe. Le 11 juillet, sur LCI, l'ancien Premier ministre Laurent Fabius s'autorise une analyse lyrique : « Il y a les dieux, il y a les humains et il y a les demi-dieux qui s'appellent des héros. On croyait que Zidane était un dieu et c'est simplement un héros. » Le député socialiste poursuit : « Il est à la fois doté de qualités extraordinaires et en même temps c'est un mortel. » Le commentaire de Julien Dray, porte-parole du PS, relève de la même veine : « On avait tellement fait de Zinedine Zidane une sorte de dieu qu'il est redevenu humain, c'est-à-dire un personnage qui peut craquer[1]. » À droite, le son de cloche n'est pas

1. Dépêche AFP, 11 juillet 2006.

différent. En témoigne une observation du ministre de l'Outre-Mer, François Baroin : « On fait porter sur les épaules de ces footballeurs une responsabilité absolument immense. On demande à cette équipe de France de répondre à toutes les misères de la société française[1]. »

Pour un peu, certains approuveraient presque le capitaine d'équipe. Candidate à l'investiture du parti à la rose rouge, Ségolène Royal concède avoir apprécié la capacité du sportif à « défendre farouchement les valeurs auxquelles il tient profondément et en particulier le respect de sa sœur[2] ». Après les excuses télévisées du joueur, elle dit encore : « J'ai vu un homme d'une grande intensité, d'un grand souci éducatif. Il a exprimé du regret à l'égard du spectacle de la violence donné aux plus jeunes. Il en est conscient et s'est excusé. » Elle ajoute enfin, rebondissant sur les interprétations selon lesquelles les insultes éventuellement proférées seraient à caractère raciste ou liées à sa famille – pendant plusieurs jours, différentes versions seront colportées : « Il y a des coups psychologiques qui sont parfois plus douloureux que les coups physiques (...) Il faut donc que les nouvelles réglementations dans le sport international intègrent et sanctionnent ces coups psychologiques qui ne font pas de bruit mais qui sont réels et n'ont pas leur place dans le sport. » Abondant dans ce sens, le président de SOS-Racisme, Dominique Sopo, demande des sanctions contre les auteurs de propos racistes et singulièrement contre le joueur italien : « Nous ne pouvons pas laisser passer ce type de comportement parce qu'on voit bien

1. *Le Figaro*, 12 juillet 2006.
2. 13 juillet 2006, en marge du Forum mondial des droits de l'homme.

depuis plusieurs semaines, plusieurs mois, voire plusieurs années d'ailleurs, que le foot est quand même gangrené par ce type d'altercation raciste entre joueurs, entre le public et les joueurs[1]. » En quelques déclarations, Zidane est devenu, bien malgré lui, un véritable justicier. Et l'élan de solidarité qu'il a suscité n'a pas de frontières. En Algérie, son coup de tête est accueilli comme une juste réponse « face à ce qui ne pouvait être qu'une grave agression », pour reprendre la déclaration du président Bouteflika. Zidane aurait même « réagi, d'abord, en homme d'honneur avant de subir, sans sourciller, le verdict », dit encore le chef d'État algérien. Même le président cubain Fidel Castro affirme à la télévision : « Je n'approuve pas qu'on ait sanctionné l'Algérien. Je l'ai vu et il a dû être fortement insulté pour réagir ainsi. »

Mais pour parler de cette manière, voler à son secours, ont-ils tous vérifié ce qui s'est passé ? Cette fois encore, la notoriété de Zidane lui a servi d'armure.

1. Dépêche AFP, 11 juillet 2006.

6

Panique chez les sponsors

Alors que les Français s'interrogent sur le geste de Zidane, que les journalistes repassent les images en boucle, les sponsors du capitaine paniquent. Ils craignent que l'image de leur champion n'en soit atteinte. Et l'image, c'est de l'argent. Beaucoup d'argent. Orange, Adidas, Danone, Generali... ces puissantes multinationales ont misé des fortunes pour s'assurer les services du joueur le plus célèbre du monde. Toutes doivent répondre à l'urgence : faire en sorte que Zidane reste Zidane, pur, sans défauts, immaculé.

Avant la finale, l'équipementier Adidas misait sur un remake de l'effet 1998. Cette année-là, un spot télévisé mettait déjà en scène quelques-uns des champions du monde, autour du slogan « La victoire est en nous. » Le spot se terminait sur Zizou, dont la voix murmurait : « Je veux revivre cette émotion. » Dans le scénario, lors du dernier match de sa carrière le capitaine d'équipe devait retirer ses Predator couleur or avant de quitter le terrain et laisser sur le gazon ces baskets taille 44, brodées de son nom, conçues sur mesure et exclusivement pour lui, devant deux milliards de téléspectateurs.

Nul commentaire, nul slogan : la seule image de ces chaussures mythiques posées sur l'herbe était censée, sur les affiches et quatrièmes de couverture des magazines, parler d'elle-même. Le scénario était simple… Las ! Le 9 juillet 2006, à l'Olympiastadion de Berlin, à la cent septième minute du match, l'homme-sandwich a quitté le terrain les chaussures aux pieds… Chez Adidas, une cellule de crise est montée en urgence. La décision tombe : l'énorme campagne de publicité prévue de longue date est annulée.

Anéantie également, la campagne qui devait promouvoir, dès le lendemain de la finale, le jeu de société Scrabble. Mattel, la société propriétaire de la marque, n'est pourtant liée par aucun contrat au joueur. Mais l'annonceur comptait lui aussi, certes à moindres frais, surfer sur les exploits du champion du monde, avec le slogan suivant : « Maintenant, il va falloir jouer avec la tête. » Après le « coup de boule », la phrase tombe bien mal.

L'opérateur de téléphonie Orange choisit, lui, de faire le dos rond. « Nous avons décidé de ne pas réagir du tout, raconte un responsable. D'ailleurs, nous n'avons pas réussi à joindre le joueur pendant plusieurs jours[1]. » En attendant des instants meilleurs, un sobre « Merci Zidane » placardé dans les magazines fait l'affaire. Plus tard, lorsque le contact sera renoué, le sujet sera, d'après la même source, toujours soigneusement évité. « Le coup de tête de la finale ? Franchement, pour la marque ce n'est pas méchant[2] », commente de son côté Marie-Christine Lanne, responsable de l'assureur Generali.

1. Entretien avec l'auteur, avril 2007.
2. Entretien avec l'auteur, octobre 2007.

S'ils n'ont pas eu à torpiller leur campagne publicitaire, certains sponsors ont toutefois la peur au ventre à la pensée d'un déchaînement médiatique qu'ils pressentent virulent. Chez Danone, Jacques Bungert, le coprésident de la prestigieuse agence de pub Young & Rubicam France, est chargé du brûlant dossier. Les situations de crise, cet ancien Sup de Co les connaît sur le bout des doigts : lui-même a dû recoller les pots cassés après la fermeture de l'usine LU à Nantes. Le regard angélique mais le sourire carnassier, il est à la fois excellent homme de communication et fin connaisseur du football. Mieux, ce Lorrain a même su apprivoiser le farouche Zinedine… En ce lendemain de match, le premier réflexe de Jacques Bungert consiste à commander en catastrophe une batterie de sondages. Comme le publicitaire a en mémoire le rapport réalisé par un cabinet de conseil marketing, SportLab, selon lequel Zizou serait l'un des rares athlètes – peut-être même le seul – dont le nom suscite plus d'appréciations sur sa personnalité que sur ses performances sportives, qu'en bref l'homme importe plus que le footballeur, mieux vaut le vérifier. Parallèlement, il sait que l'incompréhension domine parmi les spectateurs français : dans un sondage publié le 11 juillet par le quotidien *Le Parisien*, 32 % des personnes interrogées reconnaissent ne pas comprendre le coup de tête dans le torse du défenseur italien. 27 % vont jusqu'à condamner le mauvais geste du capitaine des Bleus. Dès lors, il reste à convaincre les 41 % qui se disent prêts à absoudre Zizou…

C'est à partir de ce double constat que se dessine la stratégie de Danone, concoctée à la fois par Jacques Bungert et Alain Migliaccio, l'agent de Zizou, un Pied-Noir au carnet d'adresses phénoménal. Au diable les compétences sportives du champion du monde, les deux hommes misent sur sa personnalité. Celle d'un homme à l'honneur bafoué, d'une victime que le sort fait passer pour un coupable. Après tout, qui pourrait reprocher à un homme de protéger l'honneur de sa famille, puisque les propos de Materazzi seraient liés à elle, comme d'aucuns l'avancent ? En poussant le bouchon un peu plus loin, le joueur le plus connu de la terre, la star millionnaire, peut même devenir le porte-drapeau, le justicier symbolique de toutes les petites gens qui se sentent humiliées, insultées, sans jamais oser riposter. À lui seul, il les a toutes vengées ! Après tout, Zidane n'a-t-il pas agi comme chacun aurait, un jour, rêvé de le faire ? Se soulager, donner libre cours à la colère au mépris de ses intérêts immédiats... Le joueur n'a fait que céder à ses pulsions, dans une société qui les contient de moins en moins. Voilà pour le mobile. Reste à justifier la violence de la pulsion en question. Le publicitaire joue son va-tout : afin d'expliquer le coup de folie de Zidane, il invoque la supposée fierté des Berbères.

Jacques Bungert plante le décor. À charge pour Zizou, maintenant, de respecter la consigne. Celle-ci est d'une simplicité redoutable : la pénurie de parole. Autrement dit, l'ex-capitaine des Bleus doit se mettre aux abonnés absents. Objectif : laisser passer l'orage. Pendant trois jours, il n'apporte aucun démenti, aucune confirmation aux questions posées par les journalistes (et les spectateurs) du monde entier. Résultat : la planète attend une explication. Qui ne vient pas. Mais la rumeur se répand. D'agressé, Materazzi se retrouve bientôt habillé des oripeaux de l'agresseur. Les journalistes étudient à la loupe les tatouages de celui que l'on a désormais renommé « le Boucher » : têtes de Viking sur les bras, devises viriles sur la nuque, à leurs yeux, l'homme a tout du hooligan. Hier inconnu, le voici propulsé ennemi public numéro un. Des vidéos de ses tacles violents envahissent le Net. Dès le lundi, *The Guardian* s'interroge : Materazzi n'aurait-il pas eu le mauvais goût de traiter Zidane de terroriste ? Dans la journée, TV Globo, un média brésilien, prend le relais et fait appel à des sourds-muets pour décrypter ses propos : ce dernier aurait qualifié le numéro 10 de « fils d'une pute terroriste ». En Angleterre encore, le *Times* convoque Jessica Rees, l'experte incontournable en matière de lecture labiale. Cette collaboratrice du prestigieux Scotland Yard croit elle aussi pouvoir lire dans la bouche du défenseur italien : « On sait tous que tu es le fils d'une pute terroriste. »

Mardi, l'Italien doit bien reconnaître, dans la *Gazzetta Dello Sport,* qu'il a insulté le capitaine français, trop arrogant à son goût, mais il nie avoir porté atteinte à l'honneur de sa mère : pour ce Latin, orphelin à l'âge de 14 ans, la figure maternelle est sacrée. Trop tard : qui croira le défenseur italien ? En quarante-huit heures Materazzi est devenu un salaud doublé d'un raciste. Au point qu'en Italie un député du centre gauche demande au ministère des Sports de diligenter une enquête. « Marco Materazzi a gardé le silence aussi longtemps[1], révèle aujourd'hui Andrea Elefante, journaliste à la *Gazzetta Dello Sport*, coauteur de la biographie du joueur italien, parce que, pour lui, ce qui se passe sur un terrain reste sur le terrain et ne concerne que les joueurs. Surtout, il voulait rencontrer Zidane et

1. Entretien avec l'auteur, mai 2008.

s'expliquer entre hommes. » Erreur tactique. Car, pendant ce temps-là, alors que Marco Materazzi attend une discussion qui n'aura jamais lieu, voilà Zizou artificiellement auréolé d'une réputation de justicier, simplement « coupable » d'avoir botté les fesses (ou plutôt le torse) d'un malotru.

Finalement, le 12 juillet, Zidane sort de son silence. Il accorde deux interviews, à Canal + et TF1. Un jackpot pour les chaînes en question et les deux journalistes vernis choisis. Le premier, Michel Denisot, fait même partie du « contrat ». Ce sera lui ou personne, impose Zizou. La chaîne cryptée est obligée d'obtempérer. En échange, promis, juré, Zidane dira toute la vérité. Denisot est donc prié d'écourter ses vacances et de rentrer dare-dare à Paris. Quant à Claire Chazal, sur TF1, accessoirement chaîne partenaire officielle des Bleus, elle décroche la timbale car elle a dîné, quelque temps auparavant, avec l'un des frères de l'idole. On est mercredi. Ce soir-là, les deux interviews s'enchaînent, la première sur Canal +, à 19 heures, et la seconde sur TF1, à la grand-messe du 20 heures. Au total, dix-sept millions de téléspectateurs (six millions pour la chaîne cryptée, onze millions pour TF1, sans compter les rediffusions à l'étranger) vont se presser devant leurs écrans, suspendus aux lèvres du héros...

Sur le plateau de la chaîne cryptée, c'est l'effervescence. Débarqué vers 17 h 30 d'un 4 × 4 aux vitres teintées en compagnie de ses frères, Zidane entre, comme prévu, par le parking de la chaîne. Il a posé ses conditions : arriver discrètement et ne croiser personne. « Quand il est apparu dans les couloirs de la chaîne, raconte Karim Nedjari[1], journaliste au

1. Entretien avec l'auteur, mai 2008.

Parisien, la tension était à son maximum. Personne n'osait lui parler. Il avait le visage fermé. Ses frères le suivaient de près. Le silence était assourdissant. » Dans la loge, il grignote quelques friandises avec Michel Denisot, le temps de se mettre d'accord sur le déroulé de l'entretien. Le journaliste demande sa permission pour diffuser en cours d'émission les images du coup de tête. Ouf, le joueur accepte.

À 19 h 30, au moment de la diffusion en clair, les téléspectateurs découvrent Zizou vêtu d'un tee-shirt vert clair et d'une veste militaire kaki. Une tenue de samouraï, travaillée au détail près par ses sponsors : élégante sans être ostentatoire, virile et modeste à la fois. Ému et s'exprimant avec difficulté, le héros semble s'agripper à l'énorme micro, siglé Canal +, comme un naufragé à son radeau. Assis sur un tabouret, il est confronté aux images de la finale et de la scène fatidique. Quand Michel Denisot, impressionné, lui demande de commenter ces quelques minutes, le plus grand joueur du monde n'arrive pas à lever les yeux vers l'immense écran qui lui fait face. « Mais que vous a donc dit Materazzi ? » interroge le journaliste. Aux bribes d'explications prononcées par le champion on comprend que le joueur italien a tiré le maillot de Zidane avec une insistance excessive. Que ce dernier, mi-irrité, mi-goguenard, aurait alors proposé au défenseur de le lui offrir à la fin du match. Et que l'Italien, ne supportant pas la moquerie, aurait répondu avec « des mots très durs, des mots qui touchent à la mère et à la sœur ». L'ancien capitaine des Bleus ajoute : « J'aurais préféré recevoir une droite qu'entendre les mots qu'il m'a dits. » C'est tout. On n'en saura pas plus. Et Zidane ne demandera jamais pardon.

Certes, « pour les enfants du monde entier », Zizou regrette son geste. Mais il rappelle, toujours sur le plateau, que le vrai coupable, c'est le provocateur. « Vous pensez qu'en finale de Coupe du monde, à quelques minutes de la fin de ma carrière, j'ai agi comme ça sans raison ? », prend-il Denisot à témoin. L'argument semble imparable pour le journaliste. Pourtant, cet ancien responsable des sports de la chaîne, ex-dirigeant du PSG, n'est pas né de la dernière pluie et connaît la brutalité récurrente de l'homme aux quatorze cartons rouges. Des cartons rouges, Zidane en a accumulé au cours de sa carrière plus que n'importe quel autre joueur de son niveau : quatorze fois, l'arbitre lui a administré la sanction fatale, contre seulement trois à Michel Platini. Il fit preuve de violence en 1993, en pulvérisant le nez d'un Marcel Desailly trop moqueur à son goût. En 1998, il écrasa ses crampons sur le dos d'un joueur saoudien au sol. Deux ans plus tard, il se fendit d'un coup de poing contre un adversaire en pleine Ligue des champions. Un geste qui lui valut de louper son second Ballon d'or et, surtout, lui attira les pires remontrances de sa carrière : « Tu as brûlé avec ta tête tout ce que tu as construit avec tes pieds », lui asséna ainsi le patron de la Juve, Giovanni Agnelli. Tel un métronome, Zidane ne cessa, par la suite, de distribuer gifles et coups de poing. En 2005, il se paya même le luxe de se faire expulser pour un coup porté à un adversaire, malgré dix-sept caméras braquées sur lui, chargées de le suivre pour un film dont il était le héros unique (*Zidane, un portrait du XXIe siècle*), réalisé à l'occasion d'un match du Real Madrid.

Autant dire qu'en 2006 son coup de sang estival ne relève pas de la surprise totale : l'homme est un nerveux, Michel Denisot ne l'ignore pas. Mais pourquoi poser des questions qui dérangent ? Zidane est devenu un héros national. Dès lors, comment ne pas l'absoudre ? « Zizou est impulsif[1] », reconnaît Olivier Margot, journaliste à *L'Équipe*, témoignant d'un joli sens de la litote. « C'est un enfant de la Castellane, un jeune qui a grandi dans les rues[2] », rappelle, tout attendri, son ancien patron au Real, Florentino Perez. Alors inutile de s'embêter à lui chercher des excuses ? « Zidane pourrait tuer cinq personnes dans la rue, on lui trouverait des circonstances atténuantes[3]. » C'est un responsable d'Orange, son sponsor, qui l'avance

Les fashion victims, elles, ne disent rien. Mais elles agissent. Le jour de la prestation télévisée du beau gosse, les accros de la mode n'ont d'yeux que pour sa veste militaire kaki, de la marque Zadig & Voltaire. Le lendemain, les boutiques de la griffe sont dévalisées. Le modèle, baptisé « le tunisien », sera un véritable best-seller. Au point que la marque de prêt-à-porter enverra un petit cadeau au joueur pour le remercier de ce coup de pub inespéré.

1. Entretien avec l'auteur, mai 2007.
2. Entretien avec l'auteur, septembre 2007.
3. *L'Équipe*, juillet 2006.

DEUXIÈME PARTIE

LA SUPERSTAR

7

Champions du monde

La légende de Zidane remonte à une autre Coupe du monde, celle de 1998. C'était il y a dix ans. Une forme de préhistoire pour l'équipe de France. Si on regarde les clichés, on a le sentiment de voir des photos de classe jaunies. Les joueurs étaient si différents. À l'époque, Laurent Blanc ne chaussait ses lunettes qu'en dehors du terrain, Fabien Barthez pouvait encore fumer dans sa chambre à Clairefontaine, Thierry Henry portait une fine moustache, David Trezeguet contenait difficilement ses larmes, Robert Pirès avait une coupe de petit garçon, Youri Djorkaeff n'était pas encore new-yorkais, Didier Deschamps était le vrai taulier, Marcel Desailly avait déjà deux portables, Christophe Dugarry portait un serre-tête, Lilian Thuram n'en revenait pas de savoir marquer des buts... et Zidane, lui, avait encore des cheveux. Ils avaient entre 20 et 33 ans. Ils avaient la jeunesse mais pas encore le palmarès.

Nous sommes à Clairefontaine, le 8 juin 1998. À partir de cette date, la petite ville des Yvelines, située à 50 kilomètres au sud-ouest de Paris, va vivre au rythme des matchs disputés par les Bleus. Mais pas seulement. Le pays entier. Pour la seconde fois, la France a été sélectionnée pour accueillir la Coupe du monde. C'est « à domicile », au Centre technique national Fernand-Sastre, à Clairefontaine, donc, que les joueurs viennent récupérer et s'entraîner entre chaque compétition.

Aux gamins que sont les joueurs, leur entraîneur Aimé Jacquet peut encore parler comme un père exigeant et impitoyable : « Ne venez pas m'emmerder, fixez-vous des objectifs ! Qu'est-ce qui se passe, vous avez peur de gagner ? Alors, continuez comme ça, les gars, et on va droit dans le mur ! » En ce début d'été, la pression est au maximum pour une équipe constituée par Aimé Jacquet envers et contre tous. À la surprise générale, Éric Cantona et David Ginola, les deux chouchous du foot français, n'ont pas été retenus. Nicolas Anelka non plus n'a pas convaincu. Jacquet leur a préféré des joueurs moins « stars » comme Zinedine Zidane, Youri Djorkaeff et Christophe Dugarry. Duga... celui qui, selon de nombreux journalistes, n'aurait jamais été choisi s'il n'avait été le copain de Zidane. La presse ne ménage pas l'entraîneur. « Jacquet était méticuleux, sérieux, rigoureux, se souvient Philippe Tournon, l'un des responsables du staff. La pression médiatique ingérable. *L'Équipe* s'est acharnée sur lui. Et comme ce quotidien est en position de monopole, il a influencé toute la presse parisienne. Les dessins de Patrice Delcourt étaient d'une cruauté incroyable. Sa famille proche a beaucoup souffert. En ce temps-là, les résultats de l'équipe de France étaient corrects, mais pas brillants[1]. »

Le sélectionneur n'en a cure. À l'époque, Zizou est pourtant loin d'être la star qu'il est aujourd'hui.

1. Entretien avec l'auteur, septembre 2007.

Sélectionné pour les phases qualificatives du Mondial 1994, il s'est fait remarquer en marquant deux buts. Mais depuis, il n'a pas vraiment fait d'étincelles. À l'Euro 1996, il avait même un peu les pieds dans la semoule. « Faut-il sacrifier Zidane ? », interrogeait d'ailleurs alors un article de *L'Équipe* paru au lendemain d'un match de présélection pour l'Euro contre l'Espagne. Autant dire qu'il n'a pas encore fait ses preuves. Mais Jacquet garde en mémoire cette rencontre de l'équipe de France en 1994 contre la République tchèque : « Nous étions menés 2 à 0 et la rentrée de Zizou sur le terrain a été plus que formidable. Il a marqué deux buts et nous a permis de repartir invaincus. Ce jour, ce fut un choc pour moi. Je me suis dit : il y a quelque chose de grand chez lui[1]. » Les qualités du futur numéro 10 ? « Il n'est pas donné à tout le monde de maîtriser le ballon comme il le fait, poursuit-il. Ensuite, il a une réelle facilité à lire le jeu, à l'organiser, à s'impliquer dedans avec ses partenaires. » Ainsi, selon Philippe Tournon, du staff des Bleus : « Jacquet a tout de suite compris que Youri et Zizou étaient les deux perles[2]. » L'entraîneur propose également à Cantona d'être le numéro 9, mais ce dernier refuse. Si la place est pourtant prestigieuse – c'est celle d'un Ronaldo, la star de l'équipe du Brésil –, en France, elle a mauvaise réputation. Qu'importe. L'entraîneur sait qu'il a forgé un esprit collectif. « Le groupe s'est vraiment soudé à Noël en 1997, lors du stage de Tignes, durant la présélection. Toutes les familles étaient présentes, la FFF a fait des cadeaux aux enfants. »

1. *TV Magazine*, 21 avril 2002.
2. Entretien avec l'auteur, septembre 2007.

La première rencontre avec l'Afrique du Sud aura lieu le 12 juin 1998, à Marseille. « C'est une chance de jouer chez nous », martèle Aimé Jacquet à ses troupes quelques heures avant l'heure H. Ce rendez-vous qu'aucun d'entre eux ne veut manquer est encore plus fort pour Zidane. Le Stade Vélodrome dont il a tant rêvé quand il tapait la balle à la Castellane, il va en fouler la pelouse avec l'équipe nationale, pour les championnats du monde. Quelle revanche pour le minot dont l'OM n'a jamais voulu ! Quelle fierté pour ses potes d'enfance et, bien sûr, les membres de sa famille, venus en force le soutenir. Dès le début du match, le destin semble sourire au joueur marseillais. À la trente-quatrième minute, il offre à son frère d'arme, Christophe Dugarry, une passe décisive. Le Bordelais marque. Dans le Stade Vélodrome, c'est l'explosion de joie. La foule, prompte à changer d'avis, acclame l'attaquant tant honni. Enfin reconnu, Dugarry s'autorise un pied de nez à tous ceux qui ont osé le huer un peu plus tôt, lorsqu'il a raté la cage de quelques centimètres : il leur tire la langue. Le joueur peut tout se permettre : son but vient de procurer aux spectateurs la première émotion d'une compétition qui va réserver aux Bleus d'incroyables moments.

À l'intérieur de l'équipe, tout est parfaitement organisé. Un ancien joueur, qui préfère garder l'anonymat, raconte : « Deschamps, surnommé "maxi-tête" pour sa propension à comploter en permanence, était le leader : négocier les primes, les soucis avec la presse ou réduire les trop grosses têtes de certains. C'était une grande gueule. » Lilian Thuram, lui, est déjà l'intello de la bande. Une réputation qu'il doit à sa seule lecture du journal *Le Revenu français*. « Pour l'ambiance, poursuit le même footballeur,

Duga et Candela étaient les rois. » Le soir de la victoire contre l'Afrique du Sud, c'est Vincent Candela qui entonne ces quelques notes qui vont se métamorphoser en hymne du Mondial : « La, la, la, la, la, lalalalalala, la la la la, lalalalalala... » Le refrain de *I Will Survive* est sur le point de devenir le « Haka » des Bleus, puis de la France entière.

Sans être très populaire, Zidane, de son côté, est déjà la mascotte des Français, le « leader affectif du groupe[1], analyse Jean-Marcel Ferret, l'ex-docteur de l'équipe de France. D'ailleurs, c'est lui qui nous a dégotté notre cuisinier italien. Il nous l'a fait venir de Turin ». Grâce à lui, ses coéquipiers peuvent descendre du bus en toute tranquillité : la foule des supporters n'en a que pour Zizou. Même Aimé Jacquet le nargue gentiment durant les séances de préparation, à Clairefontaine : « T'as un peu exagéré, ces derniers temps. Je sais, t'avais en tête les cinquante mille supporters, là-bas, au Maroc, qui te disaient "Zizou, Zizou". T'as pas pu résister[2]... », faisant référence à la récente victoire de la France au tournoi Hassan II. Dans le bus, chacun a sa place. Le trio composé de Candela, Duga et Zizou est toujours assis au fond. Au centre technique, ces deux derniers partagent la même chambre. « C'était leur groupe, leur vie. D'un regard réprobateur, Zizou pouvait chasser l'importun[3] », se souvient Robert Pirès. De fait, les vannes fusent, à n'importe quel moment. Quand le numéro 10 ne lance pas, à propos de Youri Djorkaeff : « Trop gentil ! Il devrait rester chez lui ! » il se moque des pieds plats de

1. Entretien avec l'auteur, juillet 2008.
2. *Les Yeux dans les Bleus*, Stéphane Meunier, 2P2L, 1998.
3. *L'Équipe Magazine*, 15 juillet 2006.

Guivarc'h. L'humour n'empêche pas les dissensions. Les relations sont même parfois tendues. Ainsi, entre Emmanuel Petit, l'un des chouchous d'Aimé, et Zidane, le courant ne passe pas. En tout et pour tout, les deux hommes ne se parleront que deux fois[1]. Mais face au reste du monde, le groupe est uni.

Le 12 juin, la France rentre dans la course avec un match contre l'Afrique du Sud, qu'elle remporte 3 à 0. Dans les gradins, le père de Dugarry en pleure d'émotion. Ces larmes, son fils les découvrira, bouleversé, quelques jours plus tard, en visionnant les images de la rencontre dans sa chambre d'hôtel, avec Zizou. Le 18 juin, le deuxième match du premier tour oppose les Bleus aux Saoudiens. L'équipe de France se qualifie pour les huitièmes, par 4 à 0. Mais perd Zidane, qui a eu le mauvais goût d'essuyer ses crampons sur Fouad Amin, capitaine de l'équipe adverse. Ainsi est-il le premier joueur français à être expulsé lors de cette Coupe du monde 1998. Il écope, du même coup, de deux suspensions de match. Aimé Jacquet est furieux, ses mises en demeure n'ayant servi à rien. « N'allez pas prendre bêtement des cartons rouges, gardez votre calme », répète-t-il depuis le début du Mondial. Didier Deschamps reproche, quant à lui, à Zidane de mettre le groupe en danger : « Impardonnable ! Il se condamne, et nous condamne[2] ! » Zizou, lui, est effaré et mortifié. Ce Mondial, il en rêve depuis toujours et l'en voilà exclu. « Le pire des cartons rouges est celui qu'on reçoit en Coupe du monde, confiera-t-il à son biographe Dan Franck. Ça fait mal. Atrocement

1. Entretien avec l'auteur, 2008.
2. *L'Humanité*, 20 juin 1998.

mal[1]. » Auprès de ses coéquipiers, il se plaint de ce rouge donné par un « enculé ». Seul Dugarry ose le railler sur cette maudite expulsion. Le dernier match du premier tour, un France-Danemark remporté 2-1, est presque une formalité. La France, quoi qu'il arrive, a gagné sa place en huitièmes.

Le 28 juin 1998, à Lens, Zidane, interdit de terrain, et Dugarry, blessé lors de celui contre l'Arabie saoudite, trépignent sur leur banc, frustrés de ne pas participer à ces huitièmes de finale contre l'incroyable équipe paraguayenne. Pourtant, les Français en sortent vainqueurs, grâce au but en or de Laurent Blanc. « Pour fêter notre victoire, nous avons organisé un banquet avec nos épouses dans les… locaux du stade de Lens ! Notre cuistot nous suivait partout et était capable de faire la cuisine n'importe où[2] », raconte Ferret. Les Bleus se sentent des ailes, se prennent à rêver l'impensable : et si les Italiens, qu'ils affrontent en quarts de finale… perdaient ? Cette Squadra Azzura, trois fois championne du monde, compte les meilleurs joueurs européens, dont certains, tel Christian Vieri, jouent à la Juve avec Zizou. Peu impressionné, Aimé Jacquet estime qu'une qualification française serait « extraordinaire mais logique ».

Le 3 juillet, les rues sont vides. Douze millions de Français sont devant leur téléviseur. Au Stade de France, à Saint-Denis, l'ambiance est électrique. Zidane, enfin de retour sur le terrain, est pressé d'en découdre. En fait, à la fin du temps réglementaire, le choc des Titans se soldera par un score nul. Les adversaires vont devoir se départager par une série

1. Entretien avec l'auteur, 2008.
2. Entretien avec l'auteur, juillet 2008.

de tirs au but. Les téléspectateurs retiennent leur souffle. Pour Trezeguet, huit ans avant Berlin, la séance est insoutenable. Il se cache derrière le maillot de Thierry Henry, petit jeunot de 20 ans à l'époque. Avec flegme, Zidane s'avance et marque. Dans le camp adverse, Roberto Baggio égalise aussitôt. C'est au tour de Bixente Lizarazu qui tire et… rate. Dugarry, assis sur le banc à cause d'une blessure qui l'empêche de jouer, blêmit. Heureusement, Barthez arrête le ballon de l'Italien Demetrio Albertini. Les quatre joueurs suivants, David Trezeguet et Thierry Henry côté français, Alessandro Costacurta et Christian Vieri côté italien, mettent dans le mille. Le score est de 3-3. Laurent Blanc creuse l'écart à nouveau. Enfin, Luigi Di Biagio tire… et rate. Décidément, Barthez aura été l'homme du match. Le divin chauve, dont même Jacques Chirac embrassera le crâne, a arrêté deux buts. La France est qualifiée en demi-finale. Dans les gradins, sur les terrasses des cafés ou chez soi, tout un pays exulte de joie. Dans les rues, les drapeaux tricolores s'arrachent : jamais les fabricants n'ont imaginé que la France irait si loin et ils ont produit une quantité de drapeaux insuffisante. Les supporters les plus exaltés n'hésitent pas à piller les mairies, les préfectures et les casernes de pompiers, grimpant sur les façades pour voler un fanion tricolore.

L'équipe a atteint sa vitesse de croisière. Rien ne semble l'arrêter. Quant à Zizou, il ronge son frein. Ses passes ont beau être toujours aussi bonnes, il ne s'est encore illustré par rien de vraiment frappant. « Concrètement, ce n'est pas le meilleur sur le terrain. Ni contre l'Italie, ni contre la Croatie[1] »,

1. Entretien avec l'auteur, février 2007.

analyse a posteriori Patrick Dessault, journaliste à *France Foot*. « C'est vrai, reconnaît Ferret, que Zidane est monté en puissance progressivement[1]. » Dans sa chambre, le numéro 10 rêve pourtant de beaux exploits. Le grand joueur est celui qui entraîne son équipe au sommet. Et le sommet, les Bleus ne l'ont pas encore atteint. Dans les vestiaires, Deschamps remonte les bretelles ou distille les conseils. Pour parler à Zizou, il étale sa serviette par terre et s'allonge près du numéro 10, les pieds relevés sur le banc, lui chuchotant ses recommandations à l'oreille. C'est que la demi-finale s'annonce ardue : les adversaires croates, qui ont infligé aux Allemands une défaite humiliante de 3 buts à 0, sont redoutables.

Le 8 juillet, le Stade de France est plein à craquer : les quatre-vingt mille places ont été vendues en quelques heures. À la fin de la première mi-temps, les deux équipes sont toujours à match nul, Aimé Jacquet enrage. Durant les quinze minutes de pause dans les vestiaires, il laisse éclater sa colère. « C'est quoi ce jeu ? Vous voulez rentrer à la maison défaits ? » tonne-t-il. Les Bleus baissent les yeux. « Mémé », comme ils le surnomment affectueusement, sait être dure. Mais la délivrance arrive à la deuxième mi-temps : à la quarante-huitième minute, Lilian Thuram marque son premier but… suivi d'un second, à la soixante-neuvième minute. Un miracle ! Devant la Terre entière, Thuram s'agenouille et pose un index au-dessus de ses lèvres, songeur et mutin. À la soixante-quatorzième minute, Laurent Blanc est expulsé. Il n'empêche, la victoire n'est plus très loin. Quand l'arbitre siffle la fin du match, c'est la folie.

1. Entretien avec l'auteur, juillet 2008.

Pour la première fois de son histoire, la France est qualifiée en finale. Dans leurs vestiaires, les Bleus entonnent leur hymne, « La, la, la, la, la, lalalalalala, la la la la, lalalalalala... », sous le regard sceptique de Lionel Jospin, un peu crispé dans son costume passe-muraille au milieu de ces joueurs en culotte blanche fiers de leurs corps. Jacques Chirac, même s'il ne connaît pas tous les noms des footballeurs, a enfilé un maillot de l'équipe : il semble plus heureux encore qu'Aimé Jacquet.

France-Brésil : voilà une affiche alléchante pour la finale. *Brazil, Brazil !* Le bus qui transporte l'équipe nationale est désormais précédé de la Garde républicaine, chargée d'ouvrir le passage. Des milliers de supporters courent derrière les champions. Le matin du dimanche 12 juillet, au centre d'entraînement de Clairefontaine, tout le monde s'est levé très tôt. Impossible de dormir. Jacquet, lui, s'est réveillé à 5 heures. Dans sa chambre, Zizou passe quelques coups de fil, à ses parents et ses copains de quartiers. C'est le grand jour. Il ne le sait pas encore, mais cette finale sera la sienne. À 18 heures, des voitures du Raid arrivent pour escorter les joueurs jusqu'au stade. Quatre motards ouvrent la procession, deux autres la ferment. Rambouillet, Le Perray, Les Essarts : sur la route, une foule compacte crie : « Allez, les Bleus ! » Dans le bus, les joueurs se regardent, incrédules. C'est bien eux qu'on acclame comme des héros. Le car arrive avec une demi-heure de retard au Stade de France. « Nous étions dans les vestiaires quand nous avons reçu la feuille de match, sur laquelle était inscrit : "Ronaldo, remplaçant" », raconte un membre du staff. Ronaldo, le magicien, le meilleur joueur du monde, ne serait pas certain de jouer ? Jacquet affirme : « Je n'y crois pas une seconde, c'est un leurre. » De fait, Ronaldo est malade, mais jouera quand même.

Avant d'entrer dans l'arène, Laurent Blanc prend Zidane à part et lui susurre : « À toi, maintenant. Vas-y, fais nous gagner ! » Jamais *La Marseillaise* n'a résonné avec autant de puissance dans un stade. Serrés les uns contre les autres, soudés en un seul bloc, les Bleus chantent à tue-tête. Mal, faux, à moitié ou dans leur cœur, mais ils la chantent. Le sifflet retentit, il est 20 h 50, la finale commence.

Les Français jouent comme les Brésiliens : ils dansent la samba. À la vingt-septième minute, sur une passe de Petit, Zizou s'élève dans les airs et… marque son premier but de la tête. « Incroyable ! », hurlent les commentateurs. Ils n'ont encore rien vu. À peine dix-huit minutes plus tard, le numéro 10 réalise l'inimaginable, sous le nez des Brésiliens hallucinés : il marque un deuxième but, toujours avec la tête. Alors qu'autrefois, pendant ses entraînements cannois, il n'aimait pas les jeux de tête… Son corps est parcouru de frissons. Lui, Zinedine Zidane, vient de marquer deux buts en finale de Coupe du monde à quelques minutes d'intervalle. Avec ce doublé historique, le numéro 10 rejoint dans le panthéon du football Pelé et les six autres joueurs qui ont été capables d'une telle prouesse. À la mi-temps, quand le numéro 10 entre dans les vestiaires, il n'entend ni bravos ni applaudissements. « Mais l'excitation est tellement forte que tout le monde parlait en même temps, raconte un ancien. C'est Aimé qui va nous demander de nous taire et de nous calmer[1]. » Jacquet en est convaincu : il ne faut pas crier victoire trop tôt, ne pas relâcher la

1. Entretien avec l'auteur, juillet 2008.

pression. Le match reprend. Lorsqu'Emmanuel Petit marque un troisième but, quelques minutes avant la fin, enfin le public laisse éclater sa joie. Et fait un triomphe à l'équipe victorieuse. Coup de sifflet final. La France est championne du monde. La folie s'empare du pays. Au moment de soulever la coupe des vainqueurs, les Bleus, ces jeunes hommes que le pays a appris à connaître en ce mois d'été, ont conscience qu'ils sont devenus des héros. Zizou cherche du regard sa Véronique et leur fils, Enzo. Il se dirige vers eux, les prend dans ses bras et pleure.

À 800 kilomètres de là, dans une petite maison marseillaise, un homme exulte en silence. Cet homme, c'est Smaïl Zidane, le père du héros du jour. Entouré de tout son clan, le patriarche n'a pas été capable de regarder la finale en direct. Pour tous les matchs de son petit dernier, c'est la même chose : il allume la télévision dans le salon et se retire dans la pièce d'à côté. Trop dur. Trop peur de voir son fiston se blesser, souffrir. Ce dimanche 12 juillet, à la minute où Zinedine a marqué son premier coup de tête, Smaïl était assis dans le jardin, occupé à bercer son petit-fils Luca pour l'endormir. À l'époque, le fils cadet de Zidane avait deux mois. C'est Noureddine, accroché au téléviseur avec les autres membres de la famille, qui est venu le prévenir, en hurlant de joie : « Papa, Papa, Yazid a marqué ! » Smaïl n'a rien répondu. Pas un mot. Mais son visage s'est illuminé d'un immense sourire.

À Paris, la cohue commence à la sortie du stade. « Des gens abandonnaient leurs voitures pour courir derrière nous[1] », se souvient l'attaquant Youri

1. *L'Équipe Magazine*, avril 2005.

Djorkaeff. À l'intérieur du véhicule qui ramène l'équipe à Clairefontaine, Zizou appelle un copain d'enfance : « T'as vu ça ? Non mais t'as vu ça ? » Il est visiblement ému, et pourtant sa voix trahit une certaine tranquillité. Comme s'il avait prévu ce qui allait se produire. De retour au centre d'entraînement, il emmène femme et enfant fêter l'événement dans le parc, où il boit du champagne en admirant un feu d'artifice, entouré de ses coéquipiers. Laurent Blanc, Duga et Youri, eux, vont fumer des cigares. Tous se répètent, inlassablement : « Putain, on l'a fait. On est champions du monde. »

8

Zizou, président !

Dans la capitale, sitôt la fin du match sifflée, quatre cent mille Français rejoignent spontanément la plus célèbre avenue du monde. Au milieu de la nuit, au plus fort de la fête, ils sont un million et demi à hurler leur joie sur les Champs-Élysées. Un record absolu, du jamais vu depuis la Libération, cinquante-quatre ans plus tôt. Sur le fronton de l'Arc de triomphe défilent en lettres bleues les noms des vingt-deux joueurs. De temps à autre, une phrase s'affiche : « Zizou, on t'aime ! » Et puis un dernier message défile enfin, celui-là même scandé par les Français depuis des heures : « Zizou président ! ». Au-dessous, projetée sur un pilier du monument, l'image monumentale du visage de Zinedine, grave et intimidé, donne à la fête des airs de célébration nationale.

Cette célébration bat son plein jusqu'à l'arrivée des joueurs le lendemain dans la journée. Dans le bus à impériale qui transporte les champions du monde vers l'Arc de triomphe, le 13 juillet 1998, un enfant de trois ans est assoupi sur les genoux de son père. Ce petit garçon, c'est Enzo Zidane, le fils aîné du joueur. Avec qui d'autre faire partager ce rêve devenu réalité ? À qui d'autre montrer du doigt cette foule qui hurle : « Zizou président ! » ? Quand il se réveille, le garçon regarde, impressionné, la foule survoltée qui se presse autour du véhicule et acclame son papa. Il voit les milliers de mains qui tentent de toucher, à son passage, le carrosse des héros du jour. Ils sont six cent mille, sous le soleil, à faire un triomphe aux joueurs sur les Champs-Élysées. Au point que leur bus, bloqué par le flot, doit faire demi-tour. Au milieu des saluts, des sourires échangés, des cris, des youyous, des klaxons, des pétards et des fumigènes, on se bouscule, on se congratule, on se côtoie, on danse, on improvise une « ola » et on entonne en refrain le slogan fédérateur et symbolique de cette soirée de délire collectif : « Zidane président ! » Des voitures sont chahutées, on se serre la main, on n'en revient pas d'être ensemble. Des drapeaux flottent sur la foule et s'élèvent dans les airs au rythme des tam-tams et des tarbourkas. Il y a, bien sûr, le drapeau français. Mais aussi l'algérien, agité en hommage aux origines de Zizou.

« Zizou président ! » Des centaines de milliers de Français vont reprendre cette phrase en chœur, exprimant ainsi une gratitude aussi méritée que démesurée. « C'est fou, c'est trop », s'exclame, abasourdi, le principal intéressé à des proches. « Zidane président ! » Les deux mots retentissent le soir au Lido, où les joueurs sont invités à dîner. Et à nouveau le lendemain, lors de la traditionnelle garden-party de l'Élysée du 14 juillet. Beau joueur, Jacques Chirac accepte avec le sourire cette nouvelle forme de cohabitation politico-sportive dictée par l'événement. Et pour cause : la victoire lui fera gagner 20 points de popularité dans les sondages et suscitera, de façon indirecte, 0,3 % de croissance. Pour la première fois de son histoire, la France « tricolore et multicolore » est championne du monde : dans ces conditions, comment le président de la République pourrait-il bouder son plaisir ? Comment pourrait-il même s'offusquer de voir débarquer ses invités en tee-shirt-jean-baskets ?

Dans les jardins de l'Élysée, que les Bleus découvrent au son du fameux « La, la, la, la, la, lalalalalala, la la la la, lalalalalala... », entonné pour l'occasion par la Garde républicaine, Jacques Chirac réserve aux champions un accueil enthousiaste, les félicitant d'avoir « gagné le championnat de... France » ! Étrange lapsus... C'est au tour de Zizou, poussé par Didier Deschamps, de prononcer quelques mots. Debout entre le chef de l'État et le capitaine de l'équipe de France de l'époque, le numéro 10 regarde, médusé, la foule des invités, politiques, ministres, écrivains, stars du show-biz, qui lui fait face et se met à scander : « Zidane président ! » Zizou n'arrive plus à articuler un son...

De leur côté, les journalistes du monde entier sont bientôt intarissables. Cédant à leur tour à l'enthousiasme des Français, les magazines américains *Time* et *Newsweek*, généralement peu tendres avec les habitants de l'Hexagone, titrent en couverture, en français dans le texte : « Bravo la France ! » et « Allez les Bleus ! ». Le *New York Times* évoque cette France « ingérable, jamais d'accord sur rien, éternellement divisée, profondément sceptique », qui « s'est retrouvée unie autour d'une équipe de football... L'équipe est devenue le symbole positif d'un pays qui retrouve la croissance après une longue période de blues ».

La chaleur de la réaction des Français, réputés arrogants et râleurs, ainsi que la dignité de leur équipe ont su déclencher la sympathie et l'estime de la presse internationale. Une première. Et ce climat délirant tient pour une grande part à la magie de Zidane. Il confiera des années plus tard le choc que fut pour lui ce moment incroyable du 12 juillet et à quel point il n'avait pas été préparé à ce tumulte. Jamais deux buts n'ont autant changé la vie d'un homme. Mais demain, de quoi sera-t-il fait ?

9

Champions d'Europe

Avant le Championnat d'Europe des Nations de 2000 en Belgique et aux Pays-Bas, Zidane est bien décidé à repartir une fois encore avec la coupe. À 28 ans, le numéro 10, en dépit des quelques ratés qu'il connaît à la Juve, est au meilleur de sa forme et de son niveau de jeu. Pendant les qualifications, de février à avril, rares sont les rencontres qui ont été remportées sans lui. La compétition a lieu en Belgique. Coachée par Roger Lemerre, qui a remplacé Aimé Jacquet, l'équipe nationale française prend ses quartiers près de Bruxelles, au château de Genval, un cinq-étoiles ressemblant à une version miniature du Trianon versaillais. Véritable star de la troupe, Zizou obtient de la fédération de faire embaucher, pour le plus grand plaisir de toute l'équipe, son cuisinier préféré, Roberto, le chef de son restaurant préféré à Turin, Da Angelino.

Le 11 juin, à Bruges, les Bleus rencontrent enfin leur premier adversaire : le Danemark. Le match débute mal. Encerclés, pressés par les Danois, les Français semblent désorientés. Il faut attendre la soixante-quatrième minute pour que le numéro 10 fasse une passe décisive à Thierry Henry : deuxième but pour la France. Un autre suit. Ce 3-0 est de bon augure : quelques jours plus tard, les Tchèques s'inclinent à leur tour et permettent à l'équipe nationale d'accéder aux quarts de finale. Ceux-ci ont lieu le 25 juin, contre l'Espagne. Tout d'abord, l'équipe tricolore mène. Au moment des arrêts de jeu, le score est même de 2-1 pour la France, qui se voit déjà en demi-finale. Mais l'arbitre siffle un penalty pour les Espagnols : Raul, le jeune prodige ibérique, tire. Sa tête flanche, son pied tremble et le ballon s'envole. Ça y est, les Bleus sont en demi-finale.

Qui les oppose au Portugal, le 28 juin, à Bruxelles. Et ils se voient ballottés comme jamais depuis le début de la compétition. Pour la première fois, l'équipe adverse ouvre le score. L'attaquant Thierry Henry égalise en deuxième mi-temps. Mais ensuite, ses coéquipiers poussent vainement. Il faut jouer les prolongations. De sa ligne de touche, l'arbitre assistant signale la main du défenseur Abel Xavier dans la surface de réparation. Polémique et discussions n'empêchent pas le penalty. Que Zidane transforme, portant le score à 2-1 : grâce à lui, la France est en finale.

Dimanche 2 juillet 2000, à Rotterdam, les Bleus affrontent donc les Italiens. Personne n'imaginait, avant la compétition, que ces derniers iraient si loin, mais leur organisation défensive a impressionné depuis ce début d'Euro. En ce jour de finale, l'Italie semble inattaquable. Dès le début de la rencontre, elle empêche le milieu de terrain Zidane de rayonner sur le jeu. Elle marque en début de seconde mi-temps. Puis elle défend, bec et ongles, tête et jambes. En s'arc-boutant, elle s'approche tout doucement de son premier titre majeur depuis 1982 et sa victoire en Coupe du monde. Sur les gradins, à quarante secondes de la victoire, les tifosi entonnent leur chant national. Sur le terrain, Desailly glisse à Deschamps : « C'est mort[1]. » Alors qu'il reste seulement quinze secondes de jeu, l'attaquant Sylvain Wiltord égalise sur une passe de David Trezeguet : son ballon est passé entre les jambes d'Alessandro Nesta et sous le bras de Francesco Toldo. Le suspens se maintient le temps des prolongations. À la treizième minute, sur un ballon de Robert Pirès, l'attaquant David Trezeguet inscrit le « but en or[2] ». Deux ans après la Coupe du monde, les Bleus décrochent le titre au Championnat d'Europe des nations. C'est la deuxième fois, après la victoire tricolore en 1984, que la France remporte cette prestigieuse compétition, qui regroupe seize équipes nationales. Mieux, jamais aucune équipe n'a réussi le doublé Mondial-Euro dans ce sens. En outre, l'équipe tricolore gagne pour la première fois un trophée important en jouant hors de ses frontières, ici la Belgique. Cette année, Zizou est consacré par la FIFA footballeur de l'année.

---

1. *Zidane. Le dieu qui voulait juste être un homme*, Baptiste Blanchet et Thibaut Fraix-Burnet, Éditions Ramsay, 2006.

2. « C'était fou, révèle Jean-Marcel Ferret. Pour nous, c'était plié. On pensait rentrer à la maison défaits. Les Italiens eux étaient tellement convaincus d'avoir gagné qu'ils ont débouché des bouteilles de champagne que nous avons récupérées en passant devant leur vestiaire à la fin de la rencontre ! » Entretien avec l'auteur, juillet 2008.

10

Un dieu sur terre

Ce soir de novembre 2006, Zinedine Zidane a laissé à l'hôtel son bonnet noir siglé Dolce & Gabbana. Le joueur pense qu'il n'aura pas besoin de son couvre-chef habituel destiné à le protéger des regards indiscrets. Il est au Bangladesh et, dans ce pays, l'un des plus pauvres du monde mais aussi l'un des plus peuplés, personne ne risque le reconnaître. Erreur fatale. Ce que le footballeur français ne soupçonne pas, c'est que les autorités locales ont dû déployer des rangées de policiers casqués le long des routes pour tenter de contenir le débordement des foules. Les conférences de presse du jeune retraité, qui participe à un voyage pour son sponsor Danone, tournent à l'émeute. Dès son arrivée, Zidane est accueilli comme un chef d'État sur le tarmac de Dacca, la capitale. Les quarante-huit heures de son périple, destiné à rendre visite aux bénéficiaires de microcrédits débloqués par la banque de Muhammad Yunus, Prix Nobel de la paix 2006, vont se dérouler dans une indescriptible liesse populaire. Lors d'une cérémonie d'inauguration d'une manufacture de produits alimentaires, d'un match improvisé dans un village ou d'une soirée officielle au stade national, le moindre de ses déplacements déchaîne les populations locales. Le groupe Danone, qui cornaque le footballeur dans son nouveau métier itinérant, a embauché quatre gardes du corps pour veiller sur lui. Muhammad Yunus est même totalement éclipsé par la popularité de son invité de marque.

La veille du retour, le stade national Banghabandu est exceptionnellement illuminé. Vingt-cinq millions de téléspectateurs s'apprêtent à suivre chez eux la retransmission d'un match amical entre deux équipes bangladaises. Devant la foule en délire, le maestro français, vêtu simplement d'un treillis de toile kaki et d'une chemise, improvise quelques mouvements. Chauffé à blanc, il se prend au jeu et enfile un short orange, couleur du drapeau national, sur son pantalon, pour enflammer le terrain de ses passes virtuoses. Exfiltré du jeu par la sécurité après une dizaine de minutes, c'est un Zidane en sueur et rigolard qui retourne à son hôtel. L'espace d'un instant, il a retrouvé les sensations de son récent passé de joueur international, les hourras d'un public euphorique qui ponctuent chacune de ses actions sur le terrain. Car, même dans ce pays du sous-continent indien, à mille lieues des réalités françaises, Zidane est une star.

Il le mesure seulement maintenant. « Je suis stupéfait, déclare-t-il à la chaîne de télévision NtV. Je n'aurais jamais pensé que des gens vivant à des milliers de kilomètres, dans des petits villages du Bangladesh, savaient qui j'étais. » Anwarul Haque Helal, secrétaire général de la Fédération de football du Bangladesh, déclare à la presse : « Sa popularité frôle l'idolâtrie et nous sommes très honorés de l'accueillir parce qu'il va donner de l'inspiration à nos jeunes joueurs. Les supporteurs du Bangladesh étaient très choqués par son exclusion lors de la finale du Mondial 2006, mais il reste tout aussi populaire qu'avant. Pour nous, il est le messie du football. » Rien que cela. Et même plus encore : le président de la République, Iajuddin Ahmed, lui propose ni plus ni moins que de revenir quelques mois plus tard pour jouer le rôle d'« observateur des élections législatives ». Un comble pour l'ancien footballeur, venu, à l'origine, soutenir l'image du groupe de Franck Riboud, désireux de développer la vente de yaourts sur de nouveaux marchés. Danone peut se frotter les mains : Zidane le « musulman » vaut un million de campagnes de pub.

Durant ce voyage, Zidane lui-même en prend donc conscience : il est un véritable dieu sur terre. En juillet 2007, un court séjour en Indonésie achève de le convaincre de son aura planétaire. Susilo Bambang, chef d'État du premier pays musulman du monde, le reçoit en personne. Un cortège automobile est mis à sa disposition. Là encore, on se prépare à l'affluence des foules. Dans cet archipel aussi, Zizou compte de nombreux fans. En 2006, des millions de personnes, dont le président, se sont ainsi massées devant les écrans pour voir la finale du Mondial en direct. Toutes ont veillé tard dans la nuit pour assister, décalage horaire oblige, à la retransmission en direct. Le lendemain, la photo de Zizou assénant son coup de tête à Materazzi a même éclipsé, en une des quotidiens indonésiens, celle de l'équipe gagnante d'Italie.

En cet été 2007, lors de sa visite au palais présidentiel de Jakarta, le sportif a pris la peine d'enfiler une chemise en batik, l'étoffe imprimée traditionnelle. Suivi de près par Jacques Bungert, Zidane fait bonne figure quand le président Susilo Bambang effectue quelques passes de ballon sous les applaudissements de ministres et d'officiels. Mieux : il s'offre le plaisir de remettre au chef de l'État un maillot des Bleus floqué de son nom et du numéro 10. Le président exhibe le trophée avec un grand sourire. Nouveaux applaudissements. L'émotion est palpable. Difficile de savoir qui est le plus impressionné des deux : quand il jongle avec la balle, la vedette retraitée, chaussée d'Adidas d'un blanc immaculé, le fait avec retenue, comme un passage obligé. Ce petit geste vaut tous les cadeaux de la terre.

Vatican, Bangladesh, Brésil, Thaïlande, Niger ou États-Unis : partout, Zidane est accueilli comme un ministre. Début 2008 aussi, quand le président brésilien Lula reçoit en personne celui qui est considéré comme l'artisan des deux défaites du Brésil en Coupe du monde, celui que la presse du pays a surnommé le « bourreau de la sélection brésilienne ». Partout, les mêmes scènes se reproduisent, témoignant de la popularité universelle du joueur français. Contrairement à ce que l'on aurait pu prédire, et pour le plus grand bonheur de ses sponsors, le coup de tête de la finale de 2006 n'a en rien terni l'image de l'icône. Bien au contraire ! À Bollywood, Zayed Khan, le George Clooney indien, adulé par des millions de groupies, n'hésite pas à prénommer son enfant… Zidane. Dans le pays du football, les personnalités les plus diverses y vont volontiers de leur couplet lyrique quand il s'agit de parler de la star du ballon rond. Ainsi Pelé, lui-même dieu vivant dans son Brésil natal, déclarait, quelques mois avant le Mondial 1998 : « Tout le monde n'a que du Ronaldo à la bouche. Moi, j'ai du Zidane. » Au moment de quitter Madrid pour Los Angeles, un autre joueur vedette, David Beckham, dit un jour à Florentino Perez, le patron du Real : « Merci de m'avoir permis de jouer avec Zidane[1]. » Christophe Dugarry, le copain de Zizou, confirme à sa façon : « Zizou n'est pas quelqu'un qui aime fréquenter les stars, il ne se sert pas de son charisme pour avoir sa cour. Mais il pourrait être dix fois Beckham, s'il le voulait[2]. » À son ancien entraîneur Aimé Jacquet, le numéro 10 a tout simplement apporté « la lumière ». Encensé par tous, Zizou, désormais, ne s'appartient plus.

---

1. Entretien avec l'auteur, septembre 2007.
2. Entretien avec l'auteur, janvier 2008.

11

Une couronne trop lourde

En 2002, Zidane, pour la deuxième fois de sa carrière, est élu meilleur joueur FIFA de l'année. Il est le roi du monde et la zizoumania se répand jusqu'au Vatican. Le 16 septembre 2002, le pape Jean-Paul II invite les joueurs du Real Madrid dans sa résidence d'été de Castel Gandolfo. La délégation madrilène, qui comprend une cinquantaine de personnes, offre au Saint-Père une réplique miniature en argent du stade Santiago-Bernabeu et une carte de membre honoraire du Real. À l'occasion du centenaire de leur club, les footballeurs de la capitale espagnole lui ont également dédicacé le maillot de cette année anniversaire. En retour, chacun reçoit un rosaire bénit par Sa Sainteté. Dans un murmure, leur hôte, déjà diminué par la maladie, parle de la « noblesse » du sport et de son importance pour surmonter les barrières culturelles et idéologiques.

Impeccablement sanglés dans des costumes sombres avec cravates bleu marine, les joueurs intimidés se placent autour du vieil homme afin d'immortaliser l'instant par une photo-souvenir. Seul musulman parmi une équipe composée en majorité de Brésiliens et d'Espagnols très catholiques, Zidane se tient un peu en retrait. Pudique, il ne sait quelle attitude adopter à l'égard du souverain pontife. Il décide finalement de s'effacer quand le pape bénit affectueusement ses coéquipiers. Mais tenter la discrétion lui devient chose impossible. Zidane a beau faire mine de se dérober, il est assailli par les cardinaux à la fin de la séance. Lesquels lui réclament qui un autographe, qui un cliché dédicacé. Cette scène vaticane est surréaliste. La star, fidèle à elle-même, sourit calmement à ces hommes en robe rouge qui virevoltent autour de lui, excités comme des enfants.

Alors que la visite tire à sa fin, un dirigeant[1] du club reçoit un appel téléphonique. À la vue du numéro, il recule d'un pas, se dissimule derrière un joueur et décroche en chuchotant. À l'autre bout du téléphone : Juan Carlos en personne. Le roi d'Espagne est désolé de le déranger à un moment si important, mais il a une petite faveur à solliciter : Zidane pourrait-il assister au déjeuner officiel prévu le 2 octobre en l'honneur du président algérien Bouteflika ? « Bien sûr, bien sûr, je lui en parle ce soir », répond le cadre madrilène. De retour dans la capitale espagnole, il tâte le terrain auprès du numéro 5 qui l'a rejoint dans son bureau : « Voilà, "Sissou", j'ai reçu un appel du Palais. Le président algérien arrive bientôt en Espagne. Sa Majesté aimerait beaucoup que tu sois présent. Qu'en dis-tu[2] ? » Surpris, Zidane hésite, avant de refuser poliment : il a pris des engagements auprès des Bleus et, à cette date-là, il sera en France. Mais en quittant la pièce, il se retourne, revient sur ses pas et lance, avec un sourire légèrement ironique : « Tu sais, je suis

1. Entretien avec l'auteur, juillet 2007.
2. Entretien avec l'auteur, juillet 2007.

français. » Le mot est lâché. Zizou, fils d'immigrés algériens, n'en peut plus d'être sans cesse ramené à ses origines maghrébines. Pourquoi l'inviter avec Bouteflika ? Avec Chirac, éventuellement, mais avec Bouteflika ? Même en Espagne, il faudrait qu'il joue les porte-drapeaux d'une Algérie de l'émigration heureuse ? Pas question. L'enfant de la Castellane est avant tout un joueur de foot, exceptionnel certes, mais qui ne représente que lui-même.

Le beau Kabyle aux yeux verts porte une histoire trop lourde pour ses épaules pourtant larges. L'Algérie ? Lors de son voyage en décembre 2006, il dit ressentir envers elle « un sentiment de solidarité et d'amour ». Pour autant, à l'époque, il n'y a pas remis les pieds depuis l'âge de huit ans. Ses racines, en réalité, sont dans les quartiers nord de Marseille. Non que Zinedine ne se sente pas algérien, mais il est avant tout un petit gars d'ici. Lui qui, au cours de sa carrière professionnelle, s'est mis à l'italien et l'espagnol mais n'a jamais appris le kabyle ou l'arabe. Après tout, à la maison comme avec ses amis, il parle français. Le benjamin de la famille Zidane n'a pas effectué son service militaire en Algérie, contrairement à son frère, Farid. D'autant que ce dernier n'avait pas gardé un excellent souvenir de ces deux années passées à Dely Ibrahim, près d'Alger. « C'était difficile d'aller là-bas. À l'époque, on était autant immigré en France qu'en Algérie. Je ne parlais pas l'arabe, je parlais juste le kabyle… Pour mon père, l'Algérie c'était comme un paradis, alors je ne voulais pas donner à Yazid une image différente. Je ne parlais pas du bled avec lui[1] », explique Farid.

---

1. *L'Équipe Magazine*, 2 avril 2005.

Zinedine, lui, a effectué son service militaire à Joinville-le-Pont, en banlieue parisienne. « Cela avait été si dur pour Farid d'être éloigné de nous tous que je n'ai pas souhaité que Yazid fasse son service national au pays[1] », explique son père, Smaïl, dans un souffle. Lui-même, qui n'a pourtant jamais demandé sa naturalisation et ne peut donc pas voter, aime profondément la France. Mais il a toujours gardé un lien avec Aguemoun, ce petit hameau kabyle où il est né à la fin des années 1940. Il va y passer ses vacances une fois par an, y construisant une maison pierre par pierre à chacun de ses passages. Lui qui connaît bien la *gharba*, l'exil en français, n'a pas souhaité que ses enfants le vivent dans leur cœur. Il ne les a donc jamais obligés à rentrer chaque été en Algérie. Madjid, son fils aîné, est le seul à retourner régulièrement là-bas : adulte, il a éprouvé le besoin de se retrouver sur la terre de ses ancêtres. Il s'y sent bien, heureux dans ce paysage resté sauvage où tout le monde le connaît. Madjid et Farid sont les seuls à avoir épousé une fille du pays.

Pour Zinedine, cette contrée située de l'autre côté de la Méditerranée fait davantage partie de son patrimoine familial que de son identité. De l'Algérie il aime les plats que lui prépare sa mère, comme le couscous et le felfel, salade de poivrons noyés dans l'huile d'olive que l'on mange avec la galette kabyle. Du pays de ses ancêtres il chérit également les histoires que racontait son père. Et puis, il garde un souvenir merveilleux de ses vacances passées à Aguemoun, de ces parties de football disputées là-bas avec tous les cousins du bled. C'est beaucoup et c'est peu à la fois. Un jour, Zidane demande à l'un de ses amis algériens : « Pied-noir, ça veut dire

1. *Ibid.*

quoi ? » La question n'est pas de savoir s'il se sent davantage français qu'algérien, mais s'il se sent plus algérien que footballeur. De l'islam, la religion de ses parents, Zidane – à l'opposé d'un Anelka ou d'un Ribéry, tous deux convertis – ne connaît rien. Pour lui, ramadan ou halal sont des notions abstraites. Guère pratiquant, il mange du jambon et apprécie le bon vin. « Quand je vois les jeunes joueurs musulmans de l'équipe de France qui refusent de manger de la viande qui n'est pas halal ou d'autres qui prient avant d'entrer sur le terrain, raconte un cadre des Bleus, je me dis qu'une époque est révolue. » Tout comme la religion est, pour ce non-croyant et non-pratiquant, une affaire de valeurs et non de frontières, les origines familiales sont avant tout une affaire de cœur. Pas de symboles ni d'histoire.

« Je joue pour un peuple, un pays, un drapeau, un symbole[1] », déclare le joueur en 1998. On est en pleine Coupe du monde. Zidane prononce cette phrase spontanément, sans aucune arrière-pensée. Il joue avec les Bleus et il défend les couleurs de son équipe, tout bêtement. Aussi, quand il se retrouve, au lendemain de la finale, porte-parole de la France « black-blanc-beur », il en est tout d'abord étonné. Lui qui n'a jamais rien revendiqué de tel, ne s'est jamais exprimé publiquement sur les problèmes de mixité et d'intégration, se retrouve au centre d'un débat national qui le dépasse. « Dommage que Materazzi n'ait pas vraiment traité la mère de Zidane de pute terroriste, Zizou serait devenu l'icône de l'antiracisme[2] », regrette même le comique Jamel, ami du joueur. « Zidane n'a pas besoin de faire de

1. *Paris Match*, 25 juin 1998.
2. *Le Nouvel Observateur*, septembre 2006.

grands discours. Quand il met deux buts en finale de la Coupe du monde, c'est un acte politique[1] », dit-il encore peu après. Noureddine, le frère du joueur, dénonce au contraire les tentatives de récupération dont Zidane est l'objet : « Il y a trop de requins autour de lui, trop de gens qui veulent l'utiliser pour faire passer des idées politiques[2]. »

L'étonnement laisse bientôt la place à l'incrédulité face à l'attitude de personnalités les plus diverses, promptes à investir le joueur de multiples vocations. En témoigne la phrase du politologue, Pascal Boniface, selon qui le footballeur « va participer au rayonnement du pays comme le firent les philosophes du siècle des Lumières, nos écrivains du XIXe ou les grands intellectuels du XXe[3] ». Un an après la Coupe du monde 1998, Zidane confie, dans l'ouvrage *Zidane, Dugarry. Mes copains d'abord*[4], de Pierre-Louis Basse : « Cette victoire, c'est aussi celle de mon père, celle de tous les Algériens fiers de leur drapeau qui ont fait des sacrifices pour leur famille mais qui n'ont jamais abandonné leur propre culture. » Dans la deuxième édition du livre, curieusement, cette phrase a été supprimée. À la demande de celui qui l'a prononcée ?

Zidane refuse d'être instrumentalisé. Cela tombe bien, ses sponsors lui en sont reconnaissants. On le voudrait déchiré, partagé entre deux cultures, celle de ses ancêtres et celle de la France. Le 6 octobre 2001, quand pour la première fois, l'Algérie affronte l'ancienne puissance coloniale sur le terrain du

1. *L'Équipe Magazine*, 2 avril 2005.
2. *Le Nouvel Observateur*, 24 décembre 1998.
3. *L'Effet Zidane ou le rêve éveillé de l'intégration par le sport*, Mogniss H. Abdallah, 2000.
4. Mango sports, 1999.

Stade de France, certains journalistes prétendent que Zizou éprouve un « pincement au cœur ». Tous les commentateurs épient le joueur : va-t-il chanter *La Marseillaise* – ce qu'il n'a jamais fait durant toute sa carrière, du moins à haute voix ? Va-t-il jouer contre son pays ou pour son pays ? Et quel est son pays, justement ? Juste avant le match, la tension est à son comble. Les attentats du 11 septembre ont eu lieu quelques semaines plus tôt. L'élection présidentielle qui se profile en France achève de donner à ce match les allures d'une pré-campagne. Les Renseignements généraux craignent des « débordements ». Le directeur d'antenne de TF1, Étienne Mougeotte, met personnellement en garde Thierry Roland et Jean-Michel Larqué, sommés d'observer une neutralité absolue durant toute la retransmission.

Le coup d'envoi est à peine donné que le malaise s'installe : les sifflets, qui ont déjà couvert *La Marseillaise*, retentissent dès qu'un joueur français touche le ballon. Et ce que tout le monde redoutait arrive : à la soixante-quinzième minute, alors que l'équipe nationale algérienne est menée 1 à 4, une foule de jeunes envahit le terrain, des drapeaux algériens à la main. Zidane, remplacé au cours de la seconde mi-temps, échappe à la confrontation. Le lendemain, certains de ses coéquipiers n'hésitent pas à s'exprimer. Lilian Thuram, par exemple, tente de soulever la question du malaise des jeunes de banlieue. Zizou, lui, se tait. Et son silence paraît assourdissant. En réalité, la star n'est pas certaine de bien comprendre ce qui s'est produit. En ce lendemain de match, le joueur demande à un ami de l'emmener à Barbès : lui le petit Marseillais des quartiers nord n'a encore jamais mis les pieds dans ce quartier parisien que tous les Algériens connaissent[1]. Il n'a même aucune idée de la façon dont vivent les immigrés de la capitale, même s'il connaît sa banlieue. Il découvre Barbès à travers les vitres d'une voiture, dont le conducteur va passer plus d'une heure à sillonner, à vitesse réduite, les ruelles de cette mini-Algérie en plein Paris. Cette visite, personne n'en saura jamais rien. Quand il jouait à la Juve (entre 1996 et 2001), son entraîneur de l'époque, Marcelo Lippi, l'a surpris un jour, jouant au foot avec des jeunes dans une gare de train. Le lendemain, Lippi lui fait la morale et une mise en garde. Zizou, lui aurait alors répondu, selon l'entraîneur : « Ces jeunes-là étaient des Algériens, des frères, venus spécialement pour e voir, et qu'il ne lui était pas possible de refuser de jouer au ballon avec eux ». Une version que ZZ contestera des années plus tard : « En fait, c'était avec Edgar Davids[2] : il voulait qu'on joue dans les quartiers. Je lui disais que nous nous entraînions tous les jours et que nous ne pouvions pas aller jouer avec des jeunes dans la rue. Alors, il me disait : « Toi, tu as changé ! Tu ne te rappelles plus de ton quartier et ce que tu faisais avant » Alors, une ou deux fois, je suis allé avec lui. Mais il le faisait très souvent. C'était impressionnant parce qu'on s'amusait, mais c'était fou aussi d'aller, après un entraînement, jouer sur du goudron avec des jeunes. Lui le faisait très, très souvent. Dans l'une des rares fois où j'étais allé avec lui, je me suis fait attraper[3]. Il y avait de tout. Il n'y avait pas que des Algériens. C'est justement pour ça que Davids allait jouer ces matchs. Il savait qu'il y avait des jeunes de

1. Entretien avec l'auteur, février 2007.
2. Un joueur originaire du Suriname.
3. Le Buteur, 13 mars 2014.

toutes les nationalités : d'origine maghrébine, africaine… Il y avait plusieurs communautés et il voulait le mélange. C'est ce qui lui plaisait. Il allait jouer pour ça. Si ça avait été juste des copains italiens, il n'y serait pas allé. »

Sidérés par ce qu'ils prennent pour de l'indifférence, journalistes et diverses personnalités des deux « camps », français et algérien, lui reprochent de ne pas prendre parti. « On aimerait que Zidane, qui ne cache pas sa tendresse pour l'Algérie de ses racines, se dise clairement Français. C'est-à-dire uniquement Français[1] », proteste l'éditorialiste du *Figaro*, Ivan Rioufol. À l'inverse, Magyd Cherfi, le charismatique chanteur du groupe Zebda, s'offusque : « Qui a vu Zizou sur le pont du Carrousel venir rendre hommage au jeune Marocain noyé, après s'être fait lyncher par quelques têtes pleines d'eau du Front national[2] ? » Sourd aux reproches, du moins publiquement – jamais il n'aurait digéré les attaques du chanteur, confie un de ses proches –, le joueur ne sort pas de sa réserve pour autant.

Il ne le fera pas, à de rares exceptions près. En avril 2002, une semaine après la fin du premier tour de l'élection présidentielle qui a porté Jean-Marie Le Pen au second tour, Zidane, pressé par son entourage, prend la parole avec moult précautions : « Je ne veux pas entrer dans un débat ni m'étendre, mais je donne mon sentiment comme beaucoup de monde peut le faire. Il faut dire aux gens qu'ils votent. C'est très important et surtout qu'ils pensent aux conséquences de voter pour un parti qui ne correspond pas du tout aux valeurs de la France.

1. *Le Figaro*, 13 octobre 2001.
2. *L'Humanité*, 8 juin 2002.

Cela peut avoir des conséquences très graves (...). C'est sûr que je suis fier d'être Français mais c'est vrai que l'on ne peut pas être content de ce qui se passe. C'est grave quand on voit qu'il y a 30 % d'abstention et qu'à l'arrivée cela fait un deuxième tour entre Chirac et... l'autre. Ce n'est pas jouable. » Et pour mettre fin à une rumeur lancée par le frontiste Bruno Gollnisch, qui prétendait que Smaïl Zidane était harki, il ajoute : « Je tiens à préciser une fois pour toutes : mon père n'est pas un harki (...). Parce que j'entends partout qu'on dit qu'il est harki (...). Moi, je n'ai rien contre les harkis, je ne veux pas me mêler de ce qui se passe mais simplement mon père n'était pas un harki, mon père était un Algérien, fier de l'être et je suis fier que mon père soit un Algérien (...). Le seul truc, c'est que mon père, il n'a pas combattu contre son pays[1]. » Sa démarche arrive trop tard. Le leader du groupe Zebda tonne dans une tribune : « J'eusse aimé, c'est vrai, que Zidane évoquât le droit de vote des immigrés, son père ne l'ayant pas, c'eût été pour nous, enfants de la deuxième génération, du baume au cœur, du baume au cœur et pas plus, mais... silence radio. On n'apprend pas à devenir ça dans les stages de formation[2]. » D'autres comprennent la réserve du joueur. « Notre pays n'a rien à voir avec les États-Unis des années 1960, portés par le mythe de l'athlète noir revendicatif. Le débat sur l'intégration ne se pose pas dans les mêmes termes en France[3] », rappelle Malek Boutih, l'ancien président de SOS-Racisme, qui justifie ainsi l'attitude de Zidane : « Lui sait

1. AFP, 2 juin 2002.
2. *L'Humanité*, 8 juin 2002.
3. *Journal du dimanche*, 20 juin 2003.

très bien quelle est sa place. Il est l'homme le plus médiatique de France mais aussi celui qui sait le mieux en éviter les pièges. Il sait qu'une seule de ses paroles entraînerait inévitablement mille questions, puis mille démentis nouveaux. »

En novembre 2005, les émeutes font rage dans les banlieues. Des joueurs comme Thuram et des artistes tels que Jamel Debbouze interviennent dans le débat public. *L'Huma* titre : « Zinedine Zidane, où es-tu ? » Mais, là encore, l'ancien capitaine des Bleus refuse de sortir de sa coquille. Il rompt ce silence une deuxième et dernière fois en décembre 2006, lors de son voyage en Algérie. Invité par les autorités, il a aussi fait le déplacement pour visiter des hôpitaux qu'il avait aidé à financer en organisant un match amical en 2003. Le sportif ne se risque à aucun commentaire politique. Pourtant, il se voit remettre une médaille par le président Bouteflika. Et pas n'importe laquelle : la médaille Athir, la plus haute distinction, décernée aux héros de la guerre d'indépendance. Après la lui avoir accrochée sur le veston, le président enfonce le clou, en offrant au joueur une photo de l'équipe de football du FLN. Présents dans la salle de cérémonie, ces vétérans qui évoluaient en 1958 dans des clubs français avaient rallié clandestinement Tunis pour se mettre au service du gouvernement provisoire algérien. Le présent du cliché n'a pas échappé aux autorités françaises. Le soir même, Zizou est invité à la résidence de l'ambassadeur de France. Ce dernier entend rétablir l'équilibre : « Je suis heureux, dit-il, d'accueillir le grand Français que vous êtes, dans cette maison où le général de Gaulle avait préparé la libération de la France. » À symbole, symbole et demi. En 2016, devenu entraîneur de l'équipe du Real, c'est au son de *Santa Claus Is Coming To Town*[1] que Zizou arrive à son premier entraînement. Karim Benzema, joueur du Real et d'origine algérienne comme lui, avait choisi le tube de Khaled, *Aicha*.

1. « Le père Noël arrive en ville », chanson de Michael Bubble.

12

Dans la peau de Zinedine Zidane

Saint-Barth, en pleine mer des Caraïbes. Dans cet atoll des Antilles françaises où viennent se détendre riches vacanciers en goguette et stars du show-biz, Mathias est connu comme le loup blanc. Ce jeune saisonnier passe l'hiver comme garçon de plage dans un palace de l'île. Depuis son arrivée, un mystère plane autour de cet athlétique métropolitain qui attire sans cesse les regards des femmes… et des hommes ! Il faut dire que sa ressemblance avec la star mondiale du ballon rond est saisissante. Même carrure, même regard vert d'eau, même accent chantant… Une question agite touristes et locaux à l'heure de l'apéritif : est-il le frère caché de Zidane ? Comme pour accentuer le mimétisme (et brouiller les pistes), le jeune homme, qui a, lui aussi, un début de calvitie, s'est rasé le crâne.

« Tout a débuté en 1998, juste après la Coupe du monde, raconte ce Bordelais d'origine. Les gens ont commencé à me regarder bizarrement dans la rue. J'entendais des personnes se pousser du coude : "Hé, tu as vu ? Tu crois que c'est lui ? En tout cas, si c'est pas lui, c'est son frère", ou encore "Vas y, toi, demande-lui un autographe[1].” » Cette fois-ci, c’est sûr, ce n’est pas sa maman qui fantasme sur cette similitude étonnante. Le jeune homme de 34 ans (un an plus âgé que le champion) peut savourer sa chance ! Timide et réservé comme son idole, Mathias se décide, après moult hésitations, à jouer le jeu : devenir sosie professionnel à ses heures perdues. Pourquoi refuser de se faire payer 200 euros la soirée pour signer des autographes et se faire embrasser la joue par des jeunes filles rougissantes ? Après tout, ne s’est-il pas fait happer, dans le sud de l’Italie, par une bande de jeunes tifosi au féminin qui voulaient passer la soirée avec le héros de la Juve ? « C’est dingue, mais les filles aiment tellement son regard que j’ai appris moi aussi à baisser les yeux, comme il le fait. Et je peux vous dire : ça marche[2] ! » Mathias a même failli faire carrière. Une boîte de publicité a fait appel à lui pour participer à un casting. « Je devais jouer le rôle de Zidane pour un spot publicitaire de Volvic. Malheureusement, de dos, je n’avais pas la même carrure que lui ! » Peu importe. Galas à Cannes, tournées en province et même une participation au concours national des sosies où il finit parmi les premiers. La chance aidant, le jeune homme réussit à rencontrer son idole. En 1999, à Turin. Grâce à Jocelyn Blanchard, milieu de terrain à la Juve dont Mathias connaît le frère, il tient enfin son billet pour le mythique Stadio Grande Torino. « Après avoir assisté au match Juve-AS Rome, j’ai pu l’approcher, raconte-t-il. Il m’a non seulement donné son maillot, mais nous avons pris des photos ensemble. » Des clichés surréalistes où l’on voit les

1. Entretien avec l’auteur, juillet 2007.
2. Entretien avec l’auteur, juillet 2007.

deux hommes bras dessus bras dessous, rigolards. Un trésor que le jeune homme s'empresse de faire encadrer une fois rentré chez lui. Après tout, comme le dit un jour le comique Jamel, « tout le monde rêverait d'être Zinedine Zidane[1] ».

Aux curieux, ou plutôt aux curieuses, qui veulent savoir s'il existe bel et bien un lien de parenté entre les deux hommes, Mathias répond, évasif : « Je n'ai pas envie d'en parler. » Quand les admiratrices se font plus insistantes, il fait mine d'être susceptible : « J'espère que tu n'es pas avec moi par intérêt. » Lui arrive-t-il de profiter de la situation ? « J'ai toujours refusé de me faire passer pour lui. Il m'est déjà arrivé de me faire refouler à l'entrée de certaines discothèques. Mes amis me disaient : "Tu n'as qu'à leur faire croire que t'es de la famille." Je n'ai jamais accepté. » Laisser planer le doute, pourquoi pas, mais mentir…

Son quart d'heure de gloire warholien, Mathias le vit avec délectation, en juin 2007. Invitées à Saint-Barth pour disputer un match de football amical, quelques grandes stars du ballon rond ont fait le déplacement. Parmi elles, Robert Pirès, le Brésilien Sonny Anderson ou encore Didier Drogba, la pointure de Chelsea. Le plagiste, originaire de Bordeaux, footballeur à ses heures, attire l'attention de José Touré. Ce dernier le convie à la rencontre, le temps d'une mi-temps. C'est sous les applaudissements d'une foule en délire que Mathias le Bordelais entre dans un stade chauffé à blanc au cri de « Zizou, Zizou ! » Incontrôlable comme toujours, la rumeur avait couru pendant plusieurs jours sur l'île : l'ancien capitaine des Bleus allait venir jouer. Le soir,

1. *Paris Match*, 12 juillet 2006.

invité au cocktail d'après match, Mathias a presque l'impression de faire partie de la famille. Il recueille même les confidences de Robert Pirès, l'ancien coéquipier de Zidane, qui a tenu à partager avec le sosie le souvenir nostalgique qu'il gardait de son ancien copain et de cette formidable épopée que fut la Coupe du monde 1998. Mais Mathias, qui a si souvent rêvé d'être à la place de son double légendaire, préfère finalement sa vie à celle d'une star, fût-elle la plus grande d'entre elle.

Ce n'est pas le journaliste Nour-Eddine Zidane qui dirait le contraire. « ... Depuis les locaux de la brigade financière de Paris, Nour-Eddine Zidane, pour France Info. » Cet homonyme sans lien de parenté avec le champion porte de surcroît le même prénom que le frère de la star du ballon rond. Ce pur hasard vire à l'obsession pour l'intéressé. Depuis qu'il est entré à Radio France en 2004, le jeune homme de 29 ans doit répondre tous les jours à l'inévitable question : « Vous êtes de sa famille ? » Il lui arrive même que des associations, telle Les Petits Frères des pauvres, le sollicitent pour jouer les intermédiaires auprès de son soi-disant cousin. Plus drôle, certains confrères essaient de passer par lui afin de décrocher l'interview du siècle. « Vous savez, chaque fois que le sujet est abordé, c'est toujours pour se rapprocher de Zidane. Ce n'est pas de la curiosité, mais de l'intérêt[1] », explique-t-il un brin désabusé. Mais n'y a-t-il pas quelques contreparties ? Par exemple, peut-être est-il plus facile de trouver un logement à Paris ? Le journaliste de Radio France dément : « Vous rigolez ? D'abord, je suis noir, car ma mère est soudanaise. C'est mon père qui est

1. Entretien avec l'auteur, octobre 2007.

oranais. Et surtout, champion du monde ou pas, Nour-Eddine Zidane reste un nom arabe. Et ça, croyez-moi, ce n'est pas toujours un avantage[1]... »

Certes, Zinedine Zidane n'a plus de problèmes depuis des lustres pour se loger dans des maisons cossues. Mais ces exemples prouvent combien la notoriété à un certain niveau peut virer à l'enfermement...

---

1. *Ibid.*

13

L'art de gérer les sollicitations

Règle numéro un : porter un bonnet et marcher vite, très vite, sans jamais s'arrêter, même en faisant les courses. Pour la star du ballon rond, le pas de course est devenu la seule façon de pouvoir se promener ou acheter le journal sans la présence d'un garde du corps. « Si tu t'arrêtes, il y aura toujours quelqu'un pour venir vers toi parce qu'il t'aura reconnu. Ensuite c'est fini : le mouvement de foule sur toi est inévitable[1] », raconte Zizou à un proche. Lui qui aimait tant aller acheter des articles de sport pour ses enfants chez Décathlon connaît désormais par cœur rayons et tailles. Et, une fois dans les magasins, il peut faire son marché les yeux fermés, passer sans jamais ralentir dans les travées des galeries marchandes en attrapant au vol tee-shirts et baskets. Quand il assiste à un spectacle, comme, en avril 2008, celui de Gad Elmaleh, au Palais des sports de Paris, il arrive après le début et s'en va avant la fin, histoire de ne jamais apparaître en pleine lumière. Le 28 août 2006, il s'est rendu au concert de Madonna, dont il ne rate aucune prestation, à Bercy. Juste avant que la pop

1. Entretien avec l'auteur, avril 2007.

star n'entame *Hang up*, sa chanson de final, au pied de la scène, une silhouette courbée, bob sur la tête, s'éclipsa discrètement par une sortie dérobée. Raté. Derrière la scène, les danseurs de Madonna, qui le guettaient, surgirent, l'entourèrent, le touchèrent. Ils voulaient absolument savoir si le sportif a apprécié leur show.

Règle numéro deux : disposer de plusieurs numéros de portable en lieu et place d'un attaché de presse. Soit un numéro unique attribué à la famille, les autres étant distribués aux proches en fonction du degré d'intimité. Mieux : ce numéro change tous les six mois, soit plus souvent qu'un code d'immeuble, Zidane se chargeant alors de rappeler les heureux élus. Ceux-ci, conscients de la grâce qui leur est faite, gardent jalousement le sésame à dix chiffres qui leur a été communiqué. Pas question de le partager avec quiconque, même pas sa femme ou son meilleur ami. Le donner relève de la haute trahison et revient à se griller à tout jamais aux yeux de Zizou. Pourtant, détenir le numéro de l'idole n'est pas un sésame absolu. Méfiant, le joueur ne décroche en effet qu'après avoir identifié son interlocuteur. Doté d'une mémoire phénoménale, il est capable de retenir un nombre impressionnant de numéros de téléphone. Au point que le meilleur moyen de le contacter reste quand même de passer par les nombreux intermédiaires dont il se sert pour filtrer les sollicitations. Même Alain Migliaccio, le propre agent de la star, doit parfois s'en remettre à un tiers pour l'atteindre et conclure une affaire. Témoin cet été 2001 où il poursuivit en vain son poulain de ses assiduités téléphoniques au moment de finaliser le recrutement par le Real, avant de l'accrocher – enfin – au bout du fil grâce au fidèle Mustapha.

Qui sont ces intermédiaires ? Mustapha, mais aussi Malek, un autre pote d'enfance de Zizou, remplirent cette fonction informelle pendant plusieurs années. Aujourd'hui, c'est Noureddine qui assume ce rôle, avec un sens aigu des affaires. Lui-même s'appuie sur une myriade de proches qui jouent, à leur tour, les (sous-)intermédiaires. Tel Hassan, un ami marseillais, chargé, lors du voyage exceptionnel de la famille Zidane en Algérie, de récupérer numéros de portable et doléances des fans sur place. Et quand quelques-uns poussent le bouchon trop loin, allant par exemple chez Adidas pour choisir des vêtements en déclarant, afin de ne pas payer, « Mettez tout sur le compte de Zidane », ce dernier ne se laisse pas faire. Il intervient en personne et dit aux vendeurs : « Je refuse. Il a pris trop d'articles. Qu'il paie seul. » On n'abuse pas de ses prérogatives.

Les sponsors sont logés à la même enseigne. Une seule personne au sein de l'entreprise détient le contact direct avec Zidane. Sa mission principale est de veiller férocement à ce que ses propres collègues ne lui dérobent pas le précieux numéro. En cas de fuite, le joueur retire aussitôt sa confiance. Chez Adidas, cet heureux élu se nomme Grégory Fernandez, a 35 ans et travaille pour l'équipementier sportif depuis dix ans. Devenu le responsable marketing pour les joueurs de foot et, à ce titre, l'interlocuteur unique de la star, il reconnaît devoir se battre quotidiennement contre sa propre entreprise, laquelle voudrait manger Zidane à toutes les sauces. « J'assure un barrage, admet-il. Je sais, pour l'avoir au téléphone toutes les semaines, ce qu'il est susceptible d'accepter. Les galas et les soirées internes, c'est non[1]. » Même discours chez Orange, où Philippe Lahoun[2], autre trentenaire, s'occupe du dossier « ZZ » : « J'évite au maximum de le déranger. Je passe d'abord par un de ses frères, Noureddine ou Farid, avec lequel je balise nos campagnes et les sollicitations dont il peut faire l'objet. Je ne le contacte directement que pour valider définitivement les projets, en toute fin de parcours. » Chez Generali, l'homme fort est l'incontournable Idriss Tsouli. Celui-ci fait parfois office de véritable attaché de presse. Mieux : il est capable de deviner à un simple regard ce que veut Zidane. L'animateur Laurent Boyer se souvient encore d'un déjeuner avec Idriss et Zinedine, dans les loges VIP du Stade de France. Alors que la discussion prenait un tour personnel, le joueur avait lancé un coup d'œil à Idriss. Celui-ci avait immédiatement compris ce qu'on attendait de lui et demandé séance tenante à tous les serveurs de quitter les lieux. Les serveurs ont, en effet, des oreilles[3].

Tenus à bonne distance, les proches et les sponsors de la star ne sont pas les plus mal lotis. Car il existe une troisième catégorie de quémandeurs, constituée des journalistes et autres documentaristes. En 2005, les cinéastes Douglas Gordon et Philippe Parreno doivent passer par un tiers pour soumettre leur idée de film à l'intéressé, *Zidane, un portrait du XXIe siècle*[4]. Personne, pas même l'agent de Zizou, n'ose lui parler du projet. Finalement, c'est Frédéric Hermel, correspondant de *L'Équipe* à Madrid, qui s'y colle. Ayant la chance de voir le

1. Entretien avec l'auteur, novembre 2007.
2. Entretien avec l'auteur, avril 2007.
3. Entretien avec l'auteur, décembre 2007.
4. Entretien avec le producteur Victorien Vaney, septembre 2007.

joueur tous les jours à l'entraînement, il plaide la cause des deux réalisateurs. « Écoute Zidane, lui dit-il, je ne t'ai jamais rien demandé. Pas un service personnel ou un autographe pour des amis. Mais là, j'aimerais juste que tu rencontres deux cinéastes exceptionnels qui ont une idée géniale : te filmer durant un match du Real pour en tirer un long-métrage[1]. » Message transmis, en moins de deux minutes… Hermel, qui pratique alors Zidane depuis quatre longues années, est au fait de la règle numéro trois : ne jamais dépasser le temps imparti quand on s'adresse à la star. Avertis, Gordon et Parreno s'efforcent de faire vite, quand enfin ils rencontrent leur futur jeune premier. Au bout d'un entretien de vingt minutes à peine, le numéro 5 du club madrilène accepte et prononce la phrase magique : « Le Real, je m'en occupe. Dites-leur juste que Zizou a dit oui. » Il a suffi de ce petit laissez-passer verbal pour que dix-sept caméras puissent venir s'installer à domicile au Bernabeu Estadio, le stade du Real : une logistique pourtant gigantesque pour un club de foot.

Évidemment, toutes les sollicitations ne connaissent pas le même dénouement aussi heureux. De fait, les demandes les plus invraisemblables pleuvent sur le sportif : quand ce n'est pas une publicité pour une marque de jardinage ou la Sécurité routière, c'est un dîner de gala au bout du monde, une rencontre avec les résidents d'une maison de retraite, l'inauguration d'une crèche ou un livre people… Difficile, pour ce genre de requête, de trouver un intermédiaire qui prendra le risque de déranger l'idole. Il reste alors un seul recours,

1. Entretien avec l'auteur, juillet 2007.

le moyen ultime de toucher le footballeur : le fax. Là encore, se procurer le numéro de télécopieur du joueur est déjà, en soi, un parcours du combattant. Mais le jeu en vaut la chandelle : Zinedine consulte lui-même l'appareil dans le bureau de P-DG qu'il s'est aménagé dans sa villa espagnole. Pas d'emballement, cependant : rares sont les fax qui retiennent l'attention du joueur le plus célèbre du monde.

Il aura fallu quelques années et beaucoup de mauvaises surprises pour que Zidane apprenne à gérer pique-assiettes et sollicitations intempestives. De très longues années. L'écrivain Dan Franck, qui a rédigé pour le compte de Zidane son autobiographie, *Zidane. Le roman d'une victoire*[1], a vécu de très près la ronde des requins. « Un jour de septembre 1998, j'ai rencontré par l'intermédiaire d'un ami un homme qui affirmait être l'agent de Zizou, raconte-t-il. Il voulait que j'écrive sa biographie[2]. » À charge pour l'auteur de trouver un éditeur. Le prix proposé à Dan Franck pour tenir la plume : 1,5 million de francs. Même pour un auteur réputé, auteur de best-sellers, cela représente une somme coquette. Mais l'écrivain n'est pas au bout de ses aventures. De rendez-vous ratés avec Zidane en coups de fil promis mais jamais reçus, Dan Franck se demande vite si le sujet verrait le jour.

Enfin, après plusieurs mois de courses-poursuites, il parvient à rencontrer la star du ballon rond à Clairefontaine, le centre d'entraînement des Bleus. Ce jour-là, Dan Franck apprend avec stupeur que Zidane n'a jamais souhaité publier un livre. Plus étonnant encore : livide, le joueur lui demande :

1. Plon/Laffont, 1999.
2. Entretien avec l'auteur, mars 2008.

« Et moi, je touche combien ? » Le numéro 10 ne connaissait même pas le montant de son cachet, soit 1,5 million de francs, comme l'écrivain. Et là, Dan Franck découvre que l'homme qui l'a contacté n'a comme lien avec le champion qu'une vague licence l'autorisant à vendre des porte-clefs floqués de son nom. Dan Franck : « Je n'en revenais pas. En fait, Zidane est entouré d'intermédiaires qui proposent en permanence de lui dégotter des bons deals sur lesquels ils espèrent se faire un peu d'argent. Un de ses propres amis m'a demandé, une fois le livre terminé, de lui concéder les droits étrangers. Quand j'ai refusé, il m'a proposé avec insistance d'utiliser un des nombreux clichés qu'il possédait de Zidane pour la couverture, espérant en tirer quelque chose. Même les reportages photos réalisés en vue de la promotion de l'ouvrage étaient vendus. Son entourage exigeait des sommes folles pour que les magazines puissent les publier. » Certaines rédactions, comme celle de *Paris Match*, refusent. D'autres payent jusqu'à 1 million de francs. C'était en 1998. Zidane lui-même n'hésite pas à faire payer ceux dont il estime « qu'ils se font de l'argent sur lui ». Ainsi, parle un journaliste qui a très bien connu Zizou : « Un jour, alors qu'il répondait à mes questions pour un grand hebdomadaire, quelle ne fut pas ma surprise à la publication de l'article, de voir Zidane me demander : "Tu ne m'avais pas dit que c'était un article ?" Étonné, le reporter lui propose : "Tu veux que je leur demande de te payer l'interview ?" "Ben, oui", répond le célèbre numéro 10. » Depuis, l'amateurisme a disparu, l'ancien capitaine des Bleus a mis en place un système bien rodé pour éviter d'être pillé ou envahi.

TROISIÈME PARTIE

HISTOIRES DE FAMILLE

14

Modestes parents d'un dieu vivant

Le succès ? Le regard des gens ? D'un haussement d'épaules, Smaïl Zidane fait comprendre que son épouse et lui n'accordent guère d'importance à ces choses-là. « Ce sont des taiseux, des pudiques, qui ont mis au monde une star[1] », confie Michel Drucker, un ami du couple. Le père et la mère de Zidane n'auraient jamais pu rêver d'une telle trajectoire pour leur fils. Reparti dans ses souvenirs sur le coin d'une table de café de gare, l'ancien ouvrier, qui fit les trois-huit comme conducteur d'engin avant de devenir gardien « à Casino », évoque, dans un souffle, les aléas de la vie à sept, quand un salaire suffit à peine à faire manger tout le monde. Il raconte les repas à tour de rôle, sur la table trop exiguë pour accueillir toute la famille, les pastèques achetées l'été, pour les enfants : « Nous, les parents, on prenait la plus petite part[2]. » Il explique encore l'unique cadeau pour les fêtes de Noël, comme celui que reçut son petit Zizou à onze ans, une paire de baskets. « L'essentiel, c'était que nos petits soient

1. Entretien avec l'auteur, septembre 2007.
2. Entretien avec l'auteur, décembre 2006.

heureux », résume-t-il sans une once d'amertume. Qui ne comprend pas le parcours du père adoré ne pourra jamais comprendre Zidane.

Algérien débarqué en France dans les années 1950, à la poursuite d'un avenir meilleur (de l'autre côté de la Méditerranée, dans ses montagnes, il gardait les moutons), Smaïl est un chef de famille traditionnel, qui s'est fait tout seul, à la force du poignet. Musulman pratiquant (ses enfants ne le sont pas), marié avec une fille du pays (trois de ses enfants ont choisi des conjoints français), fidèle à son village kabyle d'Aguemoun (quand aucun autre membre de sa famille, à l'exception de Madjid, n'y met jamais les pieds) et très attaché à l'Algérie (où seul son fils cadet, Farid, a effectué son service militaire), il n'a jamais dévié de la route qu'il s'était tracée. Rien à voir avec le « Chibani » qu'il aurait pu devenir, l'un de ces immigrés de la première génération qui vieillissent sur le sol français seuls et démunis.

Il y a déjà longtemps que sa famille a quitté le petit appartement de la place Tartane qu'elle occupait dans les années 1970, au cœur des quartiers nord de Marseille. Désormais, les Zidane profitent d'un joli et sobre pavillon aux tuiles roses offert par Zinedine, situé dans la zone résidentielle des Penne Mirabeau de la cité phocéenne. Mais au fond, ces gens d'origine modeste, placés malgré eux sous les projecteurs du monde entier, n'ont pas changé. Les mots gloire, célébrité et richesse ne font pas partie de leur vocabulaire. Smaïl, autrefois veilleur de nuit chez Casino, continue de déjeuner régulièrement à la cafétéria du supermarché, où il a ses habitudes. C'est à cette même cafétéria qu'il emmenait Michel Drucker, du temps où les deux hommes étaient « proches ». Ce père de famille à la mise simple, toujours en chemisette claire, continue de voyager en seconde classe. Comme si le succès planétaire de son benjamin était un rêve dont il risquerait à chaque instant de s'éveiller.

Dépassé par l'aura de son rejeton surdoué, impassible dans toutes les occasions, que son fils marque le but de la victoire en Coupe du monde ou qu'il soit reçu par le président algérien, Smaïl reste un père comme les autres. Bien entendu fier, mais aussi protecteur et inquiet. En septembre 2001, autour du terrain de foot de la Ciudad Deportiva, le centre d'entraînement du Real Madrid, toute la presse européenne se presse derrière les grilles, attendant les premiers dribbles de « Sissou ». Personne ne remarque un monsieur discret, aux lunettes légèrement teintées et à la fine moustache : le père de Zinedine Zidane. Frédéric Hermel, le correspondant du quotidien *L'Équipe*, lui, l'a reconnu et vient se présenter. Presque timidement, M. Zidane murmure : « Vous serez gentil avec lui, monsieur ? » La question en dit long sur le papa de la star la plus chère du football. Attentif, ce lecteur assidu de *L'Équipe* n'oublie jamais un visage, un article ou une mauvaise photo de son fils parus dans la presse. À un journaliste de *Paris Match* qui l'a interviewé durant la dernière Coupe du monde, il reprochera, huit mois plus tard, d'avoir manqué à sa parole : « Vous m'aviez promis que vous m'enverriez l'article avant sa publication ! » Pour autant, l'homme garde ses états d'âme. Les déclarations à la presse ? Non merci. Avare de confidences, il ne sort de son mutisme que pour les grandes occasions. Quand Zinedine met fin à sa carrière en 2006, par exemple, son père s'exprime sur Canal + : « Je suis content pour lui. Ça s'est bien passé jusqu'à maintenant, je suis très content. Pour lui, ses enfants et leur mère. La maman a fait beaucoup de sacrifices. »

La maman, c'est Malika, une Marseillaise originaire de Kabylie. C'est pour ses beaux yeux verts, ceux qu'elle a légués à Zizou en même temps que sa méfiance légendaire, que Smaïl a finalement choisi de rester en France et d'y faire sa vie. Avec pudeur, il vous raconte leur rencontre. C'était il y a quarante-six ans. En 1962, après l'indépendance algérienne, le jeune homme qu'il est alors souhaite rentrer au pays. Fatigué par les neuf années passées sur des chantiers de la Seine-Saint-Denis, où il dormait à même le sol, Smaïl n'aspire alors qu'à une seule chose : retrouver la chaleur et le parfum sucré des figuiers de barbarie de son village. Sans états d'âme, il prend son billet retour. À l'époque, tous les immigrés en partance pour Alger embarquent à Marseille. « Là, je me suis arrêté quelques jours pour saluer des cousins éloignés avant de quitter définitivement la France. Mais j'ai rencontré ma femme. J'ai tout de suite demandé sa main à ses parents, installés à Marseille avec leurs trois filles. Ils ont accepté mais à une condition : que nous restions vivre ici. J'ai hésité quelques jours, mais l'amour a été le plus fort[1]. »

Comme son mari, cette femme, dotée pourtant d'un certain charisme, fait preuve d'une discrétion rare. En juillet 2006, alors que *L'Équipe Magazine* prépare un gros dossier consacré aux Zidane, elle est la seule qui refuse d'être prise en photo. « Faites comme vous voulez, mais moi, j'ai envie de continuer à faire mes courses tranquille ! » réplique Malika aux reporters. En famille, elle laisse l'intransigeance

1. Entretien avec l'auteur, novembre 2006.

à son mari. Pas question, même pour Yazid, d'allumer une cigarette ou de boire un verre d'alcool en présence du *pater familias*. Avec la maman, en revanche, les relations sont plus souples depuis que ses petits sont adultes : les enfants se confient, l'appellent à tout bout de champ. Lors de la Coupe du monde de 2006, rangeant pour la première fois sa pudeur au placard, Zizou lui adresse des « Maman, je t'aime » par télévision interposée, à chaque interview donnée à Canal +. C'est de cette femme simple et fière qu'il se sent le plus proche. Un été, Michel Drucker fait le voyage de Paris pour venir lui rendre visite chez elle, à Marseille. L'animateur lui avoue qu'il tient par-dessus tout à offrir à ses nièces un maillot dédicacé par Zidane. Spontanément, Malika se rue dans sa chambre à coucher. Là, elle ouvre son armoire et en sort quelques exemplaires du fameux numéro 10 à l'intention de Drucker : « Tenez, je vous les offre. Ils proviennent de ma collection personnelle. Prenez, j'en ai d'autres. » Elle reste une mère, prompte à se laisser attendrir par l'amour des fans de son petit dernier.

15

L'influence de Noureddine Zidane

Il a les yeux aussi foncés que Zizou les a verts, le regard aussi sévère ; il est plus petit de taille et, surtout, plus ombrageux encore que le champion du monde : Noureddine, 40 ans, était celui des quatre frères Zidane qui avait, a priori, le plus de chances de devenir une star interplanétaire. Car il était, croyait-on, le plus doué au football.

Enfant, Zidane regardait, fasciné, son frère Noureddine multiplier crânement les « petits ponts » et autres « ailes de pigeon » au cœur de la Castellane. Le grand frère tient à ses prérogatives. « Parfois, quand je voulais jouer avec les grands, les copains savaient que j'avais ma place, mais mes frères ne voulaient pas. Surtout Noureddine. Il menaçait : "S'il joue, je ne joue pas[1]." » L'aîné pressent-il, alors, que son cadet lui volera bientôt la vedette ? Toujours est-il qu'à l'époque ce jeune joueur, encore plus impulsif que Yazid sur un terrain, est bien parti pour faire carrière dans le football. Il a quatorze ans à peine quand l'AS Saint-Étienne s'intéresse à lui. Le club

1. *Zidane. Le roman d'une victoire*, Dan Franck, Plon/Laffont, 1999.

phare des années 1970, celui qui a remporté dix fois le titre de champion de France, est bien plus prestigieux que l'AS Cannes qui signera Zizou quelques années plus tard. Mais Smaïl, le chef de famille, refuse. Pas question de laisser partir son gamin, si jeune, à l'autre bout du pays. Noureddine voit s'envoler son rêve de gosse. C'est sûrement pour ne pas réitérer cette erreur que ce père anxieux accepta, quelques années plus tard, la proposition faite à Zinedine, même si celui-ci représentait son dernier espoir de promotion sociale par les études, ses autres enfants ayant emprunté des voies peu scolaires.

De fait, les quatre frères et sœur du sportif, membres très soudés d'un clan qui parle d'une seule voix, sont aujourd'hui associés à parts égales dans la société Zidane Diffusion. Toutefois, seul Noureddine suit la star du ballon rond comme son ombre. Rivalité oblige, leur complicité n'a pas toujours été évidente. Cependant, malgré ses rêves de gloire déçus, il s'est intéressé très tôt au parcours de son cadet. « J'ai toujours eu une grande admiration pour Johan Cruyff. Maradona est pas mal non plus. Mais le joueur du siècle, c'est mon frère, c'est Zizou[1] ! », confie-t-il un jour à des journalistes. Cet homme discret, père d'un jeune enfant, a aujourd'hui réglé son pas sur celui de son benjamin et fait une croix sur sa carrière sportive, devenant le bras droit de Zinedine et son homme à tout faire : il joue les baby-sitters à Madrid pour que Véronique puisse accompagner son champion de mari, trie les demandes d'interview, veille avec un soin jaloux à l'image de Zizou…

Noureddine est aussi le plus grand fan de Zidane, celui qui assiste à ses matchs le plus souvent, le

1. *Ibid.*

grand frère protecteur qui veille au grain. Un jour, en Italie, après une rencontre opposant les Turinois à l'AS Roma, Zizou est pris à parti par des tifosi en colère. Encerclé, bloqué contre une voiture, il ne s'en sort sans dommages, selon un témoin de la scène, que grâce à Noureddine, qui assène un coup de tête vengeur à un Italien excité. Une complicité sportive indéfectible lie les deux hommes.

Les affres du joueur lors de ses matchs décisifs, Noureddine les vit dans sa chair. Le 12 juillet 1998, vers 15 heures, Yaz l'appelle. Quelques heures avant la finale de la Coupe du monde, le numéro 10 a besoin d'entendre la voix familière de son frère pour arriver à dominer son stress. Surpris, ce dernier lui répond : « Tu es fou de me téléphoner maintenant ! J'ai la pression ! Je vais me servir une petite collation, après je regarderai le match. Ne m'appelle plus. » Très superstitieux, le grand frère n'a qu'une peur : porter la poisse à Zizou. Il refuse donc d'assister en direct au match le plus important de sa carrière. Il fait de même, quatre ans plus tard, en Corée. En 2006, lors de la dernière Coupe du monde, il prend son courage à deux mains et assiste en direct à la finale qui va sonner la retraite de son génie de frère. Lui qui déteste avoir quelqu'un assis près de lui lorsqu'il regarde un match de son frérot doit composer avec quatre-vingt mille supporters chauffés à blanc dans le stade olympique de Berlin. Lui qui a toujours eu peur de porter la scoumoune à son Yazid assiste, impuissant, à son expulsion à la cent septième minute du jeu. Un vrai coup du mauvais sort, qu'il n'est pas près d'oublier.

La complicité des deux frères se prolonge sur le plan professionnel. Jamais très loin de Zinedine, Noureddine a su se rendre indispensable. Lors des sorties publiques de la star, il se positionne de manière que Zidane puisse l'avoir dans son champ de vision. Amené à effectuer de nombreux déplacements, ce phobique qui ne supporte pas de prendre l'avion n'hésite pas à faire les huit heures de train nécessaires pour rejoindre Madrid depuis Vitrolles, où il habite. En décembre 2006, alors que sa famille survole la Méditerranée dans le jet présidentiel algérien, lui fait la route… en bateau ! Mais cette fidélité est payante. Ce n'est pas un hasard si Zizou l'a choisi pour le seconder dans ses affaires. Aujourd'hui, Noureddine demeure un intermédiaire obligatoire pour quiconque veut approcher l'ancien capitaine d'équipe des Bleus. « Pour éviter de déranger Zidane inutilement, je passe toujours par son frère », explique un responsable d'Orange, un des nombreux sponsors du sportif. Chez Adidas, c'est le frangin qui appelle régulièrement afin de régler les détails pratiques des prestations du champion. Car Noureddine est un négociateur chevronné. Les ficelles du métier, il les a apprises auprès d'Alain Migliaccio, l'agent de son cadet. Habile, il connaît parfaitement la valeur de son prestigieux nom de famille. « Ne vous fâchez jamais avec lui, confie un proche. Cela reviendrait à vous brouiller avec toute la fratrie. »

L'aîné de celle-ci est Madjid, 44 ans. Il travaille à la piscine municipale de la Castellane, dont il assure l'entretien et la fermeture. Enfant, il partageait la même chambre que Yazid, qui dormait avec son ballon serré entre ses jambes, comme un doudou. Souvent, il accompagna son petit frère en tournoi, ou simplement pour tirer quelques ballons dans l'usine à élastiques de Saint-Henri. Le deuxième frère, Farid, 43 ans, a pratiqué le foot et le judo, comme Yazid. Mais lui a choisi le judo, jouant même en équipe d'Algérie : deux fois, en 1984 et 1986, il fut vice-champion militaire pendant son service national à Dely Ibrahim, en Algérie. « Je suis rentré en France peu avant que Yazid parte pour Cannes. J'insistais sur sa scolarité parce que moi, je rentrais d'Algérie sans diplôme[1] », raconte Farid. Après avoir été vigile dans un supermarché, il partage son temps entre la gestion d'un petit club de football d'une cité marseillaise, La Nouvelle Vague, et Zidane Diffusion.

Enfin, il y a Lila, 39 ans, la grande sœur née trois ans avant Zinedine, frère dont elle est le plus proche aujourd'hui. Enfants, ils jouaient tous deux comme chien et chat. Lila, titulaire d'un DEUG d'anglais, est la seule à être allée à l'université. Mariée à Yannick Pellet, elle gravite, elle aussi, dans les affaires de Zinedine. Les Zidane sont avant tout un clan solidaire.

---

1. *L'Équipe Magazine*, avril 2005.

16

Véronique et les enfants

Zizou n'avait que 17 ans quand il a croisé pour la première fois, au foyer des jeunes travailleurs où ils sont tous les deux, le chemin de Véronique, à Cannes. Aveyronnaise d'origine espagnole, cette jolie brune de 18 ans, qui a étudié la biologie à la fac pendant un an, est alors danseuse-stagiaire chez Rosella Hightower, une école située dans l'ancien palace Gallia, rue de Faissole. Le corps mince et le port de tête altier, Véronique Lentisco-Fernandez est aussi timide que ce grand footballeur brun qu'elle ose à peine saluer quand ils se croisent à la cafétéria du coin ou dans les couloirs de la résidence[1]. Un jour, elle prend l'initiative de lui adresser la parole. Pris de court, mais flatté par l'attention que lui porte la belle danseuse, Yazid, jeune titulaire de l'AS Cannes, l'invite à assister au match qui oppose son club à Nantes, le lendemain. C'est son premier match de D1. Le 20 mai 1989, à la soixante-dix-huitième minute de jeu, Zidane entre dans le Stade de la Beaujoire vêtu du maillot numéro 10, sous

1. *Zinedine Zidane. Comme dans un rêve*, Stéphane Meunier et Alix Delaporte, Canal+, 2002.

les yeux de sa future épouse. Face à lui évoluent un certain Marcel Desailly et un petit blond grande gueule nommé Didier Deschamps. Score final : 1-1. Zinedine perçoit sa première prime, 5 000 francs, une fortune pour un stagiaire qui gagne 800 francs par mois. Avec cette somme rondelette, le jeune homme s'achètera un jean, un Levi's ! Le reste, il l'enverra à ses parents. Grâce à ce match, Zidane conquiert surtout le cœur de Véronique : « Je n'aimais pas trop le football mais je me suis quand même rendu compte qu'il jouait bien. Il a d'ailleurs marqué un but. Je me suis dit que c'était un signe[1] », racontera-t-elle des années plus tard.

Bientôt, le jeune joueur quitte la chambre 207 pour le studio 223, au deuxième étage côté jardin, avec téléphone s'il vous plaît, luxe suprême à l'époque. Il demande à sa Véronique de venir vivre avec lui. Le conte de fées commence entre cette bachelière, fille d'un employé des abattoirs de la ville de Rodez et d'une secrétaire de direction à l'usine Bosch, et Yazid, petit Maghrébin de la Castellane. Quand Alain Pedretti, le président de l'AS Cannes, s'associe à l'un des concessionnaires de la région pour offrir à Zidane sa première voiture, une Renault Clio rouge, le joueur en profite : convié au centre de formation de son club pour la remise des clefs, Zizou est accompagné de sa future femme. Pour cet homme que rien ne prédestine à la gloire, Véronique abandonne la danse et ses projets d'une vie qu'elle imagine alors aussi calme que le début de leur romance.

Elle deviendra sa femme. Le mariage a lieu le 28 mai 1994. Le faire-part annonce simplement : « Véro et Zizou ont décidé de s'unir pour la vie. »

---

1. *Ibid.*

Une jolie réception est organisée au château du Haillan, dans les environs de Bordeaux, où il joue désormais. Dans ce cadre bourgeois, payé rubis sur l'ongle par Zidane, sont réunis tous ceux qui ont marqué ce début de parcours prometteur. Sur les photos et les films de la noce, le jeune marié, en costume noir et cravate à pois blancs, ne quitte jamais son sourire éclatant. À côté de lui, Véronique rayonne dans sa robe blanche à volants, une fleur accrochée à son chignon, un rang de perles autour du cou.

Enfin, Zidane va pouvoir fonder sa propre famille. Finis les week-ends solitaires de l'adolescent qui avait quitté ses parents à l'âge de 13 ans et passait ses soirées, à Cannes, à les appeler depuis la cabine téléphonique du quartier. Le couple a élu domicile dans un modeste deux-pièces à Caudéran, une banlieue chic de Bordeaux, encore plus snob que le centre-ville. « Dire qu'à Marseille j'étais un vrai petit diable... », laisse-t-il échapper à l'écrivain Dan Franck. Au début, « je ne connaissais personne, confie encore le joueur. Ma vie, c'était ma femme et moi. Plutôt que de rencontrer des gens, boire des coups aux terrasses, j'étais avec Véronique. On déjeunait ensemble à la cafétéria de Casino. On ne sortait jamais, sauf pour aller au cinéma[1]. »

Aux yeux de Zidane, qui rentre fourbu de ses entraînements, ce rythme tranquille n'est pas un problème. Mais le footballeur s'inquiète pour sa femme, un peu désœuvrée. L'opticien Alain Afflelou, qui fonda son entreprise à Bordeaux, se souvient du jour où il vit arriver à son bureau le futur capitaine des Bleus. « Il voulait me demander une faveur : il

1. *Zidane. Le roman d'une victoire*, *op. cit.*

souhaitait que Véronique travaille et voulait savoir si je pouvais l'embaucher dans l'un de mes magasins. Je lui ai trouvé une place de vendeuse dans notre boutique historique de la rue Sainte-Catherine, au Bouscat, en banlieue bordelaise[1]. » Personne n'a jamais rien su de cette courte expérience professionnelle, en dehors des anciens collègues de Véronique au magasin. L'un d'eux, Mounir Zaidane, toujours employé par Afflelou, évoque la jolie jeune femme de l'époque : « Je garde d'elle un beau souvenir. Elle n'avait aucune expérience de vendeuse mais voulait apprendre. Elle nous regardait faire, parlant peu, toujours en retrait. Zidane venait la chercher tous les soirs à la fermeture. Il était si réservé qu'il fallait insister pour qu'il rentre dans la boutique. Lui préférait rester sur le trottoir. Zizou était déjà très connu en ville. Mais tous les deux étaient timides et très simples[2]. » Ce travail, toutefois, ne dure que quelques mois. Car, bientôt, Véronique va devenir maman. Le couple a toujours rêvé de fonder une famille nombreuse. Leur premier enfant vient au monde à Bordeaux le 24 mars 1995, à 10 h 12, pendant que le sportif assiste à son entraînement quotidien. Son nom est Enzo, en hommage au joueur Enzo Francescoli, attaquant uruguayen de l'OM et héros de Zizou.

Une seule fois, lors d'une interview avec Isabelle Giordano, Véronique laisse échapper une confidence : « Si j'avais su, en épousant mon mari, qu'il allait devenir une telle star, je ne sais pas si je l'aurais fait... J'ai toujours rêvé d'une vie calme. Je n'ai jamais causé de soucis à mes parents, je n'ai jamais

1. Entretien avec l'auteur, mars 2008.
2. *Ibid*.

été une révoltée[1]. » En posant son dévolu, à l'âge de 18 ans, sur le minot de la Castellane, l'Aveyronnaise a, certes, scellé son destin. Mais cette femme de caractère, avare de propos personnels, a tout fait pour en rester détachée. En fuyant, autant que possible, les honneurs trop criants et les plaisirs tape-à-l'œil. Jamais, de mémoire de journaliste, on ne l'a surprise dans une soirée people. Le paparazzi Pascal Rostain raconte : « Au lendemain de la Coupe du monde 1998, j'ai réuni toutes les femmes des joueurs de l'équipe nationale pour une séance photo. C'était *shopping center*, elles avaient toutes l'air d'avoir gagné au Loto ! Quand je leur ai demandé de retirer leurs lunettes de soleil et de déposer les portables dans une immense coupelle, il n'y avait que du Dior, du Chanel et des téléphones portables hors de prix, dont certains incrustés de diamants. Mais rien de tout cela n'appartenait à Véronique. Elle était, de loin, la plus discrète[2]. » Véronique n'a jamais oublié d'où elle venait. Elle est restée la petite-fille de Monsieur et Madame Ramirez, son grand-père maçon et une grand-mère qui fut des armées durant la nounou des familles bourgeoises de Rodez. Le couple est aujourd'hui décédé mais « Véro » n'a pas changé. Celle qui aimait danser au Tango pour amuser les enfants gardés par sa mamie, préfère toujours le soleil d'Almería à celui de Saint-Tropez.

Aux mondanités Véronique préfère de loin les repas en famille. Dans la capitale espagnole, quand le footballeur jouait au Real, les Zidane sortent rarement de leur grande villa. La famille occupe la

1. *Zinedine Zidane. Comme dans un rêve, op. cit.*
2. Entretien avec l'auteur, janvier 2008.

même maison depuis plus de dix ans. Pas de boîtes de nuit ou de fiestas toute la nuit. Quand il était encore au club, on pouvait voir Zinedine déjeuner de temps en temps avec des cadres, y compris le podologue. Aujourd'hui, devenu entraîneur du Real, il passe l'essentiel de son temps au centre d'entraînement. On peut le voir arriver tous les jours dans son Break Audi.

Et aujourd'hui, lorsque le couple reçoit ses amis à la maison, il arrive que Zinedine lui-même se mette aux fourneaux pour préparer sa spécialité : des pâtes, *al dente* naturellement. Son seul luxe consiste à se faire livrer des blocs de parmesan d'Italie. Et à remplir sa cave de grands crus. Quand Zinedine et Véronique vont dîner dehors, c'est toujours sa femme qui réserve, sous son nom à elle, dans des restaurants « normaux » plutôt que branchés où il aime à commander du poulet grillé. On peut croiser le couple aussi bien dans les fêtes organisées par les parents d'élèves du lycée français où sont scolarisés les deux derniers qu'à la dernière exposition à la mode, comme celle du photographe Philippe Bordas en mars dernier. En Espagne, le sportif n'aspire qu'à une vie tranquille avec sa famille, préférant aux mondanités les matchs endiablés dans le jardin avec ses fils.

Ses fils... À un journaliste de *Psychologies Magazine*[1], dont sa femme est une fidèle lectrice, qui lui demande si Véronique et lui ont toujours voulu avoir une famille nombreuse, Zidane répond : « C'était obligatoire pour moi. Je viens d'une famille nombreuse, et avec mon épouse, nous aimons les enfants. Nous avons dû nous arrêter à quatre parce

1. *Psychologies Magazine*, juin 2006.

qu'elle doit subir une césarienne à chaque accouchement, mais sinon nous en aurions eu plus. Nous avons la chance d'avoir les moyens de pouvoir élever beaucoup d'enfants. » Pour son épouse, leurs enfants constituent même le seul vrai port d'attache dans une vie marquée par de nombreux déménagements. En Italie est né Luca, le 13 mai 1998. En Espagne, ont suivi Théo, en 2002, et Elyaz, en 2005.

Curieusement, ni Véronique ni aucun de ses fils n'ont fait partie du voyage en Algérie de Zidane en 2007. Un jour, le joueur avait lâché à ses proches : « Tant que je serai avec elle, je ne retournerai pas en Algérie... » Comme si le joueur, en vivant ce rapport fusionnel avec sa femme, avait aussi, inconsciemment, censuré une partie de son identité. Selon Zizou, chacun doit construire sa propre histoire. Y compris ses fils, pour lesquels il nourrit une obsession : « Qu'ils ne deviennent pas des héritiers ! », répète-t-il souvent. « L'argent, c'est à papa et à maman », entendent régulièrement de son côté ses quatre enfants. Les deux plus jeunes ne réalisent pas encore le statut qui est le leur, eux, rejetons d'une star planétaire du ballon rond.

Pour Enzo, l'aîné dont Zidane est fier, c'est différent. Ancien élève du lycée français de Madrid (il a obtenu son bac en section éco en 2013), à 21 ans, il suit les traces de son père. Il appartient aujourd'hui à l'équipe de réserve du Real. Il a opté pour le nom de famille de sa mère Fernandez, dont il est la copie physiquement. Car le football est la grande passion d'Enzo Allan Zidane Fernandez. Membre de l'équipe benjamine du Real Madrid, le jeune milieu de terrain, indubitablement doué, a déjà des fans. Au journal espagnol *Marca*, la graine de star confiait que c'était son papa, avec lequel il jouait beaucoup, qui lui avait appris « quelques trucs[1] ».

Quand il était encore un jeune collégien, certains parents d'élèves ne cachaient pas leur excitation de voir leurs bambins côtoyer le fils de Zizou. « Pour Enzo, c'était parfois dur, témoigne une maman française ayant inscrit son enfant dans la prestigieuse école. À chaque rentrée, plusieurs aficionados demandaient au proviseur si leurs gamins pouvaient être dans la même classe que "le petit Zidane[2]". » Du coup, les invitations à des goûters pleuvent, motivées par l'espoir secret que Zidane en personne pourrait venir récupérer son fils en fin d'après-midi... Les mamans qui se rabattent sur Véronique en sont pour leurs frais : l'Aveyronnaise, qui est, par ailleurs, très impliquée dans la vie de l'école, est toujours aussi réservée et ne s'attarde guère après les cours pour discuter. La seule personne avec laquelle elle taille volontiers le bout de gras, c'est... la secrétaire du proviseur.

Sollicité par les filles qui ont toutes le béguin pour lui et les garçons qui lui demandent des autographes, le petit Enzo a dû faire face, avec la spontanéité dont on est capable à son âge. Au seul enfant de sa classe qui ne lui a jamais réclamé d'autographe de son père, l'aîné des Zidane demande un jour : « Dis, ton papa, il aime pas le foot ? ».

Comme l'aîné, Luca, le deuxième fils du couple a choisi d'enfiler des crampons. Aujourd'hui, âgé de 17 ans, ce gardien de but a également intégré l'équipe junior du Real. « C'est étonnant que Zizou nous fasse des gardiens de but », s'était étonné

1. *Marca*, 10 avril 2007.
2. Entretien avec l'auteur, septembre 2007.

Michel Platini. Un poste qui lui confère un avantage particulier par rapport à ses frères puisqu'il sera de fait difficilement comparable avec le dernier Ballon d'Or français. Pour Zidane, ce choix remonte à des années : « Quand je terminais l'entraînement, nous jouions tous les trois ensemble chaque jour. Pour jouer, il y a toujours un qui tire et un qui arrête. Donc, il fallait un gardien de but. Le plus grand choisit toujours le beau rôle et donc c'était Enzo qui tirait et Luca qui faisait gardien de but. En plus, ça lui allait, au point où il disait : « Papa, je veux jouer gardien de but ». Au départ, ce n'était pas prévu qu'il fasse ça, mais à force de plonger tous les jours, il m'a dit qu'il voulait faire gardien de but parce que ça lui plaît », confiera Zizou à des journalistes.

C'est la patrie de son père, la France, que Luca a choisi en rejoignant l'équipe de France des moins de 16 ans. S'il a les yeux verts de son père, Luca a également hérité de son tempérament. Lors d'un match contre l'Atletico perdu par son équipe en novembre dernier, il s'est fait expulser pour avoir donné un coup de pied contre un adversaire. Champion d'Europe des moins de 17 ans avec l'équipe de France, Zidane l'avait prévenu, confie-t-il en plaisantant : « Si tu n'es pas champion d'Europe, tu ne rentres pas à la maison ».

17

La rumeur Nâdiya

Le 31 octobre 2006, sur le plateau de *T'empêches tout le monde de dormir,* l'émission de M6, Marc-Olivier Fogiel ose l'impensable. Évoquer publiquement un ragot qui court les rédactions et franchir le Rubicond. S'adressant à la chanteuse Nâdiya, il déclare : « Vous voulez bien qu'on torde le cou à une rumeur tout de suite, Nâdiya ? Je ne sais pas si vous avez vu ça. J'ai regardé Internet pour préparer l'émission autour de vous et tout le monde dit que vous avez eu une aventure avec Zidane, c'est vrai, cette histoire ? » Aucun journaliste n'avait encore publiquement parlé du sujet. Face à l'assaut, l'interprète de *Comme un roc,* imposantes boucles d'oreilles métallisées et chemisette blanche, peine à rester de glace. Tressaillement imperceptible dans l'assemblée, qui retient son souffle. Richard Bohringer, qui a mis le sujet Zidane sur la table, a beau être une grande gueule, il est dans ses petits souliers. Jamais en retard d'une révolte, il voulait rendre hommage au plus célèbre joueur du monde en déclarant devant un million de téléspectateurs à quel point il comprenait le coup de tête asséné à

Materazzi durant la finale de la Coupe du monde. Mais là, c'est autre chose qui survient.

Pas encore rodée à l'arène cathodique, prise au dépourvu, la jeune femme trouve assez de maîtrise pour répliquer, sans prononcer le nom de la star de foot : « Il faut arrêter tout de suite. C'est aller dans le non-respect de cette personne et de sa famille. Je ne l'ai rencontré qu'une seule fois. Moi je suis mère avant tout. J'ai un petit garçon et je veux qu'on respecte un peu mon intégrité. » La gêne envahit le plateau en dépit de quelques sourires mi-amusés, mi-complices. Si certains invités et l'animateur semblent satisfaits d'assister à cette corrida en direct, en régie c'est la consternation. Personne ne s'attendait à ce pavé dans la mare. « Marco » est connu pour être agressif, pas intrusif. La vie privée, normalement, il ne « fait » pas, ou alors, avec parcimonie. Le « outing », très peu pour lui… La chanteuse, ex-athlète de haut niveau (elle fut championne de France junior du 800 mètres en 1989 et 1990), fait bonne figure, mais quitte le studio furieuse et désemparée. Chez Fogiel, on ne réalise pas encore l'ampleur des dégâts. L'affaire « Nâdiya-Zidane » est née.

« Nous n'avons jamais su pourquoi Nâdiya avait été invitée sur le plateau de *T'empêches tout le monde de dormir* pour faire la promo d'un album sorti deux mois plus tôt », remarque un journaliste de *Voici* souhaitant rester anonyme. Ce dernier poursuit : « L'animateur est difficile à croire lorsqu'il explique avoir abordé ce sujet sous prétexte qu'Internet colportait déjà la rumeur depuis des semaines : à l'époque, il fallait accoler les deux noms sur les moteurs de recherche pour trouver la trace de cette information. »

Reste que l'image de Zizou, père de famille modèle, marié à la même femme depuis l'âge de 18 ans et heureux papa de quatre chérubins, est écornée par cette rumeur. Celle du célèbre sportif, homme-sandwich et poule aux œufs d'or sur laquelle ont parié les plus grands annonceurs français, aussi...

La contre-attaque ne se fait pas attendre. Dès le lendemain, Tony Krantz[1], l'une des attachées de presse les plus influentes de Paris, qui s'occupe notamment de Nâdiya, téléphone à Fogiel pour avoir une explication. « C'était un réflexe, explique-t-elle aujourd'hui. J'étais abasourdie, je voulais comprendre. » La programmatrice de Paf, la boîte de production de Fogiel, fait les frais de sa colère. Cette fidèle parmi les fidèles, chargée d'organiser la venue des people sur le plateau de l'émission, tente de justifier l'attitude de son patron. Et si, dans les bureaux de l'animateur, au cœur du 15e arrondissement, c'est toujours la stupeur, à quelques kilomètres de là, à Neuilly-sur-Seine, chez M6, l'heure n'est pas non plus à la rigolade. Certes, l'émission a connu un pic d'audience (plus de un million de téléspectateurs malgré l'heure tardive), et tout le monde ne parle plus que de cette histoire. Mais quand Thomas Valentin, le directeur général des antennes du groupe, convoque le présentateur vedette, ce n'est pas pour le féliciter. Ce manager aux nerfs d'acier a perdu son sourire bon enfant : il est fou de rage. L'explication dure plus d'une heure. Et pour cause : l'ancien capitaine des Bleus n'est pas un simple joueur de football. Il est le protégé des plus grands annonceurs de presse en France.

---

1. Entretien avec l'auteur, avril 2008.

Las ! La machine est lancée. C'est *France Soir*, le quotidien populaire, qui ouvre le ban. Dans son édition du 1er novembre, il titre en une : « Marco, touche pas à Zidane. » Sous la plume du journaliste Omar Franz, on apprend que Fogiel « cherchait depuis des semaines ce scoop pour booster son audience ». Sous prétexte de condamner une atteinte à la vie privée, le journal raconte sur deux pages avec moult détails les quelques minutes de l'émission. Surtout, il révèle que la vilaine rumeur court dans les rédactions depuis plusieurs mois. Le mal est fait.

À partir de là, les paparazzis, qui étaient déjà sur le coup pour avoir entendu le ragot, redoublent de pugnacité. Ils « planquent » non-stop devant l'appartement de la jeune femme, dans le 17e arrondissement, non loin de la place Pereire. S'il leur est possible de prendre Zizou en photo dans le quartier, très fréquenté et commerçant, ils ne peuvent obtenir un cliché des deux. Rageant. Pour la réaliser, trois photographes d'une agence se relaient durant dix jours et dix nuits devant le domicile de leur « cible ». Sûrs d'eux, ils louent une chambre dans l'hôtel en face de l'immeuble de la jolie chanteuse au dernier étage. Et, histoire de ne pas attirer l'attention, ces chasseurs d'images se font passer pour des détectives privés auprès du personnel de l'établissement. Ils font chou blanc.

Le 9 novembre, l'hebdomadaire *Voici* affiche en couverture deux photos de chacun des protagonistes, en prétendant qu'ils entrent dans l'immeuble. Fidèle à son style caustique, le journal people pense devancer toute procédure judiciaire en commentant simplement : « Et dire qu'ils auraient pu se rencontrer une deuxième fois… »

Quand le magazine people paraît, Zidane est avec Franck Riboud au bout du monde, au Bangladesh, pour le compte de Danone. En apprenant une telle publication, le champion est totalement paniqué : cet hebdo, qu'il achète à chacun de ses passages en France pour sa femme, relance un ragot qui se murmurait dans Paris depuis des mois. Que va-t-elle croire ? Comment lui faire comprendre que ce n'est pas ce qu'elle va voir ? Impuissant depuis ses pénates asiatiques, le joueur ne peut rien faire. Pire, il doit remplir ses engagements et se retrouve dans un centre de planning familial au fin fond d'un village bengali de 400 habitants, Kamar Basulia, obligé de répondre à des dames en saris colorés qui lui demandent : « Combien avez-vous d'enfants ? » « Quatre garçons », répond le joueur. « Vous n'utilisez donc pas de contraceptifs ? Vous avez un système de dot en France ? » Le « non » de Zidane déclenche des applaudissements frénétiques dans l'assemblée féminine. « Pourquoi n'êtes-vous pas venu avec votre épouse ? » Et Zidane, impassible, de préciser : « Elle s'occupe des enfants. »

Autour de lui, les journalistes qui le suivent sont alertés par leurs rédactions parisiennes. Mais nul n'ose poser la question qui brûle leurs lèvres. La visite se termine au pas de charge. Zidane s'éclipse pour passer des heures suspendu au téléphone. D'abord, expliquer à sa femme, Véronique, qui vit à Madrid avec leurs enfants, qu'il s'agit d'un photomontage. Puis organiser la riposte. Une batterie d'avocats est prévenue à Marseille. En Asie, le footballeur tient conciliabule avec Jacques Bungert, son ami publicitaire chargé de son image (et de celle de… Franck Riboud), qui l'accompagne. Tous interviennent au plus vite. L'affaire fera pschitt…

Personne, hormis les autres titres de Prisma Presse, *Gala* et *VSD*, ainsi que leur concurrent *Closer*, n'évoque à nouveau le sujet. À *Voici*, qui réalise une de ses meilleures ventes avec ce numéro (plus de 430 000 exemplaires écoulés, grâce à une formule promotionnelle à 1 euro), on comprend que la bataille judiciaire sera rude.

L'ancien capitaine des Bleus attaque au tribunal de Marseille, sa ville natale. Dans la cité phocéenne, il obtiendra 50 000 euros de dommages et intérêts, pour atteinte à la vie privée. Et non pas pour diffamation. Le 8 décembre 2006, la justice lui donne raison et astreint l'hebdo à lui payer la somme en question. La direction de *Voici* ne s'exécute pas, invoquant le « sursis à statuer ». Et rédige même un article faisant l'apologie du rude métier de paparazzi, qui épingle, au passage, le joueur. Lequel assigne *Voici* à nouveau. En mars 2007, le journal est condamné par le juge des référés de Marseille à verser au joueur 50 000 euros, majorés d'une astreinte de 15 000 euros par semaine de retard si le magazine persiste à ne pas faire état de la publication judiciaire le condamnant. Une addition salée pour *Voici* qui aurait déjà déboursé 55 000 euros pour les fameux clichés.

Un an plus tard, l'affaire n'est toujours pas terminée. Marc-Olivier Fogiel refuse de reparler de cet incident. Dans une interview à *VSD*, il admet seulement : « Ce n'est pas ce que j'ai fait de mieux cette année-là. » Inutile d'essayer d'en savoir un peu plus : le sujet est désormais tabou. Les collaborateurs de Fogiel affichent un sourire gêné à l'évocation de cette émission, avec visiblement une consigne : *no comment*. Quant au présentateur vedette de M6 qui rappelle que ni Zizou ni la chanteuse ne l'ont appelé pour se plaindre, il oublie un détail, d'importance, sur lequel les rares protagonistes au courant ont fait silence : mis en cause publiquement, les concernés ont attaqué en justice l'animateur et la chaîne de télévision. Une procédure entamée en mars 2007, soit cinq mois après les faits, histoire de limiter au maximum la publicité faite à l'affaire. Zidane réclame 100 000 euros de dommages et intérêts. Ce serait cher payé un dérapage : soit 50 000 euros la minute d'une interview embarrassante. Un record. L'information est tenue dans le secret absolu. L'affaire suit son cours.

En attendant, les sites communautaires de diffusion de vidéos tels YouTube et DailyMotion sont sommés de retirer tout extrait du passage incriminé. Impossible aujourd'hui de retrouver sur le Web la trace des quelques minutes parmi les plus célèbres de l'année télévisée 2006. Quant à la chanteuse, sa carrière semble, depuis, en suspens. Son dernier album a connu un véritable flop, et la tournée prévue en 2008 a été tout bonnement annulée. Elle n'accorde plus d'interviews à la presse sans exiger de les relire de la première à la dernière ligne. Les journalistes qui l'ont rencontrée décrivent une jeune femme visiblement anxieuse, qui se protège de toute allusion à sa vie privée. D'après plusieurs proches, elle ne se serait jamais remise de cette publicité malencontreuse. Enfin, Tony Krantz, l'attachée de presse de Nâdiya, ne souhaite plus avoir affaire à la chanteuse : « Cette histoire a été dramatique. Pour tout le monde. »

Et Zidane ? On le voit aux quatre coins du monde au bras de son épouse : défilés de mode à New York en février 2007 pour la griffe 3Y, participation aux émissions caritatives sur TF1 *Tous ensemble pour*

ELA (celle-là même où le footballeur avait croisé la chanteuse pour la première fois trois ans plus tôt) en janvier 2008, épopée nautique pour le compte de Generali en juillet 2007, jubilé de Karembeu en Nouvelle-Calédonie, soirée promotionnelle pour une grande marque de montres, voyage caritatif au Niger… Véronique est de toutes les sorties. Ils ne se quittent plus d'une semelle.

18

La vie lambda de M. Zidane

Juin 1998. Zidane n'est pas encore champion du monde et ignore le destin qui l'attend. Il confie : « Je m'étais dit que livreur, ce serait un bon job pour moi[1]. » Depuis, il n'est pas livreur mais une star planétaire. À un certain niveau, la notoriété peut devenir une forme d'isolement : « J'aimerais tellement devenir une petite souris pour me glisser parmi les gens, anonyme, et entendre ce qu'ils disent de moi », a-t-il confié un jour à un de ses amis, comme si sa réussite le laissait encore incrédule. Une Coupe du monde, une Coupe d'Europe, la reconnaissance internationale et l'adulation de millions de fans, est-ce que ça vous change un homme ?

Au premier abord, la réponse est oui. Car Zidane ne dédaigne pas les signes ostentatoires de richesse. Vêtements Prada, Armani ou Dolce & Gabbana, chemises floquées de ses initiales ZZ, accessoires Vuitton, bijoux commandés chez Édouard Nahum[2], sur les Champs-Élysées : le joueur aime les belles choses. À Turin, il a roulé dans une Ferrari, une

1. *Paris Match*, 25 juin 1998.
2. « Le joailler des stars », comme il aime à se présenter.

Mercedes, une Porsche Carrera noire, avant d'investir dans une Lexus RX 300. À Madrid, il s'est offert une Bentley décapotable pour fêter son arrivée au Real. Aujourd'hui, il circule dans une grosse Audi ou dans sa Mercedes ML. Et, chaque fois qu'il quitte l'Espagne, il embarque, le plus souvent aux frais de ses sponsors, dans un jet Citation de location, quand il n'utilise pas l'avion personnel de Franck Riboud, le patron de Danone, ou celui de François-Henri Pinault, le patron de PPR. Sa maison ? Une magnifique demeure dans le quartier résidentiel de Conde de Orgaz, le Neuilly madrilène, pas très loin de l'école française où sont scolarisés ses enfants. Derrière les hautes palissades noires qui masquent la propriété, une belle bâtisse blanche, estimée à 5 millions d'euros par un agent immobilier du coin, s'étale sur 600 mètres carrés, avec un petit jardin et un petit terrain de foot en gazon synthétique destiné aux enfants. À l'intérieur, à la demande de Zidane, l'architecte espagnol en charge de la décoration s'est inspiré de celle de l'hôtel George-V, à Paris, où le joueur prend souvent ses quartiers.

Toutefois, Zidane n'a pas hésité non plus à meubler une partie de sa jolie villa madrilène avec des meubles achetés chez... Zara Home. Le détail en dit long sur un homme aux apparences flambeuses trompeuses. Certes, il descend dans un palace à chacun de ses séjours dans la capitale, mais il n'a jamais voulu acheter un appartement pour y habiter. Et s'il aime, quand il sort dîner, les adresses ultrachics du VIIIe arrondissement, il lui arrive aussi de manger des pâtes dans des petits restaurants italiens du 17e arrondissement, à 20 euros le menu. À Marseille, il dort chez ses parents, dans leur pavillon. En revanche, quand il rend visite à ses beaux-parents installés près de Rodez, il prend ses quartiers dans une maison achetée dans la région, plus apte à recevoir toute la famille. Pour en refaire certaines pièces, il a fait appel à Claude Dalle, le décorateur tape-à-l'œil cité dans tous les polars SAS. « Il nous a été conseillé par d'autres footballeurs. Nous avons fait les travaux durant leur absence, mais il savait exactement ce qu'il voulait », confie d'ailleurs l'agence de décoration.

En vacances, Zidane emmène sa petite tribu à l'île Maurice, aux Seychelles ou en Argentine, mais aussi dans la station thermale italienne de Merano ou à Ibiza, en compagnie de la famille de Luis Figo, son ancien coéquipier au Real. Ou encore aux Baléares, dans la maison d'Alain Migliaccio, son agent. Plus simplement, il lui arrive de passer quelques jours à Onet-le-château, près de Rodez. Comme il y a quinze ans, quand il n'hésitait pas à faire la vaisselle chez les grands-parents de Véronique à l'époque où ces derniers étaient encore vivants, Zidane apprécie les moments de détente. Au programme : balade à vélo, pouponnage du dernier et barbecue. Le couple vient de s'offrir une maison à Almería où habite une grande partie de sa belle-famille. En prenant sa retraite, Zidane souhaitait « se remettre dans la vraie vie » et consacrer plus de temps à ses enfants, Véronique et ses parents. Aujourd'hui, il semble s'y employer avec entrain. Dernièrement, il s'est même acheté un petit bateau pour prendre le large avec les siens, loin des remous terrestres.

Zidane aime ce qui brille, mais il est économe. Soucieux de ne pas se faire « pigeonner », il n'hésite pas à envoyer sa femme en éclaireur avant de faire un achat important. Il est même capable de demander à un proche d'aller négocier une ristourne : sur une suite au George-V, louée 150 euros la nuit au lieu de 1500, sur un voyage aux Seychelles, payé 18 000 euros au lieu de 22 000, ou même sur un appartement parisien au Trocadéro, dont le prix, de 1 million d'euros pour 150 mètres carrés, était jugé trop élevé par le joueur[1]. À l'inverse, l'homme sait se montrer généreux… quand ce n'est pas lui qui doit sortir son portefeuille. Alain, un chauffeur de taxi parisien, se rappelle très bien ce soir d'été 1994 où il vit deux joueurs français de l'équipe nationale, Bixente Lizarazu et Zinedine Zidane, entrer dans son taxi. « Ils sortaient du *Fouquet's* et voulaient finir la soirée au Niel's, la boîte de nuit des Champs-Élysées, raconte-t-il. Quand on est arrivés, Lizarazu a insisté pour payer la course, de 30 francs. Zidane a regardé le compteur et m'a dit : "C'est tout ?" Il s'est retourné vers son copain et lui a demandé : "C'est toi qui paies, alors ? Bon, donne-lui 100 francs[2]." »

Qu'il soit à Madrid, Paris ou Marseille, Zidane utilise rarement sa carte bancaire, préférant tout payer en espèces. Chose rare, ce millionnaire n'est jamais à court de petites coupures et peut sortir deux billets de 5 euros pour payer un café à des copains dans un centre commercial. Sans chichis, amoureux des belles voitures, mais aussi amateur de plaisirs modestes, c'est cet homme-là que connaît Mustapha Mazouz[3], le pote de la cité des Minguettes. Les deux hommes se sont rencontrés par l'intermédiaire de Luis Fernandez, quand Zidane jouait encore à Bordeaux. Il avait alors 18 ans. « Mus' », qui était un peu plus âgé, a roulé sa bosse pen-

1. Entretien anonyme avec l'auteur, mai 2007.
2. Entretien avec l'auteur, février 2008.
3. Entretien avec l'auteur, septembre 2007.

dant des années dans le milieu du foot, de façon plus ou moins informelle. À force, il est devenu un proche de Zizou, qui le salarie via sa société Zidane Diffusion. Mus' se souvient d'un voyage en train au départ de la gare Montparnasse, en 1999. Ce jour-là, il accompagne Zidane à Laval. Blessé, le joueur part pour une semaine dans le chef-lieu de Mayenne afin d'y être soigné par le kiné qui le suit depuis toujours, Philippe Boixel, praticien dans un cabinet privé de la ville. Quelques mois plus tôt, des banderoles « Zizou président ! » flottaient à Paris, sur la plus belle avenue du monde. Pourtant, dans cette petite ville de province, les deux hommes posent leurs valises dans un modeste deux-étoiles, face à la gare routière. Le champion partage une chambre minuscule avec son ami Mustapha. Ensemble, ils déjeunent dans la salle commune, sur les tables en Formica, et regardent d'un œil distrait la petite télévision accrochée au mur. « À peu près à la même époque, poursuit Mus', Zizou avait l'habitude de m'emmener au restaurant de l'aéroport d'Orly, pour y manger un steak haché à cheval en regardant les avions décoller[1]. » C'était déjà dans les cafétérias d'aéroport que le sportif déjeunait adolescent lorsque, fauché, il reprenait l'avion pour aller de Cannes au bataillon de Joinville où il faisait son service militaire. Il avait 17 ans. Devenu une star mondiale, Zinedine Zidane a conservé le goût des petits bonheurs tout simples de sa jeunesse.

1. Entretien avec l'auteur, février 2008.

19

Un boute-en-train

Contrairement aux apparences, le père de famille modèle n'est pas dénué d'humour. Il apprécie les bonnes blagues et les vannes à deux balles avec ses copains footballeurs. « C'est un chambreur », estime Robert Pirès, qui se souvient en rigolant de son arrivée chez les Bleus : « Il n'arrêtait pas de me dire : "Si tu pouvais changer ta façon de courir, parce que là, tu vois, t'es en équipe de France." Tout ça parce que je cours un peu en canard[1]. » Notre placide champion, un boute-en-train ?

De fait, chez les Bleus, les bons mots du numéro 10 sont légion. Du temps de ses exploits, toujours au fond du bus, il chahute comme un gamin avec Candela et Duga. Difficile, au premier abord, d'imaginer le timide footballeur en train de faire le pitre. « Il a beaucoup de facilité dans le contact humain, malgré sa réserve naturelle », constate Aimé Jacquet. Gentiment moqueur avec tous ses coéquipiers, Zidane ne s'épargne pas et pratique l'autodérision bien plus souvent qu'on l'imagine. Pour se moquer de ses piètres performances, il n'hésite pas à

1. Supplément *L'Équipe Magazine*, 16 juillet 2006.

s'inventer un personnage : Hector Zidane, son cousin virtuel. Ainsi, après un match du championnat d'Italie, il lâche, pince-sans-rire, sur le terrain : « C'était Hector, mon cousin. De temps en temps, il prend ma place. » En 1998, pendant le Mondial, alors qu'il est en train de se faire masser par Philippe Boixel, il s'amuse devant des images de lui diffusées au même moment à la télévision : « Beau gosse, hein ? prend-il à témoin le kiné. Vous avez vu ces beaux yeux ? Bon, après, faut pas qu'il parle... » Même chose des années plus tard, lors du visionnage du film dont il est le héros, *Zidane, un portrait du XXIe siècle*. Alors que toute l'équipe de ce documentaire, tourné pendant un seul et même match du Real, guette anxieusement la moindre de ses remarques, Zizou revit le match comme si c'était un simple débriefing. À la cinquante-quatrième minute, le Real marque un but grâce à lui. La foule est en délire. Ses coéquipiers se jettent sur lui. Pourtant, à l'écran, le joueur français reste imperturbable. En s'observant sur le terrain, impassible au milieu des vivats, le champion lâche avec une pointe d'accent marseillais, comme pour lui-même : « Vas-y, cache ta joie. »

À un journaliste qui lui demande s'il arrive à Zidane de se « lâcher », l'humoriste Jamel répond : « Zidane, c'est la force tranquille. Non seulement il déconne, mais en plus, c'est lui qui me fait rire. Zizou est un vrai gamin des quartiers. Il a baigné dans la déconnade. Zidane est un bon vivant[1]. » Christophe Dugarry en sait quelque chose. Plus que tout autre, ce joueur rencontré à Bordeaux sait dire les mots justes et, surtout, a l'art de faire rire son Zizou, qu'il appelle « l'Arabe ». C'est lui, le fidèle

1. *Paris Match*, 12 juillet 2006.

compagnon des virées entre potes. À Paris, le Queen se souvient encore des folles équipées des deux compères. Zizou et Duga adorent ces retrouvailles festives dans le carré VIP de la célèbre boîte de nuit des Champs-Élysées. Musique, cigarettes et whisky-Coca accompagnent ces sorties entre mecs. Là, un ami dévoué du champion, véritable ange gardien, nous révèle qu'il ne quittait pas des yeux un seul instant le verre de Zidane, de peur que quelqu'un de malintentionné n'y verse de la drogue. Dugarry, plus expansif que Zizou, lui redit souvent, entre deux tournées : « Moi, si j'étais à ta place, je serais le roi du pétrole ! » Mais Ziz rechigne à flamber. Pas son genre, même s'il a pris goût à la célébrité et au luxe.

À Madrid, Zidane mène une vie plus calme. À l'époque du Real, il était toujours fourré avec David Beckham et Ronaldo, surtout pendant les déplacements pour les matchs à l'extérieur. Puis, ses deux copains sont partis, recrutés par d'autres clubs. Aujourd'hui, il lui reste peu d'amis dans la capitale espagnole. « Hormis sa femme et ses enfants, il n'a personne à Madrid », confirme Malek Kourane, seul proche du joueur à lui rendre visite régulièrement là-bas. Quand Zidane jouait encore au Real, Malek venait donner un coup de main à Véro, faire les courses en sa compagnie, emmener Enzo et Luca à l'école, jouer avec eux en attendant que leur père rentre de l'entraînement. Aujourd'hui, Malek travaille pour la municipalité marseillaise, au service « Allô ! Mairie » chargé de l'enlèvement des encombrants. Mais entre Zizou et lui, rien n'a changé : toujours les mêmes conversations complices, les mêmes fous rires. Parfois, ils vont simplement rouler en voiture en écoutant la musique préférée de Zizou : la variété italienne de façon générale, Eros

Ramazotti en particulier, mais aussi Francis Cabrel, Corneille, Madonna, qu'il adore, ou encore Nâdiya et son tube *Roc*. D'autres fois, Malek[1] regarde le joueur, qui adore danser, se trémousser dans le salon avec les enfants. Il faut croire que ses pieds le démangeront toujours.

1. *L'Équipe Magazine*, avril 2005.

QUATRIÈME PARTIE

L'OMERTA

20

Comment je me suis disputé avec Zizou

Dur d'être la cible permanente d'entreprises de séduction et de sollicitations en tout genre. Il y a de quoi devenir paranoïaque. Surtout quand on a de bonnes prédispositions. Voilà pourquoi une menace permanente plane chez les proches de l'ancien capitaine des Bleus : être radié des cadres. D'où la peur de trahir sa confiance ou, pire encore, de « trop parler ». Aux yeux de Zinedine Zidane, la frontière entre ces deux « crimes » est même très mince. Au moindre doute, la sanction est inéluctable. Le joueur s'accommode mal des bavards. Y compris parmi ses proches. Si par malheur ceux-ci osent parler de lui sans son accord, les mesures de rétorsion sont impitoyables : un silence radio durant plusieurs mois, voire l'exclusion définitive du clan. Une punition redoutable quand on sait que la grande majorité de l'entourage du sportif possède, de près ou de loin, un intérêt professionnel ou financier à le côtoyer.

Un proche de la star a bien failli en faire les frais en octobre 2007. À cette date, le mensuel économique *Capital* publie une enquête sur le « business

Zizou », faisant apparaître au fil des pages un nom : celui d'Idriss Tsouli. Derrière cet inconnu du grand public se cache l'homme qui gère le patrimoine du joueur : un personnage clé de la galaxie Zidane. Interrogé par le journaliste du mensuel économique, il confirme l'existence de placements financiers réalisés par la star. Grossière erreur ! À la sortie du magazine, les aveux de l'interviewé font trembler le clan. Le jour même, à Amsterdam, Grégory Fernandez[1], responsable du marketing sportif d'Adidas et interlocuteur unique de Zizou pour la marque aux trois bandes, se fait livrer le mensuel par avion. Âgé de 35 ans à peine, mais avec déjà dix ans de métier derrière lui, ce grand brun au regard faussement timide fait partie du « clan » Zidane au sens large. Quand Noureddine, le grand frère de l'ancien capitaine des Bleus, découvre le papier de *Capital*, c'est Fernandez qu'il appelle aussitôt : « T'as lu le papier ? » s'étouffe Noureddine, au bout du fil. Fernandez comprend la colère de Zidane. Il n'aurait jamais commis l'erreur de parler à la presse sans son autorisation. « Vous voyez, c'est très important, la confiance. Il ne faut jamais la trahir », justifie-t-il. Idriss Tsouli, lui, le comprend un peu tard : le gestionnaire du patrimoine est prié, séance tenante, de ne plus jamais s'exprimer au sujet de Zizou.

« Je ne fais confiance à personne, confiait récemment Zidane à l'un de ses proches. Pas même à mon ombre[2]. » Plusieurs de ses proches ont même été exclus de son cercle pour des crimes qu'ils n'avaient pas commis. Un ami « de quinze ans », un pote des bons et des mauvais jours pourtant, en sait quelque

1. Entretien avec l'auteur, novembre 2007.
2. Entretien anonyme avec l'auteur, mars 2007.

chose. « Un jour, raconte-t-il, j'ai reçu un appel de Zizou. Sa voix était glaciale. Après les salutations d'usage, il me lance : "Tu as entendu des choses sur moi récemment ?" » Interloqué, l'autre répond : « De quoi tu parles ? » À l'autre bout du fil, le joueur reste évasif et réplique : « T'es sûr, t'as rien dit ? Bon eh bien, je te rappelle plus tard. » Son ami attend depuis plus d'un an un coup de fil de son « frère » Zizou. Le camarade qui a assisté tant de fois à des répudiations a réalisé que, désormais, c'est son tour[1].

La mise à l'index se fait toujours de façon expéditive. Cela commence chaque fois de la même manière. Un jour, en composant le numéro de téléphone portable du joueur, vous n'entendez plus sa voix sur le répondeur, mais un message impersonnel qui tourne en boucle : « Le numéro que vous avez composé n'est plus en service. » Traduction : Zidane a changé de portable et n'a pas jugé bon de vous confier son nouveau numéro. Quelle faute avez-vous commise pour mériter un tel black-out ? Inutile de chercher à plaider votre cause : pour le joueur, votre sort est scellé. Les conséquences sont immédiates. Quand le présumé traître ne perd pas son job, il devient vite un pestiféré. Son téléphone ne sonne plus, ses contacts ne le sollicitent plus pour faire office d'intermédiaire avec la star. Personne ne sait, au juste, quel forfait il a commis, mais la rumeur gangrène son réseau de relations. Sur le front du réprouvé, il est écrit, aux yeux de tous, le mot « balance ». Pour les plus anciens copains avec qui Zidane s'est lié d'amitié dans les quartiers, cela signifie l'adieu à tous les avantages que procure le

1. Entretien anonyme avec l'auteur, janvier 2007.

fait de graviter autour d'une star interplanétaire. Finis les grands hôtels et les jets privés. Terminé, les loges VIP pendant les matchs. Oublié, les rencontres avec les plus grands joueurs de foot et les people. « Avec lui, j'ai vécu des moments incroyables, les plus beaux de ma vie. Aujourd'hui, c'est bien fini[1] », regrette une ancienne relation d'affaires du joueur.

Difficile de renoncer à ce que l'on croyait acquis. Au point que certains, frappés par la vindicte, préfèrent nier l'évidence ou feindre l'indifférence. « Un jour il rappellera », répètent-ils d'abord à qui veut bien les croire. Et puis ils finissent par craquer, avouer ne pas saisir le silence de l'homme qu'ils pensaient avoir apprivoisé. Témoin, Michel Drucker[2], une simple connaissance devenue, au fil du temps, un intime de la famille. Même cette figure emblématique du PAF, l'ami consensuel de toutes les stars, a sous-estimé le caractère ombrageux de la diva du ballon rond. Dans la loge qui lui fait office de bureau au sous-sol du Pavillon Gabriel, à deux minutes des jardins de l'Élysée, l'homme au visage lisse ne fait pas ses 65 ans. La chemise blanche près du corps, un austère pantalon noir, il ne cache pas son trouble. La première fois qu'il a rencontré le capitaine des Bleus, c'était en 1998, pendant la Coupe du monde. « J'étais allé à Clairefontaine, le centre d'entraînement des Bleus, pour rencontrer Aimé Jacquet, à l'époque entraîneur de l'équipe de France, raconte-t-il. Dans la discussion, Aimé m'a confié : "Je crois que Zizou aimerait beaucoup vous rencontrer." » Zizou, justement, loge à l'étage au-dessus. L'animateur de *Vivement Dimanche* monte et frappe à la porte du joueur. Un Zidane

1. Entretien anonyme avec l'auteur, février 2007.
2. Entretien avec l'auteur, septembre 2007.

intimidé le fait entrer. Assis sur l'un des deux lits de leur chambre, Christophe Dugarry, l'ami de toujours, s'éclipse. Après les politesses d'usage, Zidane se lance : « Mes parents vous aiment beaucoup. » Michel Drucker saute sur l'occasion : « Donne-moi donc le téléphone de ton père et je lui passerai un coup de fil. »

À l'évocation de ce souvenir, l'homme qui a interviewé les plus grands noms du show-biz et du monde politique, de Serge Gainsbourg à Jacques Chirac en passant par Céline Dion ou Whitney Houston, est ému comme un débutant. « Vous savez, confie-t-il sous le regard affectueux de sa chienne Olga couchée sur le canapé en cuir, j'en ai vu, des stars. Rares sont celles qui m'ont fait un tel effet. Pour moi, Zidane, c'est comme un Mohammed Ali. Un homme exceptionnel, qui a marqué son siècle. » Le temps d'avaler une gorgée d'Évian, et Michel Drucker reprend : « Après notre première rencontre, il m'a fait l'honneur de m'inviter à Turin, en 1999. Je m'en souviens comme si c'était hier. Allongé sur son lit, il gambergeait. Déjà, il voulait laisser une trace, marquer l'histoire du football. Il m'a confié son désir d'aller jouer en Espagne. Quand il a rejoint le Real, à Madrid, je suis allé le voir. C'était super ! On a fait des photos, puis je l'ai invité à mon émission *Tapis rouge*, à Paris. Il est venu et il est même resté assis trois heures d'affilée ! » Entre-temps, Drucker a rencontré toute la famille. Et d'énumérer les noms : le père Smaïl, la mère Malika, la sœur Lila. « Vous savez qu'elle a une licence d'anglais ? Je leur ai rendu visite souvent à Marseille. Quelle famille formidable », lance-t-il, l'œil humide.

Le temps défile, le producteur de Michel Drucker rentre dans la loge. « Michel, on t'attend pour le montage. » Mais l'animateur a encore envie de parler. Debout face à une figurine en carton grandeur nature à l'effigie du joueur, il poursuit l'analyse : « Moi, je le comprends tellement. J'ai commencé à gagner ma vie à 17 ans, comme lui. Moi non plus, je n'ai pas fait d'études. Après la finale de 2006, je l'ai défendu, envers et contre tous. D'ailleurs on me l'a reproché. Mais que voulez-vous, ce que l'autre lui a dit est horrible [*l'autre,* c'est-à-dire Materazzi]. J'en ai même parlé à la télévision. Je sais que ses parents ont apprécié mon comportement. »

Pourtant, la bénédiction des parents n'a pas suffi. Quand on lui demande à quand remontent ses derniers contacts avec Zizou, l'animateur est embarrassé : « Heu... Nous ne nous sommes pas reparlé depuis novembre 2006. J'ai essayé de l'appeler, lui, ses parents, Noureddine, son frère. » Drucker mis au piquet ? Lui préfère parler de « silence ». Pourquoi ce silence alors ? « Au cours de l'une de mes émissions, Nicolas Canteloup a fait un petit sketch... C'était drôle. Enfin, j'espère que le papa et la maman de Zizou l'ont bien compris. Il s'agissait de se moquer de cette horrible rumeur propagée par une certaine presse. » Où comment Nicolas Canteloup, s'inspirant avec humour d'une couverture de *Voici* dont nous avons déjà parlé, a précipité la chute de Michel Drucker dans l'estime des Zidane. « Il n'y avait rien d'insultant, plaide encore le présentateur. Dans son sketch, Canteloup a simplement fiancé Zidane à Adriana Karembeu, à Mme de Fontenay... Je ne peux quand même pas censurer un humoriste ! Les conséquences auraient été pires. Mais je regrette un peu de l'avoir laissé passer dans mon émission. Vous pensez que je devrais leur envoyer un petit mot ? »

21

L'enfant chéri des médias

Paris Match, juin 1998 : « Un roi de France nommé Zidane ». *Le Nouvel Observateur*, décembre 2001 : « Le seigneur des stades ». *L'Équipe*, 2004 : « Zidane au centre du monde ». *Le Parisien*, juillet 2006 : « Zizou, on t'aime »... Les titres que Zizou a inspirés à la presse depuis près de quatorze ans donnent une idée du lyrisme qu'il suscite. Aucun joueur français, même Michel Platini, l'homme qui fit décrocher sa première coupe européenne aux tricolores en 1984, deux fois nommé meilleur joueur de tous les temps par *France Football* et aujourd'hui président de la prestigieuse UEFA, n'aura bénéficié d'une couverture médiatique aussi élogieuse que l'ex-capitaine des Bleus. Quant aux ouvrages qui lui ont été consacrés par des journalistes sportifs, ce sont des odes plus que des biographies. En 2002, par exemple, *Zidane le roi modeste*, de Jean Philippe, retrace, selon la quatrième de couverture, « l'ascension d'une star qui a su rester accessible, généreuse et fidèle en amitié ». En 2006, *Zidane. Le dieu qui voulait juste être un homme*, de Baptiste Blanchet et Thibaut Fraix-Burnet, se veut « le portrait d'un fils, d'un père de famille, d'un altruiste qui s'engage pour les causes qui lui sont chères », un « hommage à un champion qui a su rester lui-même malgré son incroyable popularité ». Dans le genre langue de bois, difficile de faire mieux.

Il est loin le temps où le jeune Zinedine de 20 ans répondait : « Merci monsieur » au journaliste Pierre-Louis Basse[1] qui venait de le gratifier d'un compliment. Il avait alors les joues rosies par l'émotion. Seize ans plus tard, la voix est toujours aussi timide mais le ton a changé et les rôles se sont inversés. L'ex-numéro 10 est devenu un as de la communication, qui entend tirer toutes les ficelles de la monumentale couverture médiatique qui lui est consacrée. Trouver un article critique sur Zidane ou un documentaire un peu fouillé ? Une mission quasi impossible. Pour entretenir son image de gendre idéal, le champion n'a même pas besoin d'intervenir. Alors qu'il existe des clichés de Zizou avec une cigarette à la bouche, un verre d'alcool à la main, ou en virée en boîte de nuit, rien ne fut ni ne sera jamais publié en France. En 1998, tandis que des paparazzis le prennent en photo à quelques mètres du palace parisien Le Raphaël discutant avec une ancienne animatrice de télévision, les proches de Zidane s'activent pour empêcher une publication éventuelle de ces clichés que d'aucuns pourraient mal interpréter. « Un jour, raconte un ancien membre de la rédaction de l'hebdomadaire *Voici*, je reçois un coup de fil d'un dénommé Momo, un habitué des soirées people, qui me fait passer le message : “Je voulais te prévenir que ça ne serait pas une bonne idée de publier certains clichés dans ton magazine.” » Message reçu. Mais l'histoire ne s'arrête pas là. Quelques semaines plus tard, l'époux

1. Entretien avec l'auteur, juillet 2007.

un peu trop possessif de l'animatrice, furieux d'apprendre que sa tendre moitié a été prise en photo discutant anodinement avec Zidane, assène quelques gifles à sa femme. L'affaire commence à s'ébruiter dans Paris. « Pour la protéger et faire comprendre qu'elle connaissait du monde dans les rédactions, nous avons monté un reportage photo sur elle. Son agression, avons-nous écrit, images à l'appui, était due à une tentative de braquage dans un parking souterrain de Neuilly. Des voleurs auraient tenté de lui dérober sa voiture et elle aurait été frappée en tentant de se défendre », poursuit cet ancien de *Voici*. Plus personne n'entendra parler de l'ancienne animatrice.

Même Pascal Rostain[1], le paparazzi aux coups les plus célèbres du monde, rechigne à tenter de shooter celui qu'il qualifie d'« icône ». « Zidane est sanctifié par le public, se résigne-t-il. Il peut faire ce qu'il veut, les gens refuseront d'apprendre une mauvaise nouvelle le concernant. C'est un peu comme avec l'Abbé Pierre. Il est intouchable. » Pas de risque de dérapage à Canal + : sous contrat avec la chaîne cryptée, pour laquelle il est le consultant exclusif du foot, l'ancien joueur est également coproducteur des magazines fournis par Stéphane Meunier, l'un des réalisateurs maison pour tout ce qui concerne les documentaires sur Zidane. Pas de danger non plus du côté de TF1 : la chaîne partenaire des Bleus n'a aucun intérêt à se mettre l'ancien capitaine à dos. Seuls quelques journaux, comme *Le Monde* ou *Le Point*, se sont risqués à parler des sujets qui fâchent. Bref, l'autocensure fonctionne d'elle-même. Et quand ce n'est pas l'autocensure, ce sont les

1. Entretien avec l'auteur, janvier 2008.

clubs qui font pression. En Espagne, par exemple, le directeur sportif du Real aurait signé, lors de son transfert en 2000, un accord avec Juan Cano, patron d'Hachette Espagne, et surtout président de l'association des magazines espagnols, stipulant qu'aucune photo privée de Zizou ne pourrait être éditée. On ne touche pas à un joueur et à un club mythique.

Réputé sourcilleux, Zidane a réussi à tout verrouiller. Y compris la presse sportive, dont certains journalistes se sont habitués à l'omerta. Ceux-ci doivent montrer patte blanche et prouver leur bonne volonté. Une couverture sur lui ou un long entretien nécessitent parfois le trajet jusqu'à Madrid du chef de service, voire du rédacteur en chef. « C'était normal de se présenter à lui et de lui faire part de nos projets[1] », assure sans sourciller Claude Droussent, l'ancien directeur des rédactions du groupe *L'Équipe*, qui se souvient encore de la « daurade grillée délicieuse » qu'il a dégustée avec le joueur quand il fit lui-même le voyage en Espagne. Il convient de ne pas vexer le champion ou ses puissants sponsors.

Quand ils se retrouvent face au sportif, certains reporters prennent garde à ne jamais lui poser plus de trois questions d'affilée. C'est que l'homme sait se faire désirer. « Un entretien de l'ancien champion du monde vaut de l'or », admettent des journalistes sportifs interrogés. Depuis qu'il est à la « retraite », il faut compter au moins une année pour obtenir une interview. Et quand l'heureux élu décroche le gros lot, il fait généralement preuve d'un traitement plutôt clément. La couverture du coup de tête asséné à Materazzi est un exemple parmi tant

1. Entretien avec l'auteur, janvier 2008.

d'autres de ces liaisons dangereuses qui unissent les deux parties.

Le rapport de certains journalistes avec le roi du ballon rond tient même de l'adoration candide des fans. Christian Jeanpierre, le présentateur de la cultissime émission de TF1 *Téléfoot*, affirme : « Zidane ? Ma génération a une chance incroyable d'avoir côtoyé le plus grand. Celle d'avant avait eu la chance d'avoir les Rolling Stones. Zinedine et moi avons été proches, même si je n'appartiens pas à son cercle d'amis immédiat[1]. » La liste des inconditionnels est aussi longue qu'un match sans le numéro 10. Au point qu'il est quasiment impossible de rencontrer un confrère l'ayant suivi de près, d'émettre la moindre critique susceptible d'arriver aux oreilles du dieu du stade. Certains n'hésitent pas : « Zidane, il sait que je n'ai écrit que 10 % de ce que je sais de lui. » En préambule à tous les entretiens menés pour la rédaction de ce livre, la même question nous a été posée : « Il sait qu'on se voit ? » Ce dévouement, Zidane le récompense à sa façon : il s'inquiète par téléphone de la santé d'Alexandre Ruiz, un ancien journaliste de Canal + victime d'un accident de voiture ; il orchestre une réconciliation publique avec un reporter de *L'Équipe*, Olivier Margot, qu'on disait mis en quarantaine par le clan Zidane ; ou invite un autre journaliste à le suivre à l'étranger pour une inauguration d'usine de Danone, son sponsor.

« Quand on est bien avec lui, c'est pour la vie ! On s'est très bien compris[2] », explique Patrick Dessault, journaliste à *France Football*, pourtant sans nou-

1. Entretien avec l'auteur, mai 2007.
2. Entretien avec l'auteur, février 2007.

velles de la star depuis décembre 2006. Un silence qu'il explique ainsi : « Il faut que cela vienne de lui. Il faut aussi être là au bon moment. » Un autre prétend : « Notre relation est au-delà du journalisme. » Les quatorze cartons rouges de la carrière de Zinedine ? De la poésie pour Olivier Margot : « En une seule prise, un soir de Real Madrid-Villarreal (2-1) en avril 2005, Zinedine Zidane s'était révélé tel qu'il est vraiment. Un pur artiste, tendance Van Gogh à l'oreille coupée, creusant son inconscient pour oser ce que les autres n'osent même pas imaginer, jusqu'à ce que surgisse sa part d'ombre, dans un soleil incandescent. Ce que l'on appelle "voir rouge[1]". » Pour d'autres : « Ils sont à la hauteur de son talent. Personne n'a pu le dompter. C'est lui qui dompte. » En 2000, un journaliste n'ose pas dire au joueur qu'il n'obtiendra pas le Ballon d'or, un prix décerné par son magazine. La faute à un carton rouge reçu pour un coup de tête à un adversaire à terre, lors d'un match de la Ligue. « Ce n'était pas ma faute s'il n'avait pas obtenu le prix, se justifie le reporter, et d'ailleurs il a apprécié mon tact. Je ne lui ai pas demandé d'interview pour ne pas avoir l'air de profiter de son malheur. Et je sais qu'il a été touché par mon geste. »

Certains vont jusqu'à jouer les imprésarios. En voyage quasi présidentiel à Alger en décembre 2006, alors que Zizou se retrouve à l'ambassade de France pour un cocktail, un reporter d'un quotidien prévient : « Écoutez, mettez-vous en petit groupe et essayez de vous mettre d'accord sur les questions que vous souhaitez lui poser. » À qui s'adresse-t-il ? À ses confrères, en l'occurrence des reporters de

1. *L'Équipe*, 11 juillet 2006.

M6, France Inter et *L'Express*. L'un d'eux réagit : « Pourquoi tu t'occupes de nos questions ? » Le reporter rétorque : « Écoute, je connais Zizou depuis dix ans, c'est presque un ami et là je sens qu'il est fatigué. Alors, j'essaie d'organiser les choses pour lui. »

Des grandes figures sportives, Pierre-Louis Basse dit : « Ils sont dans un monde à part. À moins d'être leur esclave, tu ne l'intégreras jamais. » Ancien de *L'Équipe*, aujourd'hui chroniqueur de l'émission *100 % foot* animée par Estelle Denis (la compagne de Raymond Domenech), Pierre Ménès, journaliste sportif, propose une définition pleine d'ironie du journaliste sportif : « C'est un homme qui suit une équipe locale depuis près de trente ans. Qui connaît tout de la D1, D2, D3. Suit tous les matchs en voyageant avec un président de club qui lui dit que l'entraîneur est un gros nul et que les joueurs ne valent pas un clou. Mais qui ne l'écrira jamais dans son journal, car il est trop fatigué pour le faire[1]. » Cruel et sûrement un peu excessif.

Reste qu'aujourd'hui recevoir les coups de fil de footballeurs professionnels à des heures indues pour réclamer des explications sur un article, voire un mot, fait partie du métier. Il est vrai que les stars du ballon rond sont d'un type particulier. Nul service de presse pour jouer les intermédiaires. Ici, on préfère donner son numéro de portable à trois reporters qui l'utiliseront avec parcimonie. D'ailleurs, le B. A.-BA du bon correspondant sportif se résume à trois règles d'or : ne téléphoner qu'en cas d'urgence,

1. Entretien avec l'auteur, 2007 et dans « Ce soir on la met au fond », *Dictionnaire absurde du football*, Pierre Ménès, éditions Prolongations, 2006.

préférer le texto et attendre d'être rappelé. Le joueur de football a réussi à imposer cette idée forte : une fois son talent reconnu, il n'a nul besoin de la presse pour exister. En revanche, le journaliste a besoin, lui, du sportif pour exister. Quel que soit le média, le rapport de forces est le même.

Zidane ne l'ignore pas. Passé maître dans l'art de manier la carotte et le bâton, il peut même être féroce. Quant aux journalistes que le champion ne connaît pas, ils doivent redoubler de précautions : le moindre dérapage leur est encore plus fatal. En cas d'interview trop agressive ou de question malvenue, la sentence tombe, implacable. Zidane ne recevra plus jamais l'importun qui l'a défié. Gérard Davet[1], grand reporter au *Monde*, s'en souvient encore. Une interview du numéro 10 parue dans le quotidien du soir en 2004, pourtant relue et amendée, mais dont le titre n'avait pas plu, a valu au journaliste un savon mémorable au téléphone : « Allô, c'est M. Zidane à l'appareil. Ce que vous avez écrit est honteux ! Vous avez sali mon nom et mon image. Et ça, je ne l'oublierai jamais. » Et pour être sûr que le message soit bien passé, un de ses frères rappelle Gérard Davet : « T'es un en… T'amuse pas à revenir à Marseille. » Mais la vendetta ne s'arrête pas là. Plusieurs mois plus tard, les deux hommes se croisent à la sortie d'un entraînement des Bleus. Le journaliste discute avec le médecin de l'équipe de France quand il voit soudain fondre sur lui un Zidane furieux. Le joueur intime au médecin l'ordre de couper court à la conversation : « Faut pas lui parler, à celui-là ! Il n'est pas réglo. » « Vous avez un problème ? » demande, interloqué, Gérard Davet.

1. Entretien avec l'auteur, mars 2008.

Imperturbable, Zidane réplique : « Un problème ? Moi ? Pourquoi j'aurais un problème ? Je suis jeune, je suis beau, je suis riche ! Je t'avais prévenu, c'est tout. » *Le Monde* n'aura plus jamais droit à un mot du joueur. Mais le quotidien du soir n'est pas le seul à être « blacklisté ». *Le Parisien,* pour avoir publié un article sur la mauvaise ambiance qui régnait dans l'équipe nationale entre les pro et les anti-Zidane, n'aura plus jamais d'interview du numéro 10.

Pierre Ménès[1], grand spécialiste des arcanes du foot français, a aussi fait les frais de la colère de Zidane. Pour la première fois, il raconte ce coup de fil surréaliste reçu quelques mois après la Coupe du monde. C'était en septembre 2006, après la diffusion de l'émission *Secrets d'actualités* sur M6. Dans ce documentaire consacré au coup de tête de la finale, Pierre Ménès, interrogé parmi d'autres spécialistes du foot, donnait son avis sur les cartons rouges qui jalonnèrent la carrière de Zidane. Rien d'insultant. Pourtant, trois semaines plus tard, la voix qui le menace au bout du fil est froide et furieuse : « On m'a répété les saloperies que t'as racontées sur moi à propos de la finale à Berlin. » Pierre Ménès, en voiture au moment de l'appel, freine et se gare. Le souffle court, ce grand gaillard de 1 mètre 90 pour 100 kilos tente vainement : « Mais, je te jure, j'ai rien dit de mal. Si tu veux, je te dépose une cassette de l'émission. Dis-moi où je peux te la faire parvenir et comme ça, on pourra s'expliquer. » Peine perdue, Zidane ne voudra rien entendre. Quelques jours plus tard, de passage à Paris pour l'inauguration de la boutique Adidas sur les Champs-Élysées, il veut voir Pierre tout de suite : « Tu viens me voir et je vais

1. Entretien avec l'auteur, janvier 2008.

te dire comment rectifier tes saloperies… sinon, je vais m'occuper de toi personnellement. » Un droit de réponse, un peu violent. Pierre Ménès ne se rendra jamais à la convocation. Ses vingt ans de métier ne l'ont pas préparé à ce genre d'intimidation. Mais jamais plus il n'aura les yeux de Chimène pour la star des pelouses.

22

Une belle *Équipe*

Un zeste de douceur, deux doigts d'autorité, et pour faire passer le tout, cette certitude inébranlable que les journalistes ne peuvent pas se passer de lui : la méthode Zidane, les journalistes de l'ancienne direction de *L'Équipe* l'ont expérimentée plus que n'importe quel magazine. Avec la bible du sport, le joueur a poussé le plus loin possible ces relations ambiguës entretenues avec la presse tout au long de sa carrière. Ces règles du jeu, *L'Équipe*, l'un des quotidiens les plus lus en France, les a assimilées. Un ancien chef du prestigieux service football du journal se rappelle avoir effectué le déplacement jusqu'en Espagne pour faire connaissance avec la star et l'assurer de sa disponibilité « si un quelconque problème ou malentendu devait survenir ». Jusque-là, rien d'anormal.

Cette prérogative, Zidane n'hésite pas à en user quand il le juge utile. « Allô, Fred, c'est quoi, ce titre ? » En ce matin de 2003, il est tout juste 8 heures. À peine arrivé aux vestiaires du Real, Zizou, le journal sous le bras, a dégainé son portable. L'objet de son courroux ? Le titre d'une petite brève parue dans *L'Équipe,* intitulée : « Le mystère Zidane ». Ce mot,

« mystère », le sportif l'a immédiatement associé à « bizarre ». Lui, bizarre ? Pas question de laisser passer ça. Au bout du fil, Frédéric Hermel, correspondant du quotidien sportif à Madrid, désamorce aussitôt le conflit : « Zinedine, ce n'est pas moi qui ai écrit ce papier. Mais si tu veux, on va s'arranger, on peut faire passer un droit de réponse. » Il a suffi d'un mot, d'un seul, pour déclencher les foudres de la star. Et celles-ci ont le don de faire frémir la rédaction de *L'Équipe.* « C'est vrai qu'on a toujours eu peur de se fâcher avec lui, reconnaît un journaliste du groupe. C'est vrai aussi qu'une interview de lui assure des bonnes ventes. »

En novembre 2005, par exemple, l'hebdomadaire *France Football* qui appartient au groupe *L'Équipe*, organise les cinquante ans des Ballons d'or – l'équivalent des Oscars pour les footballeurs. À cette occasion, le journal affrète un jet privé afin de faire venir Zizou de Madrid et lui réserve une suite à l'hôtel Sofitel Le Faubourg, dans le 8e arrondissement parisien. Au programme, cocktail et dîner avec le gratin du foot, dont Franz Beckenbauer, Raymond Kopa, Alfredo Di Stefano, Jean-Pierre Papin, Marco Van Basten, Ronaldo et Michel Platini. Tous restent jusqu'au bout, sauf Zidane, qui s'éclipse au bout d'une petite heure. Un peu cher, le privilège de voir le champion du monde boire un verre de jus de pomme. Et tous les convives sont de cet avis. « On était furieux, admet Claude Droussent, l'ancien directeur des rédactions du groupe *L'Équipe*. Mais que voulez-vous faire[1] ? »

Dans son bureau parisien, un œil rivé au grand écran de télévision qui diffuse un match de tennis,

1. Entretien avec l'auteur, janvier 2008.

celui qui était alors le patron de la référence française du foot revient sur le coup de tête du joueur : « C'est vrai que la presse, dans son ensemble, a épargné Zizou au lendemain de la finale. » Les cheveux gris, la cinquantaine discrète, Claude Droussent est loin d'être un bleu. En juillet 2006, au lendemain du match France-Italie, lui-même a écrit, dans la fièvre du direct, sur place à Berlin, un édito plutôt critique : « Zinedine, savez-vous que le plus difficile ce matin est d'expliquer à des dizaines de millions d'enfants à travers le monde comment vous avez pu asséner ce coup de tête à Marco Materazzi ? » Rien de bien grave, a priori. Le lendemain, à son retour au journal, le directeur des rédactions observe pourtant les visages fermés de ses collaborateurs et le silence qui règne dans les couloirs. Soudain, il devine avoir commis l'erreur d'exprimer le fond de sa pensée. Dès l'édition suivante, le quotidien fait machine arrière et s'excuse de ses propos de la veille. « C'était la meilleure chose à faire », dira Christophe Chenut, à l'époque directeur général du groupe de presse, à Claude Droussent. Chenut, par ailleurs bon camarade de Franck Riboud, le patron de Danone, premier annonceur publicitaire en France et, accessoirement, sponsor principal de Zidane. Mais ce retournement survient trop tard. Les rétorsions sont immédiates pour tous les journalistes du groupe, qui comprend le quotidien *L'Équipe*, les hebdomadaires *L'Équipe Magazine* et *France Football*. Du jour au lendemain, ceux qui suivaient le joueur depuis ses débuts, comme Olivier Margot, ne parviennent plus à joindre la star. Quand ils l'appellent, ils tombent sur un message les informant que le numéro n'est plus en service.

Aujourd'hui, Claude Droussent persiste à regretter ce qu'il continue d'appeler « une boulette ». Le remords porte sur le premier éditorial, pas sur son démenti. Pour l'expliquer, il avance le trop-plein d'émotions, le manque de temps pour se relire, les quarante-cinq minutes qu'il avait pour écrire l'édito en question depuis Berlin et l'envoyer à Paris. Il avoue la vérité aussi, tout simplement : à savoir qu'il fut choqué par un geste contraire aux règles du sport que véhicule *L'Équipe*.

Parfois, l'empathie est tellement forte que la règle d'objectivité inhérente à la profession subit quelques entorses. Lors d'un entretien réalisé en janvier 2007, un reporter du magazine sportif s'adresse ainsi à la star du ballon rond : « Avez-vous des regrets par rapport à vous-même de vous être laissé piéger par un voyou ? » Par « voyou », il évoque Materazzi. Les lecteurs, choqués par ce parti pris, appellent l'auteur. Même au sein de la rédaction, des journalistes sont révoltés par ce manque de distance : « Vous imaginez si un journaliste politique traitait de voyou l'adversaire d'un politicien ? Vous songez à la levée de boucliers que cela susciterait ? Chez nous, pas un mot de la direction ! », s'insurge un reporter. Zidane lui-même rappelle à l'ordre son interlocuteur : « Le terme voyou ne me plaît pas. » La complaisance, d'accord, mais tâchons de rester discret.

23

La question du dopage

En règle générale, dans le football c'est le tabou absolu. Dans certaines rédactions, les rumeurs circulent, mais il n'y a pas grand monde pour se risquer à enquêter sur un sujet aussi sensible et où les preuves sont quasiment impossibles à trouver. L'omerta est totale. Alain Garnier raconte. Cet homme est le directeur du bureau européen de l'Agence mondiale antidopage, à Lausanne. En 1998, au moment de la Coupe du monde en France, il était le responsable médical au cabinet de la ministre de la Jeunesse et des Sports, la communiste Marie-George Buffet. Aujourd'hui encore, il reste sidéré par les réactions suscitées par les tentatives de contrôle antidopage sur l'équipe de France.

Tout a débuté le 26 décembre 1997 à l'hôtel Village Montana de Tignes où les Bleus effectuent alors leur stage de préparation et s'apprêtent à passer leur premier Noël ensemble. Alain Garnier vient d'ordonner un contrôle inopiné. Mais il va falloir se montrer patient : « Le staff de l'équipe de France a fait attendre le médecin préleveur pendant des heures. Du coup, les résultats étaient moins fiables[1]. » Sur les six joueurs contrôlés, aucun ne se révélera positif. Officiellement. Alain Garnier le confirme.

Marie-Florence Grenier-Loustalot est encore plus circonspecte. La cinquantaine, de fines lunettes posées son nez, cette brillante chimiste qui travaille notamment à l'amélioration des techniques de dépistage des produits dopants, en collaboration avec le Comité international olympique, se souvient de l'affaire dite « de Tignes ». Dans son bureau de Sophia Antipolis près de Nice, l'accent légèrement chantant et les yeux pétillants, celle qui a mis au point les analyses permettant de détecter la prise de corticoïde, en l'occurrence la cortisone, chez les athlètes, nous révèle : « À l'époque, c'est moi qui ai été contactée par le laboratoire de Châtenay-Malabry en charge des tests antidopage durant le Mondial 98. À cette date, on m'avait demandé de m'occuper de l'expertise d'un des six contrôles urinaires effectués à Tignes et qui étaient tous anonymes[2]. » Un silence. Puis, la voix basse, elle reprend : « Un des tests réalisés en première instance présentait un taux suspect de testostérone. Vous savez, si les contrôles sont fiables, la contre-expertise a lieu plus d'un an plus tard. Ce qui permet au sportif de contester les résultats. Il peut affirmer que le flacon qui contenait le prélèvement a mal été conservé, qu'il y a eu un problème d'étiquetage... »

Jamais révélée, cette information semble avoir été tenue au secret. Rien ne dit d'ailleurs qui était le joueur concerné. Personne, y compris les responsables du ministère des Sports, ne semble être

1. Entretien avec l'auteur, mai 2008.
2. Entretien avec l'auteur, juillet 2006.

au courant. Il faut dire qu'en ces temps-là la FIFA avait réussi à imposer ses règles comme le confirme Marie-George Buffet, à l'époque ministre de la Jeunesse et des Sports : « C'est vrai que le rapport de force n'était pas totalement en notre faveur[1] », explique-t-elle aujourd'hui. Ainsi, les résultats des contrôles effectués au laboratoire de Châtenay-Malabry étaient d'abord envoyés au siège de la FIFA puis retransmis au ministère.

Ce n'était qu'un début. Alain Garnier ne s'attendait pas à devoir affronter un tir de barrage contre ses intentions : « Très vite, certains médias, Aimé Jacquet et des joueurs sont montés au créneau : nous étions les ennemis du football. À Matignon, les responsables du cabinet de Jospin me disaient : "N'allez pas gâcher la fête." » Traduction : n'allez pas embêter l'équipe nationale. Marie-George Buffet avait pourtant fait de la lutte antidopage une priorité absolue. Mais devant le tollé provoqué par ce contrôle inopiné, elle effectuera une légère marche arrière. Alors qu'elle avait prévenu publiquement que les contrôles étaient décidés par la direction des sports[2] de son cabinet, la ministre se fend d'un communiqué à l'AFP au lendemain de l'incident de Tignes : « C'est une initiative que je déplore », explique la ministre. Aujourd'hui, elle revient pour la première fois sur cette drôle d'affaire : « C'était tellement compliqué. Remettez-vous dans le contexte de l'époque. La France organisait la Coupe du monde et pour la première il y avait une véritable volonté politique de s'attaquer au fléau du dopage. Mais face

1. Entretien avec l'auteur, juillet 2006.
2. Éric Maitrot, *Les Scandales du sport contaminé*, Flammarion, 2003.

à cette levée de bouclier médiatique et aux réactions de l'opinion publique, je le reconnais, j'ai douté. Je me suis demandé si on avait fait une erreur en s'attaquant aussi frontalement au problème des contrôles. Si on n'était pas contre-productif[1]. »

De fait, alors qu'Alain Garnier et son équipe sont chargés de contrôler toutes les équipes de la Coupe du monde, tous les vestiaires leur sont ouverts à l'exception notable de ceux des Bleus : « On ne pouvait pas y mettre les pieds », jure-t-il. Ainsi, au premier tour, lors du match France-Arabie saoudite, Zidane est expulsé pour avoir essuyé ses crampons sur un adversaire à terre. Alain Garnier demande au directeur des compétitions de la FIFA d'effectuer un contrôle antidopage sur lui, comme le règlement le préconise en cas de carton rouge ou d'agressivité particulière sur le terrain. Or ce contrôle ne se fera jamais. « C'est vrai, il n'a pas été réalisé, et je ne sais pas pourquoi, confirme Gérard Rakocevic[2], ancien médecin de la Fédération française de football, détaché à l'époque auprès de la FIFA, pour effectuer les contrôles. Je me souviens d'avoir contrôlé Desailly qui avait été expulsé en finale mais pas Zizou. Je me souviens qu'on attendait les joueurs à la sortie du terrain, avant qu'ils puissent regagner leur vestiaire. On les dirigeait vers une petite salle prévue pour effectuer les tests urinaires. C'était dur, car on les privait de fête dans les vestiaires avec leurs coéquipiers. Mais concernant Zidane, je n'en ai aucune idée. »

La Coupe du monde à peine terminée par une victoire française débute un scandale, public celui-là. Il

1. Entretien avec l'auteur, 10 juillet 2008.
2. Entretien avec l'auteur, juin 2008.

a lieu de l'autre côté des Alpes. En Italie. L'homme par qui le scandale arrive se nomme Zdenek Zeman. Il est l'entraîneur de la prestigieuse AS Roma. Dans un entretien à l'hebdomadaire *L'Espresso*[1], il se dit « stupéfait devant l'explosion musculaire de certains joueurs de la Juve ». C'est à partir de cette interview qu'un procureur turinois, Raffaele Guariniello, décide de s'attaquer au problème du dopage dans le Calcio et plus précisément à la Juve. « C'est la déclaration de Zeman qui m'a incité à ouvrir une enquête[2] », nous explique le procureur italien. Quatre années plus tard, débute ce que l'on appela le procès de la Juventus de Turin, l'équipe la plus populaire d'Italie, celle qui fait rêver onze millions de tifosi. Ce linge sale lavé en public allait mettre un frein aux pratiques de dopage qui ont provoqué pas moins de quarante-sept décès dans le football italien. Le procureur[3] y consacra quatre années de sa vie dont le résultat sera consigné dans quarante mille pages de procédures.

À l'ouverture de l'audience, le 31 janvier 2002, des centaines de badauds se pressent pour voir les grandes stars du Calcio défiler à la barre. Parmi ces grands joueurs convoqués en tant que témoins assistés, Zinedine Zidane, ancien de la Juve de 1996 à 2001. Deux fois l'échéance aura été retardée en raison d'un emploi du temps surchargé. Quand il débarque de Madrid le 26 janvier 2004 pour être entendu par le juge italien Giuseppe Casalbore, toute la presse européenne l'attend. Vêtu d'un jean et d'un pull bleu, il s'engouffre sans dire un mot alors qu'une horde

1. 25 juillet 1998.
2. Entretien avec l'auteur, mai 2008.
3. Entretien avec l'auteur, mai 2008.

de journalistes se presse sur les marches du palais. La voix hésitante, Zidane répondra facilement aux questions de la justice, confie le juge Casalbore, qui semble encore sous le charme, des années plus tard : « Ce qui était frappant dans cette histoire, c'était l'incroyable pharmacie que nous avons découverte en perquisitionnant à l'infirmerie du club. Plus de 270 médicaments. Il y avait de tout[1]. »

Mais revenons au jour de la comparution de Zidane, dans cette salle d'audience :

« Le juge interroge : Vous avez pris des compléments alimentaires ?

Zidane : Oui, j'ai pris des vitamines, j'ai pris des…

Le juge : Vous les preniez sous quelle forme, par la bouche ? C'est-à-dire, c'était des pastilles, qu'est-ce que c'était ?

Zidane : Par la bouche…

Le juge : Aussi sous forme de piqûre ?

Zidane : Oui, des vitamines.

Le juge : Vous pratiquiez aussi des transfusions ?

Zidane : Oui.

Le juge : Seulement de vitamines.

Zidane : Seulement de vitamines.

Le juge : Seulement de vitamines, rien d'autre ? Pourtant, vous souriez.

Zidane : …

Le juge : Dites-moi un peu. Vous faisiez des transfusions d'Esafosfina ? Vous savez ce qu'est l'Esafosfina ? Vous l'avez déclaré en 1998, je le lis ici sur le procès-verbal.

Zidane : Oui.

Le juge : Et ?

Zidane : Oui, peut-être, parce que le nom…

1. Entretien avec l'auteur, mai 2008.

Le juge : Mais justement, vous considériez cela seulement comme des vitamines.
Zidane : Oui.
Le juge : Et le Neoton ? Vous savez ce que c'est le Neoton ? C'était un autre produit.
Zidane : C'est-à-dire que le nom ne me...
Le juge : Ne vous dit rien.
Zidane : Si. Et puis, si je l'ai dit...
Le juge : Vous l'avez dit.
Zidane : De toute façon, ce sont...
Le juge : Vous avez parlé aussi de Necton.
Zidane : Ce sont...
Le juge : Donc, vous n'avez pris que des vitamines ?
Zidane : Oui, que des vitamines. Oui.
Le juge : D'autres types de compléments. Vous avez pris de la créatine ?
Zidane : Oui.
Le juge : Quelle quantité preniez-vous ?
Zidane : Comment... Deux à trois grammes.
Le juge : Et quand ?
Zidane : Une fois par semaine.
Le juge : Deux fois par semaine ?
Zidane : Une ou deux fois par semaine. Quand il y avait beaucoup de matchs.
Le juge : Pour augmenter le fer ?
Zidane : Parce que j'ai une...
Le juge : Thalassémie.
Zidane : Thalassémie, c'est ça.
Le juge : Quelques vitamines. Vous avez cependant déclaré en 1998 : “Parfois, cependant, au lieu de perfusion, je fais des piqûres par intraveineuse. Je crois que, dans les deux cas, on utilise le même produit, dont je ne connais par ailleurs pas le nom.” Selon vous, c'était toujours des vitamines ?

Zidane : Oui.

Le juge : Vous avez dit aussi que ces perfusions, “on les faisait en général dans notre chambre d'hôtel, parfois, aussi, dans les vestiaires”.

Zidane : Je... Je les faisais toujours à l'hôtel.

Le juge : Dites-moi, une autre phrase m'a frappé, vous aviez déclaré, lors de votre audition : “Les perfusions sont utiles, sinon, comment ferions-nous autrement pour jouer soixante-dix matchs pendant l'année ?”

Zidane : Oui.

Le juge : Cela veut dire quoi ?

Zidane : Rien, que nous avons besoin de vitamines pour jouer soixante-dix matchs.

Le juge : Qui vous l'a dit ?

Zidane : C'est moi qui le dis.

Le juge : C'est vous qui le dites.

Zidane : Oui.

Le juge : Mais vous avez fait des études ?

Zidane : Non. »

Chargé par le tribunal de Turin de l'expertise des analyses sanguines des joueurs de la Juve, dont celles de Zidane, Giuseppe d'Onofrio[1], hématologue, est aujourd'hui enseignant à Rome. Il se souvient : « Ce qui était étrange dans toute cette affaire, c'est qu'il n'y avait pas de dossiers médicaux des joueurs, seulement des résultats des analyses sanguines réalisées par le club dans un laboratoire privé italien. Pour Zidane, j'ai pu avoir accès à ses examens réalisés entre 1996 à 1999, soit au total une vingtaine. Les médecins de son club en prescrivaient environ un tous les deux mois. Il a reconnu s'être fait des injections intraveineuses avant les matchs dans sa

---

1. Entretien avec l'auteur, mai 2008.

chambre d'hôtel. Parmi les produits injectés, il y avait de l'Esafosfina et du Neoton. Zidane justifiait ses prises de vitamines par un déficit en fer dû à sa maladie. Le problème est qu'il n'a pas de carence en fer selon ses examens médicaux. Il y a là une anomalie. Surtout, ceux qui ont une thalassémie, comme lui, ont trop de fer. Donc ce n'est pas une explication valable. »

L'hématologue poursuit : « Le juge m'a demandé d'évaluer les changements dans le temps de l'hémoglobine. Ses taux étaient les plus constants, la variation allait de 12,7 à 14, soit une différence d'un point environ : c'est plutôt normal. Zidane faisait parfois un examen et le refaisait une semaine après. Mais le vrai problème s'est posé avec Didier Deschamps : son taux passait de 9 à 16. Inexplicable. Sauf pour des raisons de surmédicalisation. Enfin, concernant le fait que Zidane a avoué avoir pris 2 à 3 grammes de créatine par semaine… tous les joueurs interrogés ont fait la même déclaration. À l'époque, la prise de créatine était tolérée jusqu'à 3 grammes par semaine. » Surmédicalisation n'est pas dopage. On touche là à une problématique générale concernant le sport de haut niveau. Tous ces sportifs n'ont pas dépassé la ligne jaune, mais les rythmes qu'on leur infligeait contraignaient les staffs médicaux à trouver des aides pour qu'ils puissent tenir.

Pour Marie-Florence Grenier-Loustalot, une des scientifiques les plus réputées dans le domaine, la question du dopage dans le sport devrait être complètement remise à plat. « Comment voulez-vous que les sportifs tiennent un tel rythme ? L'expression "marche ou crève" prend tout son sens pour eux. La créatine, par exemple, a pour but de cicatriser très rapidement une déchirure du muscle. Certes, elle augmente la masse musculaire, mais faut-il pourtant l'interdire ? », s'interroge-t-elle à haute voix. Un autre scientifique abonde dans son sens : Gérard Dine. On doit à ce biologiste spécialiste des questions de dopage l'invention du passeport biologique, un outil de contrôle des sportifs plus efficaces. Il a été cité comme expert lors du procès de la Juve. « J'ai la sensation que la justice a mis le doigt sur un dérapage généralisé. J'ai eu accès aux dossiers biologiques de tous les joueurs et un bon tiers était… curieux[1]. » La carrure d'un rugbyman, le regard bleu, Gérard Dine a été l'un des rares à s'interroger publiquement au lendemain de la Coupe du monde 2006 et notamment sur la finale France-Italie : « Ce qui me paraît incroyable, c'est qu'à l'occasion de ce match surréaliste tout le monde a évoqué toutes les théories possibles et imaginables sauf une influence médicamenteuse[2] », s'étonne-t-il. De Sophia Antipolis, Marie-Florence Grenier-Loustalot ne semble pas avoir cette pudeur-là. « En regardant à la télévision Zidane asséner son coup de tête au joueur italien, je me suis dit que c'était une réaction qu'on pouvait avoir à un moment de grande fragilité psychologique. Dans ces cas-là, on sait que la cortisone ajoutée à un stress très fort rebooste certaines personnes, qui semblent prêtes à exploser. Peut-être que son organisme en a fabriqué[3] ? »

Tout ce qui touche au dossier Zidane semble sensible. Ainsi, à la question de savoir si le joueur a été contrôlé à sa sortie du terrain, comme le

1. Entretien avec l'auteur, juillet 2008.
2. *Ibid.*
3. Entretien avec l'auteur, juillet 2006.

prévoit le règlement de la FIFA, peu de personnes sont capables de répondre. Alain Garnier a eu l'assurance que le test a bien été effectué[1]. Pourtant, de Lausanne où il vit, Jiri Dvorak, médecin et responsable des contrôles antidopage de la FIFA lors du dernier mondial, reconnaît : « Nous ne l'avons pas contrôlé. D'abord parce que je n'ai pas vu son geste quand j'étais sur le terrain et puis ce n'est pas une obligation réglementaire[2]. » Mais d'autres joueurs expulsés pour un tacle trop violent ont-ils déjà été contrôlés lors d'une grande compétition ? « Laissez-moi réfléchir... Ça peut arriver, précise-t-il. Ronaldinho l'a été en quarts de finale en Corée, après avoir été expulsé[3]. » Le magicien de la Seleçao avait été sorti après avoir écrasé la cheville d'un joueur anglais, Mills. Lors de l'Euro 2008, Abidal a subi lui aussi un examen après son expulsion contre... l'Italie.

L'omerta semble tenace. Alors que certains journalistes présents en Allemagne s'interrogeaient sur l'énigmatique disparition durant quelques heures de Zidane, la veille du match France-Togo qu'il ne disputera pas, mille et une rumeurs circulent. En réalité, le joueur, un peu mal en point, a demandé l'autorisation à Raymond Domenech de pouvoir consulter ce que quelques-uns appellent son gourou, à savoir Philippe Boixel. Ostéopathe réputé, Philippe a fait partie de l'ancienne garde rapprochée des Bleus de l'époque 1998, congédiée par Raymond Domenech. « Tu veux le voir ? Pas de souci mais pas question qu'il vienne ici dans notre hôtel[4]. »

---

1. Entretien avec l'auteur, mai 2008.
2. Entretien avec l'auteur, juillet 2008.
3. *Ibid.*
4. Entretien anonyme avec l'auteur, mars 2008.

Dépêché à Cologne, Philippe Boixel a rejoint en catimini Zidane pour une séance de massage. L'effet bénéfique sera rapide. « Inégal jusque-là et chambré par l'immense colonie espagnole, le capitaine se mit à la hauteur de l'événement en inscrivant le troisième but[1] », résuma *L'Équipe* au lendemain du match. Dans un entretien à *L'Équipe Magazine* de janvier 2008, Zidane s'offusquait d'un propos de Johnny Hallyday prétendant aller en Italie pour se faire changer le sang[2] suivant les conseils de... Zidane. « À aucun moment, je ne me suis rendu dans une clinique avec Johnny. Jamais de ma vie ! Le seul truc que je fais depuis douze ans maintenant, c'est de me rendre à Merano chez Henri Chenot. C'est un genre de spa amélioré. Une cure de soins qui permet d'éliminer les toxines du corps. Pendant une semaine, tu es pris en charge nutritionnellement, avec des massages. »

Comme tous ceux qui ont osé briser le tabou du dopage dans le football, Giuseppe d'Onofrio a payé un lourd tribut. Sitôt le procès terminé, il n'a plus jamais été convié aux réunions médicales organisées par la Fédération italienne de football. Alain Garnier, quant à lui, est aujourd'hui à l'Agence mondiale antidopage – un doux placard –, après avoir failli perdre sa place au ministère des Sports. Enfin, l'entraîneur Zdenek Zeman, par qui le scandale arriva, fut licencié de l'AS Roma avant d'enchaîner une série de CDD d'entraîneur d'équipes italiennes de deuxième division. On ne s'attaque pas impunément aux monstres du football. La majorité

1. *L'Équipe*, 28 juin 2006.
2. « Ce type de transfusion sanguine est une pratique courante, explique Florence Grenier-Loustalot, elle permet de dynamiser le corps et de se ressourcer. » Entretien avec l'auteur, juillet 2008.

des joueurs cités dans ce scandale connurent, tel Zidane, gloire et succès. Cinq ans après l'ouverture du procès de la Juve, la Cour de cassation italienne a déclaré prescrits, en mars 2007, les faits de fraude sportive reprochés au médecin Ricardo Agricola et à l'administrateur de la Juve Antonio Giraudo.

CINQUIÈME PARTIE

L'ASCENSION

24

Une enfance marseillaise

Qui aurait dit, au début des années 1970, qu'un bambin de Marseille serait capable de mettre en place un jour un tel système de pouvoir, serait doté d'une telle capacité de contrôle sur ce qu'on dit de lui, et bien entendu qu'il ferait autant parler de lui ? À l'époque, à la Castellane, personne. La Castellane : derrière ce nom qui chante, l'un des quartiers les plus défavorisés de Marseille. L'ambiance y est dure, même si le soleil du midi atténue légèrement les tensions sociales et insuffle un peu de douceur de vivre méditerranéenne à la grisaille des immeubles. La population, riche de 6 000 habitants, est bigarrée : Maghrébins, Noirs africains, Espagnols et quelques Comoriens.

Parmi eux, depuis la fin des années 1960, la famille Zidane, qui s'est installée non loin du supermarché Casino où Smaïl, le père, travaille comme veilleur de nuit. Son cinquième et dernier enfant naît le 23 juin 1972. Il se prénomme Zinedine, qui signifie « beauté de la religion » en arabe. Mais tout le monde l'appelle Yazid ou, plus simplement, Yaz. Le petit dernier est le chouchou de la famille. Sur des films d'époque tournés en Camescope, on peut voir le futur footballeur pédaler sur un petit vélo, sa mère juste derrière lui. On imagine les efforts de Smaïl, ancien ouvrier dans le BTP, pour économiser de quoi lui offrir son tricycle. Chez les Zidane, on ne roule pas sur l'or. Toute la petite tribu vit au numéro 7 de la place Tartane, dans un appartement exigu malgré ses cinq pièces. Zinedine partage la chambre de son frère Madjid, qui a neuf ans de plus que lui. Madjid raconte la jeunesse de Zinedine : « À côté de son lit, il avait un poster d'Enzo Francescoli[1], moi, j'avais un coucher de soleil. Il dormait souvent avec son ballon serré contre lui, comme un doudou[2]. »

Dehors, sur l'esplanade faisant face à son immeuble, Yazid joue au football avec ses potes, Yvon, Malek, Doudou ou encore Jean-François. Interdiction de s'aventurer au-delà de la boucherie et du centre social[3] : sa mère veut pouvoir le surveiller depuis la fenêtre de sa cuisine. Quand Malika descend faire les courses, elle embarque Yazid pour ne pas le laisser seul trop longtemps. Chaque fois, la scène se termine par une crise de larmes : l'enfant ne veut pas s'arrêter de jouer, il aime trop ça. Le foot, une passion, déjà. Ce souvenir trotte toujours dans la tête du joueur : « Si on était nombreux dans les équipes, on allait sur le béton de la place Tartane. Les pelouses ? On ne savait pas ce que c'était. On mettait des pots pour marquer les limites. Les cages, c'étaient des cailloux, des habits, n'importe quoi. Tout ce que j'ai appris dans le ballon, je l'ai appris là. Dans la rue, avec mes

---

1. Un joueur de football uruguayen qui évoluait à l'OM.
2. *L'Équipe Magazine*, avril 2005.
3. *Ibid.*

potes. On cherchait toujours à inventer une nouvelle feinte. Celui qui découvrait quelque chose devait le montrer à tous les autres. C'est le football des rues[1]. » Avant les matchs importants, Smaïl réunit les garçons dans la salle à manger et leur prodigue des encouragements accompagnés d'un chocolat au lait et d'un morceau de galette kabyle.

Un jour, alors que Yazid a dix ans, toute la famille se réunit dans le salon pour l'ouverture du carton monumental qu'un livreur vient de déposer. À l'intérieur : la première télévision du foyer Zidane. C'est sur ce grand poste en couleur que le garçon découvre, avec excitation, les premiers pas de l'équipe nationale algérienne lors de la Coupe du monde en Espagne. Cet été 1982, l'Algérie se retrouve au premier tour contre l'Allemagne, l'une des plus grandes équipes de l'époque. Évidemment, les Allemands partent ultra-favoris. Mais l'incroyable se produit. L'Algérie bat l'Allemagne 2 buts à 1. Des deux côtés de la Méditerranée, l'euphorie est collective. Les gens descendent dans la rue. Chez les Zidane, la fierté le dispute à la joie. C'est un jour mémorable.

Dans sa cité marseillaise, Yazid ne s'adonne pas qu'au football. Le mardi, son père l'emmène parfois au centre social de la Castellane pour y faire du judo, son deuxième sport préféré. L'école ? Le petit Yaz n'aime pas trop. La seule chose à laquelle il pense nuit et jour, c'est le ballon. Il décidera d'ailleurs d'arrêter le judo à 11 ans pour mieux se consacrer à sa passion première. Le plus beau cadeau de son enfance est une paire de chaussures de sport Kopa, avec crampons intégrés : il les chérit au point de

1. *Zidane. Le roman d'une victoire*, *op. cit.*

dormir avec ! Pour lui offrir ces baskets de rêve à 450 francs la paire, Smaïl a économisé une année durant. Mais son petit dernier les mérite : à neuf ans, celui-ci a déjà signé sa première licence dans le club de son quartier, l'AS Foresta. Le garçon porte désormais le brassard de capitaine avec une fierté manifeste. Les cheveux impeccablement coupés par son père, une fois par mois dans la cuisine, il se distingue avec une posture toujours différente de celle de ses camarades. Quand ceux-ci ont les bras ballants, les siens sont croisés sur sa poitrine. Quand les autres gardent les mains dans le dos, lui les laisse le long du corps. La fierté, déjà.

Zinedine a 12 ans quand il participe pour la première fois à l'Euro, en juillet 1984. Il est ramasseur de balles lors du match France-Portugal, au Stade Vélodrome de Marseille. Bien entendu, pas question pour l'adolescent de fouler la pelouse. L'année suivante, il intègre les Sports olympiques de Septèmes-les-Vallons. Le garçon revêt le fameux maillot jaune et rouge de l'un des plus importants clubs de la banlieue nord de Marseille. Pour se rendre aux entraînements du stade Pierre-Bechnini, les gamins s'entassent dans la vieille 104 grise de M. Centenero, l'un des dirigeants. Sur le terrain, le petit est bon. Excellent technicien, il maîtrise parfaitement les dribbles et le jeu de tête. Mais ce n'est pas assez pour les responsables locaux. D'ailleurs, ses coups d'éclat sont aussi fulgurants qu'irréguliers. Plus grand que la moyenne, Yazid manque de rapidité et de puissance. Bref, a priori, rien ne le distingue des jeunes talents qui jouent à ses côtés.

Le petit Yaz est d'ailleurs d'une timidité presque maladive, dans la vie comme sur le terrain. Alors, qu'a-t-il de plus que les autres, ce jeune sportif un peu fluet, virtuose par intermittence ? « Il a une personnalité plus forte que celle de la plupart de ses camarades[1] », remarquait à l'époque M. Centenero. Entendre : une passion dévorante pour le foot et la volonté de réussir. Car la force de cette graine de star consiste à connaître ses faiblesses. À 13 ans, il pressent déjà qu'il lui faudra s'entraîner plus que les autres : innover, inventer pour faire la différence et, un jour, susciter la passion de supporters en délire. C'est cette lucidité, étrange pour un minot de son âge, qui lui vaut d'être bientôt distingué.

Nous sommes en 1988. Lors d'un match sans grande importance à Aix-en-Provence, Zidane enchaîne passe sur passe. Sur le bord du terrain, Jean Varraud, le recruteur de l'AS Cannes, l'observe en silence. « J'ai vu un gars... Il a des mains à la place des pieds ! », dira-t-il plus tard. Sur le moment, pourtant, le responsable du club ne se manifeste pas. Varraud revient le 11 janvier à Saint-Raphaël. Encore une fois, il se tient près du banc de touche, silencieux. Cette fois-ci, il a emmené Gilles Rampillon, le président du club cannois. Sur le gazon, le jeune Marseillais sait qu'on le regarde. Il tente un petit pont près de sa surface de réparation et marque un but... contre son propre camp. Qu'importe : cette audace conquiert le sélectionneur, qui le veut à Cannes, en stage d'entraînement pour une semaine. Bingo : l'essai est concluant. L'AS Cannes propose officiellement à sa recrue d'intégrer l'équipe.

« Monsieur Rampillon, Pensez-vous qu'il peut devenir footballeur professionnel ? » interroge Smaïl Zidane. Pour le père, qui a déjà refusé une

1. Revue *Le Septmois*, juillet 1998.

telle opportunité à Noureddine, le grand frère de Zinedine, quelques années auparavant, la décision est grave. Signer à l'AS Cannes pour son fils est un choix lourd de conséquences. D'abord, il va falloir le laisser partir seul, lui qui a à peine 15 ans, pour vivre dans une ville à deux heures de train du domicile familial. Cela veut dire aussi arrêter l'école en vue d'une hypothétique carrière de sportif de haut niveau. Sans filet de sécurité. Pour cet ouvrier qui a tout sacrifié afin d'offrir à sa famille une vie meilleure en France, il faut donc renoncer à l'espoir d'une certaine promotion sociale, celle d'un fils qui aurait pu devenir avocat ou médecin, qui sait ? Toute la famille étudie la proposition. Après plusieurs semaines de réflexion, Smaïl et Malika rappellent Rampillon. C'est d'accord, mais à une condition : leur petit Yazid devra être hébergé dans une famille d'accueil. Pas question qu'il soit livré à lui-même dans un centre d'entraînement impersonnel, loin des siens. Le 13 juillet 1988, le futur champion prend un aller simple en direction de Cannes. Son père Smaïl l'accompagne, sans se douter qu'il conduit son fils vers un destin exceptionnel.

25

Cannes, la montée des premières marches

À Cannes, Jean-Claude Elineau attend les Zidane père et fils sur le quai de la gare. Ce technicien d'atelier de l'Aérospatiale est venu en blouse blanche, sa tenue de travail. Il emmène père et fils dans sa petite voiture jusqu'à Pégomas, un hameau de la banlieue cannoise. C'est là que vivent Jean-Claude et sa femme, Nicole, avec leurs trois enfants. Chez eux, Zidane va passer une année heureuse et malheureuse à la fois.

Le fils aîné du couple, Dominique, a quitté le pavillon familial pour faire son service militaire. Les deux cadets, Virginie et Laurent, dit Lucky, font bon accueil au nouveau venu. Ils ont l'habitude. Amédée, un autre pensionnaire de l'AS Cannes, vit chez eux depuis un an déjà et partage la chambre de Laurent. Yazid hérite de la « chambre » de Dominique, soit le clic-clac du salon séparé du reste de la pièce par un rideau. Quatre garçons et une fille : cette nouvelle famille ressemble décidément beaucoup à la sienne. « Mme Elineau était une deuxième mère pour moi. Je ne croyais pas possible qu'une autre femme puisse s'occuper de mon linge, beurrer mes tartines le matin[1]... », confiera le joueur. Nicole, la maman, garde également un bon souvenir de ce gamin serviable qui ne rechignait jamais à débarrasser la table. Même si des années plus tard, elle confiera son immense regret : Zidane ne l'a jamais invitée à assister à un match de football. Une blessure qu'elle conserve, aujourd'hui encore.

Cette ambiance familiale n'empêche pourtant pas les grands moments de solitude. Coupé de ses amis de la place Tartane, séparé de ses frères et de sa sœur, Yazid passe des heures pendu au téléphone avec ses parents, dans la cabine qui fait l'angle de la rue, pas très loin du terrain de pétanque. « Vous venez bien samedi, hein ? » leur demande-t-il régulièrement. Par souci d'économie (le billet de train coûte cher), Zinedine ne retrouve les siens qu'un week-end sur trois. La plupart du temps, c'est lui qui les rejoint à Marseille, généralement en fin de semaine, profitant de rencontres amicales disputées par son club ou de quelques permissions. Mais jamais il ne s'épanche sur sa solitude. Pas plus qu'il ne raconte ses nuits passées à pleurer en silence sur son oreiller. Ses parents l'apprendront lors d'une interview qu'il donnera quinze ans plus tard. À aucun moment ils n'avaient soupçonné un tel désarroi.

La seule chose qui fait tenir Zidane, c'est le football. Le rêve d'une carrière de haut niveau qui lui permettrait peut-être d'approcher cette galaxie de stars qui arrivent du monde entier au moment du festival de cinéma. Le petit Yazid, qui adore Madonna, découvre les marches au tapis rouge et

1. *Zidane. Le roman d'une victoire*, *op. cit.*

assiste, derrière les barrières, à leur célèbre montée, plusieurs soirs de suite. S'il avait su que, vingt ans plus tard, le film dont il serait le héros, *Zidane, un portrait du XXIe siècle*, serait projeté lors du festival... Luxe suprême, ce jour-là, il refusera de monter les marches, préférant se concentrer sur la Coupe du monde. À l'époque, il tient bon. Et sa persévérance se révèle payante. En 1988, Zidane est sélectionné pour faire partie de l'équipe de France des cadets lors du Championnat d'Europe. Comble de bonheur, son club accède à la D1 : la première division, celle qui dispute le Championnat de France. Le junior stagiaire, qui arbore avec plaisir le maillot rouge et blanc, peut enfin approcher de grands joueurs, comme Bruno Bellone, l'homme qui marqua le deuxième but de la finale de l'Euro 1984. « Quand je suis entré au centre de formation de Cannes, j'ai commencé à côtoyer des professionnels, à leur serrer la main tous les matins, j'ai pensé que je deviendrais peut-être footballeur professionnel. Je me suis dit : "Pourquoi pas moi un jour ?" Il me semblait que si je travaillais, si j'étais sérieux, j'avais une chance. Les entraîneurs me faisaient confiance[1]. »

Pour l'instant, le rêve patine. Certes, Zidane progresse de façon remarquable au fil des mois. Mais pas au point d'intéresser les sélectionneurs, qui le jugent encore trop irrégulier. La fin de la saison se profile et, avec elle, la promesse d'un nouveau départ. Yazid a 16 ans, il est temps pour lui de quitter la famille Elineau. Le jour du départ, Nicole et Jean-Claude ont les larmes aux yeux. Pour Yazid, c'est à la fois un déchirement et l'entrée dans le monde des adultes. Ses valises sont bouclées en

1. *Ibid.*

moins d'une heure. Il part s'installer au foyer des jeunes travailleurs de Provence, où vivent les stagiaires de l'AS Cannes.

Le foyer est situé au 5, rue Mimont. Il s'agit d'une immense résidence de cent quatre-vingts chambres. Compter 460 francs par mois pour les studios individuels. Pour ce prix, il y a une cafétéria, une salle de spectacles, une salle de danse et un grand jardin. Zidane occupe la n° 207. Geneviève Morin[1], directrice du foyer cannois de la rue Mimont, se souvient de Zizou, cet adolescent qui jouait souvent au foot avec l'un de ses jeunes fils : « Il a passé près de quatre ans chez nous. C'était un garçon très discret. Jamais de bruit ni de chahut. Son père lui rendait visite régulièrement mais ce n'était pas quelqu'un qui aimait attirer l'attention sur lui. » Malika, sa mère, vient souvent. Elle apporte chaque fois son réchaud et de la semoule pour lui préparer cette fameuse galette kabyle qu'il aime tant. Pour être sûre que « le fils », comme elle l'appelle en public, ne file pas un mauvais coton, elle se met dans la poche le gardien du foyer et la femme de ménage de l'étage. À ses heures de solitude, le jeune joueur découvre enfin la ville. Finis, les quartiers nord de Marseille et les petits villages de la banlieue cannoise. Vive la Croisette et ses quartiers chics ! Terminé aussi, les repas familiaux à la table de la salle à manger. À midi, le déjeuner a lieu dans le réfectoire du collège des Mûriers, près du stade Pierre-de-Coubertin.

Les journées d'entraînement débutent à 9 heures et finissent généralement à 18 heures. Pour le dîner, la vingtaine d'aspirants footballeurs qui vivent avec lui rue Mimont se retrouvent dans la cafét' du

1. Entretien avec l'auteur, septembre 2007.

bâtiment, ou parfois dans la petite pizzeria du quartier. Comme tous les mineurs, Zinedine est tenu de rentrer à 22 h 30. Avec le temps, il se lie d'amitié avec certains de ses coéquipiers : Lionel Firly, Nordine Mouka… mais ce sont plus des collègues que des amis. Compétiteurs dans l'âme, les footballeurs ont du mal à nouer des relations désintéressées. De fait, ces jeunes stagiaires sont des rivaux. Ici, comme dans tous les autres clubs, les dirigeants sportifs en sélectionneront une poignée au terme des deux ans de formation. Les autres verront leur rêve de carrière professionnelle s'arrêter net. Voilà pourquoi ces nouveaux copains ne remplaceront jamais Yvon, Malek ou Jean-François, les potes de la place Tartane.

Parallèlement aux entraînements, il lui faut poursuivre ses études. Durant les deux premières années, le jeune Zidane est inscrit en CAP. Comme tous ses camarades de l'AS Cannes, il est scolarisé au Centre de formation d'apprentis situé boulevard d'Alsace. Toujours assis au fond de la classe, le futur champion attend la fin des cours avec impatience. Comme tous les élèves en section sportive, il préférerait taper dans un ballon que noircir un cahier. Démotivée par l'inertie de ses élèves, la professeur de biologie refuse un jour de faire la classe[1]. Bientôt, Zinedine, si réservé d'habitude, devient turbulent. Sur ses bulletins solaires, les professeurs notent « attitude à revoir », « bavard », « peu de travail sérieux[2] ». En fait, l'école l'ennuie profondément.

En réalité, le futur champion du monde n'a qu'une obsession : s'entraîner. L'histoire officielle veut que

1. *Zidane, le roi modeste*, Jean Philippe, Éditions de l'Archipel, 2002.
2. *Ibid.*

le sérieux Yazid passe alors son temps à s'exercer pour améliorer sa reprise de volée en tapant des heures durant sur le ballon, refusant d'aller au cinéma avec ses camarades, boudant les virées en boîte de nuit et les rendez-vous galants. Mais « ça fait partie de la légende », rigole aujourd'hui son ancien entraîneur Guy Lacombe : « Il est vrai qu'il travaillait beaucoup. Il était le plus jeune de son groupe de D4 et devait prouver aux autres qu'il était aussi bon qu'eux. Mais je peux vous dire que c'était un adolescent comme les autres... » En réalité, à 14 ans, l'ancien gamin de la Castellane se passionne pour une jeune fille. Cette réalité n'apparaîtra jamais dans la saga du champion. Sa rencontre avec Véronique, trois ans plus tard, ne laisse pas de place à son passé.

Sur le terrain, Zidane a déjà pris l'habitude de s'agiter plus que de raison. Lors d'un match contre Montpellier, il est expulsé pour un coup asséné à un adversaire. La sanction, implacable, ne se fait pas attendre : interdiction de participer à toute compétition durant trois semaines. Pour le dissuader de recommencer, son entraîneur Guy Lacombe invente la corvée des vestiaires : durant son repos forcé, le joueur fautif est chargé de les nettoyer de fond en comble. Une punition humiliante pour l'orgueilleux Yazid. Bien loin de le ramener à plus de sang-froid sur le terrain, elle va au contraire le conforter dans ses certitudes. Pour le minot de la Castellane, ne pas rendre coup pour coup équivaut à faire la mauviette. Et rien ne le fera jamais changer d'avis. « Yaz' ne s'est jamais résigné à se laisser faire, analyse Guy Lacombe. Le foot, il l'a appris dans les quartiers nord. On ne peut pas comprendre le personnage si l'on ne sait pas ce qu'est le football des rues. Si vous ne répondez pas à une insulte, vous êtes mort, vous êtes une femmelette. Le génie de Zidane, c'est ce mélange de foot populaire et professionnel. Le plus drôle quand on connaît sa carrière, c'est qu'il n'aimait pas les jeux de tête, lors des entraînements du jeudi ! Il préférait jouer la balle au pied... Alors, c'est vrai que sa réputation de nerveux sur le terrain a vite fait le tour dans le milieu. Après, ses adversaires essaieront toujours de le provoquer[1]. » Prémonitoire.

1. Entretien avec l'auteur, janvier 2008.

26

Bordeaux, un cru exceptionnel

En dépit de quelques matchs disputés sous les couleurs de l'AS Cannes, Zinedine n'est pas titulaire de l'équipe. C'est dire si le chemin est encore long. Malgré son talent indéniable, le joueur ne retient pas encore l'attention des clubs où évoluent les stars du foot. Lui qui rêvait de porter les couleurs de l'Olympique de Marseille, le club de sa ville natale, dirigé par Bernard Tapie, en est pour ses frais : l'OM, qui compte des pointures comme Jean-Pierre Papin, juge le jeune joueur trop lent. À Monaco, Arsène Wenger, l'entraîneur de l'époque, ne veut pas de lui non plus. Mais un jour, celui des Girondins de Bordeaux, Roland Courbis, passe par Cannes. Avec sa gouaille légendaire, ce dernier se souvient : « Je ne faisais qu'accompagner mon président, Alain Afflelou, dans une négociation pour le transfert d'un autre joueur, Jean-François Daniel, et on est reparti avec un Zidane sous le bras[1]. » Officiellement, le prix du transfert s'élève à 3,5 millions de francs. En réalité, Zidane est racheté pour la somme modique de 2,8 millions de francs et se voit octroyer un salaire

1. Entretien avec l'auteur, mai 2008.

de 50 000 francs. Le reste correspond à l'achat de deux autres joueurs.

En juin 1992, le jeune Marseillais n'a donc pas 20 ans quand il fait ses débuts aux Girondins. L'écrivain et journaliste Pierre-Louis Basse raconte sa première rencontre : « Europe 1 m'avait envoyé sur place pour couvrir un match. Là, je vois un type au jeu extraordinaire. Il volait littéralement. Je me souviens de m'être approché de lui à la fin de la rencontre et de lui avoir dit : "Ne change surtout pas. Tu seras le meilleur joueur du monde." Il avait l'air tellement gêné par ce compliment, qui était un cri du cœur. Il m'a répondu, d'une voix inaudible, les joues rouges : "Merci, monsieur." Je m'en souviens encore aujourd'hui[1]. »

En attendant, la transition est difficile pour le Marseillais, qui a bien du mal à trouver ses marques. Son salaire a beau avoir été multiplié par cinquante, le petit dernier de la famille Zidane se sent très seul parmi les autres joueurs. « À Cannes, j'étais entouré. À Bordeaux, c'était plus professionnel. Tout était plus dur parce qu'il fallait gagner sa place. La première année a été très difficile. Je n'aimais pas du tout Bordeaux, je restais seul dans mon coin[2]. » Zidane se referme sur lui-même. Lui qui déteste l'inconnu est désorienté par cette ville bourgeoise et orgueilleuse, où tout ce qui vient de l'autre rive de la Gironde est considéré comme étranger. Le soleil de la Méditerranée lui manque. L'ambiance de ses années cannoises aussi. Son humeur s'en ressent. Son jeu également. Physiquement, il est épuisé par la saison précédente, qu'il a dû mener de front avec

1. Entretien avec l'auteur, juillet 2007.
2. *Zidane. Le roman d'une victoire*, *op. cit.*

son service militaire à Joinville-le-Pont, en banlieue parisienne. Pour la première fois, il comprend qu'il devra prouver, encore et encore, sa capacité à être le meilleur. Roland Courbis l'aime bien. « C'est un Marseillais comme moi, alors c'est vrai, j'avais un petit faible pour lui », raconte d'ailleurs l'ancien entraîneur des Girondins. Pourtant, il ne mise pas d'emblée sur lui, préférant le ménager. Le voilà obligé de ronger son frein sur le banc de touche. Et Yazid déteste ça. Il lui faudra patienter de longs mois pour s'imposer au sein de l'équipe, réussir à se faire un nom, ou plutôt un surnom.

C'est en entendant le joueur Jean-François Daniel crier « Ziz » et « où » pour parler du ballon que Roland Courbis accole les deux mots pour en faire « Zizou ». Zizou, déjà, fait des siennes sur le terrain. Lors d'un match disputé en septembre 1993 contre Marseille, autrefois son équipe fétiche, Zidane démontre que les leçons de Guy Lacombe n'ont servi à rien. Insulté par Marcel Desailly, son futur coéquipier en équipe de France, le défenseur profite d'un corner pour lui décocher un coup de poing au visage. Résultat : un œil au beurre noir et deux points de suture à l'arcade sourcilière pour Desailly, un carton rouge pour Zidane. « J'ai pété les plombs et je le regrette. J'ai été insulté, chambré, et j'ai mal réagi en le frappant. C'est le métier qui rentre. Je prends tout pour moi », s'excuse-t-il ensuite. Des années durant, Desailly gardera gravé dans sa tête ce méchant coup de poing en pleine figure. Pas rancunier, pourtant, il confiera à *L'Équipe* en 2006 : « La maturité aidant, Zidane est devenu moins nerveux. » Chacun a pu le constater lors de la Coupe du monde cette année-là.

Au sein de l'équipe, l'ambiance se détend progressivement. Notamment grâce au jovial Christophe

Dugarry, son coéquipier, un Bordelais d'origine qui évolue au sein des Girondins depuis quatre ans déjà. Au début, le courant ne passe pas entre le Marseillais taiseux et l'Aquitain extraverti, beau garçon, séducteur et sûr de lui. Pendant presque un an, les deux hommes se regardent en chiens de faïence, jaugeant mutuellement leurs qualités sur le terrain. Mais « Duga » est un garçon enjoué qui ne peut pas s'empêcher de faire des blagues avec tout le monde. Pour rigoler, il appelle Zinedine « Mohammed ». À force de vannes, il finit par dérider Zidane et devient son ami, le premier de sa carrière de joueur. Avec leur collègue basque Bixente Lizarazu, lui aussi au club de Bordeaux depuis 1987, ils forment bientôt un trio d'inséparables.

Avec ses nouveaux camarades, Yazid se révèle enfin. Pierre-Louis Basse, le journaliste d'Europe 1 qui avait prédit qu'il serait le meilleur joueur du monde, a eu le nez creux. Irrégulier certes, le footballeur se distingue néanmoins par des moments de génie. Coups francs sublimes, buts exceptionnels et passes décisives lui valent déjà le surnom de « Zidane l'artiste ». C'est à ce moment-là, à Bordeaux, que le joueur gagne sa place en sélection nationale. À sa manière : en marquant les esprits. Le 17 août 1994, au parc Lescure, à Bordeaux, pour son premier match en équipe nationale, alors qu'il remplace Corentin Martins à la soixante-troisième minute et que les Bleus sont dominés deux buts à zéro, il marque à deux reprises, pour la première fois de sa carrière. Inoubliable. Zidane montre qu'il peut se transformer en véritable virtuose. Le sélectionneur des Bleus de l'époque, Aimé Jacquet, est conquis : « Ce jour-là, ce fut un choc pour moi. Je me suis dit : il y a quelque chose de grand chez lui. (...) Zidane fait partie des gens qui, sans s'en rendre compte, propulsent tout, bousculent tout. Je pense que c'est une chance d'avoir, au sein de l'équipe de France, ce phénomène. Zidane est un phénomène, voire un extraterrestre[1]. » Dans les gradins, la femme du joueur, Véronique, ses parents, Smaïl et Malika, applaudissent à tout rompre pendant plusieurs minutes. Yaz, le « petit », joue enfin dans la cour des grands. La magie Zidane : tout donner aux gens qu'il aime quand ceux-ci sont présents et le couvent du regard. À ces moments-là, il offre le meilleur et réalise l'incroyable.

Sur le terrain, Zidane brille. Le 19 mars 1996, devant un stade Lescure enflammé par 32 500 spectateurs, le club girondin dispute un quart de finale de la coupe de l'UEFA, en match retour contre le prestigieux Milan AC de l'homme d'affaires Silvio Berlusconi, détenteur de multiples trophées dont celui de la Ligue des champions. Personne ne parie un kopeck sur la petite équipe bordelaise. Les Milanais alignent des pointures du foot comme Paolo Maldini, Roberto Baggio, George Weah ou... Marcel Desailly ! Les débutants que sont Christophe Dugarry, Zinedine Zidane ou Bixente Lizarazu ne sont pas pris au sérieux par les Italiens. Et pourtant... dès la quatorzième minute, Lizarazu effectue une passe décisive en direction de Didier Tholot qui ouvre le score. Le meilleur reste à venir. « Duga », galvanisé par ce début de rencontre flamboyant, offre un deuxième but aux Girondins sur un service de Zidane. Dans le public, c'est l'euphorie des grands soirs. Il n'en faut pas plus pour qu'à peine six minutes plus tard le même duo marque un troisième but. Incroyable. Miraculeux. Les Milanais n'ont pas

1. Interview à *TV Magazine*, 21 avril 2002.

reçu une telle correction (3-0) depuis 1978. Avec ce doublé, Dugarry et Zidane font leur entrée dans la cour des grands. Ce que Zidane ignore, c'est que Marcello Lippi[1], l'entraîneur de la plus grande équipe du monde, la Juve, est assis dans les gradins. Et regarde fasciné le jeune Zidane.

Fous de joie, les deux compères veulent signer à Bordeaux « à la vie à la mort ». Entendre pour toujours. Ensemble, ils vont trouver Alain Afflelou, le président du club. L'homme d'affaires, originaire d'Algérie, qui les reçoit dans son bureau, se voit proposer le marché suivant : « Président, vous nous donnez un salaire de 500 000 francs par mois [N.D.L.R. : soit le triple de leurs salaires de l'époque], et on est Girondins à vie. » L'exigence est exorbitante. « Je n'avais pas, ni aucun club français d'ailleurs, les moyens de les rémunérer à ce tarif-là, précise le roi des lunettes bon marché. Bien sûr que j'aurais souhaité les garder… Mais au fond, Zinedine rêvait de partir sous de nouveaux cieux. La France était trop petite pour lui[2]. » En effet, le petit Yazid, jugé quelques années plus tôt trop « fragile physiquement », est désormais courtisé par Barcelone et Milan ! La discrète Bordeaux n'a pas les moyens de retenir la star. À la fin de la saison, Dugarry part pour l'Italie jouer sous les couleurs du Milan AC. Après un sévère accident d'autoroute survenu l'été 1996, Zidane s'exile lui aussi de l'autre côté des Alpes en signant avec la Juventus de Turin, l'un des cinq clubs les plus puissants du monde. Il a 24 ans. La légende de Zizou commence vraiment.

1. Entretien avec l'auteur, mai 2008.
2. Entretien avec l'auteur, mars 2008.

SIXIÈME PARTIE

DANS LA COUR DES GRANDS

27

La Dolce Vita turinoise

Zidane ne l'ignore plus. En signant à la Juventus de Turin, il ne jouera plus jamais dans des clubs français, désormais incapables de rémunérer son immense talent. Alain Afflelou a fait une excellente affaire : il a multiplié par trente son prix d'achat. Seul Giovanni Agnelli, patron de la Juve et propriétaire de l'emblématique maison Fiat, pouvait se permettre cette petite folie. « Pour l'avoir, l'Italien a déboursé 35 millions de francs (environ 5,3 millions d'euros). Dont 15 millions dans la poche de Zidane[1] », révèle aujourd'hui Roland Courbis. Curieusement, le joueur, une fois arrivé de l'autre côté des Alpes, n'enfile pas le convoité maillot numéro 10, celui que portait Michel Platini, « le stratège », de 1982 à 1987. Zizou, lui, se voit confier le banal numéro 21, le seul disponible. En guise de consolation, il récupère dans les vestiaires la place du banc occupée par « Platoche » dix ans plus tôt.

En Italie, la Juve est le roi des clubs, prestigieux et respecté, fort de onze millions de supporters. On l'appelle même la « *vecchia signora* », la « vieille

1. Entretien avec l'auteur, mai 2008.

dame » en italien. Dans cette équipe de stars où se côtoient les meilleurs joueurs du monde (Alessandro del Piero, Christian Vieri, Roberto Baggio...), le Français est un Petit Chose qui va devoir faire ses preuves. « Je suis content de jouer pour la Juve. J'aimerais aussi y laisser mon empreinte. Je crois que c'est vraiment une grande expérience, même si, parfois, je ne le vis pas très bien, mais c'est mon choix[1] », confie-t-il à la presse à l'époque.

Si Zidane n'est pas parfaitement à l'aise, c'est que ses premières passes comme milieu de terrain turinois sur le Stadio delle Alpi sont tellement calamiteuses qu'Agnelli, coutumier des remarques cinglantes, n'hésite pas à balancer : « C'est lui que j'ai payé si cher ? » Un jour, il confie même à un proche : « Espérons qu'il ne sera pas "ce truc" qu'on a vu pendant l'Euro 96. » Durant le championnat européen, Zidane n'avait en effet pas fait de merveilles.

Heureusement, il retrouve à la Juve Didier Deschamps. Ce dernier n'est pas de trop pour lui remonter le moral. « Didier a joué un rôle capital les premiers temps[2] », explique Paolo Forcoline, journaliste à la *Gazzetta Dello Sport*. Installé dans un fauteuil du salon de l'hôtel Best Western de Turin, l'homme au blouson en cuir sans manches, qui tranche avec son crâne dégarni, connaît tous les joueurs de la Juve et a bien connu Zidane : « Quand il est arrivé, nous étions curieux de le voir mais pas particulièrement excités. On ne le connaissait pas vraiment et il arrivait d'un petit club français. Didier nous disait : "Vous verrez, il est incroyable."

---

1. *Zidane. Le dieu qui voulait juste être un homme, op. cit.*
2. Entretien avec l'auteur, mai 2008.

Il s'occupait de lui. L'emmenait et le ramenait de l'entraînement. Il lui a fait découvrir notre ville. Les tifosi accordent au Calcio, le championnat italien, une attention démesurée : à l'exception de la Coupe du monde, aucune autre compétition n'existe à leurs yeux. Si vous n'êtes pas un génie sur le terrain, vous n'existez pas. Ici, Zidane n'est qu'un joueur comme un autre. D'ailleurs, les supporters italiens ne l'appellent pas Zizou, mais "il Francese", le Français. »

Un peu dépaysé dans cette ville à l'aristocratie provinciale où les grandes familles se retrouvent autour d'une tasse de chocolat chaud dans des salons de thé cossus, Zidane a besoin de compagnie et de soutien. Il fait venir son ami Malek Kourane pour aider son couple à s'installer. Ce Marseillais de 36 ans fait, encore aujourd'hui, partie des rares intimes de Zizou. Comme lui, Malek, surnommé Diego (Maradona) à cause de ses longs cheveux, vient de la Castellane, où les deux minots se sont rencontrés à l'âge de 10 ans. Zizou habitait au 7 de la rue Tartane, Malek au 5. C'est lui qui attendait Zizou à la fin des matchs pour rentrer à la maison. Ensemble, ils partaient à la plage en famille. Son copain a beau avoir gravi tous les échelons de la planète foot, jusqu'à atteindre des sommets, Malek reste à ses côtés. À Turin, Malek fait les courses, accompagne Zidane et garde le petit Enzo, qui a tout juste deux ans. « Malek était plus doué que Zidane pour les langues, raconte un ancien joueur, il a appris plus vite l'italien[1]. » Peu à peu, la vie quotidienne s'organise dans la maison que le couple a achetée, au 364 de la Strada San Vito Revigliasco, sur les hauteurs de la ville. Les Zidane ont pour

1. Entretien anonyme avec l'auteur, mai 2008.

voisins l'« avvocato », alias Agnelli, et le joueur Del Piero. Isolé dans ce Neuilly turinois, où d'immenses portails en métal cachent derrière leurs grilles de sublimes villas, perchées au-dessus d'un des innombrables parcs de la région, le Français découvre Turin.

Sitôt arrivé, le champion s'offre trois voitures : une Fiat, sponsor oblige, pour se rendre au club, une Mercedes pour les joies familiales et une Porsche Carrera noire, un rêve de gosse. Voilà de quoi compenser les sacrifices qu'exige cette équipe hors du commun. La devise du club – « Mourir mais finir » – annonce la couleur. Les entraînements sont féroces. C'est d'autant plus difficile pour Zidane qu'il se remet à peine d'un grave accident de voiture qui a failli lui coûter la vie en 1996 en rentrant d'un match. Trop maigre au goût des dirigeants, il subit des séances de préparation physique dignes des GI américains. Son « bourreau » s'appelle Gianpiero Ventrone[1]. Le coach de la Juve l'emmène à Chatillon, une petite ville du Val d'Aoste, dans les Alpes italiennes, où se trouve le centre de mise en forme du club. L'altitude renforce encore la difficulté de la cure.

À 47 ans, le « Marines », comme l'appellent les Italiens, qui habite aujourd'hui à Naples, est intarissable quand on lui souffle le nom de Zidane : « Quand il est arrivé à la Juve, techniquement je ne trouve pas de mot pour qualifier son talent. Mais physiquement, *mamma mia*, il n'était pas aussi fort qu'il aurait dû l'être[2]. » Le temps de reprendre sa respiration, Ventrone poursuit : « Ce n'était pas un sujet très rapide, ni très grand. Mais Zizou appartient

1. Entretien avec l'auteur, mai 2008.
2. *Ibid.*

à cette catégorie de joueurs qui réussissent grâce à leur “extraordinaire éducation[1]”. » La voix teintée par la nostalgie, l'entraîneur à la retraite fait remonter ses vieux souvenirs : « Le premier jour de stage en altitude, Zidane a été effrayé en voyant la salle de musculation qui fait 1 000 mètres carrés. Il m'a demandé : “Il paraît que l'entraînement est dur chez vous ?” Je sais qu'il a eu très peur. Les débuts ont vraiment été féroces. Il s'en est sorti grâce à la solidarité des autres joueurs tels Ciro Ferrara, Alessandro Del Piero et l'Argentin Paolo Montero. Ils lui ont donné un vrai coup de main. Tous savaient que s'il parvenait à résister à cet horrible entraînement, il irait loin, très loin. La comparaison et la référence permanente à Platini ont été fortes et constantes[2]. »

Inlassablement, Ventrone fait travailler Zidane, comme on entraîne un champion encore un peu timide, comme on pousse un enfant qui ne veut pas se jeter à l'eau. Il passe des heures à lui répéter, armé d'un porte-voix : « *Vai, Vai* » (« vas-y, vas-y ») en lui faisant enchaîner des milliers de pompes, dès potron-minet. Jusqu'au bout de l'épuisement, jusqu'aux limites physiques de sa recrue. Il n'est d'ailleurs pas rare que Zidane, exténué par les enchaînements sans pause de musculation et de marathon, les tripes retournées par l'effort, finisse la séance en vomissant. Ce traitement dure plus d'un mois. Mais le champion assume : « J'ai gagné mes premiers titres avec la Juve. Or, ce que veut un joueur de foot, c'est avoir des titres. La Juventus est selon moi l'un des meilleurs clubs au monde[3]. »

1. *Ibid.*
2. *Ibid.*
3. *Ibid.*

Quelques années plus tard et des muscles en plus, le numéro 10 dira de ces années italiennes qu'elles furent « impitoyables ». Un autre homme dévoile les difficultés des débuts : Marcello Lippi[1]. Le regard bleu azur, la voix chaleureuse, celui que l'on nomme Paul Newman à cause de sa ressemblance avec l'acteur américain veut bien nous parler de « Zizou ». L'ex-entraîneur de l'équipe nationale italienne, qui remporta la Coupe du monde 2006, n'a d'yeux que pour le joueur français qu'il connut à la Juve : « Quand tout ne fonctionnait pas bien au début, je regardais le comportement de Zizou et sa façon de jouer. Il m'était impossible de ne pas avoir envie de l'aider. Lors des transferts, il était très déstabilisé, ce qui est normal : on change de pays, on change de langue, on change de club, on change de mentalité. Zidane s'inquiétait, et moi je lui disais toujours : "Sois tranquille, ne t'inquiète pas, ça va aller, tu as besoin de quelques mois pour t'acclimater mais ça va aller. Tu ne joues pas encore ton plein niveau mais ça viendra." Mais, même si je savais que c'était un grand, entre les cris de ses petits enfants et le bruit des vagues, personne à l'époque n'aurait pu prédire la carrière qui allait être la sienne[2]. »

Pour que les critiques cessent, Zidane doit attendre le match de la coupe intercontinentale contre River Plate, une équipe argentine, à Tokyo. Ce jour de décembre 1996, il marque l'unique but turinois et offre à son équipe une belle victoire. Mais le magicien a encore un peu de mal à déployer son talent. Paolo Forcoline, de la *Gazetta Dello Sport*, analyse :

1. Entretien avec l'auteur, juin 2008.
2. *Ibid*.

« On lui disait : “*Ma*, Zizou, pourquoi tu restes au milieu du terrain ? Pourquoi tu n’es pas plus offensif ?” Quand il marquait, il restait calme… Pas habituel en Italie : nous, on aime quand les joueurs courent autour du stade et soulèvent leur maillot en criant. Lui, il restait sobre. Trop peut-être[1]. » En janvier 1997, la Juve aplatit Parme. Pendant ce match, âpre, deux joueurs, Enrico Chiesa et Zidane, sont expulsés parce qu’ils en sont venus aux mains. Pour ce deuxième carton rouge italien, le Français présente ses excuses aux tifosi furieux. Mais son étoile commence vraiment à briller. Et voilà la demi-finale de la Ligue des champions, contre l’Ajax, le 23 avril 1997. À la quatre-vingtième minute du match, Zidane, à 5 mètres du goal néerlandais, effectue une sublime feinte qui trompe trois joueurs. Il marque ensuite l’un des buts les plus impressionnants de sa carrière. La Juve gagne par 4-1.

Dans le stade la foule, debout, explose de joie. « Bravoooooooooooooooooo, *Forza* Zidaneeeeeeeeeee », hurlent les tifosi. Zidane est enfin réputé l’un des plus grands joueurs du monde. Le 8 mai, l’équipe turinoise est, certes, défaite en finale contre le Borussia-Dortmund, mais, une nouvelle fois, Zinedine a régalé l’Italie de son toucher de balle et de sa « spéciale », la roulette.

Couvé par l’entraîneur Marcello Lippi, qui excusera toujours son impulsivité sur le terrain, Zizou devient une star. Même Michel Platini le pense : « Il était le roi des fondamentaux. Il n’y avait personne d’autre qui pouvait contrôler, amortir un ballon aussi bien que lui. Il avait des bases exceptionnelles[2]. » En

1. Entretien avec l’auteur, mai 2008.
2. *L’Équipe Magazine*, avril 2005.

1998, la Juve remporte un nouveau Scudetto grâce à un match d'anthologie face à Bologne (3-2) : pour la deuxième fois, Zizou est champion d'Italie.

Son jeu est de plus en plus beau : ses gestes fascinent les spectateurs mais sa sobriété, son manque de tonicité sur le terrain frustrent de nombreux fans. Paolo Forcoline s'en souvient : « Un jour j'ai dit à Edgar Davids, son coéquipier hollandais : "Tu veux pas lui prêter tes couilles... ?" Il m'a répondu en rigolant : "Non merci, je les garde[1]." » Au pays du football paillettes, où les joueurs épousent des chanteuses et des stars du petit écran, des *Veline* –, comme on les appelle en Italie – les starlettes aux formes explosives, Zidane fait figure de garçon sage. Un proche de la Juve raconte : « Certes, il était ami avec son coéquipier, le beau Christian Vieri, le joueur qui possède les clefs des boîtes de nuit italiennes et aime tant accrocher les petites culottes de ses conquêtes dans les vestiaires du club. Mais si on demandait à Zidane de sortir boire un verre ou d'aller dîner, il nous disait toujours la même chose. "Je dois d'abord appeler Véronique, ma femme[2]." »

Après juillet 1998, lorsqu'il revient à Turin auréolé du titre de champion du monde, Zizou ne change pas grand-chose à ses habitudes. À la différence des autres pères de l'équipe italienne, le footballeur français continue d'aller chercher son fils Enzo à la sortie de l'école, comme n'importe quel parent d'élève. Le couple déménage tout de même, mais parce que Véronique se sent trop isolée, là-haut, loin du centre-ville et de ses belles avenues. Via Roma et ses boutiques de luxe lui semblaient trop éloignées... Les

1. Entretien avec l'auteur, mai 2008.
2. Entretien anonyme avec l'auteur, mai 2008.

Zidane choisissent un grand appartement de la Via Carlo Alberto, située dans un vieux quartier de Turin, près de la gare. L'immeuble, avec sa façade ocre plantée de balcons travaillés, typique du style viennois, porte le nom de Palazzo Carlo Alberto. Le 250 mètres carrés de la famille se situe au dernier étage. À l'intérieur, le plafond semble tutoyer le ciel, tant il est haut, comme souvent en Italie, et les portes-fenêtres s'élancent vers les cimes. Entre ces murs blancs, la seule touche de couleur vient des bouquets de fleurs que les Zidane se font livrer et qui trônent sur le poste de télévision. En dehors du canapé en cuir, peu de meubles remplissent l'espace, immense pour une famille de trois personnes. Dans le salon, le jeune père a installé tout de même une petite cage en plastique, afin qu'Enzo s'entraîne à marquer ses premiers buts. Le soir, le couple aime dîner chez Da Angelino, cours Moncalieri, sur la rive gauche du Pô. Au menu : rigatoni au basilic, l'indispensable pasta des sportifs de haut niveau, et steak grillé en « second plat », selon la coutume italienne. Le matin, Zidane boit son café dans le bar qui fait face à son immeuble. Comme n'importe quel Italien.

Véronique, elle, veille à la bonne marche de la vie de famille. Ses parents, qui tiennent une place très importante dans sa vie, viennent souvent passer quelques jours à Turin. Antoine Fernandez, le père de Véronique, est d'ailleurs un fou de foot. Autrefois, « à un petit niveau », raconte-t-il sur son blog, il a porté les couleurs d'Onet, la petite commune aveyronnaise où a grandi Véronique. Désormais, Antoine n'hésite pas à prendre sa voiture pour assister à un match de Zizou en Italie. La Coupe du monde 1998, en revanche, il a préféré la regarder seul, chez lui : « J'avais la trouille qu'il perde. » Au lendemain du

Mondial, les Fernandez ont reçu deux sacs postaux remplis de lettres, souvent rédigées par des jeunes, qui ont écrit, en guise d'adresse : « Beaux-parents de Zinedine Zidane, Rodez. » Dérangé, jusque tard le soir, par les appels de solliciteurs en tout genre, le couple s'est même inscrit sur liste rouge. À chacune des visites de son gendre, qui se rend souvent, avec Véronique, en Aveyron, c'est un petit événement dans le village. Zinedine et Véronique prennent alors leurs quartiers chez les Fernandez. Zinedine joue avec ses enfants, se repose, à la grande fierté d'Antoine, dans son canapé. Quand ils sortent se promener, ils vont manger à l'Hacienda ou au Café de Paris, comme le raconte le père de Véronique sur son blog. Les badauds sont nombreux, qui à demander un autographe, qui à prendre une photo. Mais pour les Fernandez, ce n'est rien à côté de la foule que le champion déplace à Turin, quand ils vont tous en famille faire des courses dans une rue commerçante. Car Zidane ne peut plus se déplacer sans provoquer des attroupements. Gianpiero Ventrone révèle : « Avant de quitter définitivement Turin, à Pâques 2001, Zidane est venu quelques jours avec sa femme à Capri. Nous avions décidé de passer le week-end en mer. Une fois arrivé à la Marina, il a fallu appeler les carabiniers pour qu'il puisse monter sur mon bateau. Il y avait une foule immense qui l'encerclait et voulait le toucher. C'était de la folie[1] ! »

En Italie, pourtant, les choses finissent par se gâter pour le gendre des Fernandez. À partir de la rentrée 1998, le club s'engage dans trois années blanches, durant lesquelles l'équipe d'Agnelli ne

1. Entretien avec l'auteur, mai 2008.

remporte aucune victoire marquante. Les Turinois s'interrogent : Zidane serait-il maudit en compétition européenne ? En 2000, la Juve ne parvient pas à remporter la Ligue des champions pour la seconde fois. En finale, le club italien s'incline face… au Real (1-0). Mais ce que les Italiens ne pardonnent pas à Zizou, c'est ce carton rouge, encore un (le sixième qu'il récolte sous les couleurs de la Juve), encaissé face à l'équipe de Hambourg : en pleine Ligue des champions, il n'a pu s'empêcher de balancer un violent coup de tête à l'Allemand Kientz. Suspendu pendant cinq matchs, le coupable se paie le luxe, la rencontre suivante, d'être filmé assis dans les gradins, rigolant au téléphone pendant que ses coéquipiers suent sang et eau. « Aime-t-il vraiment notre club ? » s'interroge la presse locale le lendemain. Pour ne rien arranger, le Français ne trouve rien de mieux que d'accepter une publicité pour… Ford, le concurrent de Fiat. Pire : comme pour donner raison à ses détracteurs italiens, il réalise un Euro 2000 époustouflant avec les Bleus, remportant la finale contre… l'Italie.

Qu'importe : Zizou lorgne déjà de plus en plus vers l'Espagne et son football, « le plus libre d'Europe », s'exclame-t-il un jour. À l'entendre, le public ibérique serait même « le plus connaisseur qui existe » et le Real, « le club qui me faisait rêver quand j'étais gamin ». Véronique, de son côté, ne cesse de parler de ses grands-mères qui habitent du côté d'Almeria, dans le nord de l'Andalousie. Elle n'a jamais apprécié Turin, bien qu'elle y ait goûté pour la première fois le luxe dans toute sa splendeur : vacances aux Seychelles, jets privés, grosses berlines et autres invitations dans les soirées chics. Mais rien n'y fait : épouse attentive et autoritaire, elle veut partir. En public, elle ne rate plus une occasion de vanter le soleil espagnol et de critiquer la « froideur turinoise ». Giovanni Agnelli, le patron de la Juve, finit par s'émouvoir : « Mais qui porte la culotte chez les Zidane ? Lui ou sa femme ? » Un joueur de l'équipe, l'Italien Filippo Inzaghi, dit Pipo, surenchérit : « Moi, quand je serai marié, ma femme fera ce que je dis. » Zidane n'a cure de ces attaques. « Il n'aurait jamais dû s'abriter derrière sa femme pour justifier son désir de partir », reproche un ancien coéquipier. Lui qui parle de son épouse avec tendresse, téléphone régulièrement avant un match simplement pour lui dire « je t'aime », réplique par presse interposée : « Ma femme m'a donné deux enfants et elle choisit ce qui est le mieux pour la famille[1]. »

Ils peuvent ricaner, les Italiens. En tout cas, le monde de Zidane ne se réduit plus à la péninsule. Désormais, ses mérites sont vantés partout sur la planète. Depuis son sacre mondial en équipe nationale, en 1998, Zidane a reçu une pluie de récompenses : Ballon d'or, Onze d'or, joueur FIFA de l'année, joueur français de l'année et joueur étranger du championnat d'Italie. Alors tant pis s'il a fini par se mettre les tifosi à dos. Tant pis si ses coéquipiers se moquent de lui. Lui, il part à Madrid. Zidane quitte en outre le navire turinois à temps : la justice italienne a décidé de s'attaquer au dopage, avec, dans son viseur, Antonio Giraudo, administrateur délégué de la Juve, et Ricardo Agricola le médecin du club.

---

1. *Zidane. Cent dix minutes pour partir,* Luca Caroli, éditions Prolongations, 2006.

28

La Pretty Woman du Real Madrid

Avec son air affable, son sourire large et chaleureux, son costume d'un bleu marine un peu éteint, Florentino Perez[1] est la discrétion faite homme. À 58 ans, cet ingénieur reçoit sans façon dans les locaux de ACS, son entreprise madrilène de BTP, situés calle Pio XII. Lui qui n'accorde que de rares interviews a fait une exception. Cet homme, l'un des plus puissants d'Espagne, fut l'emblématique président du Real Madrid de 2000 à 2005. Il est celui qui a « signé » Luis Figo, Ronaldo, David Beckham mais aussi, et surtout, comme il l'appelle aujourd'hui encore avec un léger accent : « Sissou, mon fils préféré. » D'un bond, Florentino se lève et nous demande de le rejoindre près de la fenêtre. « Vous voyez ces quatre tours au loin ? Eh bien, ce sont mes quatre fils », montre-t-il en énumérant les buildings portant le nom de ses joueurs préférés : Figo, Beckham, Raul et bien sûr Zizou. Pour les acheter, il n'a pas hésité à vendre un immense terrain à un promoteur immobilier. S'il n'est plus le patron du club madrilène depuis 2005, ici, dans

1. Entretien avec l'auteur, septembre 2007.

la salle de réunion où les bruits de pas sont amortis par une épaisse moquette beige, où seules les toiles abstraites du peintre Luis Canelo apportent une touche personnelle, il veut bien, une dernière fois, évoquer l'ex-prodige de son club.

Tel un chat qui se délecte d'avoir attrapé une souris, Florentino Perez savoure encore le plaisir d'avoir réussi à mettre la main sur le plus grand joueur du monde. À quand remonte la première rencontre ? Du tac au tac, il répond avec une précision d'horloger : « C'était en 1998, le 12 juillet à 21 h 27. » Ce soir-là, l'homme d'affaires espagnol est aux premières loges. Dans les tribunes VIP du Stade de France, il profite avec son épouse Bettina de l'invitation de son ami Jean-Claude Decaux, le roi français de l'affichage. Une ambiance électrique règne en cette nuit de juillet où la France, finaliste de la Coupe du monde pour la première fois de son histoire, est aux portes de la gloire. À la vingt-septième minute, Zidane ouvre le bal et offre, d'une tête aérienne, son premier but aux Bleus. Perez se retourne vers son épouse et lui promet solennellement : « Bettina, tu vois ce numéro 10 ? Tu vois ce joueur incroyable ? Si un jour je deviens président du Real, je te promets que je le ramènerai à Madrid. »

Deux ans plus tard, le rêve du fils de tailleur est devenu réalité. Alors qu'il vient d'être élu à la tête du club madrilène, sa première pensée va à « Sissou ». Florentino n'a qu'une idée : redonner au Real la splendeur de son âge d'or, celle des anciens dieux, tels Kopa et Di Stefano, qui ont bercé l'enfance de centaines de milliers de « merengue », comme on appelle les aficionados du stade Bernabeu. Ces virtuoses du ballon rond l'ont fait frémir de bonheur quand, enfant, il allait au stade avec son père. Et voilà que le nouveau président a les moyens de réaliser son rêve de gosse. « Rendez-vous compte, j'avais quelque 36 milliards de pesetas dans la besace ! » L'homme qui dirige un des fleurons industriels européens s'excuse. Il compte toujours dans l'ancienne monnaie espagnole. Cela signifie que son trésor de guerre pèse alors plus de 200 millions d'euros. À l'époque, en juin 2000, le Real vient déjà de s'offrir Luis Figo, racheté 60 millions d'euros à l'éternel concurrent barcelonais. Mais ce n'est qu'un début. Le frère de Florentino Perez, Enrique, téléphone à Alain Migliaccio, l'agent de Zidane, pour tâter le terrain et étudier son transfert de la Juventus, où le joueur français évolue depuis 1997. Au bout du fil, Alain Migliaccio, avec sa gouaille de pied-noir algérien, se fait prier. Il laisse entendre que, cette année, Zidane ne pourra pas quitter Turin. Mais l'agent laisse une porte ouverte : son poulain aime l'Espagne, dont sa femme est originaire.

Le hasard faisant bien les choses, Florentino Perez et Zinedine Zidane se retrouvent quelques mois plus tard à Monaco, lors d'un gala organisé par la FIFA. Assis à sa table, le président du Real rencontre enfin le footballeur de ses rêves. Jouant le tout pour le tout, comme un écolier derrière le dos de son instituteur, il lui fait passer un petit bout de papier avec cette simple phrase : « Voulez-vous venir au Real ? » Les convives, qui ont joué les intermédiaires, meurent de curiosité. Perez : « J'étais fébrile, excité comme un enfant. Le papier est revenu et j'ai lu sa réponse, étrangement rédigée en anglais alors que je parle français : "*Yes*, mais il ne faut pas le dire." » Avec cette missive, Zidane vient d'amorcer le plus gros transfert de l'histoire du foot mondial.

Les deux parties sont d'accord pour signer le contrat de mariage. Il ne reste plus qu'à convaincre le chef de famille, l'ombrageux Giovanni Agnelli, propriétaire de la Juventus de Turin. Pour réussir les négociations avec le légendaire patron de Fiat, une règle d'or s'impose : éviter de froisser son orgueil. Dans le monde viril du football, personne et surtout pas l'« Avvocato » n'apprécie de voir ses joueurs faire les yeux doux à ses rivaux. C'est pourtant Zidane qui fait le premier pas en discutant avec le directeur général de l'équipe turinoise, Luciano Moggi. Son argument : « Ma femme ne veut pas rester en Italie ! » C'est vrai – on l'a vu – que la belle et fière Véronique n'a jamais pu se faire à la grisaille de la capitale piémontaise et ne supporte plus les pizzas et la pasta. La fin de l'année approche à grands pas et les discussions sérieuses commencent. Florentino Perez est sûr de lui. « Sissou » est un enjeu stratégique et il ne le laissera pas s'échapper. Avec son frère Enrique, le président du club se prépare au marathon des enchères : « Florentino, tu restes très calme, le rassure son benjamin. Et tu dis que 60 ou 100 millions d'euros, c'est pareil. » Le jour J, Florentino embarque dans son jet, direction Monaco. Après tout, peut-on rêver mieux que la Riviera pour décider du destin d'un minot des quartiers nord de Marseille ? Comme dans un polar américain, le roi du BTP espagnol, vêtu avec élégance, retrouve les trois dirigeants de la Juve dans un restaurant discret de la principauté. Embrassades et salutations d'usage, chacun demande des nouvelles de la famille et les résultats des clubs respectifs avant de se mettre à table. Les Italiens se jettent à l'eau : « On te le vend… 120 millions d'euros. Voilà notre prix. » Impassible, Florentino Perez finit son déjeuner, boit un café, se lève, remercie ses interlocuteurs et leur dit très calmement : « Non, merci. » De retour à Madrid, il appelle aussitôt Zidane : « Ils sont fous ! Je crois qu'ils ne veulent pas te vendre. » À l'autre bout du fil, Zizou fait les cent pas, appelle son agent et décide de monter au créneau tout seul comme un grand. En réalité, sa décision est prise. Pas question que Véronique et ses deux petits garçons passent une année supplémentaire à Turin. D'ailleurs il n'a pas inscrit son fils aîné à l'école française pour la rentrée prochaine. Il fait alors comprendre aux dirigeants italiens qu'il n'a pas l'intention de rester en Italie. Un joueur qui s'est mis en tête que l'herbe était plus verte ailleurs n'est plus efficace.

Luciano Moggi se décide à rappeler Florentino. Son nouveau prix ? 100 millions d'euros. Un chiffre rond. Les dernières tractations ont lieu chez Robert-Louis Dreyfus, le patron d'Adidas, entreprise sponsor du Real, dans sa maison de Lugano. Finalement, les deux clubs se mettent d'accord sur 72 millions d'euros. Une somme inégalée dans l'histoire du football. Zidane devient le joueur le plus cher du monde. Trop cher ? Florentino est heureux. Cette bataille lui a fait penser au film… *Pretty Woman*, cette comédie romantique dans laquelle Richard Gere jouait le rôle d'un riche homme d'affaires à qui rien ne résiste et qui a aussi pulvérisé les records… du box-office. Ce soir-là, Florentino[1] pense à la fameuse réplique de Richard Gere quand Julia Roberts lui annonce qu'elle est prête à rester à ses côtés pour moitié moins cher que le prix final : « J'étais prêt à payer le double. » Florentino a le sourire du vainqueur : lui aussi était prêt à allonger beaucoup plus. S'ils

1. *Ibid.*

savaient, les dirigeants de la Juve, qu'ils ont sans doute perdu au moins 30 millions d'euros…

Zidane, lui, n'en revient pas. Il est en vacances avec sa femme et ses deux plus jeunes enfants. Après une dernière saison particulièrement éreintante à la Juve, il se repose à l'autre bout du monde, sous le soleil de Papeete, puis celui de Californie, alors même que son avenir est en train de se jouer en Europe. Il s'est même payé le luxe de se mettre aux abonnés absents : c'est seulement en appelant un ami, par hasard, qu'il apprend que son agent le cherche comme un fou. Et c'est en rappelant Alain Migliaccio qu'il a connaissance de l'incroyable épilogue des transactions menées avec le Real.

Quand il découvre le montant de la transaction, amputée de 10 % tout de même pour payer ledit agent, le minot de la Castellane fait des bonds de cabri et appelle immédiatement un ami d'enfance : « Putain, tu te rends compte, Mus', de la folie de cette somme ! s'exclame-t-il dans le combiné. Combien de Boeing ils auraient pu acheter avec tout cet argent ? Ils sont fous ! » À Turin, Ventrone n'en revient pas non plus. Il se souvient d'un soir où il demandait à Zidane : « T'imagines, si un jour un club te rachetait pour 30 millions d'euros ? » À l'époque, en 1999, Zidane lui avait répondu : « Arrête de dire des conneries[1] ! » Zidane lui-même, quelques mois plus tôt, trouvait encore ridicule « de dépenser 400 millions de francs [N.D.L.R. : 60 millions d'euros] pour acheter un joueur », faisant référence au transfert de Luis Figo dans le même club. Et le voilà acquis à son tour pour l'équivalent du budget d'*Astérix aux Jeux olympiques* (dans lequel Zidane interprétera d'ailleurs un

1. Entretien avec l'auteur, mai 2008.

petit rôle), le film le plus cher de l'histoire du cinéma français. À 29 ans à peine, Zidane vaut 72 millions d'euros – soit 471,6 millions de francs à l'époque. Avec un salaire hebdomadaire de 1 million de francs et des revenus publicitaires estimés à 5 millions de francs par mois, il est le footballeur le mieux payé de la planète. Mieux payé, même, qu'une star de cinéma...

Finies les vacances, les affaires reprennent ! Pressé par Migliaccio, Zizou rentre en Europe. À l'aéroport de Roissy, il sort par une porte dérobée afin de fuir les photographes. Les journalistes sont sur les dents, affolés par la rumeur qui court depuis le début de l'été sur son éventuel départ vers le Real. Le temps de déposer sa famille dans l'Aveyron, le footballeur s'envole pour l'Espagne dans un jet privé affrété par le club madrilène. Il atterrit à la base militaire de Torjon de Ardoz, au nord de la capitale. Sur la piste l'attend une berline noire aux vitres fumées, dans laquelle patientent les deux hommes clés du Real : le directeur sportif Jorge Valdano et le président Florentino Perez. En route vers le club, tous discutent des dernières modalités d'un transfert conclu à l'arraché. Le soir venu, Zizou et son agent regagnent le luxueux hôtel de l'Eurobuilding, situé à quelques mètres du stade Santiago-Bernabeu. Le lendemain, à 12 h 30, après la traditionnelle visite médicale dans une clinique privée, le joueur signe enfin le contrat de quatre ans qui fait de lui le footballeur le plus cher du monde. Nous sommes le lundi 8 juillet 2001 et la nouvelle que tout le monde du foot attend tombe enfin sur les téléscripteurs : « Sissou » est madrilène et appartient désormais aux Galactiques, comme on surnomme les stars du Real qui font rêver le monde entier.

29

La consécration espagnole

Ce lundi 8 juillet 2001, Zidane quitte enfin un élégant costume noir pour enfiler le maillot estampillé 5. Ce numéro, il le portait déjà à l'âge de quatorze ans avec les Septèmes, la mini-équipe de Saint-Raphaël. Mais il n'y avait évidemment pas alors un tel battage médiatique. Plus de deux cents journalistes et photographes, venus du monde entier, ainsi que quelques supporters triés sur le volet, assistent à la cérémonie, diffusée à 13 heures sur toutes les chaînes de télévision espagnoles. En un jour, ce joueur de foot talentueux, qui évoluait au sein de l'une des plus grandes équipes mondiales (la Juve), confirme son statut de star planétaire. Lui qui, à Turin, arrivait à se balader, prétendant à une vie tranquille ne peut, à Madrid, quitter son hôtel sans être harcelé par la presse et les fans locaux. Effrayé par cette ferveur qui le dépasse et le gêne, il passe sa première semaine enfermé dans sa suite. Au menu : DVD et télévision en boucle. Cloîtré, il ne descend même pas prendre ses repas. Est-ce l'ambiance étouffante de la chambre confinée qui fait vaciller Mustapha ? Toujours est-il que le pote de Marseille, venu rendre visite à son copain Ziz, est victime d'un malaise. Paniqué, Zizou appelle les urgences. Quand les secours arrivent à l'hôtel, les urgentistes locaux n'en reviennent pas de voir descendre la plus grande star du football en jean et sweat-shirt, son ami mal en point sous le bras. Tout à leur excitation, c'est à peine si les médecins n'en oublient pas le malade. Assis à l'arrière de l'ambulance, Zidane se retrouve à signer des autographes entre les tubes et les masques à oxygène.

Makelele, son coéquipier au Real, est le premier à tirer la sonnette d'alarme : Zizou ne peut pas rester livré à lui-même et vivre dans un hôtel pour hommes d'affaires de passage. D'autant plus que sa femme, qui n'a pas encore réglé tous les détails pratiques pour le déménagement, effectue pour l'instant des allers et retours entre Turin et Madrid. Le club décide alors de transférer la star au Palais Santo Mauro : ce cinq étoiles au charme à la française comporte une bâtisse du XIXe siècle rénovée par l'architecte Louis Legrand, une immense piscine découverte, une salle de sport digne d'un grand club et un ravissant jardin. Véronique le rejoint enfin dans ce havre de paix. Mais la pression extérieure ne retombe pas. Tout le monde veut voir Zidane, le photographier, l'approcher, le toucher. On cherche à savoir ce qu'il mange, où il s'habille, quel est son signe astrologique, s'il aime le *jamon* ou préfère les pâtes à la bolognaise, question sensible quand on sait que Zizou a dû laisser derrière lui son cuisinier et ami Roberto Falvo, qu'il avait fait embaucher à la Juve. Très vite, le champion choisit d'imposer des limites à la presse people, très puissante en Espagne. La publication d'un reportage photo de la petite famille en balade est stoppée net. Zidane prévient son club : le respect de sa vie privée est la condition sine qua non de sa présence à Madrid.

Pour que la transition se passe mieux, le Real décide de lui adjoindre un coach, Garcia Coll, ancien basketteur du Real, parlant le français, qui a fait ses preuves dans l'acclimatation de nouvelles recrues. Il a pour mission de faire découvrir la ville au joueur et de le décharger de toute la logistique. La première étape de l'installation de Zidane à Madrid consiste à acheter une maison, le couple refusant de louer. Après trois visites, les Zidane optent pour le très chic quartier résidentiel de Conde de Orgaz. Et arrête son choix sur une grande propriété entourée d'un immense jardin. Leurs voisins ? Raul, Luis Figo (ses coéquipiers au Real) mais aussi Matías Prats, le PPDA espagnol, et d'autres stars encore. Bien placée, entre le lycée français et le centre d'entraînement Ciudad Deportiva, cette demeure sonne comme un nouveau départ. Son époux a beau être le joueur le plus cher de l'histoire du foot, Véronique ne change rien à ses habitudes. Sa coiffeuse à Madrid apprendra des années plus tard que sa cliente n'est autre que Mme Zidane. La mère de famille continue également à déposer ses enfants à l'école tous les matins. Son mari étant souvent absent, cette femme de caractère gère le foyer d'une main ferme. Elle prend ainsi la liberté d'inviter ses parents à quitter Onet pour venir s'installer quelques mois chez eux en Espagne. Mme Zidane exerce aussi une énorme influence sur l'entourage de son mari. Aux anciens camarades d'enfance elle préfère mille fois, par exemple, la compagnie du publicitaire Jacques Bungert et de son épouse. Ou celle d'Alain Migliaccio, l'agent de Zizou, avec lequel la famille Zidane passe parfois ses vacances.

Côté vestiaire, le numéro 5 fait ses premiers pas en prenant garde à ne jamais jouer les divas et à respecter le caractère ombrageux de ses deux collègues les plus puissants : Fernando Hierro, le capitaine, et Raul, la star des stars. À Madrid, il n'est plus le « taulier », comme chez les Bleus, où son expérience et son talent ont fait de lui un patron naturel. Quant à l'autre enfant chéri de Florentino Perez, le Portugais Figo, il n'ira jamais au-delà des politesses d'usage avec lui. Ce dernier a mal vécu d'avoir été racheté 12 millions d'euros de moins que Zidane et ne supporte plus la zizoumania qui s'est emparée du pays. Prudent, le numéro 5 veille donc à ne froisser aucune susceptibilité et se met au travail. Lui qui a arrêté l'école au collège se met même, après l'italien, à l'espagnol. L'ancien Marseillais a compris que son adaptation serait longue et qu'il lui faudrait être patient. Surtout quand éclate un début de polémique liée à son absence de rendement. Il faut dire que, depuis son arrivée, il ne brille pas sur les terrains.

Le 26 août 2001, lors de la première journée du championnat d'Espagne, le club madrilène perd 3-1 contre Valence. Le journal *AS*, la Bible espagnole du football, attaque bille en tête : « Il ne suffit pas de dépenser des milliards et de se promener avec des ballerines pour gagner[1]. » Il faut se battre, aller décrocher la victoire avec les dents s'il le faut. Le deuxième match est un nul à domicile face à Malaga. Le troisième se solde à nouveau par une défaite, cette fois-ci contre le Betis Séville. Résultat : début septembre, le Real se retrouve à la traîne du championnat. Comble de malchance, alors que le club madrilène aligne les succès en Ligue des champions, Zidane est suspendu provisoirement à

1. *Zidane, de Yazid à Zizou*, Patrick Fort, Jean Philippe, Éditions de l'Archipel, 2006.

cause d'un carton rouge reçu quelques mois plus tôt, quand il était à Turin. Superstitieux, Zizou n'a qu'une peur : être surnommé le chat noir, celui qui porte la poisse. Une devinette fait fureur à Madrid : « Pourquoi Sissou porte-t-il le maillot numéro 5 alors qu'il a le 10 en France ? Parce qu'il joue à moitié bien ! » Le rythme si particulier du pays n'arrange rien. Déjeuner à 14 h 30, passe encore, mais débuter une rencontre à 21 h 45, voilà qui est difficile pour un couche-tôt comme lui. Plus tard, il reconnaîtra même avoir eu envie de dormir au moment de ces matchs tardifs.

Pourtant, les choses finissent par s'arranger. Elles prennent même vite la tournure d'un scénario hollywoodien, comme toujours avec Zizou. Le 5 janvier 2002, lors de la dix-neuvième journée du championnat d'Espagne, à la neuvième minute d'un match contre La Corogne, Zidane survole trois défenseurs et marque d'une frappe aérienne, devant soixante-quinze mille supporters abasourdis par la rapidité de son jeu. Résultat : 3-1 pour le Real et une ovation exceptionnelle en faveur du numéro 5. La saga commence. Dans les tribunes, le basketteur Magic Johnson, membre de la dream team américaine, n'en revient pas : « Ce gars, c'est Magic et Jordan en un seul joueur[1]. » Une allusion à Michael Jordan, l'autre star de sa génération.

Mais les Espagnols n'ont encore rien vu. Ces rois de la corrida vont pouvoir enfin commencer à admirer l'ingéniosité exceptionnelle de ce matador du football. Car le 15 mai 2002, le Real, qui a fêté son centenaire le 6 mars, affronte, en finale de la Ligue des champions, le Bayer Leverkusen, à Glasgow. Zidane attend ce moment depuis toujours. C'est

1. *L'Équipe Magazine*, avril 2005.

le seul trophée qui manque à son palmarès. Juste avant le début de la rencontre, Mus' qui, la veille, a prié pour son ami à la mosquée, en France, lui prédit au téléphone : « Vas-y, joue comme tu sais, et tu verras, Dieu sera avec toi. Tu vas nous la ramener cette coupe[1]. » À la quarante-cinquième minute d'un match plutôt mal engagé, dans lequel les Allemands ont égalisé à la treizième minute le but marqué par Raul à la huitième, un miracle se produit : le Brésilien Roberto Carlos, hésitant, envoie un ballon flottant que Zidane, tel un chat que personne n'avait repéré, récupère par magie d'une volée de son pied gauche et, sans réfléchir une seconde, projette en pleine lucarne sous le regard médusé du goal adverse. Ce but, totalement intuitif comme le dira son auteur, rentre aussitôt dans la légende du foot. Hampden Park est en délire. Au micro, les commentateurs espagnols s'époumonent au son d'un « goooooaaaaaaal ! » répété inlassablement. L'un d'eux, en hurlant le mot magique durant près de quarante secondes, jusqu'à en perdre le souffle, rentrera même dans le *Guinness des records*. « Vive la mère qui t'a mis au monde !!!!!!!!!!!!!!! », hurle un autre journaliste. Sur le terrain, Zidane savoure sa revanche sur ces fans impatients qui avaient douté de lui. Pendant son tour d'honneur, il leur lance en espagnol : « *Toma ! Toma !* » (« Prends ! Prends ! »).

Dans les vestiaires, Zizou apostrophe Florentino Perez en le regardant droit dans les yeux : « Tu vois que je ne porte pas la poisse ! Tu n'as pas fait venir un chat noir[2]. » Tout le monde en est désormais convaincu. Le roi Juan Carlos en personne déboule

---

1. Entretien avec l'auteur, septembre 2007.
2. Entretien avec l'auteur, février 2007.

pour prendre dans ses bras le prodige français. Alors qu'à Salamanque, Alicante, Burgos et dans toutes les grandes villes d'Espagne des milliers de supporters envahissent les rues pour laisser éclater leur joie, Zidane savoure ces instants d'éternité sans oser y croire tout à fait. Malek, son ami d'enfance, vit lui aussi un rêve éveillé : « Pendant le tour d'honneur, tout le monde courait vers lui. Il m'a aperçu dans les gradins. Il est venu me tirer. Il m'a amené dans le vestiaire. Il était épuisé. On s'est assis par terre. On s'est regardés. On a changé deux, trois mots. Michel Platini est venu le féliciter… Yaz, c'est un généreux. C'est trop fort qu'il m'ait permis de partager ça[1]. »

L'euphorie légèrement retombée, sur le sol des vestiaires, Yaz n'en revient toujours pas. Désormais, Zinedine a tout ce dont un grand footballeur peut rêver. Le lendemain, le quotidien sportif *Marca* titre en couverture « *El Zid* » (en référence au Cid, ce grand d'Espagne immortalisé par Corneille), puis, dans les pages intérieures, « le numéro 5, c'est Dieu ».

1. *L'Équipe Magazine*, 2 avril 2005.

30

La bérézina de 2002

Zizou règne à Madrid en star absolue. Mais l'année a été trop chargée, entre les matchs à répétition et sa blessure à la cuisse. En outre, Véronique est sur le point d'accoucher de leur troisième fils, Théo. Du coup, le joueur n'est pas certain de faire le voyage en Corée et au Japon, où a lieu la Coupe du monde. Finalement, il obtient d'assister à la naissance du bébé avant de rejoindre ses coéquipiers tricolores le 22 mai, à Osaka. La compétition doit débuter quelques jours plus tard. Les Bleus victorieux en 1998 sont tous là, cette fois-ci sous l'autorité de Roger Lemerre, l'ancien assistant d'Aimé Jacquet. La magie a fonctionné quatre ans plus tôt, 2002 doit donc être la consécration. En Corée, on va voir ce qu'on va voir. Confiant, Adidas, le sponsor de l'équipe de France, a déjà cousu sur les maillots la deuxième étoile, symbole du vainqueur.

Le tirage au sort a été favorable à l'équipe tricolore : le premier match oppose les Français à la petite équipe du Sénégal. A priori, une simple formalité. Les Lions de la Teranga, qui participent à leur premier Mondial, n'ont qu'à bien se tenir. Le vendredi 31 mai, dans le magnifique World Cup

Stadium de Séoul, soixante-cinq mille spectateurs attendent avec fébrilité le coup d'envoi. Sur le terrain, les deux équipes se regardent en chiens de faïence. Dans le camp français, tous les joueurs titulaires, à l'exception de Frank Lebœuf, membre de l'OM, jouent dorénavant dans les plus grands clubs européens, en Angleterre, en Allemagne et surtout en Italie. Henry, Desailly, Lizarazu ou encore Trezeguet font désormais partie du gratin mondial du football. Autant dire que les Français attendent beaucoup de cette équipe, idéale sur le papier, qui les a tant fait rêver dans le passé.

C'est compter sans la cuisse de Zidane, déclaré forfait pour cause de ligament déchiré et qui assiste au match seul sur le banc de touche. Est-ce pour cette raison que, dès les premières minutes, les Bleus apparaissent désorientés ? Rarement, en effet, une équipe a semblé aussi désemparée en l'absence de l'un de ses leaders. Si bien que les Sénégalais mènent la danse et réussissent à museler les Français. Ce qui devait arriver arrive : à la trente-deuxième minute, Malik Diop surgit tel un beau diable et marque un but. La France est à la traîne et personne n'y peut rien. Privée de son cerveau, l'équipe erre et finit par s'incliner, 0 à 1.

C'est un véritable coup de tonnerre. La presse française, encore traumatisée par l'effet Jacquet qu'elle a tant dénigré juste avant le Mondial 1998, demeure très réservée. Dans un autre contexte, elle se serait pourtant déchaînée. Ainsi du choix du lieu où sont hébergés les Bleus : le Sheraton Walker Hill de Séoul. Le restaurant est situé à 200 mètres de l'établissement. « On y allait en bus ! » raconte un joueur. Il y a aussi la salle de jeux au sous-sol, avec ses machines à sous qui semblent aimanter les footballeurs, dont certains sont surpris, agrippés à leur bandit manchot à… 4 heures du matin.

Un assistant de Roger Lemerre se souvient encore : « Alors que Didier Deschamps jouait parfaitement son rôle de capitaine, Desailly passait beaucoup de temps accroché à ses quatre portables. » Un cadre de la Fédération française de football raconte : « Des jeunes et jolies demoiselles étaient présentes à certains étages de l'hôtel où dormaient des membres de l'équipe[1]. » Le temps est loin où Aimé Jacquet imposait à ses poulains une discipline quasi militaire. Son successeur, Roger Lemerre, semble briller davantage par son absence de choix tactiques et, surtout, son incapacité à gérer ses stars. Zizou reconnaîtra à la fin du Mondial qu'il a manqué « quelqu'un pour taper du poing sur la table[2] ». Pour Ferret, le constat est implacable : « C'était du n'importe quoi. L'organisation était inexistante. Tous les jours, j'emmenais Zidane dans les cliniques pour sa rééducation. On passait des heures dans les embouteillages coréens. Quant à l'ambiance dans l'équipe… On avait plus nos leaders de 1998. Certains joueurs parlaient sèchement à l'entraîneur. Du temps de Jacquet, ça aurait été impossible[3]. »

Désireux d'en savoir plus, un journaliste du *Parisien* décide de planquer à la sortie des vestiaires du stade de Busan, où s'entraînent les Bleus. Posté entre deux arbres, il espère décrocher un scoop sur la composition de l'équipe pour la rencontre suivante. Surpris en flagrant délit par des membres de l'encadrement français, il doit décliner son identité.

1. Entretien anonyme avec l'auteur, avril 2007.
2. *Zidane. Le dieu qui voulait juste être un homme, op. cit.*
3. Entretien avec l'auteur, juillet 2008.

Son accréditation lui est retirée illico. La presse est déclarée persona non grata.

À défaut de comprendre, tout le monde s'interroge : quand Zizou sera-t-il remis de sa blessure ? Celui-ci, astreint à un protocole de soins (longueurs à la piscine de l'hôtel, soins divers dans les cliniques de Séoul), avec son ostéopathe Philippe Boixel, participe peu à la vie des Bleus. Même l'ami de Zizou, Bixente Lizarazu, est agacé des questions continuelles sur l'état de santé de Zinedine. En conférence de presse, il explose : « Je ne suis pas son attaché de presse, arrêtez donc de ne me parler que de lui. » Les statistiques sont pourtant éloquentes : en l'absence du numéro 10 sur le terrain, le taux de réussite de l'équipe tricolore tombe à 50 %. Et remonte à 70 % quand le champion est de la partie.

Le 6 juin, au stade Asiad à Busan, les Bleus savent qu'ils jouent gros face aux Uruguayens. Pour la première fois, ils ont peur et cela se sent : Frank Lebœuf, lui, se blesse dès le premier quart d'heure. À la vingt-cinquième minute, l'arbitre mexicain expulse Thierry Henry, auteur d'un tacle dangereux. Pour finir, un coup franc d'Emmanuel Petit atterrit sur le poteau après trente-cinq minutes de jeu. C'est la déroute. L'équipe, réduite à dix joueurs, ne fait plus que se défendre. Résultat : match nul. Voilà les Français condamnés à gagner contre le Danemark, leur prochain adversaire. Et avec deux buts d'écart encore... Les sportifs quittent le stade les larmes aux yeux. Jacques Chirac, soucieux de soutenir le moral des troupes, écrit une lettre au capitaine Marcel Desailly : « Je serai à vos côtés comme tous les Français mardi prochain pour la rencontre face au Danemark. » C'est dire à quel point l'heure est grave.

Le lendemain, l'espoir renaît : Zizou reprend enfin les entraînements. C'est Lizarazu qui balance l'info. « Roger Lemerre va sûrement m'engueuler d'avoir donné cette nouvelle, mais je m'en moque », lance-t-il aux journalistes. Le 12 juin, à Incheon, Zidane est d'attaque pour le grand jour. Las ! Ses capacités physiques ne sont pas au rendez-vous et le champion a l'air écrasé par la chaleur. Quant aux Vickings du camp adverse, ils semblent bien décidés à battre les champions du monde. À la vingt-deuxième minute, le Danois Dennis Rommedahl ouvre le bal en trompant la vigilance de Barthez. À la soixante-cinquième, Jon Dahl Tomasson inscrit un second but. Quand l'arbitre siffle la fin du match, les joueurs français semblent comme soulagés. Il n'y a pourtant pas de quoi être fiers. Pour la première fois depuis 1966, une équipe championne du monde ne dépasse pas le premier tour. Zidane est effondré et la France avec lui. S'il laisse échapper des regrets, c'est à doses homéopathiques : « C'est difficile de sortir comme ça de la compétition... ». Les Français prennent le premier vol pour Paris. Les membres de la délégation, composée d'environ quatre-vingts personnes, n'ont pas pu obtenir de billet sur le même appareil : comme ils n'avaient pas prévu ce départ prématuré de la compétition, ils restent coincés quelque temps en Asie.

Ancien responsable de la communication des Bleus, Philippe Tournon explique : « Aimé mettait les joueurs en garde contre la notoriété : on prenait exemple sur la génération de 1986, les Jean-Marc Ferreri, Philippe Vercruysse ou Daniel Bravo. On avait surnommé ces derniers les "coiffeurs" parce qu'ils étaient trop attentifs à leur look. Les footballeurs, il ne faut pas les lâcher, sinon ils se fragilisent psychologiquement. Il faut qu'il y ait une parfaite adéquation entre le mental et le physique. Il faut être costaud dans sa tête et dans sa vie, pour être et rester au top[1]. » De fait, les Bleus de 2002 n'ont plus rien à voir avec les champions du monde de 1998 : auréolés de leurs titres de 1998 et 2000, ils sont devenus des stars, invitées des plateaux de télévision et des soirées VIP, icônes publicitaires, démarchées jusque dans le hall de leur hôtel à Séoul. Comme le disait François Mitterrand, l'argent pourrit tout, jusqu'à la conscience des hommes.

---

1. Entretien avec l'auteur, décembre 2007.

31

La traversée du désert

Quelques jours avant le coup d'envoi de l'Euro 2004 au Portugal, Zidane prévient : « Je suis plus près de la fin que l'inverse. C'est la réalité, elle me rassure[1]. » Étrange façon de débuter l'un des tournois les plus importants du monde. Mais Zidane n'est pas comme les autres. Il peut tout se permettre. Après une Coupe du monde 2002 ratée et une saison calamiteuse au Real, il sait que la partie sera dure. Jacques Santini a été nommé entraîneur, mais Zizou est le capitaine d'une équipe pas vraiment rajeunie. Dans ses rangs : Barthez, Thuram, Makelele, Henry, Trezeguet et Vieira, auxquels se sont greffés, entre autres, William Gallas et Mickaël Silvestre.

Au Portugal, le premier match les oppose aux Britanniques, emmenés par le fougueux David Beckham, le coéquipier et ami de Zidane au Real de Madrid. Des deux côtés, l'affiche est alléchante. La rivalité ancestrale qui existe entre les deux équipes ajoute encore un peu de glamour à l'affaire. Patrick Vieira prévient d'entrée : « Il devrait y avoir beaucoup

1. *L'Équipe*, 8 juin 2004.

d'accrochages. Il faudra du répondant[1]. » Le 13 juin, à Lisbonne, dans le stade de la Luz, les soixante-cinq mille privilégiés qui ont réussi à s'acheter un ticket ne demandent qu'à le croire. Les débuts timides des Français, pourtant, laissent présager le pire. Tout le monde a en tête le France-Sénégal de 2002. À la trente-huitième minute, quand les tricolores encaissent un but sur un coup franc, c'est la consternation sur le banc. Pire, à la soixante-treizième minute, les Bleus concèdent un penalty. Quand David Beckham s'approche lentement pour déposer le ballon, prêt à tirer, tous les regards sont braqués sur Barthez. Va-t-il les sauver de l'humiliation programmée ? Les deux hommes se connaissent : ils ont joué ensemble à Manchester. Dans le stade, le silence est total. David Beckham… rate son tir. Plus tard, il fera porter la responsabilité de son échec à des… rongeurs qui auraient creusé des trous sous le gazon. Mais l'heure n'est pas encore aux explications.

Les Anglais persistent à mettre la pression aux « satanés » Français. À la fin du temps réglementaire, la France est toujours menée 1 à 0. Sur les écrans s'affiche le chiffre 3, indiquant trois minutes de temps additionnel. Zidane qui, jusque-là, paraissait subir les attaques anglaises, décide de jouer son va-tout. Sur un coup franc accordé à la quatre-vingt-onzième minute, il réalise un tir si puissant qu'il loge la balle dans les filets à gauche. Le goal britannique ne peut rien faire. Il ne reste plus qu'une minute quand l'arbitre siffle un penalty en faveur des Bleus, grâce à Thierry Henry. Dans les gradins, tous les supporters, anglais compris, sont debout ; on entend hurler « Allez Zizou ! », un coq est brandi.

1. *Ibid*.

Le temps additionnel est dépassé. Le numéro 10, avec un calme impressionnant, tire. « Et il y est ! » hurlent les commentateurs. Incroyable Zizou : il est décidément le seul à pouvoir accomplir de telles prouesses. La France est qualifiée. « Écœurés », titre le quotidien anglais *The Sun*. « En rentrant chez eux, des millions de supporters qui avaient suivi la rencontre dans les pubs ont pleuré dans leur bière au lieu de la boire », constate, amer, le plus vendu des tabloïds. « On nous a volés, Zidane nous a mis deux coups de poignard dans les trois dernières minutes », s'indigne le quotidien britannique.

La route des Bleus doit désormais croiser celle des Croates, une équipe qu'ils connaissent bien : imprévisible, elle peut donner le meilleur d'elle-même, mais elle n'est pas invincible. Les deux camps s'affrontent le 17 juin, à Leira. Curieusement, la magie a disparu. Certes, le « héros de Lisbonne », comme on surnomme désormais Zidane, fournit coups francs et même une superbe aile de pigeon, mais l'équipe nationale concède péniblement un match nul, 2 partout.

Quelques jours plus tard, la troisième rencontre, contre les Suisses, a beau se solder par un respectable 3-1, elle annonce des lendemains sans charme. Le journal *Libération* fait un état des lieux sévère : « Le jeu des Bleus est à la limite du pathétique, jonché d'aléatoires combinaisons et d'approximatifs mouvements, arrosés d'un zeste de maladresse. L'équipe de France, née en 1998 (championne du monde), gravement malade en 2002 (éliminée au premier tour du Mondial), est moribonde. Son collectif a coulé à pic. Les joueurs jouent côte à côte, mais plus du tout ensemble[1]. » Zizou, lui, estime

1. 18 juin 2004.

avoir accompli son devoir. Mais il ne parle plus de plaisir ni de gagne.

Quatre jours plus tard, les Français sont éliminés par les Grecs, une équipe banale et totalement inconnue des compétitions internationales. Le groupe achève d'imploser. Certains parlent de complot. Les jeunes, tel Thierry Henry, en ont assez de jouer les éternels figurants. L'attaquant star d'Arsenal accuse dans la presse : « Zidane ne me passe pas de balle[1]. »

Nommé à la tête des Bleus le 12 juillet 2004, Raymond Domenech procède aussitôt au grand ménage. Philippe Tournon, l'homme qui accompagne l'équipe nationale depuis 1982, raconte : « Il m'a dit : "Vous avez fait un excellent travail, mais vous êtes tous là depuis trop longtemps." Moi j'ai eu la chance d'être présent à Paris lors de la nomination de Domenech et j'ai pu parler avec lui. Pour d'autres, ce fut assez violent. L'intendant des Bleus, Henri Émile, a laissé plus de trois messages sur son portable. En vain. Le pauvre, il était en croisière en Norvège. Il a appris par la presse qu'il était remplacé[2]. »

Le nouveau coach sait qu'il faut rajeunir l'équipe. Peu d'élus sont retenus. Histoire de sortir par la grande porte, Desailly et Lizarazu décident de prendre les devants et annoncent qu'ils vont raccrocher les crampons. Lilian Thuram hésite. Reclus à Madrid, Zizou espère être conforté dans sa place, mais il doit prendre son mal en patience. Selon la légende, Domenech aurait attendu vingt-trois jours avant de laisser sur son portable un message finalement pas très engageant : « Quel que soit ton choix, je le respecte »... En réalité, l'entraîneur a très vite

1. *Zidane, de Yazid à Zizou, op. cit.*
2. Entretien avec l'auteur, décembre 2007.

demandé au joueur de rester en place. Une discussion a lieu quelques jours après sa prise de fonction. « Zidane a dit à Raymond, raconte un proche de l'entraîneur, qu'il était fatigué et pensait arrêter. Il ne sentait plus cette nouvelle équipe de France composée de jeunes "inconnus[1]". » L'entraîneur fait le déplacement jusqu'à Madrid. Certes, il explique à l'ancien capitaine des Bleus que, dorénavant, les règles vont changer. Fini, le règne des joueurs stars. Retour à la discipline façon Aimé Jacquet. Et surtout Raymond refuse de faire revenir l'ancien staff.

À Madrid, Zidane a le blues. Il ne se sent plus désiré. Après en avoir longuement parlé avec ses frères, il prend une décision : « Je pense qu'à un moment donné il faut savoir dire stop. » Le 11 août, c'est avec tristesse que le joueur, âgé de seulement 32 ans, prend officiellement sa retraite des Bleus. Zidane ne digérera jamais le fait que ni Aimé Jacquet ni personne ne l'ait appelé pour tenter de le faire revenir sur sa décision. Car il ne tarde pas à regretter son choix. Le Français s'ennuie à Madrid, tous ses coéquipiers du Real (Beckham, Ronaldo, Figo…) ayant quitté la ville pour se consacrer à leur équipe nationale pour les matchs qualificatifs de la prochaine Coupe du monde.

Dans le même temps, les Bleus ne brillent guère. L'équipe n'est même pas sûre de se qualifier. Résultat, le téléphone de Domenech sonne souvent. Zidane tient peut-être sa revanche. Au bout du fil, sponsors, politiques et autres responsables de la Fédération française de football s'efforcent en effet de faire pression sur l'entraîneur, afin qu'il rappelle l'ancien numéro 10. Commencent les tractations. Elles vont durer plus d'un an, car, si Zidane veut

1. Entretien anonyme avec l'auteur, juin 2008.

revenir chez les Bleus, il refuse de perdre publiquement la face en affichant son désir.

La presse s'en mêle. *L'Équipe*, surtout, met le paquet, en publiant des sondages de plus en plus alarmistes qui résonnent comme des cris du cœur : 74 % des Français réclament Zizou, annoncera l'un d'eux en avril. En parallèle, le premier quotidien sportif de France prépare un numéro spécial Zidane. « Par hasard[1] », assure Claude Droussent, alors patron du groupe, qui nie avoir voulu influencer Domenech. Selon lui, la bible du football veut juste surfer sur la vague nostalgique des années Zidane, monter une sorte de méga-compilation réalisée avec l'accord de Zizou.

Accompagné d'Olivier Margot, Droussent se rend à Madrid en janvier 2005 pour discuter du projet avec le jeune retraité. Tout le monde se met d'accord autour d'une table au restaurant du centre d'entraînement du Real. À la fin du repas, les journalistes sautent sur l'occasion de déclamer leur amour à Zizou : « Vous manquez aux Bleus, aux Français, à nous tous. Il faut que vous reveniez[2] ! » Attendri, l'ancien numéro 10, pourtant si méfiant d'habitude, se livre à des confidences et laisse tomber avec nonchalance : « Ça serait bien de revenir pour jouer la qualification à Dublin en 2006, c'est vrai. Mais vous savez bien que ce n'est pas possible. » Décidément, Zidane, l'enfant des quartiers nord de Marseille, a tout du politicien chevronné. Bien sûr, il précise que cette confidence doit rester off, comme on dit dans le jargon.

Tel un signe des dieux, les Bleus jouent un match catastrophique contre Israël. La confidence de

1. Entretien avec l'auteur, janvier 2008.
2. *Ibid.*

Zidane tombe à pic. Olivier Margot décide de sortir l'info le 1er avril, dans le quotidien *L'Équipe*, soit deux jours avant la parution de l'hebdo *L'Équipe Magazine*, numéro spécial consacré au sportif. Le journaliste se met d'accord avec Zizou sur les termes exacts à utiliser en couverture et dans le corps de l'entretien. « Et s'il revenait ? », titre *L'Équipe*. En page intérieure, au milieu de l'interview, le footballeur glisse : « Si on avait su me convaincre, j'aurais continué (...). Ça serait bien que je revienne en équipe de France... Mais je ne veux pas parler de ça. » Personne dans la rédaction, en dehors de quatre personnes, n'est au courant de ce retour quasi programmé. Les journalistes du quotidien, qui n'ont pas été avertis, sont furieux et une assemblée générale est réunie. Mais les dés sont jetés et Domenech n'a plus le choix : il doit se rendre à Canossa. C'est Zizou qui fixe le lieu du rendez-vous, au George-V. À l'entrée du palace parisien, un ami du joueur attend l'entraîneur. Il le conduit dans l'un des salons privés, où il retrouve Zidane, mais aussi... Patrick Vieira, le capitaine des Bleus. Zidane pose ses conditions : il revient avec Thuram et Makelele, et surtout il veut pouvoir l'annoncer lui-même aux Français. C'est ce dernier point qui est le plus important pour lui. Revenir mais ne jamais perdre la face publiquement. Il ne peut reconnaître qu'il s'ennuie seul à Madrid. Et veut être perçu comme le héros prêt à se sacrifier pour l'intérêt de l'équipe de France. Le sélectionneur ne peut qu'obtempérer. Après une heure de discussions, il quitte l'hôtel par la sortie de secours pour éviter de rencontrer des journalistes. Pour le dieu Zidane, l'exil forcé n'aura duré que trois cent cinquante-sept jours. Jamais il n'aura été aussi puissant qu'au crépuscule de sa carrière. Mais jamais, non plus, il n'aura dû autant se battre pour se faire respecter.

Le 3 août, le sportif confirme sur son site Internet son retour en équipe nationale. Au passage, il se charge d'officialiser aussi le retour de Thuram. Celui-ci en sera tout de même un peu vexé. Le mardi 9 août 2005, *France Football* révèle dans ses pages les raisons de ce come-back, selon les termes de Zidane : « Une nuit, à 3 heures du matin, je me suis soudain réveillé et là, j'ai parlé avec quelqu'un. [...] C'est quelqu'un que vous ne rencontrerez probablement jamais. Moi-même je ne m'explique pas cette rencontre. [...] Et là, durant les heures qui ont suivi, j'étais tout seul avec elle et, chez moi, j'ai pris la vraie décision de revenir. » L'histoire de cette voix quasiment mystique jaillie de la nuit, confiée au journaliste Patrick Dessault, fait le tour du monde. Drôle de confession pour un joueur de foot réputé d'une pudeur maladive. La vérité est, semble-t-il, beaucoup plus amusante. Le présentateur de *Téléfoot*, Christian Jeanpierre, révèle s'être rendu en Autriche sitôt la nouvelle connue, avec une équipe de TF1. Il y en avait aussi une de Canal +, et Patrick Dessault, le rédacteur en chef de *L'Équipe Magazine*, pour suivre le Real Madrid. Selon Christian Jeanpierre[1], Dessault est déconfit de ne pas avoir eu l'exclusivité de l'information. Il dit à Zizou : « Maintenant que tu as fait ton annonce aux télévisions, je n'ai pas d'informations supplémentaires pour mon papier. » Embêté, Zidane, ne sachant pas comment donner un coup de pouce à Patrick Dessault, qu'il connaît depuis des années, lui dit alors : « Bouge pas, je vais te trouver quelque chose. » Et cela devient un scoop.

---

1. Entretien avce l'auteur, mai 2007.

32
La Ola finale

En 2005, le retour de Zidane en équipe de France produit les résultats que l'on sait, pour le meilleur et pour le pire. Du côté du Real Madrid, l'humeur est morose depuis quelques années. Le club madrilène ne rafle plus aucun titre. À 32 ans, Zidane se blesse de plus en plus souvent. Économisé, on ne l'utilise plus que pour les matchs les plus importants. En outre, sa nervosité recommence à lui jouer des tours, ce qui, avec le recul, n'étonnera personne. Lui qui, depuis Turin, s'était largement assagi sur le terrain, a giflé un Sévillan trop agressif à son goût, en février 2004. Pour la peine, il a écopé d'un carton rouge, le premier sous les couleurs madrilènes. Ses supporters le remettent en question. Son faible rendement fait douter ses plus grands fans. Le journal espagnol *Marca* titre en une[1] : « Nous avons découvert le mal de Zidane. » Et de révéler, en pages intérieures : « Après plusieurs semaines d'examens médicaux, une thalassémie bénigne, une caractéristique génétique qui affecte sa résistance physique, a été diagnostiquée. »

1. Le 29 avril 2005.

Découragé, le joueur, dont le contrat ne doit prendre fin qu'en 2007, décide qu'il est temps de raccrocher les crampons. Frédéric Hermel[1], le correspondant de *L'Équipe* en Espagne, le pressent. Alors qu'il le guette à la sortie d'un entraînement, Zizou, le visage fermé, refuse de parler. Il se contente de lui glisser : « J'ai pas le temps, je dois aller voir Florentino. Mais je t'appelle ce soir. » Le journaliste attend en vain. Le lendemain, Zidane présente ses excuses d'une phrase énigmatique : « Désolé, je n'ai pas eu le temps, mais viens au Sofitel, mardi vers 19 heures. » C'est dans cet hôtel de la capitale que le numéro 5 donne ses rendez-vous professionnels. Le 25 avril, Frédéric Hermel est au rendez-vous. L'ambiance est étrange. Des caméras sont installées dans le hall d'entrée. Il reconnaît ses confrères de Canal +. L'un d'eux lui intime de partir. « On a l'exclusivité, tu n'as rien à faire ici. » Au même instant, le visage aussi blanc que son tee-shirt, le joueur entre dans l'hôtel, suivi par ses frères. Il s'interpose : « Laisse, c'est moi qui lui ai dit de venir. » Quelques minutes après, dans un petit salon privé, le sportif annonce, filmé par les journalistes de la chaîne cryptée, son sponsor, sa décision de quitter le Real. À la fin de son allocution, il prend Fred, comme il l'appelle, à part. C'est à lui qu'il décide d'offrir l'exclusivité de ses adieux pour la presse écrite. Lors de cette interview, Zidane ne cache pas qu'il est fatigué, à bout. Il confie, avec une franchise émouvante : « Il ne faut pas tricher. Moi, j'ai toujours été honnête avec moi-même. (...) J'ai toujours pensé à l'autocritique. Je ne dois pas oublier que ces deux

1. Entretien avec l'auteur, juillet 2007.

dernières années ont été un échec[1]. » À la fin de l'entretien, alors que l'émotion est palpable, Zizou demande à Frédéric : « Et toi, tu vas faire quoi, maintenant ? »

Trois semaines plus tard, le dimanche 7 mai, dans un stade Bernabeu plein à craquer – les quatre-vingt mille places ont été vendues en deux heures –, le numéro 5 le plus célèbre d'Espagne vient dire adieu aux merengue. Ses parents, ses proches ont fait le déplacement depuis Marseille. Tous sont bouleversés. En partant pour le stade, Véronique, stressée, se rend compte qu'elle a jeté par mégarde les billets d'entrée dans la poubelle de sa cuisine. Elle est obligée de faire demi-tour pour les récupérer. Enfin, les membres de la famille arrivent et s'installent sur leurs sièges, au premier rang. Quand Zizou entre sur le terrain, une immense mosaïque représentant son maillot est accrochée sur les gradins. Tous les supporters brandissent une feuille de papier blanc sur laquelle est inscrit le chiffre 5. Les écrans vidéo du stade diffusent un montage d'une minute trente, condensé des meilleures actions du plus grand joueur d'Espagne. Ovationné pendant le premier quart d'heure du match chaque fois qu'il touche le ballon, Zidane sait qu'il faudra tout donner pour éviter à son équipe de perdre ce match capital aux Madrilènes pour décrocher la deuxième place qualificative en vue de la Ligue des champions. Certes, le Real ouvre le score à la vingt-deuxième minute mais à la première occasion, Villarreal égalise. Pire, un deuxième but est inscrit à la trente-huitième minute. L'équipe de Florentino est dominée. La seconde mi-temps est déjà entamée et le Real mené 2 à 1

1. *L'Équipe*, 26 avril 2005.

lorsque… David Beckham, l'ami, le compagnon des années espagnoles, offre une balle à Zidane, qui marque de la tête à la soixante-septième minute. C'est son quarante-huitième but sous les couleurs madrilènes et son vingt-huitième à Bernabeu. « Olaaaaaaaaaa ! » hurle le stade en liesse. Zizou a encore sauvé son équipe. La magie Zidane a fait à nouveau des merveilles. Pour la dernière fois.

Zidane quitte le terrain, à la quatre-vingt-dixième minute, sur le score final de 3 partout. Debout, la foule peut voir les larmes perler dans ses yeux pour la première fois de sa carrière. En maillot de corps, l'idole lève les bras vers ses enfants et sa mère, qu'il embrasse de loin. Les hommes de la famille Zidane baissent les yeux pour ne pas lui montrer leurs pupilles rougies.

SEPTIÈME PARTIE

LE BUSINESSMAN

33

L'homme-sandwich

Dans les sketchs des *Guignols de l'info*, la marionnette de Zidane est toujours incapable de répondre aux questions du faux PPDA. Les auteurs de l'émission lui font dire : « Avant de parler… c'est dans mon contrat, pardon… je dois citer mes sponsors. Si je suis là ce soir, c'est grâce à Canal Satellite, Orange, Krys, Ford, les vêtements Z, Yves Rocher, Suchard, Nestlé, Danone, Apple, Brandt, Rowenta, Darty, Scholl, Volvo, Rip Curl, Velux, Jardiland, Eurodisney, McDonald's… » Caricatural ? Jugez plutôt.

En février 1998, une immense campagne de publicité de Leader Price placarde le héros en 4 par 4 sur tous les kiosques, les murs du métro et en pages intérieures des magazines. « J'aime vous faire gagner », claironne-t-il sur les affiches, le cheveu encore dru, un sourire de novice accroché au visage et vêtu d'un pull à col cheminée. Zidane n'est pas encore champion du monde. « Je m'en souviendrai toute ma vie, raconte un ancien dirigeant du groupe de magasins Leader Price. Dans ces années-là, notre enseigne de discount était encore peu connue du grand public. Quand un fournisseur du groupe nous a dit que l'on pouvait avoir Zizou pour pas très cher, nous avons sauté sur l'occasion. C'est même lui qui nous a aidés à trouver le slogan. La seule chose qu'il a refusée, c'était qu'on mette sa photo sur nos sacs en plastique. Ils peuvent traîner par terre et il n'avait pas envie que les gens lui marchent dessus... Il était connu, bien sûr, mais pas encore la star inabordable qu'il est aujourd'hui. Nous l'avons eu pour un peu plus de 1,5 million de francs, vous vous rendez compte ? Nous avons fait une excellente affaire ! » Le coup du siècle, même !

En moins d'un an, le footballeur, devenu champion du monde en cours de route, fait passer la notoriété de la marque tricolore de 23 à 74 % : du jamais vu dans l'histoire de l'agroalimentaire. « Les clients volaient nos mannequins en carton qui le représentaient. Moi-même, je me suis fait dévaliser mon coffre de voiture qui contenait des tee-shirts floqués de son visage, destinés à nos meilleurs commerciaux[1] », raconte cet ancien dirigeant en riant. Sept ans plus tard, Leader Price voudra réitérer l'exploit, en utilisant cette fois-ci la longue tignasse de Ronhaldino, le célèbre joueur brésilien du FC Barcelone. En vain : « Ce fut l'un de nos plus gros flops[2] », confie le même patron.

Zizou, lui, assume difficilement ses débuts d'homme-sandwich. « Vous m'avez mis la honte avec votre pub Leader Price, je n'aurais pas dû vous écouter, tous comme vous êtes ! », accuse Zizou, furibard. On est en 1999 et celui qui encaisse le reproche, c'est Mustapha, l'ami d'enfance. Le joueur

---

1. Entretien avec l'auteur, janvier 2008.
2. *Ibid.*

de football a été raillé lors d'une émission télévisée pour cette publicité un peu *cheap*. Mus', justement, a joué les intermédiaires entre le prince du football et le roi du discount. « Si t'es gêné, t'as qu'à dire que ta mère ne faisait pas ses courses chez Fauchon », répond Mus' à son champion. Ce dialogue à la Audiard en dit long sur le Zidane de l'époque. Auréolé, depuis juillet 1998, de son titre de champion du monde, le sportif souhaite se donner une image plus conforme à son ascension sociale. Ironie du sort, c'est sa « honteuse » campagne Leader Price qui lui en donne l'occasion.

En 1998, la directrice des parfums Christian Dior, en allant travailler avenue Hoche à Paris, est tombée en arrêt sur ces panneaux montrant le champion du monde en train de vanter les mérites des packs de lait du hard-discounter. Arrivée à son bureau, elle décroche son téléphone et appelle l'agence de mannequins Marilyn, à l'époque également spécialisée dans les contrats publicitaires de sportifs. Elle veut Zidane : cet homme à la fois viril et sensible, figure grand public et fédératrice, incarne à merveille l'image de son eau de toilette Eau Sauvage. Cela tombe bien : Nathalie[1], une des responsables de l'agence, connaît bien Mustapha, l'ami de Zidane. Vérifications faites, il s'avère que le sportif cherche justement à pénétrer l'univers du luxe qui le fait tant rêver. Banco pour Dior ! Devant l'objectif du photographe Antoine Legrand, le meneur de jeu de l'équipe de France, mis à l'aise par Mus' qui lui raconte des blagues, adopte une pose très naturelle. Le col cheminée en polyester a cédé la place à un délicat col roulé de cachemire. « Rien n'a été retou-

1. Entretien avec l'auteur, mars 2008.

ché, jure-t-on chez Air, l'agence de publicité qui a réalisé la campagne. On a eu, si l'on peut dire, de la chance, car Zidane était blessé à ce moment-là et il a pu nous consacrer trois heures pour la séance photo. »

Pour ces trois heures de pose, Zidane touche 2 millions de francs. Pourtant, le joueur et son agent n'ont pas encore conscience de leur valeur. Pour la première fois, Patrick Givanovitch[1], un temps apporteur d'affaires pour Zidane, raconte les débuts publicitaires de Zizou : « J'avais démarché Canal Sat et ils étaient d'accord pour signer avec Zidane pour une année. C'était juste après le Mondial 1998. J'avais obtenu 600 000 francs (90 000 euros). J'étais content. Mais Alain Migliaccio m'a engueulé : “Tu te fous de moi, c'est tout ?” » Le contrat sera signé tout de même. Rapidement, le joueur apprend à faire monter les tarifs, n'attendant plus de se faire démarcher pour signer les contrats. En septembre 1999, c'est Zidane et son agent, Alain Migliaccio, qui viennent démarcher le bouquet Canal Satellite, par l'intermédiaire de Michel Denisot, à l'époque responsable des sports de Canal +. Le tandem vend l'image d'un homme accessible, un bon père de famille… bref, celle d'une star qui touche tous les Français, toutes les catégories de téléspectateurs. Canal Satellite signe tout de suite. Le partenariat entre le bouquet crypté et le sportif prendra fin au moment de la retraite de Zidane. Il durera huit ans.

Entre-temps, il y aura eu Ford, Adidas, Danone, Orange, le Groupe Zannier, Grand Optical, Generali, autant d'entreprises qui transforment Zizou en

1. Entretien avec l'auteur, avril 2008.

véritable locomotive publicitaire. En dix ans, les sommes engagées par les nouveaux partenaires ont été multipliées par cinq, voire dix. En 2002, par exemple, l'opérateur de téléphonie Orange met sur la table 6 millions d'euros sur trois ans. Un chiffre, selon certains, revu à la baisse depuis. Grand Optical ou Generali, eux, continuent de payer 500 000 euros par an. Tous ces contrats publicitaires, selon les spécialistes du secteur, rapportent chaque année 3,5 millions d'euros au footballeur.

Mais attention, pas question d'être malléable à merci pour l'homme qui fait stipuler, sur certains de ses contrats, l'interdiction de le faire déjeuner avec des inconnus. Telle une véritable star de show-biz, Zidane sait imposer ses conditions. Des caprices ? Pas vraiment. Plutôt une bonne connaissance des rapports de force. Ainsi, Orange, qui ne compte plus les millions déboursés pour le champion, peine à le faire venir en France. Les quelques jours que lui doit chaque année l'ancien capitaine des Bleus se passent en général à Madrid[1]. C'est d'ailleurs dans la capitale espagnole, où il vit, que tout se négocie. Même chose pour le lunetier Grand Optical. Séances photo, tournages de spots publicitaires ou séances de travail... tout est « *made in Spain* ».

À l'avenir, ces prestations seront-elles aussi fréquentes ? Adidas le suit depuis 1996 et débourse 2,5 millions d'euros par an pour se payer les services du joueur. Comme pour Danone, le contrat court jusqu'en 2017. Mais le champion aura-t-il autant de valeur dans quelques années ? « Il faut veiller

1. Generali l'assureur, lui, se serait vu stipuler par contrat l'impossibilité de faire déjeuner Zidane avec des inconnus.

à ne pas trop populariser son image, reconnaît un responsable de la marque à trois bandes. Il ne faudrait pas le transformer en homme-sandwich bon marché. » De fait, si Zizou redevenait le porte-parole d'un supermarché discount, cela ferait désordre.

34
Coach de luxe

Même à la retraite, Zizou continue de toucher le jackpot. Mieux, il arrondit désormais ses fins de mois d'égérie publicitaire par un « petit boulot » de communication interne. Car, depuis 2006, Zidane ne se contente pas d'incarner en France l'image de l'assureur italien Generali, dont il aurait, de source interne, fait progresser la notoriété de 13 % : aujourd'hui, 35 % du grand public connaît la marque. Ainsi, ce coach de luxe joue également les chauffeurs de salle pour les salariés de la multinationale transalpine. À lui de remotiver les cadres qui font grise mine, les forces de vente faiblardes de l'assureur italien. Comment la star du ballon rond a-t-elle pu à ce point s'imprégner de la culture d'entreprise d'une société à mille lieues de l'univers sportif, de surcroît quasiment inconnue ?

« Nous avons été les premiers à lui demander de participer à des campagnes en interne, raconte Marie-Christine Lanne, responsable de communication de Generali France. C'est Idriss Tsouli, gestionnaire de fortune chez nous, qui a joué l'intermédiaire[1]. » Ce Français d'origine marocaine, à la gouaille aussi célèbre que ses costumes Dolce & Gabbana, a réussi à convaincre le champion de représenter une marque jusque-là anonyme. « Je me souviens de la signature du contrat comme si c'était hier, reprend la jeune femme. J'étais en compagnie de Driss, et nous avions fixé rendez-vous au cabinet d'avocats madrilène de Zizou. J'ai vu arriver un dieu vivant. C'était le doge de Gênes à la cour de Louis XIV. Il faisait nuit, mais sa tête était couverte d'un bonnet de laine et il portait des lunettes de soleil. Il était avec Farid, son frère, et Alain Migliaccio, son agent. Quand il s'est découvert la tête, j'ai eu l'impression qu'il rentrait en scène. C'était Marilyn Monroe. Il dégageait quelque chose de lumineux. Après la signature du contrat, nous sommes tous allés dîner. » Le papier officiel engage le footballeur jusqu'en 2011. Après tout, une image se construit sur la durée. « Faire un coup sur trois ans, ce n'était pas digne de lui, ce n'était pas à sa mesure[2] », s'enflamme la responsable de la communication de l'assureur. Avant de concéder : « Il est vrai qu'à la signature du contrat nous ne connaissions pas la date à laquelle il souhaitait arrêter sa carrière. »

Selon ce contrat avec Generali, qui lui rapporte un demi-million d'euros par an, Zidane doit assurer une dizaine d'animations dans l'année, un peu partout en France. Un jet privé vient chercher le joueur à Madrid pour le conduire à La Plaine Saint-Denis, dans les Hauts-de-Seine, à Arcachon ou à La Trinité-sur-Mer. Au programme de ces

1. Entretien avec l'auteur, octobre 2007.
2. Entretien avce l'auteur, septembre 2007.

séances, censées doper l'ambiance des séminaires du groupe : questions-réponses avec les salariés, quelques blagues et le tour est joué. À 50 000 euros la séance, l'opération est rentable ! « Lui-même ne savait pas tout à fait ce que nous attendions de lui. Vous savez, Zizou est un humble. La première fois, il est juste venu saluer nos quatre mille collaborateurs au siège de Saint-Denis », raconte Marie-Christine Lanne.

Le 24 janvier 2007, même Antoine Bernheim, le P-DG de Generali monde et l'un des pontes de la finance, a fait le déplacement de Milan. En costume trois-pièces de flanelle grise, cravate à rayures et Légion d'honneur à la boutonnière, l'homme d'affaires, serré de près par deux gardes du corps, ne lâche pas d'une semelle le champion du monde. Avec sa barbe de trois jours, le sportif affiche une tenue décontractée, chemise blanche sortie du jean et veste de velours bleu nuit. À bonne distance, les salariés peuvent admirer l'idole. Des mails de mise en garde leur ont cependant été expédiés la veille. La consigne : ne pas s'approcher de trop près de la star, réputée timide, ne pas trop le photographier et éviter toute effusion... Ce jour-là, Zidane provoque un délire digne d'une rock star. Son discours consiste en quelques mots d'encouragement et le récit de son expérience d'athlète de haut niveau. De quoi transformer les jeunes cadres dynamiques de Generali en midinettes fébriles. « Zidane a salué tout le monde très simplement et signé des autographes très gentiment », assure la directrice de communication. À ses côtés, le banquier Antoine Bernheim, l'homme qui fait trembler les financiers de la planète, demande, comme un enfant : « Et moi, personne ne veut mon autographe ? »

Une autre fois, Generali le convainc de faire une bonne surprise à son public : alors que quatre cents cadres parisiens en costumes-cravates chauffés à blanc attendent de voir apparaître le maestro sur un écran, en duplex depuis Madrid, ils le voient soudain soulever le rideau en direct live et débouler en personne sur la scène ! *Standing ovation* assurée, au milieu d'une nuée de téléphones portables brandis pour immortaliser l'instant.

35

Une âme de midinette

Fan de la grand-messe du 20 heures de France 2, de *Fréquenstar* et du *Big Deal*, Zidane reste fasciné par les gens du show-biz sans même réaliser qu'il est devenu l'un des leurs. Aussi, quand Generali demande au sportif de choisir un animateur pour le seconder dans ses séances de coaching, il n'hésite pas une seconde. L'heureux élu ? Laurent Boyer, l'animateur de télévision et de radio, qui a présenté des émissions comme *Graines de star* ou *Fréquenstar*, sur M6. L'intéressé n'en revient toujours pas. Dans les couloirs de RTL, où il officie, difficile de louper le confident cathodique des vedettes de la chanson. Ses accolades ponctuées de « T'es rentré, chaton ? », « Délire ! », « Tu m'as pas entendu raconter l'histoire du taxi à Josy, ben je vais la refaire, alors ! », « Ça va, beauté ? » s'entendent de loin…

L'ami des stars, voire des graines de star, bracelets porte-bonheur bling-bling aux poignets, costume noir et chemise blanche ouverte sur un torse à la BHL, est un familier des « ménages ». Dans le milieu, ces pratiques où certaines entreprises s'offrent les services de journalistes en les rémunérant confortablement n'ont pas bonne réputation, mais sont monnaie courante. Lolo, comme on le surnomme, n'a pas son pareil pour animer des séminaires en tout genre. De Cannes à Cherbourg, il est capable de mettre de l'ambiance durant les défilés de mode du Salon nautique ou d'enflammer le dance-floor des anniversaires ou mariages de ses amis les people.

Le gérant de portefeuilles du groupe Generali, Idriss Tsouli, l'appelle durant l'été 2006 : « Allô, Lolo ? C'est Idriss. Rappelle-moi tout de suite, c'est pour Zidane. » Laurent Boyer[1] est à peine surpris. Lolo n'hésite pas deux secondes. Le lendemain à 16 heures, rendez-vous est donc pris avec Idriss et une responsable de la communication de l'assureur italien. À peine installés à la cafétéria de la station de la rue Bayard, Idriss attaque : « Bon, on va faire des trucs ensemble. Tu sais que Generali est un des sponsors de Ziz ? Bon, eh bien, c'est toi qu'il veut pour les animations commerciales qu'il leur doit à la rentrée. Discute pas, il t'a choisi sur une liste d'animateurs qu'on lui a proposée. » Lolo est un peu inquiet : « Tu sais, je ne m'y connais pas du tout en foot. J'ai fait un seul *Fréquenstar* avec Emmanuel Petit, Lilian Thuram, Bixente Lizarazu et Christian Karembeu, en 1999. Depuis, rien ! » Bonne réponse. « Justement, c'est ce qui nous plaît. En plus, je te l'ai dit, il te veut toi et pas un autre. L'idée, c'est que l'on fasse des petits entretiens de vingt-cinq minutes à une heure, sur le ton de la confidence, un peu comme dans tes émissions de télévision. Sauf que là il faudra que tu le fasses parler devant un public », réplique Idriss. Le deal est topé en vingt minutes. Reste pour « Lolo » à se débrouiller pour trouver de quoi remplir ses petites fiches de questions.

1. Entretien avec l'auteur, décembre 2007.

Arrive le grand jour. Celui du fameux séminaire destiné à booster les forces vives de l'assureur. Quoi de mieux que le mythique centre d'entraînement de Clairefontaine ? C'est ici que les Bleus se préparent à chaque compétition qui oppose les équipes nationales. Direction le Centre technique national Fernand-Sastre, situé à 50 kilomètres au sud-ouest de Paris, au cœur de l'espace protégé du Parc naturel régional de la haute vallée de Chevreuse. Derrière les immenses grilles en fer forgé se cachent 56 hectares de surface, 66 000 mètres carrés de terrains engazonnés, seize vestiaires, une salle de musculation, des saunas, trois courts de tennis. C'est là que Laurent Boyer débarque pour la première fois. Le temps de constater l'effervescence totale dans laquelle est plongé le personnel de Generali. Le service de presse ne sait plus à quel saint se vouer. On crie et on se bouscule à tout va dans l'immense hall tandis que les forces commerciales jouent au foot. Soudain, Marie-Christine Lanne fait irruption, complètement à cran : « Il veut te voir tout de suite, je t'accompagne. »

Quelques marches plus haut, Laurent Boyer, entouré de quelques responsables, arrive dans la chambre du maître. Une pièce immense de 50 mètres carrés avec un grand balcon surplombant le parc. C'est ici qu'en 1998, durant la Coupe du monde, Zidane avait posé ses valises. Laurent Boyer a l'impression de pénétrer dans le saint des saints : « J'entre et qui je vois, assis en tailleur sur un des deux "plumards" ? Zidane, en jean et sweat bleu, Adidas blanches aux pieds. » L'animateur de M6, ému et intimidé, s'approche pour se présenter. S'il est ravi de rencontrer le footballeur le plus célèbre de la planète, c'est visiblement réciproque.

Commence une discussion surréaliste. Assis sur un coin du deuxième lit, Laurent Boyer ne cache pas sa joie : « Je suis très heureux de vous rencontrer, monsieur Zidane. » Le plus célèbre numéro 10 du monde répond d'une voix timide : « Non, non, c'est moi. Vraiment, je suis content de vous voir. » Soudain, Idriss fait sortir tout le monde. « Je vous laisse seuls, mes frères. À tout à l'heure. » Laurent Boyer sent un léger flottement et panique. Personne n'a été capable de lui dire quelles questions il est censé poser. Dans le doute, l'animateur fait ce qu'il sait le mieux faire. Il prend le ton qu'il utilise pour *Fréquenstar*, même si on lui a interdit de poser des questions personnelles : « Zinedine, ne vous inquiétez pas, tout va super-bien se passer. Vous voyez, j'ai tout prévu. » Zidane rétorque : « Mais je ne suis pas inquiet. D'ailleurs, c'est moi qui ai plein de questions à vous poser sur *Fréquenstar*. J'adore cette émission, je la regarde depuis des années. Enfin, surtout les rediffusions ! »

Interloqué, Laurent Boyer se retrouve dans le rôle d'une star face à un fan appelé Zidane. À peine le temps de se remettre de ses émotions que revoilà Idriss : « Alors, ça va, les jeunes ? » Et, s'adressant à Ziz : « Et toi mon frère, ça va ? » Zidane, légèrement exaspéré : « Tu permets, tu vois bien que je parle avec Laurent. » Le plus célèbre des numéros 10 du monde se retourne. Et là, à propos d'une émission enregistrée quelque temps avant avec un célèbre champion de tennis, il interroge, comme si la question le démangeait depuis des années : « Quand t'es avec Yannick Noah, tu sais, dans la cave de sa maison, le vin, vous le buvez vraiment ? »

36

Ma petite PME

« Quand il évoluait au sein de l'AS Cannes et des Girondins de Bordeaux, Zidane se faisait exploiter par un agent qui lui prélevait une dîme de 10 % sur tous ses contrats, y compris ses salaires qui, à l'époque, étaient de 50 000 francs[1] », raconte Roland Courbis. Ce temps est loin. Aujourd'hui, nul risque que Zidane accepte la plus petite ponction sur salaire. En affûtant son coup de pied, il a également aiguisé son sens des affaires. En dix-sept ans de carrière, le joueur a accumulé un pactole de 80 millions d'euros. Loin de les avoir dilapidés, il a pris soin de les placer dans les affaires les plus diverses. Au point que, progressivement, l'ancien joueur s'est reconverti en chef d'entreprise averti, excellant dans les différentes manières de monnayer son nom.

L'ancien capitaine de l'équipe de France procède d'abord par le biais de Zidane Diffusion. Depuis 2000, c'est cette petite SARL familiale basée à Marseille, société au capital de 38 000 euros, qui négocie les droits d'image du virtuose du ballon rond. Et ces droits, force est de le constater, sont

1. Entretien avec l'auteur, mai 2008.

mirobolants : 500 000 euros de revenus annuels que lui assure chacun de sa poignée d'annonceurs (Audi, Grand Optical, Generali, Orange, Volvic), les 2 millions d'euros annuels versés par Adidas et le million alloué par Danone. Aux commandes de Zidane Diffusion : les quatre frères et sœur du sportif, aujourd'hui associés à parts égales. Seuls Farid, Noureddine et Lila y exercent une activité réelle, en échange d'une voiture de fonction et d'un salaire confortable. Responsable commercial, Farid émarge à environ 75 000 euros annuels. Noureddine, responsable commercial également, gagne, lui, presque 80 000 euros. Il est par ailleurs le directeur de la publication du site officiel du champion, www.zidane.fr, propriété de Zidane Diffusion. Au poste de secrétaire de direction, Lila perçoit un salaire de plus de 81 000 euros. Son mari travaille également chez Zidane Diffusion, tout comme Antoine Fernandez, le beau-père de Zidane, qui est attaché commercial (plus de 36 000 euros annuels), ou encore un ami, Mustapha Mazouz (même fonction, même rémunération).

Jusque-là, tout ressemble à une modeste gestion tranquille. En réalité, le champion du monde tire une autre manne financière de la marque ZZ (pour Zinedine Zidane). Créée en 1999, à l'époque de la Juve, cette griffe est gérée par Colyre SA, une société anonyme de droit suisse au capital de 100 000 francs suisses (150 000 euros), elle-même chapeautée par Welney Finances SA. L'ensemble, basé à Fribourg, en Suisse, est administré par une analyste financière que l'on retrouve à la tête d'une myriade de sociétés. Le nom de Zinedine Zidane n'apparaît sur aucun document officiel, mais c'est lui qui la dirige. À l'origine, ZZ ne concernait que quelques produits comme des sacs en cuir et des articles de sport. Mais, en quelques années, la gamme s'est considérablement étoffée et sigle dorénavant les produits les plus divers, des pâtes d'amande aux programmes informatiques. Chaque fois que l'image de Zidane est vendue quelque part dans le monde, ce sont ces sociétés suisses qui récoltent la mise.

En 2005, enfin, Zinedine s'est associé au groupe français Zannier, leader mondial du vêtement pour enfants, en prêtant son nom sous licence à une collection pour garçons, avec « Numéro 10 » et « Life Style », deux lignes supervisées, à l'époque, par le capitaine d'équipe en personne…

Derrière Zidane se cache encore la Société civile immobilière ZIFERN, contraction de Zidane et Fernandez, le nom de jeune fille de Véronique. Créée en juin 2000, cette société au capital de 506 000 euros et basée à Onet, le fief familial de ses beaux-parents, est spécialisée dans la location de logements. En 2004, le champion du monde a investi 8,2 millions d'euros dans l'achat d'une maison de retraite. La pension, pouvant accueillir quatre-vingts seniors, est située au cap Sicié, à La Seyne-sur-Mer, dans le Var. Pour conclure cet achat, Zidane a monté une structure dédiée, ELT, aux initiales de ses trois garçons, Enzo, Luca et Théo. Le gérant n'est autre que son frère, Noureddine. Aujourd'hui, son placement rapporte : 500 000 euros annuels provenant de la location des murs à un groupe spécialisé dans le troisième âge. Par son statut de « loueur en meublé professionnel », Zidane profite de plusieurs avantages fiscaux pour alléger sa feuille d'impôt. En outre, grâce à la formule, ses enfants s'acquitteront des frais de succession réduits quand ils en hériteront. Un véritable investissement de père de famille, en somme.

Surtout, Zidane a pris soin de rester vivre en Espagne et ne paie que très peu d'impôts en France. Ses contrats, notamment avec Danone et Adidas, sont avant tout des actions humanitaires. Là encore, la fiscalité n'est pas la même. Parfois, Zidane sait se montrer modeste. Ainsi, pour son rôle dans le documentaire qui lui est consacré, *Zidane, portrait du XXIe siècle*, il n'a demandé que 250 000 euros et un petit pourcentage sur la vente des DVD.

Décidément, le jeune retraité ne chôme pas. Homme-sandwich, c'est un métier. Sans compter ses activités annexes, par le biais de sa société Zidane Diffusion. Après avoir joué du pied, Zidane doit désormais serrer des mains. « Paradoxalement, il est plus difficile de le joindre aujourd'hui qu'il est à la retraite, confie un interlocuteur chez Orange. Avant, je pouvais le voir à Clairefontaine. Maintenant, il découvre le monde de l'entreprise. Pour la campagne de pub du Mondial du rugby, je faisais des story-boards pour lui montrer comment se découpe un film. Il m'a dit qu'il était en phase d'apprentissage. » Le champion du monde, un apprenti patron ? « La retraite des grands champions ressemble à la vraie mort, avec un mélange de tragédie et d'espérance. Zidane a sûrement conscience d'avoir incarné quelque chose qui le dépasse et qui est de l'ordre du don et de la grâce », estime l'écrivain Denis Tillinac. Sûrement juste mais pas tout à fait vrai. Si Zinedine a conscience de son aura, sa vie ressemble étrangement à celle d'un ancien patron qui aurait trouvé des occupations aussi permanentes que le fut sa carrière. Le stress en moins.

37

Quand Zidane boit du petit-lait

Entre Zinedine et Franck Riboud, P-DG du numéro un mondial des produits laitiers (plus de 15 milliards d'euros de chiffre d'affaires), l'histoire a commencé comme un conte de fées, dont on ne sait lequel des deux protagonistes fut le prince charmant : une affaire d'amitié plus que de relation commerciale, à en croire le patron de Danone. Parlez-lui chiffres ou prononcez le mot sponsoring, et vous voilà taxé de grossier personnage…

Le début de cette merveilleuse histoire remonte à 1999, lorsque Zizou est choisi pour assurer la promotion de l'eau minérale Volvic, une marque du groupe. Tout juste champion du monde, le jeune joueur incarne la gagne à l'état pur et la force tranquille. Des qualités qui ne sont pas jugées suffisantes pour être l'ambassadeur de l'ensemble du groupe Danone. En 1998, l'ancien agent Patrick Givanovitch[1], nous révèle avoir démarché la multinationale pour le compte de Zidane. Mais, guère avisés, les dirigeants avaient négligé cette offre. Il faut croire que Zidane n'est pas toujours rancunier.

1. Entretien avec l'auteur, avril 2008.

Le marché global sera conclu seulement en 2004. À cette époque, l'idylle prend un tour plus sérieux. Quatre ans plus tard, en mars 2008, lors d'un déjeuner d'affaires organisé par l'association nationale Croissance Plus, sorte de Medef du high-tech, Franck Riboud, attablé avec quelques autres patrons au restaurant de la Cité des sciences de la Villette, raconte l'histoire, en imitant l'accent marseillais de Zidane : « On était en vacances ensemble, à Évian, et je lui ai demandé ce qu'il allait faire plus tard, après le foot. Zidane m'a répondu : "Rien." Je lui ai dit : "Ce n'est pas possible, au moins pour vos enfants." Alors je lui ai parlé d'un autre grand sportif, Jean-Claude Killy, trois fois médaillé aux JO. Sa mère s'inquiétait de le voir faire des courses automobiles. Elle en avait parlé à mon père, qui a beaucoup fait pour ce sportif. Il l'a remis sur des skis en quelque sorte ! » Après Riboud père, Riboud fils décide lui aussi de jouer les pygmalions avec le numéro 10, afin de l'aider, dès maintenant, à préparer sa reconversion professionnelle. Et qu'importe si Zidane, comme ce dernier le rappelle timidement, a quitté l'école très tôt. Pour Riboud, « ce n'est pas parce que vous n'avez pas fait de grandes études que vous ne pouvez pas avoir de grandes responsabilités[1] ». Car il y a une chose plus importante encore que les diplômes : « Les frottements de la vie. Parce que, dans la vie, il y a des frottements. Des rencontres qui font que vous apprenez, des expériences aussi », explique Riboud, diplômé de Polytechnique Lausanne, à un Zizou impressionné comme un enfant par toute l'attention qui lui est portée.

1. Entretien avec l'un des responsables préents lors de ce déjeuner, mars 2008.

Par frottement, donc, le joueur signe un contrat qui le lie à Danone jusqu'en 2014 : « Une histoire de mecs, d'hommes, comme l'est Danone[1] », raconte le patron du groupe laitier au moment de la signature. D'ailleurs, fait inhabituel, le contrat qui lie la multinationale au joueur contient une clause : si Franck Riboud venait à disparaître, le footballeur pourrait résilier le contrat. Il pourrait également être annulé par l'éventuel remplaçant de Riboud. Cet accord, d'une durée exceptionnelle, fait du joueur l'ambassadeur de tous les programmes d'enfance de Danone. Quelle meilleure cible que des enfants ! Dans le cadre de cette fonction de prestige, le sportif inaugure les usines de production de yaourts du groupe un peu partout dans le monde, plus particulièrement dans des pays musulmans comme le Bangladesh ou l'Indonésie, parraine la Danone Nation Cup, Coupe du monde de football des benjamins qui réunit quarante nations et dont la phase finale se déroule au stade Gerland, à Lyon. Au passage, Zidane soutient divers projets sociaux. Qu'il devise avec Emmanuel Faber, vice-président de Danone, qu'il échange quelques passes de ballon avec des enfants, qu'il signe des autographes ou qu'il serre la main du Prix Nobel de la paix bangladais Muhammed Yunus, il est à l'aise avec tous.

Bien sûr, cet engagement humanitaire n'est pas de la communication. « Tu ne fais pas de pub, on s'en fout », le rassure ainsi Riboud. Reste que jouer les Lady Di au chevet des plus démunis a un prix. Zidane, lui, n'est pas un bénévole. Ce contrat avec Danone, qui exige du joueur une quinzaine d'heures de présence par an, personne n'en connaît vraiment

1. *Ibid.*

le montant. Dans le milieu, certains évoquent la somme de 1 million d'euros annuels. Mais le patron de Danone refuse de confirmer : « Je ne vous le dirai pas. On s'en fout. Et tout ce que j'ai lu sur ses rémunérations est à côté de la plaque. Complètement faux. Dans un rapport de 1 à 20[1]. » Et de finir de balayer la question en justifiant : « Zidane il n'est pas là pour Danone. Il est là pour Zidane. Il est passionné par sa propre marque, par son nom, par le marketing. Ce partenariat, il y pensait depuis longtemps[2]. »

D'ailleurs, le joueur estime que cette fonction d'ambassadeur de la marque laitière lui permet de « l'aider à grandir », comme il le confie à des journalistes. « Plus ça va, plus je ressens le besoin de m'ouvrir sur le monde. Avec le Real ou l'équipe de France, je voyageais beaucoup mais je ne connais rien des pays que je traverse[3]. » Bref, tout le monde est gagnant dans cet accord d'image assez inhabituel. Un accord presque fusionnel, si l'on en croit l'idée qui germe dans l'esprit du patron de Danone à la rentrée 2006. En septembre, Riboud annonce en effet qu'il compte faire entrer Zidane au comité d'administration, qui est chargé d'établir la stratégie du groupe. Il n'a pas jugé bon de prévenir les administrateurs en poste. Mais après tout, cela fait déjà longtemps que tout ce qui touche à « Ziz », comme il aime l'appeler, relève directement et uniquement du patron. Il n'empêche. Les administrateurs en question apprécient peu l'initiative. Au point que Franck Riboud finit par assurer : « C'était une boutade ! »

1. *Ibid.*
2. *Ibid.*
3. *L'Express*, 7 avril 2004.

Zinedine Zidane ne fait donc pas partie du *big board*. Mais avec Danone, c'est à la vie, à la mort. Il justifie, dans une séquence vidéo diffusée sur son site Internet, www.zidane.fr : « On se sert de moi, bien sûr, mais j'ai signé un contrat pour ça. Et une usine qui ne fait pas de profits, Danone fait ça. Si c'est ça, être un homme-sandwich, ça m'intéresse[1]. » Quand un journaliste lui demande un jour s'il n'existe pas un risque à lier son image sur le long terme avec un groupe industriel, en cas de casse sociale notamment, le sportif répond : « Lors de la fermeture de l'usine LU, nous avons beaucoup parlé. Il [N.D.L.R. : Franck Riboud] m'a expliqué les rouages d'une telle décision : les plans sociaux, la réindustrialisation, le reclassement… Il m'a même transmis la cassette de son intervention au journal télévisé. J'ai confiance en l'homme et en ses choix[2]. » Riboud, lui, ajoute : « La vie industrielle n'est pas un tapis de roses, mais on a décidé de faire le chemin ensemble. Après tout, Zizou, lui aussi, est susceptible de prendre des cartons rouges[3]. »

1. *Challenges*, 23 mars 2007.
2. *L'Express*, 7 juin 2004.
3. *Ibid.*

38

Les nouveaux amis

Franck Riboud, patron de Danone, Jacques Bungert, coprésident de Young & Rubicam France, Stéphane Meunier, réalisateur de documentaires, et Jamel Debbouze, comique : ces quatre hommes, au profil pour le moins varié, ont en commun d'être devenus, en quelques années, des proches du joueur de foot le plus célèbre du monde. Ces personnalités puissantes ont connu Zidane quand il était déjà une star. Elles ont su charmer un Zizou pourtant réputé méfiant et difficile à apprivoiser, en s'introduisant progressivement dans son entourage et en mettant à sa disposition leur propre réseau. Des amis ? Pas vraiment, mais des incontournables dans la galaxie Zidane.

Stéphane Meunier, le réalisateur, a connu le footballeur pendant le tournage de son mythique documentaire *Les Yeux dans les Bleus*, en 1998. C'est grâce à Henri Émile, à l'époque intendant des Bleus et proche de Zidane, que le réalisateur a pu suivre les joueurs de si près pendant la Coupe du monde et saisir ces moments d'intimité tant plébiscités par les Français. Après sa première diffusion sur Canal +, le film fait un carton et s'arrache à

700 000 exemplaires. Ce succès lance sa boîte de production 2P2L. Quand, quelques mois plus tard, Zidane doit tourner une publicité télévisée pour la marque Volvic, c'est Stéphane Meunier qui est recruté. Idem pour le spot d'Adidas, dans lequel joue la star peu de temps après. D'autres documentaires suivent : *Les Yeux dans les Bleus 2*, *Zidane, comme dans un rêve* et *Le Dernier Match*. À force, le réalisateur devient le cinéaste officiel de Zidane. Tous ses documentaires sont coproduits avec Canal +. Et bientôt, avec Zizou lui-même, ce qui commence à faire jaser dans les couloirs de la chaîne cryptée. Car le réalisateur, conforté dans son rôle de réalisateur attitré de la star, use de ses prérogatives et décide à sa guise de ce qu'il donne à la chaîne. Ainsi, *Le Dernier Match*, documentaire pour lequel l'équipe de Stéphane Meunier a suivi Zidane sans discontinuer pendant plus d'un an, de 2005 à la fin de l'année 2006, comporte peu de scènes fortes. Canal + l'a pourtant acheté 300 000 euros. Mais, selon les reporters maison, l'auteur aurait préféré stocker les moments exclusifs pour le DVD, commercialisé quelques mois plus tard, en janvier 2008. Qu'importe : le réalisateur a réussi à devenir un homme de confiance pour le clan Zidane et revendique une proximité amicale dont il certifie qu'elle n'a aucun rapport avec le business qui les lie.

Pour Jamel Debbouze, le cas de figure est un peu différent. « Parlez-moi de Zidane », lui demande un journaliste lors de la promotion de son DVD *Jamel, 100 % Debbouze*. « C'est mon ami d'enfance depuis peu ! Au Stade de France, je me suis évertué à lui expliquer qu'il n'avait pas la science infuse du football. C'est dans le bonus du DVD… », répond le comique, qui ne perd jamais de vue ses intérêts. Le trublion et le sportif se sont rencontrés à Clairefontaine, le terrain d'entraînement des Bleus, en région parisienne. « Je ne me souviens pas de la date, mais, quand on s'est regardés, il s'est passé un truc très fort. On était aussi intimidés l'un que l'autre. Y a un truc qui m'a tué. Il m'a dit que, lorsqu'il se mettait au vert, il emmenait toujours un DVD de mon spectacle et de *Jamel en vrai*. Vous vous rendez compte ? Deux DVD de Jamel Debbouze dans son sac[1] ! » Certes, l'exubérance du pitre professionnel n'a pas toujours séduit Zinedine, discret de nature et peu attiré par les gens prompts à « s'afficher ». Mais c'était compter sans l'insistance de Jamel, prêt à tout pour séduire son héros. À force de blagues, le gamin de Trappes a réussi à le dérider. Soirées entre copains, shopping ensemble à Paris, visites à Madrid : les deux hommes sont désormais des proches. À tel point que le trublion fait peu à peu partie du clan et se permet même de jouer les éminences grises. Quand l'hebdomadaire *Voici* publie des photos volées d'une de leurs séances de shopping parisiennes, Jamel conseille aussitôt à Zizou de poursuivre le magazine en justice. Juste avant la finale de la Coupe du monde 2006, on voit encore Jamel, désormais pote officiel de la star, poser à ses côtés en couverture de *Paris Match*. À l'intérieur du magazine, le comique lui adresse une ode émouvante : « J'ai vu tout de suite que ce grand type avait une grâce extraordinaire. C'était animal, ça n'était pas humain. Zizou, il me fait le même effet qu'un lever de soleil. Quand tu aimes le ballon, tu ne vois que lui[2]. »

1. *Paris Match*, 12 juillet 2006.
2. *Paris Match*, 12 juillet 2006.

Quelques mois plus tard, quand éclate la rumeur Nâdiya, le comique, à l'époque en tournage au Maroc pour *Astérix*, n'hésite pas à faire des allers-retours à Madrid. Proche de la famille, il se flatte aussi de bien connaître Smaïl et Malika, les parents de Zizou. Témoin cette scène rapportée par *Le Nouvel Observateur*, lors de la tournée promotionnelle du film *Indigènes*, pour lequel Jamel Debbouze parcourt toute la France. « À Marseille (...), dans le hall du multiplex Les 3 Palmes, Debbouze embrasse comme du bon pain un discret monsieur aux cheveux blancs vêtu d'un costume gris. Serait-ce un ancien goumier de l'armée d'Afrique ? Vous apprenez que c'est le père de Zinedine Zidane. Il vient assister à l'avant-première d'*Indigènes*. Mme Zidane n'est pas là, mille excuses, elle n'a pas eu le temps d'"aller chez le coiffeur". "Appelez-moi : je lui ferai envoyer une invitation", dit le Samaritain à l'auguste et timide géniteur. Puis, comme s'il se rappelait soudain que Mme Zidane est à l'abri du besoin : "Mais qu'est-ce que je raconte ? Elle n'a pas besoin de moi[1]." »

Car c'est cela aussi, Jamel, une gouaille de titi banlieusard et une âme d'entremetteur. La participation de Zidane dans le dernier *Astérix* adapté au cinéma, *Astérix aux Jeux olympiques* ? C'est lui qui joue les intermédiaires, trop heureux de ramener sa *guest-star* personnelle dans la superproduction du moment. Durant la dernière élection présidentielle, Jamel tentera, en vain, de convaincre Zizou de soutenir officiellement Ségolène Royal. Dans son pays d'origine, le comique a déjà signé des contrats publicitaires pour Maroc Telecom. L'opérateur téléphonique demande un jour à Jamel de convaincre

1. *Le Nouvel Observateur*, septembre 2006.

Zidane de vanter les mérites de son dernier produit mis sur le marché. Mais, cette fois-ci, la force de persuasion du comique ne suffit pas. Le joueur rejette l'offre. Quand Djamel se marie au printemps 2008, Zidane « l'ami », pourtant invité, ne sera pas présent. Qu'importe, l'amitié jamelo-zidanienne est bien au-dessus de tout ça. Quand ils s'envoient mutuellement des textos, c'est pour s'écrire : « Tu es le meilleur », comme Zizou le fait en sortant du spectacle de Debbouze au Zénith, en 2005. Jamel en est si touché qu'il ne peut pas s'empêcher de confier ce message privé à un journaliste. Tellement heureux de cette preuve d'amour. « Pour moi, c'est lui, le meilleur », s'empresse-t-il d'ajouter.

Avec Jacques Bungert[1], la rencontre remonte à 2001, sur le plateau de tournage d'une pub Volvic – groupe Danone. Difficile de résister à l'homme qui conseille une partie du CAC 40 et qui dit de Zizou : « Je l'aime d'amour. » Les envolées lyriques du publicitaire pour parler de son poulain valent leur pesant de ballons de foot. Ziz ? Un « guépard », un « esthète », un « homme fantastique ». C'est à ce Sup de co de 40 ans que l'on doit cette image d'un Zizou humaniste. Messin d'origine, l'homme a fait ses premières armes chez Danone avant de former, avec Frédéric Torloting, le duo qui gère l'agence de publicité Young & Rubicam France. C'est suite au contrat signé entre Danone et Zizou, en 2004, qu'il a pris de l'importance dans la vie du joueur. « Zizou a arrêté l'école à l'âge de 15 ans et n'a pas eu le temps de tout apprendre. Nous sommes là pour l'accompagner dans sa nouvelle vie[2] », justifie

1. Entretien avec l'auteur, 2007.
2. Entretien avec l'auteur, juillet 2007.

Franck Riboud, le patron de Danone et véritable partenaire de Bungert dans le coaching de la star. À eux deux, ils ont réussi à faire de l'ancien minot de la Castellane une icône du marketing particulièrement rentable. Mais, à la différence du patron du groupe laitier, le publicitaire, lui, prend garde à ne jamais avoir d'intérêt financier direct dans les affaires qu'il entreprend avec le sportif. Ne lui dites surtout pas qu'il s'occupe de l'image de Zidane. Non, c'est juste de l'amitié et de l'admiration pour le joueur, « un Kabyle fier ». Il faut dire que le grand-père Bungert a joué dans l'équipe de France en 1927. Alors, le foot, lui au moins, il connaît. Dans l'univers du football où les sollicitations sont permanentes, où les « gratteurs » sont légion, Jacques, 1 mètre 75, le regard bleu clair et un sourire mécanique accroché aux lèvres, a réussi à devenir indispensable. Il lui est même arrivé de dormir sur le canapé de la villa madrilène de la famille Zidane ou de partir un week-end à New York avec femme et enfants. Autant de marques d'affection qu'il dispense généreusement, sans rien attendre en retour. Ou presque.

Quand Zidane, en 2005, accepte de tourner sous la houlette de deux cinéastes talentueux, Douglas Gordon et Philippe Parreno, un long-métrage à sa propre gloire, *Zidane, un portrait du XXIe siècle*, c'est une de ses sociétés, Lumière, qui distribue le film : « Le fruit du hasard[1] », jure Jacques Bungert. Le hasard fait bien les choses : le publicitaire trouve que le film est un chef-d'œuvre. C'est encore le publicitaire qui s'occupe du plan média et choisit, un par un, les journalistes qui auront l'honneur d'interviewer Zizou. Peu sont des spécialistes de

1. Entretien avec l'auteur, juillet 2007.

sport. La plupart des heureux élus sont d'éminents critiques de cinéma. Le jour J, il réserve la suite 238 du George-V et conseille au champion, pour cette journée de promotion, de troquer sa chemise blanche pour un tee-shirt noir, plus mystérieux et plus efficace contre les marques de transpiration. Quand le DVD arrive enfin dans les bacs, il en achète lui-même plusieurs exemplaires pour les envoyer, avec toutes ses amitiés, à l'entourage et aux membres de la famille Zidane.

Au moment de l'Évian World Cup, un tournoi de golf dans lequel il a obtenu la participation de Zidane, Jacques Bungert, dont cette compétition est en quelque sorte le bébé, le suit comme son ombre et fait office d'attaché de presse. En janvier 2008, pendant que Zidane répond aux questions de *L'Équipe Magazine*, Bungert, encore, est assis derrière lui. Et quand Fabrice Jouhaud, l'ancien chef du service foot de *L'Équipe*, vient soumettre au joueur un projet de biographie, il intervient à nouveau, déconseillant au journaliste de se lancer dans une telle entreprise. Il a même une bien meilleure idée : pourquoi le journaliste ne ferait-il pas plutôt un ouvrage collectif sur les Bleus de 1998, dans lequel pourrait figurer… Bixente Lizarazu par exemple ? Bixente… lui aussi un ami de Bungert. Hasard encore, ce dernier gère les intérêts du retraité basque : c'est lui qui a négocié le contrat de consultant de Lizarazu avec *L'Équipe*. Juste une histoire d'amitié, en somme.

Décidément, entre business et amitié, le cœur du sportif balance. Aujourd'hui, si Franck Riboud, Jacques Bungert, Stéphane Meunier et Jamel sont prompts à se vanter de leur relation, le sportif, quant à lui, reste extrêmement discret sur le sujet. Lorsque, par extraordinaire, il s'affiche avec eux, c'est pour la bonne cause, lors de galas, de matchs de foot et autres événements publics. Jamais, que ce soit dans la presse ou dans tous les livres dont il est l'objet, Zidane ne parle de Franck, Jacques, Stéphane ou même de son pote « Melja » (Jamel en verlan). Jamais il ne se répand sur ce qui le lie à ces hommes, pourtant si proches par bien des aspects. Par pudeur, par indifférence ou plutôt, tout simplement, par discrétion ? Ses nouveaux amis n'en prennent pas ombrage. Peut-être parce qu'ils n'auraient rien à y gagner.

39

L'homme qui murmurait à l'oreille des enfants

Avare de son temps, lassé par les constantes sollicitations dont il est l'objet, Zidane est difficile d'accès. Il est une cause, pourtant, qui, plus que n'importe quelle autre, a une chance de retenir toute son attention : celle des enfants. Guy Alba, le président d'ELA, une association nancéienne qui se bat contre les maladies orphelines, en sait quelque chose.

En 2002, ELA est une petite structure encore inconnue du grand public. Guy Alba se prend à rêver d'un parrain prestigieux pour attirer les projecteurs sur son action. Originaire du même village que Michel Platini, Jœuf, en Meurthe-et-Moselle, Alba est resté proche de l'ancien champion des années 1980 aujourd'hui président de l'UEFA (Union des associations européennes de football). Il en profite pour demander à Platini, par l'intermédiaire de son père Aldo, qu'il connaît, de transmettre une lettre à Zizou. Il voudrait que le capitaine de l'équipe de France devienne le porte-parole médiatique de son action. Michel Platini promet qu'il s'acquittera bien de sa mission. Les semaines passent. Pas de nouvelles du joueur. Un jour, le téléphone sonne. Martha, la secrétaire de l'association décroche et entend : « Bonjour, je voudrais parler à M. Guy Alba. » Mécaniquement, Martha, l'assistante, réplique : « Il est en réunion. » « C'est pas grave, dites-lui que Zinedine Zidane le rappellera. » La jeune femme reste sans voix et raccroche sans rien dire. Dans les locaux, c'est la stupéfaction. Zizou rappellera comme promis, une semaine plus tard. Celui-ci joue alors à la Juventus de Turin. « À cette époque, raconte à la presse Guy Alba, le chanteur Florent Pagny venait de nous signer un chèque de 2 millions de francs. Nous ne voulions pas d'argent, mais que Zizou s'investisse personnellement, qu'il nous autorise à utiliser son image pour des photos et un spot télé. Il était très réticent, puis a fini par accepter. » Pour le plus grand plaisir d'Alba, qui verra le joueur s'investir au-delà de toutes ses espérances, même si ce dernier ne signe jamais aucun chèque.

Au total, le champion consacre sept journées par an à l'association nancéienne, via une série d'événements et de programmes télévisés en tout genre. C'est peu et beaucoup à la fois. Car Zidane, au fil des années, a su rallier à la cause un nombre incroyable de personnalités. À commencer par des sportifs, comme lui : les footballeurs Djibril Cissé et Louis Saha, par exemple, participent régulièrement aux opérations de la fondation. Le pilote Michael Schumacher, sept fois champion du monde de Formule 1, a lui aussi apporté sa roue au carrosse humanitaire, en venant faire quelques tours de piste au Grand Prix de France de Formule 1, à

Magny-Cours, pour sensibiliser le public aux maladies orphelines.

Mais Zidane ne s'est pas contenté de convaincre ses amis les sportifs. Pour trouver de nouvelles recrues humanitaires, il a aussi puisé dans l'énorme vivier des people de façon générale. Notamment pour le casting de *Tout le monde se lève pour ELA*, sorte de Téléthon, qu'il coanime une fois par an. Cette émission, retransmise en alternance sur TF1 et France 2, met en scène des stars qui doivent, pour l'occasion, réaliser une performance à contre-emploi de leur domaine de prédilection. Parmi celles qui se sont prêtées au jeu, la journaliste Claire Chazal s'est improvisé danseuse de cabaret, la chanteuse Jenifer a esquissé une chorégraphie de samouraï, mais aussi Yannick Noah, Kad et Olivier, Marc Lavoine et Florent Pagny. Naturellement, Zidane aussi doit y aller de sa prouesse. Lors de la dernière édition, les téléspectateurs ont vu ainsi leur footballeur préféré monter sur… un cheval.

Quand il ne joue pas les apprentis cavaliers, Magic Zizou enfile la tenue de l'instituteur pour l'émission *La Dictée d'ELA*, autre rendez-vous de people auquel il a convié, par le passé, des personnalités comme François Berléand, Benjamin Castaldi et Sophie Thalmann. À charge pour le comédien, l'animateur et l'ex-Miss France, dans les différents établissements scolaires participant à l'opération, de dicter le texte à des élèves de CM2. Zidane, lui, passe dans les rangs, souriant, regardant par-dessus une épaule de temps en temps, ravi de jouer les maîtres d'école.

Car c'est avec les enfants qu'il donne toute sa mesure. Danone ne s'y est pas trompé, en confiant au joueur le titre d'ambassadeur de tous ses programmes liés à l'enfance. Un cynisme assumé par une déclaration étonnante. « Moi je le dis par pudeur, confiait récemment Franck Riboud, les enfants malades, je ne peux pas les toucher, je n'y arrive pas. Ce sont des gamins qui vont mourir, on le sait. Pas tout de suite, peut-être, mais les prochaines années, très vite... Mais lui, faut le voir, c'est un ours en peluche, c'est une perfusion[1]. » Voici donc Zidane réduit à jouer les perfusions pour un fabricant de yaourts. L'homme qui a un véritable don avec les enfants est ainsi utilisé pour rendre humain le monde impitoyable des affaires. Après tout, l'homme qui chuchote à l'oreille des enfants, sait rameuter les sponsors. Quand son égérie publicitaire, véritable « icône humaniste », selon Jacques Bungert, lui a proposé de s'intégrer à sa grande chaîne de solidarité, Riboud n'a pas hésité longtemps. Depuis 2003, l'intégralité des recettes de la Danone Nations Cup, ce tournoi de football disputé par des enfants venus du monde entier, est ainsi reversée à ELA. Au fil des années, Danone, qui verse à l'association 150 000 euros par an, est même devenu son premier contributeur. Certes, leurs activités respectives sont radicalement différentes mais elles ont le même public : les enfants. Ainsi, la Danone Nations Cup et ELA, parrainées l'une comme l'autre par Zinedine Zidane, poursuivent un but commun : « Donner de l'espoir aux enfants », justifie Guy Alba. Le patron du groupe laitier, qui a accepté, à titre personnel, d'être membre du conseil de surveillance de la fondation, ne saurait mieux dire. Dans ce contrat à trois, chacun trouve son intérêt.

1. Entretien avce l'auteur, mars 2008.

Quant à l'équipementier Adidas, il a rallié le combat en 2004, par le biais d'un livre, réalisé d'après une idée de Gérard-Philippe Mabillard, un communicant suisse. Pour l'opération, inédite, pas moins de quatre-vingt-huit personnalités ont enfilé des chaussures de sport de la marque aux trois bandes. De Catherine Deneuve à l'Abbé Pierre, en passant par Jean-Jacques Goldman, Jean-Louis Trintignant, Audrey Tautou ou encore Max Gallo, toutes ont posé, dans des mises en scène les plus diverses (Jean Rochefort avec une basket sur la tête, Julie Depardieu faisant fleurir ses tennis dans des légumes, Jamel, ses petits petons confortablement lovés dans la propre paire de Zidane, taille 44), sous l'objectif du photographe Georges-André Cretton. Ces clichés ont servi de base à *Tous en baskets*, un ouvrage paru chez Flammarion et vendu au profit de la Fondation ELA. Sans l'appui de Zidane, jamais autant de stars n'auraient accepté de participer au projet.

Retraité (mais toujours sponsorisé), Zidane semble au faîte de la gloire et de la reconnaissance. Son seul nom agit aujourd'hui comme un talisman. Prononcez-le et toutes les portes s'ouvriront. Son ami Christophe Dugarry confie, en toute franchise : « Nous, les joueurs, sommes tellement sollicités qu'il est difficile de trouver la cause juste. On a toujours peur d'être récupéré et de ne pas maîtriser l'utilisation de notre nom. Moi, je n'ai jamais associé mon nom à des causes humanitaires comme lui, je préfère m'impliquer dans des actions ponctuelles. »

Et l'ancien capitaine des Bleus ne s'est pas contenté d'embrasser la cause d'ELA. Depuis mars 2001, il est également ambassadeur itinérant du Programme des Nations unies pour le développement (PNUD).

Son seul patronyme a réussi à drainer d'autres champions tels le capitaine de l'équipe d'Angleterre David Beckham, ainsi que les Brésiliens Rivaldo et Roberto Carlos, avec lesquels Zidane a organisé un match contre la pauvreté à Bâle, en Suisse. Les 800 000 dollars récoltés ont servi à financer des projets du même genre dans les pays en développement. Une main tendue, un pied mis à l'étrier par le footballeur le plus célèbre du monde, et le tour est joué. Il lui est même arrivé de prêter son image à Sœur Emmanuelle. Ainsi, en 2005, il a accepté de devenir le héros d'une bande dessinée, *Champion de vie* aux Éditions Casterman, dont la recette des ventes est allée à l'association caritative que préside la religieuse. « Il n'a pas touché un sou, raconte Alexi Nolent[1], auteur de la BD. Malheureusement je n'ai jamais pu le rencontrer, mais ses frères, notamment Noureddine, ont joué le jeu et ont supervisé mon travail. » La maison d'éditions Casterman et Sœur Emmanuelle rêvaient de lancer une collection « Champion de vie ». Hélas, aucune star n'avait l'aura d'un Zidane. Aucune star n'était capable de faire vendre 120 000 exemplaires rien qu'en prêtant sa vie.

1. Entretien avec l'auteur, mai 2008.

Épilogue
La vie rêvée de Zidane ?

Ce jour d'automne 1998, à Turin, il faisait gris. Debout devant les baies vitrées de son salon, Zidane semble fixer les arbres de son jardin, raconte son biographe, Dan Franck[1]. Celui-ci est assis sur le canapé en cuir et retient son souffle. Après de longues minutes de silence, le joueur, sans se retourner, lui confie, la voix calme : « J'ai 26 ans et je possède tout : une femme, des enfants, de l'argent et une carrière exceptionnelle. Ma vie est terminée. »

Dix ans plus tard, lors de son voyage triomphal en Algérie, la foule se presse pour toucher Zidane. Son frère Noureddine se tourne alors et nous demande : « Vous supporteriez cette vie, ne serait-ce que 24 heures[2] ? »

Adulé, admiré, Zidane semble ne plus s'appartenir depuis cette fantastique finale de 1998. Pis, son coup de tête de 2006 l'aura propulsé défenseur des opprimés, à l'insu de son plein gré. Pour cet homme qui s'est forgé une image de timide et qui a tant voulu cloisonner sa vie, la célébrité, voulue qu'à moitié, est

1. Entretien avec l'auteur, mars 2008.
2. Entretien avec l'auteur, décembre 2006.

parfois vécue comme une épreuve. Il lui aura fallu des années avant qu'il ne se découvre un vrai talent de chef. C'est vers Florentino Pérez que Zidane se tournera naturellement. C'est lui qui lui mettra les pieds à l'étrier en le nommant conseiller personnel en 2009. C'est à la tête du Real, que Zizou entame une nouvelle vie. Une décision longuement murie : après avoir repris le chemin de l'école en 2013, il obtiendra enfin son premier diplôme – à… 42 ans ! –, celui de manager général de club sportif professionnel du Centre de droit et d'économie du sport de Limoges. Son expérience d'entraîneur du plus grand club de foot au monde sera peut-être courte. Mais son bel atout, Zidane le sait, reste ses initiales ZZ. Car Zizou est un « excellent stratège » malgré cet air un peu naïf qu'il affectionne tant. Le joueur connaît la force de son charisme et sait mettre ses adversaires dans la poche. Il a su le faire lors du procès de la Juve il y a des années : auditionné par le procureur Guariniello, il témoignera de bonne grâce, souriant et bafouillant légèrement : « J'ai été très impressionné par Zizou, nous confie quatre ans plus tard le magistrat. Il était très bon, très sympathique. C'est un des rares à avoir joué cartes sur tables. Je garde un bon souvenir de nos deux rencontres. Je me souviens de lui assis dans mon bureau[1]. » Même son de cloche chez Jacques Liénard, médecin fédéral à la Fédération française de football. Chargé en 2004 d'effectuer les contrôles antidopage durant les matchs préparatoires de l'Euro, il se rappelle avec émotion l'ancien capitaine des Bleus : « Il était tard et je n'avais toujours pas déjeuné. Nous étions tous les deux assis dans la salle de contrôle quand il m'a

1. Entretien avec l'auteur, mai 2008.

gentiment offert la moitié de son sandwich. Vous voyez, j'ai eu l'honneur de partager un bout de pain avec Zidane[1]. »

Le célèbre numéro 10 déteste les conflits ? Qu'à cela ne tienne, il sait envoyer les autres au charbon pour lui. Ainsi, lors de la Coupe du monde 2006, sorti quelques minutes à la fin du match contre la Corée par un Domenech en colère, il se gardera bien de faire un quelconque reproche à l'entraîneur. Mieux vaut laisser ses proches monter au créneau : « C'est scandaleux d'avoir fait ça à Zizou, reproche Christophe Dugarry. Vous vous rendez compte : lui faire une chose pareille alors que c'était peut-être son dernier match[2] ?! »

Musulman malgré lui, pour convenir aux intérêts de certains de ses sponsors, personnage calme et réservé, pour coller à son image de gendre idéal, globe-trotter pour tromper l'ennui, ce héros est condamné à ne jamais fendre l'armure. Y parviendra-t-il toujours ?

---

1. Entretien avec l'auteur, mai 2008.
2. Entretien avec l'auteur, janvier 2008.

Remerciements

Je voudrais remercier particulièrement tous les témoins qui ont souhaité rester anonymes. Ils m'ont aidée à mieux comprendre Zinedine Zidane. Merci aussi à ceux qui ont librement parlé.

Merci également à mon éditeur Christophe Deloire et à Flammarion de m'avoir soutenue durant ce projet de longue haleine.

Merci à Pauline, Julie, Laurence, Shérazade, Marion F. et Marion T., Véronique, Mehdi, Yahya, Karroucha, Anne, Sousou et Olivier pour leur soutien sans faille.

Merci à mes confrères de *L'Express* et notamment à Françoise, Thierry et Anne pour leur précieuse aide. Merci encore à mes amies de *Maison Française*.

À mes confrères Frédéric Hermel, Paolo Forcoline, Richard Place, Gilles Tanguy qui m'ont permis de mieux comprendre le monde du football.

À mes parents, mon frère Hichem et ma sœur Dounia, qui ont participé à l'aventure.

À François pour tout.

Table

TROISIÈME PARTIE
Histoires de famille

QUATRIÈME PARTIE
L'omerta

CINQUIÈME PARTIE
L'ascension

SIXIÈME PARTIE
Dans la cour des grands

SEPTIÈME PARTIE

Le businessman

8940

Composition
NORD COMPO

Achevé d'imprimer en Slovaquie
par NOVOPRINT SLK
le 18 avril 2016

Dépôt légal mai 2016
EAN 9782290131367
OTP L21EPLN001723N001

ÉDITIONS J'AI LU
87, quai Panhard-et-Levassor, 75013 Paris

Diffusion France et étranger : Flammarion

UNE SALE HISTOIRE

DU MÊME AUTEUR
CHEZ LE MÊME ÉDITEUR

Le Vieux qui lisait des romans d'amour

Le Monde du bout du monde

Un nom de torero

Le Neveu d'Amérique

Histoire d'une mouette et du chat qui lui apprit à voler

Rendez-vous d'amour dans un pays en guerre

Journal d'un tueur sentimental

Yacaré/Hot Line

Les Roses d'Atacama

La Folie de Pinochet

LUIS SEPÚLVEDA

UNE SALE HISTOIRE

(Notes d'un carnet de moleskine)

Traduit de l'espagnol (Chili)
par François Gaudry

Éditions Métailié
5, rue de Savoie, 75006 Paris
www.editions-metailie.com
2005

Titre original : *Moleskin*

ISBN : 2-86424-523-X
ISSN : 0291-0154

C'est un carnet à couverture noire que j'ai toujours sur moi et dans lequel j'écris chaque jour mes doutes, mes étonnements et mes colères. J'y ébauche aussi des articles, des chapitres de roman, des contes, des recettes de cuisine, des déclarations d'intention et des rappels d'engagements que généralement j'oublie. J'ai une relation passionnelle avec ce carnet de moleskine, et je me sens plein de reconnaissance quand un lecteur ou une lectrice complice – c'est pour cela que j'écris, pour nouer des complicités – m'en offre un, vierge et encore sous cellophane. Lorsque j'arrive à la fin des pages que j'ai noircies et que je les relis, telle une brève cérémonie des adieux, avant d'étrenner un nouveau carnet, je découvre que je n'ai pas perdu ma capacité d'étonnement. Relire ces pages, c'est comme rembobiner le film de la vie et la voir défiler fugacement, image par image. Quelle différence entre les articles dans leur version brute et ce qu'ils sont après avoir été élagués pour des raisons de place ! Et comme me paraissent naïves les annotations en marge d'un chapitre, du genre "impossible à mettre" ou "qui sait si ça servira" !

Les textes qui suivent sont extraits de trois carnets de moleskine que j'ai remplis entre janvier 2002 et mars 2004, et, depuis lors, comme l'écrivait Van Gogh à son frère Théo : "Les moulins ne sont plus là mais le vent est toujours le même."

ÉLOGE DE L'INCERTITUDE

Il y a exactement trois ans, Paul Wolfowitz, le numéro deux du Pentagone, déclarait que dans un monde globalisé et conscient du "leadership moral" nord-américain, les frontières politiques et géographiques disparaîtraient en fonction de critères que la nation "leader" déciderait pour chaque pays. Cette apologie de l'impérialisme fut prononcée à l'université d'Austin, au Texas, le regard tourné vers le sud du Río Grande et le vaste territoire qui se prolonge jusqu'aux confins australs, le territoire de la plus grande réserve verte de la planète, des pampas infinies, de la Patagonie inconnue, des volcans qui grondent et racontent la jeunesse d'un continent qui abrite un conglomérat humain appelé Amérique latine. Une fois la conférence de Wolfowitz terminée, un journaliste hondurien demanda aux étudiants s'ils savaient où était l'Amérique latine. L'un d'eux répondit au Nouveau-Mexique, un autre que c'était une province espagnole, et moi aussi je me suis posé la question.

Il y a mille théories expliquant pourquoi les habitants du sud du Río Grande persistent à se dire latino-américains, mais j'en retiendrai une, personnelle, qui tient à la résistance à la spoliation, car à nous autres, latino-américains, on a volé jusqu'au nom de la terre que nous foulons.

L'illustre mouchard du maccarthysme nommé Elia Kazan tourna une géniale histoire d'émigrants pour lesquels *America, America*, doublement invoquée, était la frange de ciment au pied de la statue de la Liberté. Ma grand-mère italienne était partie elle aussi de Livourne vers cette "America", en ignorant la latitude et la longitude de ce mot qui était pour elle un simple synonyme de pain, de toit et d'espoir. Alors qu'ils naviguaient encore en haute mer, à quelques jours de l'arrivée, le capitaine du bateau informa mon aïeule et ses frères que le bateau ne faisait pas route vers l'"America" mais vers l'Argentine.

Il est de toute évidence injuste que nous, habitants des terres au sud du Río Grande, prétendions tous être des Latino-Américains. Les peuples indigènes à qui ce continent appartenait n'ont guère profité des bienfaits de la latinité : tout ce qui était latin, y compris les grandes idées des Lumières et de la Révolution française, les ignora ou servit à fournir un cadre légal au vol de leurs terres. Nos guerres d'indépendance dégénérèrent en luttes de caudillos créoles, nos constitutions s'inspirant de belles idées de justice ne servirent qu'à ceux qui les avaient formulées et nos traditions récentes ignorent ceux qui étaient là avant nous pour les confiner dans le misérable espace de l'exotisme.

Où est l'Amérique latine ? Ne la cherchez pas sur les cartes de géographie des écoles mais dans le territoire invisible de ces grands oubliés qui, outre l'espagnol et le portugais, parlent mille autres langues. Notre histoire est une contradiction pure et hégélienne, qui a accru la complexité de l'existence, mis en évidence l'indéniable lutte des classes, y compris de classes qui ne voulaient pas lutter parce qu'elles se sentaient en marge des intérêts en présence. Et cela engendra l'incertitude, la même incertitude que celle des compagnons de Simon Bolivar lorsque celui-ci, en route vers le double exil de la mort, s'exclama : "Nous ne serons jamais heureux."

Où est l'Amérique latine ? Ne la cherchez pas sur la mappemonde mais dans l'univers de l'incertitude. La seule chose dont nous soyons sûrs, c'est que la terre était sous les pieds de ceux qui débarquèrent, et que les Espagnols, Portugais, Français, Polonais, Russes, Juifs, Arabes, Allemands, Italiens, Chinois, Anglais et d'où qu'ils vinssent, foulèrent le sol et ne virent pas l'autre, celui qui observait leur arrivée comme celle de l'incertitude même. Cet autre-là pensa qu'il y avait de l'espace pour tous, mais il ne prévoyait pas qu'on voulait justement s'approprier le sien. Tous deux savaient que vivre signifiait simplement manger et ne pas être mangé, mais ils n'avaient pas les mêmes codes et la vie se transforma en lutte permanente entre ceux qui voulaient manger et ceux qui évitaient d'être mangés. *Kripsis* est l'art de disparaître, de voir sans être vu. *Aposematosis* est l'effet théâtral consistant à être vu sans rien voir. Ce sont là les éléments substantiels de notre incertitude.

L'histoire de l'Amérique latine est remplie d'incertitudes, nos documents fondateurs ont démontré qu'il était possible de coucher sur le papier l'idée la plus noble comme la plus détestable, ou les deux en même temps. Ainsi notre lutte a-t-elle été constante pour obtenir un lieu matériel et faire une réalité de l'idée de maison, de patrie, de foyer latino-américain.

Où est l'Amérique latine ? En ceux qui cherchent des certitudes minimales. Elle est, par exemple, dans les mille jours du gouvernement de Salvador Allende qui ont signifié pour notre continent une révolte contre l'incertitude, une rébellion d'un genre nouveau, qui rejetait l'idée du modèle révolutionnaire pur, tout en le préservant comme une référence. Ainsi élaborions-nous – enfin – une identité politique et sociale qui nous était propre et nous permettait de mieux affronter l'incertitude. Durant ces mille jours de rêve collectif, nous avons découvert l'autre, celui qui était là avant nous, les Latino-Américains, et nous avons ainsi rendu aux Mapuches une partie de leur terre usurpée.

Où est l'Amérique latine ? Ne la cherchez pas dans le discours des faux prophètes mais dans la mémoire de ceux qui luttèrent pour les vérités les plus simples et osèrent assumer les tâches les plus complexes. Notre histoire réelle, méditée, consensuelle, n'est pas encore écrite. Celle que l'on présente comme histoire officielle n'est qu'une litanie de prêchi-prêcha servant à maintenir l'incertitude. À quelle méthode, à quelle catégorie faut-il avoir recours pour expliquer le soulèvement des Indiens du Chiapas ? Ils ne se sont pas soulevés pour prendre le pouvoir mais pour dire NOUS EXISTONS, pour être vus. L'Amérique latine est certainement au sud du Río Grande et dans les yeux tristes de Rigoberta Menchu, tristes de voir que son idée d'une Amérique latine où les autres, les enfants des Mayas, existeraient eux aussi et seraient visibles, est sacrifiée à l'infâme croyance qu'une autre Amérique latine, régentée par les assassins de son peuple, est plus rentable car elle entretient l'incertitude.

L'Amérique latine est au Brésil et dans l'espoir courageux de vaincre la faim, cette simple et horrible faim qui colle les tripes au dos, immobilise, empêche de réfléchir aux alternatives, à l'incertitude. Le chemin pris par Lula va au-delà d'un projet politique, toujours déterminé par le caractère transitoire du pouvoir, lorsque celui-ci est légitime. C'est une façon de rompre avec la culture de la résistance à l'anticipation, et l'audace créative définit et oriente l'action, là est l'Amérique latine.

L'Amérique latine n'est pas dans le commerce des terres ni dans le projet de livrer la Patagonie aux États-Unis en échange de la dette extérieure argentine. Elle est dans l'audace responsable d'hommes comme l'écrivain Miguel Bonasso, qui assume une charge au parlement argentin afin d'établir quelques certitudes.

Où est l'Amérique latine ? En bien des endroits et nulle part. En bien des endroits pour ceux qui veulent la voir et être vus comme des personnes solidaires, respectueuses d'un continent qui n'a disposé ni du temps nécessaire pour surmonter ses contradictions ni de la paix, laquelle ne signifie pas seulement absence de guerre, mais aussi de blocus, de menaces, de corrupteurs et de corrompus, d'invasions, de coups d'État militaires, de coups de banquiers, de relations inégales, de spoliations et de cynisme capitaliste. Et nulle part pour ceux qui la voient comme une région assujettie à la volonté de ceux qui l'ont toujours maintenue dans l'incertitude.

L'Amérique latine est limitée au nord par la haine et n'a pas d'autres points cardinaux.

LA PREMIÈRE FOIS OÙ J'AI CRIÉ "ACTION !"

Le 11 mars, je me suis couché très tôt mais avant de fermer les yeux, j'ai consulté le bulletin météo du lendemain. Le soleil était annoncé, un grand soleil sur le nord de l'Argentine, et c'était précisément de soleil dont nous avions besoin pour commencer le tournage de *Nowhere*, mais en pleine nuit, à quatre heures, j'ai été réveillé en sursaut par le grondement du tonnerre et aussitôt une pluie torrentielle s'est abattue sur la ville de Salta.

À six heures du matin, aux premières lueurs, il continuait à pleuvoir et, tout en buvant le premier café de la journée, nous organisâmes une réunion d'urgence avec Beppe, le directeur de la photo, Roberta, la cameraman, Aitor, le preneur de son, Diego et Martín, mes assistants de direction, et Roberto, le producteur exécutif. Dans la langue improvisée que nous employâmes pendant tout le tournage, mélange d'italien, d'espagnol et d'anglais, nous décidâmes que, malgré la pluie qui paraissait ne pas vouloir cesser, nous commencerions de tourner à l'heure convenue, mais avec un léger changement : nous filmerions les intérieurs d'un train en marche, et quel train !

Le vieux Train des Nuages grimpe lentement à près de quatre mille mètres d'altitude, tiré par deux locomotives diesel. Sur certains tronçons, la pente est si raide que les ingénieurs qui construisirent cette ligne destinée à relier l'Argentine et le Chili avaient tracé de curieux zigzags à flanc de montagne, permettant au convoi de prendre de l'élan et de poursuivre sa route.

Nous disposions d'une locomotive, d'un vieux wagon de passagers aux vagues allures d'Orient-Express qui nous servait de loge, de salle de maquillage, de vestiaire, de cafétéria et de réserve de matériel, ainsi que de deux wagons de marchandises que Coca et Cristina, les directrices artistiques, avaient transformés en prisons roulantes.

À sept heures du matin, plus que la pluie, c'était un véritable déluge qui s'abattait sur la gare de Campo Quijano, le dernier village au pied des Andes. "C'est ça, le climat du désert ?" demanda l'acteur cubain Jorge Perugorria. Daniel Fanego, argentin, lui répondit que la pluie était un cadeau des dieux andins, à quoi le reste de l'équipe répliqua par une bordée de gentilles insultes.

Leo Sbaraglia, lui aussi argentin, commença à distribuer des cirés jaunes qui nous métamorphosèrent en une armée de lutins, tandis que mon frère Carlos veillait à ce que la pluie ne démaquille pas les visages de ses "commandos", tous acteurs de théâtre et étudiants de Salta, qu'il avait transformés en de terribles guerriers à l'issue de deux semaines d'instruction.

Andrea Prodan, italien, annonça que Marcelino, l'homme le plus populaire du tournage, chef électricien, éclairagiste, bras droit du directeur de la photographie et amoureux passionné du cinéma, avait préparé son incomparable café pour tout le monde. Si bien que sur le quai de la gare, ce café nous réchauffa le corps, les arias chantées par Luigi Buruano nous réchauffèrent l'âme et nous restâmes de bonne humeur, stimulés par les histoires extraordinaires racontées par Martín Seefeld, Antonio Hugo, Ariel Casas et Oscar Castro.

Il pleuvait sans discontinuer. Daniel, le photographe, avait déjà pris des centaines de photos lorsque nous reçûmes le signal du départ, mais avant que le convoi s'ébranle on m'apporta une bouteille de champagne français qui devait servir à inaugurer officiellement le tournage de *Nowhere*. Luigi Buruano s'empressa de distribuer des gobelets en plastique et je débouchai lentement la bouteille. À cet instant, quelque chose d'inexplicable me rappela que j'étais un homme d'ici, que je commençais le tournage d'un film – mon premier film – latino-américain sur le sol latino-américain, si bien que je vidai la bouteille sur la terre, en offrande à Pachamama, la terre mère des Indiens des Andes.

Peu après, les nuages se déchirèrent et l'intense, l'aveuglant soleil andin brilla. Pachamama était avec nous. Et le train commença son ascension, traversa des ponts vertigineux, des plaines où se dressent des cactus de trois mètres, des ravins, des arroyos qui passaient par-dessus les voies. À l'intérieur des wagons, on finissait de placer les filtres sur les projecteurs et les acteurs se transformaient en prisonniers maltraités, les mains liées et les yeux bandés. C'étaient bien les personnages tels que je les avais vus pendant les longues et solitaires nuits d'écriture. Ils créaient l'atmosphère d'insécurité et de peur dont nous avions parlé au cours des répétitions. Ils cessaient d'être mes amis pour devenir une part de ma propre histoire, de l'histoire de tant d'autres. Le règne de l'horreur s'installa dans le wagon-prison.

Beppe Lanci prit une dernière mesure au photomètre et me fit un signe d'acquiescement. Fina, ma script et conseillère des moments difficiles, me donna un petit coup sur le bras.

Le moment était venu. Je regardai Lucas, le technicien vidéo, et lançai : "Vidéo". "Enregistrement", répondit Lucas. Je regardai Aitor, le preneur de son, et lui dis : "Son." "Enregistrement", répondit Aitor. Je regardai Roberta, ma très belle cameraman, et lui dis : "Caméra." Sans décoller l'œil de la caméra, elle leva le pouce et murmura ce *buona* qui allait m'accompagner pendant huit semaines. C'est alors qu'un tourbillon de photogrammes me traversa l'esprit comme à la vitesse de la lumière. Ils venaient me rappeler quelque chose à quoi je crois, qui s'appelle la responsabilité éthique de l'artiste, et je me jurai de raconter une bonne histoire. Alors je criai "Action !" et la magie du cinéma commença.

Plus tard, la troupe fut rejointe par Harvey Keitel, Angela Molina, Manuel Bandera, mon fils León Sepúlveda, Caterina Murino, Patricio Contreras, et ainsi prit forme *Nowhere*, le premier film d'un homme qui aime raconter des histoires.

SOUVENIRS DE L'ESPAGNOL

Au lycée national de Santiago, j'ai eu un étrange et formidable professeur. Il s'appelait Juan Godoy et c'était un extraordinaire romancier, mal considéré par ses pairs qui ne lui avaient jamais pardonné son talent et une audace qui témoignait avec éclat de son amour pour la langue. "Les conquistadors avides de fortune arrivèrent sur nos terres avec quatre pauvres mots en bouche, mais avec eux venaient aussi des hommes désireux de nommer le nouveau monde avec des mots qui devaient nécessairement en être issus. L'un d'eux était Alonso de Ercilla, le poète qui arriva pauvre et repartit tout aussi pauvre, mais répandit parmi nous la précieuse semence du castillan, que nous avons arrosée, veillée, cajolée jusqu'à en faire une langue universelle qui s'appelle l'espagnol. C'est une langue qui invite à l'audace car sa jeunesse est contagieuse et car ses règles n'ont pas été inventées par les grammairiens mais par le libre arbitre des poètes", écrivait le professeur Juan Godoy dans sa *Lettre à l'Espagne*, ce pays dont il savait tout mais où il n'était jamais allé.

Il est dit que tout homme doit découvrir quelque chose qui justifie sa vie. Moi, j'ai découvert que ma seule patrie possible était ma langue, parce que *patrie, foyer, terroir* ou bien sont synonymes d'un espace festif, joyeux, ou ne sont que des phonèmes dépourvus d'esprit.

Il n'est pas de plus grande fête qu'une réunion d'hispanophones venus de tous les confins de notre langue. Les écouter nommer les mêmes choses avec le trésor infini de nos substantifs, constater qu'ils emploient des adjectifs et des temps verbaux correspondant pleinement à leurs réalités telluriques et qu'ils n'hésitent pas à recourir à des tournures amérindiennes procure une heureuse sensation d'appartenance à une culture qui ne se trouve pas dans les musées, mais à une culture d'aujourd'hui, qui se fait ici et maintenant, à toute heure, en un formidable effort de rassemblement, car l'espagnol – et ceux qui connaissent d'autres langues le savent – ne se défend pas par l'exclusion et est une langue apte à comprendre et à nommer l'univers.

Que certains s'obstinent à appeler castillan l'idiome qui lie sentimentalement les gens de trois continents me paraît une méconnaissance ou une volonté conservatrice risquant de faire vieillir prématurément la langue la plus jeune et la plus dynamique de toutes celles qui se parlent sur terre.

Le castillan est un doux souvenir que nous conservons avec amour, mais la langue qui fait de nous ce que nous sommes, qui nous explique, nous confère un caractère universel, s'appelle, et cela pour toujours, l'espagnol.

Le boxeur milanais monta sur le ring avec son agilité habituelle, il courba le corps pour passer entre les cordes et son ventre de champion se balança pendant quelques secondes immortelles. La foule qui remplissait le palais des sports de Milan rugit, cria, car la tripe de Kid Tropea faisait partie du patrimoine de la boxe italienne, c'était le supplément d'humanité permettant au champion milanais de tenir à distance ses rivaux qui frappaient des coups aussi désespérés qu'inutiles et de préparer ses attaques précises, destructrices et définitives.

Kid Tropea rejoignit son coin, où Paolo, son soigneur, l'invita à s'asseoir sur le tabouret et lui mit le protège-dents. D'un geste, Kid Tropea demanda un peu d'eau, se rinça la bouche et cracha, puis il murmura :

– Où est l'Albanais ?

L'Albanais avait un nom, Telasmeth Tothodas, et un surnom qui illustrait son talent sur le ring : le Chat de Tirana.

Les deux athlètes appartenaient à la catégorie mi-lourd et sur Kid Tropea on en savait déjà beaucoup, presque tout, car la presse sportive ne lui avait jamais marchandé les éloges. Dans une chronique mémorable publiée dans *Il Manifesto*, Osvaldo Soriano avait écrit : "Kid Tropea, surnommé la Tripe, est un de ces boxeurs puissants comparables à Sugar Robinson ou Mohamed Ali. Tropea est un fondateur d'école et de style, car de même que Sugar Robinson a fondé l'école des coups longs et Mohamed Ali inventé le style consistant à danser comme un papillon et à piquer comme une guêpe, de même Kid Tropea est-il le créateur d'un concept de distance comparable à la distanciation brechtienne au théâtre, qui lui permet de fatiguer l'adversaire pour ensuite lui porter une droite longue et destructrice, dans le style de Mantequilla Napoles, ou à le frapper en plein ventre, ce qui garantit le KO."

Sur Telasmeth Tothodas, le Chat de Tirana, personne n'avait jamais écrit la moindre ligne, bien que son manager s'obstinât à exhiber des coupures de journaux albanais et une photo de son champion posant avec Enver Hoha.

Le boxeur albanais fut accueilli par un concert de sifflets et aux cris de "porc extracommunautaire!" qui ne troublèrent ni sa physionomie ni sa démarche. D'un bond il grimpa sur le ring, se glissa entre les cordes et gagna son coin. Là, son soigneur, masseur et manager, un Mexicain aux grosses moustaches, l'accueillit par une épaisse bouffée de tabac brun et lui tendit une boîte de Coca-Cola que le Chat de Tirana but avec une avidité manifeste.

Dans son coin, Kid Tropea s'exclama :

– Mais c'est un nain ! Ce type mesure à tout casser un mètre cinquante !

– Le venin et le parfum sont toujours dans de petits flacons, répondit Paolo en l'éventant avec la serviette.

Une voix demanda le silence et, invités par l'arbitre, les deux boxeurs vinrent au centre du ring.

Kid Tropea était imposant, avec ses bottines Armani, son short Ermenegildo Zegna et ses gants dont la griffe Versace lui enserrait les poings. Le Chat de Tirana, lui, était un véritable assortiment de soldes et d'articles sportifs à prix réduits. Sur son peignoir fané, on pouvait encore lire : "Pension Panchita."

– Je ne veux pas de coups bas, donnez-vous la main et offrez un bon spectacle, leur dit l'arbitre.

Kid Tropea hocha la tête, oublia ses triomphes olympiques et regarda le Chat de Tirana dans les yeux.

L'Albanais inclina la tête et rendit son regard au champion milanais.

Alors, sans qu'un seul mot fût prononcé, Kid Tropea sut qu'il devait perdre ce combat, car dans les pupilles de l'Albanais il voyait, comme dans un film, tout un arrière-plan de misère, et que pour le boxeur nain, le triomphe signifiait la liberté.

Kid Tropea regagna son coin pour y attendre le coup de cloche qui ouvrirait le premier round. Il se rappela fugacement une nouvelle de Jack London, qu'il confondit avec une autre de Rind Larner et, très serein, il annonça à son soigneur :

– Paolo, je vais me laisser tomber au premier coup. C'est une question de principes.

En face, le Mexicain conseillait l'Albanais :

– Et surtout esquive le crochet au ventre, mon gros. S'il t'atteint là, tu es foutu, même la Vierge de Guadalupe ne pourra pas te sauver.

La cloche sonna. Kid Tropea s'avança avec élégance, tandis que le Chat de Tirana se ruait sur lui en bourrant de coups désordonnés les cuisses et les genoux du champion milanais et en se cachant sournoisement sous son ventre, si bien que Kid Tropea ne savait plus ce que faisait son adversaire.

Soudain, l'athlète milanais sentit un coup aux testicules qui, bien qu'atténué par la coquille protectrice, le mit hors de lui. Alors, malgré le palmarès de ses victoires mémorables, il se pencha pour conseiller sportivement à son adversaire : “On ne cogne pas là-dessus, espèce de nain de merde”, geste chevaleresque dont le Chat de Tirana profita pour bondir et décocher un direct sur l'œil du gentil Milanais.

Kid Tropea vit, non pas une mais mille étoiles, une galaxie entière, et en tombant il ne put que se protéger la tête de ses mains gantées, car le Chat de Tirana continuait à le bourrer de coups de poing, de tête, de pied, sourd aux appels furieux de l'arbitre qui lui intimait l'ordre de regagner son coin.

Le lendemain, la presse de gauche parla de la victoire de David contre Goliath, tandis que les journaux berlusconiens réclamaient l'expulsion de l'Albanais indésirable.

Et que fit Kid Tropea ? La seule chose que pouvait faire un champion. L'œil en compote, il s'installa à sa table habituelle, dans son bar habituel, et à ses vieux amis il parla de ses victoires passées, car les triomphes, si minces et éphémères soient-ils, sont le seul baume de ceux qui prennent tous les coups.

L'ÉNIGME DES POURCENTAGES ET DES POINTS

Quand j'ai découvert qu'en divisant un nombre pair, quelle que soit la quantité de ses chiffres, on arrivait inéluctablement à un, je me suis senti proche d'Einstein et je n'ai pas hésité à me déclarer passionné par les mathématiques mais, comme on le sait, le bonheur est éphémère et l'arrivée du pourcentage s'est chargé de me gâcher la fête.

Je ne comprends pas qu'une usine où travaillent cent hommes subisse une réduction de 18,5 % du personnel. Cela signifie-t-il que dix-huit types perdent leur boulot tandis qu'un seul garde la moitié du corps près des machines et continue de produire, mais deux fois moins ? Et quelle partie du corps reste dehors ? La semaine dernière, un journal assurait que sur le pourcentage total de lecteurs (comment détermine-t-on cette somme magique ?!) 57,3 % étaient des femmes. Quelle sorte de femmes font partie de ce 0,3 % ? Les plus petites, celles qui ne lisent que le tiers d'un livre ? En Argentine, le gouvernement pronostique que, si les choses restent ce qu'elles sont, la croissance stagnera à un point. De quel point parle-t-on ? Un pays ruiné, dont on a volé aux habitants le livret de Caisse d'épargne, les paris sportifs et le misérable Loto, peut-il croître ? Le Chili, dont l'économie est, selon la macro-statistique, la plus solide d'Amérique du Sud, a un taux de croissance de deux points annuels, mais 80 % de ses habitants continuent de vivre sur et sous le seuil de pauvreté. Combien de points faut-il avoir pour que personne ne souffre de la faim, du froid et de la marginalisation ? À qui faut-il présenter les points pour recevoir le prix ?

En Espagne, le président du gouvernement informe l'opposition que les résultats de la police ont triplé en l'an 2000. Comment ? Cela signifie-t-il que chaque policier a capturé trois voyous de plus que l'année précédente? Que les brigades anti-émeutes ont distribué trois fois plus de coups de matraque? S'il en est ainsi, conformément à la loi de l'offre et de la demande qui détermine notre vie, cela veut-il dire que l'augmentation de la productivité policière est proportionnelle à l'augmentation de la délinquance et du mécontentement?

Les administrateurs de l'entreprise globale, appelée autrefois planète verte, s'expriment dans un langage cryptique de points et de pourcentages, mais ceux qui pâtissent de leurs résultats parlent le langage simple de tous les jours et appellent pain le pain, vin le vin, ce qui risque de devenir un jargon subversif. Tout cela nous rappelle l'Égypte ancienne où existaient deux types d'écriture: hiéroglyphique, comprise uniquement par les prêtres et les initiés, qui fixait les points de croissance des pyramides et les pourcentages d'augmentation ou de diminution de la masse musculaire employée; et démotique, reflet du langage populaire, qui nommait les morts par leurs noms et massifiait la popularité des mères des pharaons.

Les Chicago Boys, les thatchériens et les amis de Tony Blair affirment que les mathématiques ne mentent pas. Ce bijou est pour eux: la durée moyenne de vie dans le monde est de soixante ans, c'est-à-dire 525 600 heures, dont un tiers, soit 175 200 heures, est employé à dormir, un autre tiers aux loisirs (lecture, cinéma, bar, sport, etc.), et le troisième à travailler. Mais des 175 200 heures destinées au travail il faut décompter l'enfance et l'éducation entre la naissance et dix-huit ans, ce qui fait 157 680 heures. Comme si cela ne suffisait pas, nous devons considérer qu'entre les dimanches, les vacances et les jours fériés, nous perdons 100 000 heures. D'autres rubriques seraient à déduire mais restons-en là. Le résultat final nous indique que des 525 600 heures de notre vie, nous ne travaillons pas une seule; mieux: dans le langage cryptique des administrateurs, on dirait que nous travaillons "moins 82 480 heures".

Les mathématiques ne mentent pas. Alors, de quoi diable nous plaignons-nous?

Le psychanalyste se caressa la barbe et soupira d'un air las avant de diagnostiquer que mon complexe de culpabilité était heureusement surmonté. Tout avait été une question de vertige européen, mais avec la sagesse que lui conféraient les années d'expérience, il me déclara innocent comme un agneau et me conseilla de voyager, de constater que l'Europe était belle et que des fonctionnaires protégeaient mon innocence.

Je l'écoutai et partis à Göteborg. À l'aéroport, un policier nordique grogna quelques phonèmes parmi lesquels je reconnus le mot passeport, et moi, innocent et présumant une confusion, je lui indiquai que je venais d'un pays de l'espace Schengen. Ce fut suffisant pour que je sois poussé dans une salle froide où se trouvaient déjà plusieurs hommes, deux Grecs, un Portugais et trois Italiens, dans un état d'édénique nudité. D'une innocence à toute épreuve, je déduisis que les Scandinaves nous offraient un cours accéléré de nudisme, discipline qu'ils exportent sans se cacher. L'étrange était que les policiers qui nous entouraient et nous gratifiaient de temps en temps d'un coup de matraque sur les fesses étaient habillés, mais mon innocence interpréta ces coups comme une cordiale, quoique bizarre, coutume viking de saluer les touristes.

Plus tard, tandis que je m'appliquais des anticoagulants sur les hématomes, j'appris qu'il s'agissait de mesures de sécurité destinées à protéger un groupe de grands manitous réunis à Göteborg, dont la mission était de discuter et de décider de la meilleure manière de protéger les droits civils des Européens.

Bien décidé à conserver mon innocence, je me dis que Göteborg avait été un mauvais choix et résolus de prendre la route d'un endroit plus ensoleillé : Gênes.

À la gare de Gênes, je remarquai le comportement respectueux de la police italienne envers les civils car, tandis que nous, les nouveaux arrivants, attendions, mains en l'air et passeport à la bouche, les coups de bienvenue, les hommes en uniforme se courbaient et embrassaient les mains de messieurs très élégants, en chapeaux noirs et lunettes de soleil qui, je l'appris ensuite, étaient des amis d'un certain *cavaliere*.

J'avais envie de visiter la maison natale de Christophe Colomb, mais la police italienne, très influencée par les comportements touristiques des Japonais – au dire de mon innocence –, nous rassembla en troupeaux et nous poussa à coups de pied vers un baraquement. Là, pendant que de jeunes Espagnols et Français recevaient des coups de trique sur la plante des pieds, de jeunes Allemands étaient compissés par l'élite des carabiniers, tandis que d'autres bénéficiaient de leçons de *bel canto.* Sauf que les paroles de l'aria se réduisaient à un laconique *Viva il Duce!*

Quelques jours plus tard, je me trouvais dans la file des citoyens de l'Union européenne qui devaient être expulsés d'un pays de l'Union européenne sans autre forme de procès, quand un officier de police prit congé de nous en indiquant que tout cela faisait partie des mesures normales inhérentes à une réunion du G8. Le cadavre du jeune Carlo Giulianni faisait aussi partie de ces mesures normales. Mon innocence se mit à trembler lorsque je me demandai s'il était normal que quatre-vingts mille policiers, deux régiments, des avions de combat, des frégates, des batteries lance-missiles protègent huit individus démocratiquement élus. De quoi ont-ils peur ? Des électeurs ? De moi ?

"Groupe des 11", "G8". Les grands manitous ont toujours besoin d'un sigle. Nul doute que lorsque Ali Baba et les quarante voleurs se retrouvaient pour préparer leurs méfaits, il était question d'une réunion du "groupe des 41".

Je décidai finalement d'installer ce qui me restait d'innocence à Barcelone, mais je la perdis définitivement quand les barrières, les barbelés et les matraques me firent comprendre que mon bar favori des Ramblas était un repaire de conspirateurs, que les affiches du Liceo n'annonçaient pas la saison lyrique mais qu'elles diffusaient, à l'instar des vidéos de Ben Laden, des messages secrets et hautement subversifs, que les travestis habillés en femmes de Lagartera avaient fait du Barrio Chino une base d'Al Quaida, que les vendeuses d'oiseaux fournissaient les terroristes en perroquets qui récitent le Coran et que les cannes des retraités étaient des armes au service de l'Intifada. Le monde n'est pas comme je le croyais. Tous conspirent contre ces pauvres hommes reclus dans un hôtel de luxe, que nous trompons en leur faisant croire que nous leur déléguons notre sécurité, alors qu'en vérité ce sont eux qui doivent se protéger de nous.

Nous sommes tous de présumés coupables, globalement coupables. C'est ainsi que l'Europe perd son innocence. Et que mon psychanalyste est un farceur.

UN PÉCHÉ N'EST RIEN

Les curés nord-américains ont inventé un étrange concept moral qui, traduit en espagnol, donne ceci : un péché n'est rien, il n'entre même pas dans la catégorie des peccadilles et ne sera tout au plus considéré que comme une boulette, mais ce qu'ont commis les centaines de curés américains accusés de pédérastie n'est pas exactement une boulette.

L'abus de mineurs répugne surtout parce qu'il est pratiqué en position de pouvoir, le pouvoir que donne la force physique, la force de la tromperie, la force de la position sociale et, apparemment, morale, qui réduit la victime à la condition de protagoniste d'une anomalie dont, selon le critère corporatiste du clergé yankee, elle n'est pas complètement innocente puisque sa présence même induit le pécheur à commettre sa faute.

La solution que les cardinaux nord-américains ont exposée au Vatican consiste à sanctionner des abus sexuels répétés sur des mineurs, mais pas le premier, c'est-à-dire que les curés violeurs récidivistes – on reconnaît donc qu'ils existent – seraient exclus de l'Église, mais les amateurs, ceux qui n'ont violé qu'une fois seraient pardonnés.

En harmonie avec le style de Bush, qui connaissait l'imminence du 11 septembre, car le FBI et la CIA le savaient et qu'il est le chef de ces institutions, et parce que le président égyptien Mubarak l'avait prévenu, les cardinaux et les évêques nord-américains indiquent qu'ils connaissaient les mœurs pédérastiques de nombreux prêtres, mais pensaient que les arrangements financiers – le "je paie et tu la boucles", si normal dans la culture des États-Unis – laveraient l'Église de toute culpabilité. Ils n'ont jamais manifesté le moindre intérêt pour les victimes, pour ces petites vies violentées et souvent détruites à jamais. Si tu pèches tu paies, et en dollars, telle était la consigne sibylline murmurée dans les confessionnaux.

Nous savons que la richesse de l'église catholique est incalculable, et comme le clergé yankee a des comptables aussi astucieux que celui de Valladolid, les viols d'enfants sombraient dans l'oubli moyennant un dédommagement puisé au fond d'une soutane. Mais certains enfants, après de longues années de silence, de traumatismes, de vies privées de sens et d'avenir, de sexualité tourmentée, de complexe de culpabilité, de honte, décidèrent de refuser les trente deniers bibliques et en appelèrent à la seule justice qui vaille: la justice laïque, celle dictée par la volonté générale de protéger le faible et de défendre les victimes. Et ce sont ces victimes, auxquelles l'enfance avait été volée, qui ont fait éclater le scandale.

Donc, pour le clergé yankee, violer un enfant une seule fois n'est pas un motif de sanction, et il est possible que la notion catholique de pardon – qui a toujours été généreusement verticale, car ceux d'en bas doivent pardonner à ceux d'en haut – ait convaincu leurs éminences qu'avec cette formule salvatrice ils neutraliseraient les nouvelles accusations qui planent sur tant d'autres violeurs en soutane, en créant une sorte de bulle de débutant.

On peut s'attendre à ce qu'une telle magnanimité crée un précédent et soit invoquée pour ceux qui assassinent pour la première fois, ruinent des pays pour la première fois, ou pour des auteurs d'abus sexuels qui, condamnés par la justice, ne subissent en guise de condamnation morale que les félicitations de leurs proches pour l'aplomb grossier dont ils ont fait preuve durant le procès et l'honneur crapuleux qu'ils invoquent en renonçant à leur charge.

Le Vatican a toujours fermé ses portes aux partisans de la théologie de la libération. Espérons qu'il fera de même avec les tenants de la théologie de l'abus sexuel sur mineurs et condamnera avec la même énergie ceux qui violent un enfant pour la première fois. La femme de César ne doit pas seulement paraître honnête mais l'être, et cela vaut aussi pour les hommes en soutane.

DYNAMIC MIX-02 : PRINTEMPS CHAUD

Ce n'est pas un nouveau film ; c'est une hypothèse guerrière qui enchantera le printemps jusqu'au 6 juin, fondée sur l'infatigable travail d'espionnage de la CIA qui, ainsi que l'a démontré le 11 septembre, sert à anticiper les événements.

Imaginons qu'un pays de l'“Axe du mal”, par exemple les Asturies – où il y a beaucoup de chômeurs, des gens en qui on ne peut pas avoir confiance – envahisse les terres de la base de San Gregorio, à Saragosse, et que la mère patrie demande l'aide de l'OTAN en invoquant l'article 5 du traité de Washington. À la tête de la première puissance mondiale, Bush cherche l'inspiration, rassemble ses connaissances de l'espagnol, et naît ainsi l'opération “Gazpacho justicier”, bien que Jeb Bush, un autre intellectuel de la même famille, soit partisan de la baptiser “Saucisse implacable”, mais c'est finalement la raison de George W. Bush junior qui s'impose.

– La saucisse est un cétacé rétractile et dubitatif ; par contre, le gazpacho est une buse virtuose, presque un aigle américain. J'en ai vu voler dans le ranch de José Maria Moncloa, argumente le leader du monde libre.

Dans le même temps, les 17 000 soldats, 51 navires de guerre et 185 avions de la République tchèque, de Hongrie (ainsi s'agrandit l'Union européenne) de France, d'Allemagne, de Grèce, d'Italie, de Hollande, du Portugal, d'Espagne, des États-Unis, du Royaume-Uni et de Turquie – pays exemplaire pour son respect des droits de l'homme – réaliseront un exercice humanitaire baptisé “Black go home” destiné à persuader, avec des arguments au plutonium appauvri et des coups de matraque, d'une prétendue invasion navale africaine.

– Toute ressemblance avec des faits réels est pure coïncidence, précise Condi Rice, scénariste du spectacle.

4000 marines de Fort Bridges, en Caroline du Nord, prestigieuse université qui a formé des humanistes de l'acabit de Rios Montt, D'Aubisson ou Videla, la brigade Alphonse XIII de la Légion et une compagnie de l'armée hongroise très friande d'empalements, animent de sympathiques scènes d'interrogatoires dans le style de Guantánamo. Il y a aussi des compétitions de pillage, et les *boys* du 2e corps expéditionnaire des Marines apprennent à leurs collègues des techniques pour faire disparaître des civils.

– Un peu comme des trucs de magie, précise Donald Rumsfeld, animateur de la manifestation.

28 chasseurs bombardiers F-18 fournissent par leurs vols rasants d'inoubliables délices acoustiques aux heureux estivants de la côte méditerranéenne, de Castellón à Malaga, et devant les plages de Cadix le porte-avions *Principe de Asturias*, les sous-marins *Siroco* et *Marsopa*, la frégate *Andalucia* et le chasseur de mines *Tambre* effectuent des manœuvres de protection de l'environnement par une série d'explosions de mines Damsel Fair-2002.

– Il n'y a pas la moindre ambiguïté précise Colin Powell, chargé du stand des hamburgers.

Pour donner plus de poids à ces manœuvres de paix durable, les États-Unis font intervenir un sous-marin nucléaire d'attaque, deux corvettes, deux vaisseaux amphibies, des hélicoptères Apache très appréciés par les Palestiniens et quelques bombardiers qui ont égayé les nuits de Belgrade.

L'organisation de la manifestation n'écarte pas l'opposition des éternels anticonformistes, pacifistes, écologistes, féministes, insoumis, défenseurs des droits de l'homme, *okupas*, gays, syndicalistes qui annoncent des grèves générales et tous les mauvais coucheurs qui ne comprennent pas que ces attractions printanières sont le meilleur préambule d'un été chaud.

Mais rien de tel n'inquiète le leader du monde libre, heureux de réaliser ces jeux de guerre en Espagne, un joli coin du Nouveau-Mexique célèbre pour son omelette aux pommes de terre et son pot-au-feu global.

Un jour de 1976, le général Herman Brady, ministre de la Défense de Pinochet, désireux de briller devant son chef, décida d'arrêter et de faire disparaître un diplomate espagnol qui travaillait pour l'ONU. Carmelo Soria était un honnête homme et, pour cette simple et élémentaire honnêteté, il avait toujours été aux côtés de ceux qui souffraient de l'horreur de la dictature. Jamais il ne prit une arme, jamais il ne participa à des réunions clandestines – mais légitimes – visant à renverser le tyran, il ne se souciait que des victimes, des gens qui un mauvais jour étaient arrêtés et disparaissaient de leur lieu de travail, de leur famille, de leur bar habituel, de la vie.

Michael Tonwley, un agent de la CIA en poste au Chili, décida de se charger personnellement de "l'objectif Soria".

Un détachement de la CNI – la gestapo chilienne – l'intercepta à la sortie de son bureau. Aussitôt on lui banda les yeux et on le jeta sur le plancher d'une auto sans plaques d'immatriculation. Plusieurs personnes assistèrent à son arrestation, certaines, vingt-cinq ans plus tard, sont disposées à comparaître comme témoins.

Carmelo Soria fut conduit dans la cave de Tonwley. La femme chilienne de celui-ci, l'écrivain Mariana Callejas, vit qu'on mettait le prisonnier nu et l'attachait à une chaise métallique avant de commencer les "interrogatoires". L'écrivain ferma la porte de la cave et regagna son salon où l'attendaient d'autres écrivains pour leur habituelle rencontre littéraire.

Carmelo Soria fut torturé, tandis qu'à quelques pas de là un groupe d'écrivains conversaient sur des problèmes de style, de tendances et sur les livres qu'ils écrivaient. Le 24 juillet 1976, un des tortionnaires décida d'expérimenter un nouveau supplice : il écrasa le cou de Carmelo Soria contre l'arête d'une marche. Plus tard, Tonwley devait justifier cela en reconnaissant qu'il avait eu "la main lourde".

Carmelo Soria aurait pu disparaître pour toujours dans cette cave, mais Herman Brady voulut pousser la leçon plus loin. Le corps de Soria fut chargé dans une voiture, conduit en rase campagne, arrosé d'alcool, après quoi la voiture fut volontairement accidentée et incendiée. Mais le feu ne put effacer les blessures de Carmelo Soria, et la thèse officielle d'un "lamentable accident provoqué par une conduite en état d'ivresse" fut démolie par un détail que les bourreaux ignoraient : Carmelo avait été abstinent toute sa vie.

Tous les efforts de sa veuve pour éclaircir les faits et faire juger les responsables se heurtèrent à la corruption des juges chiliens, avec la sale complicité du silence de ceux qui, aujourd'hui démocrates convaincus et néo-libéraux, voient dans tout éventuel procès de criminels un facteur de danger pour le modèle économique chilien, susceptible d'effrayer les investisseurs.

Vingt-cinq ans plus tard, grâce à l'opiniâtreté de la veuve de Soria et de l'avocat Joan Garcès, la justice espagnole a accepté d'enquêter sur l'assassinat d'un Espagnol et, il y a un peu plus d'un an, le juge Baltasar Garzón a envoyé à Interpol un mandat d'interpellation à l'encontre d'Herman Brady.

Jusqu'à début juin, Herman Brady était un délinquant international poursuivi par la justice espagnole. Tôt ou tard, il devait tomber entre les mains de la loi, c'est du moins ce qu'espéraient de nombreux honnêtes gens qui partageaient la même honnêteté que Carmelo Soria.

Mais il a suffi d'un arrêt de la Cour suprême, indiquant que les vivats à l'ETA proférés en France par un dirigeant de Batasuna ne pouvaient faire l'objet de poursuites judiciaires en Espagne, pour que les magistrats de la 3e section pénale de l'Audience nationale rendent caduc le mandat international d'interpellation de l'homme qui avait ordonné l'assassinat de Carmelo Soria.

C'est une sale histoire, comme sont sales les tentatives de classer toutes les plaintes pour violation des droits de l'homme et les crimes qui font honte à l'humanité. Espérons qu'un détergent moral imprégnera le ministère public de l'Audience nationale et que le style arrogant et tout-puissant du gouvernement ne contaminera pas ces magistrats.

“MOI POUR EUX, MÈRE, ET EUX POUR MOI”

Aux dernières heures du dimanche glorieux, je me vis contraint d’interrompre une longue lettre au Vatican demandant la canonisation immédiate du footballeur Iker Casillas, car des invités s’approprièrent la radio, non pour parler du prodigieux gardien de but de la sélection espagnole, mais pour jacasser toutes sortes bêtises sur la grève générale du 20 juin.

L’herméneutique, ou l’art de comprendre les arguments de l’autre, est l’éternelle absente des débats radiophoniques. Et allez savoir si c’est parce qu’on paye les invités par minute occupée ou grossière vanité d’esprits obtus, mais le fait est que j’entendis des prouesses verbales du genre de celles-ci : “Cette grève a un fond politique”, “C’est une démonstration de force à des fins politiques”, “Je ne vois aucune raison d’appeler à la grève générale”.

Quelqu’un, un vétéran de 1968 ou de 1977, devrait expliquer à ces gens-là que les grèves se font quand le pouvoir ne laisse aucun autre choix, qu’une grève est toujours une épreuve de force servant à manifester le rejet d’une décision politique qui, revêtue de légalité juridique, devient une obligation à laquelle doivent se plier ceux qui en seront le plus affectés. Et quant à ceux qui ne comprennent pas les raisons d’une grève, ils feraient mieux de lire la presse avant de parler dans les micros.

Le droit de grève, inscrit dans la constitution, est un droit politique et les dirigeants syndicaux, qui font partie des institutions démocratiques espagnoles, devraient par respect pour celles-ci insister inlassablement sur le fait qu’ils appellent à une grève générale pour manifester le refus de leurs adhérents d’une certaine conception politique de l’emploi, du travail, des prestations sociales et de l’économie, qui remet en cause une série de droits appartenant à la culture politique et sociale de l'Espagne démocratique.

Craindre le lien réel et inévitable entre grève et politique, c'est faire le jeu de ceux qui discréditent la politique dès qu'il s'agit de politiciens de gauche. Au cours de l'émission, on put entendre des propos d'une grande subtilité intellectuelle : "Ceux qui appellent à la grève sont des éternels fainéants", "En Espagne, nous aurions le plein emploi s'il n'y avait pas autant d'immigrés", "J'en connais beaucoup qui touchent le chômage et à qui il reste même assez d'argent pour le porter à la banque", "Ceux qui appellent à la grève sont les mêmes qui applaudissent ETA", "Celui qui veut bosser, il bosse, même si on lui offre un travail à cent kilomètres de chez lui !" Evidemment, aucun des participants ne voyait d'intentions politiques dans de telles affirmations.

Je me flatte d'être un connaisseur de la réalité européenne et espagnole de ces cinquante dernières années, réalité politiquement surprenante qui, entre autres conquêtes sociales, a permis aux Européens de jouir d'un bien-être jamais connu dans l'histoire du vieux continent, et qui suscite même l'envie des États-Unis.

Ce qui est en jeu avec la grève du 20 juin est beaucoup plus qu'un bras de fer entre les centrales syndicales et la toute-puissance dont fait preuve le gouvernement avec son décret. C'est une démonstration de force entre une culture de la solidarité et une vision mercantile de la société, entre des valeurs collectives qui doivent être léguées aux générations futures et une idéologie individualiste darwinienne, entre la culture du dialogue, qui conduisit par exemple au pacte de la Moncloa, et le pouvoir rigide, tricheur, autoritaire.

Le 20 juin, je me joindrai à la grève, je n'écrirai pas une ligne et j'emploierai cette journée de solidarité à parler avec mes amis syndicalistes de deux hommes d'État que j'ai connus : Willy Brandt et Helmut Schmidt. Tous deux ont été chanceliers d'Allemagne et n'ont jamais ignoré les syndicats. Ils ont engagé avec eux des pourparlers marathoniens qui se prolongeaient jour et nuit, et ne les ont considérés comme conclus qu'à la signature d'accords que les deux parties ont scrupuleusement respectés. Il serait bien que leur exemple fasse école en Espagne.

DROITS ET DEVOIRS

Régulièrement surgit une polémique sur la reconnaissance des droits des animaux, comme si l'existence de tels droits donnait au genre humain le prétexte d'ignorer ses devoirs envers des êtres qui nous accompagnent dans l'éphémère aventure de l'existence.

Bien sûr que le monde est plein de sadiques : ceux qui jettent un mouton d'un clocher d'église, ceux qui mettent le feu aux cornes d'une vache effrayée, qui coupent la tête de dindons et de canards au nom de la joie et de la fête dans tous ces villages appelés “les burettes de l'évêque” ou quelque chose dans ce goût-là. Donc, ceux-là, en plus de sadiques, sont de misérables crétins, à des années-lumière de comprendre la signification du mot droit, même en leur faveur, car allez dire au maire et aux conseillers d'un de ces bleds que ce n'est pas bien de larder un agneau de coups de couteau jusqu'à ce qu'il se vide de son sang en pleine rue et qu'ils ont le droit de se révolter contre la stupidité qui souille leurs mains et leur réputation.

Toutes ces horreurs sont clairement des délits commis contre la civilité et le sens commun, contre une majorité d'individus qui ont conquis le droit de vivre en harmonie avec les êtres qui accompagnent l'existence humaine, et ce droit s'exerce en accomplissant une série de devoirs éthiques et moraux.

Mais il est tout aussi évident que pour protéger les droits de cette majorité, on doit créer des mesures qui sanctionnent de façon exemplaire la maltraitance des animaux, et pourtant cette lapalissade n'est pas à la portée de tous les intellects.

Il y a quelques jours, le parti populaire a rejeté l'initiative présentée par le parti socialiste, Convergence et Union, la Gauche républicaine de Catalogne et Gauche unie visant à ce que la brutalité envers les animaux soit considérée comme un délit et, comme souvent, les bonnes intentions ont été confiées à une commission aussi anonyme qu'inefficace.

Que doit donc faire cette commission ? Découvrir l'évidente relation entre droits et devoirs ? Envisager des aménagements afin que les lois de protection – jamais les droits – des animaux qui existent dans d'autres pays européens ne dérangent pas le conservatisme qui incite aux horreurs décrites plus haut ?

Les êtres humains ont le droit de vivre, un droit consubstantiel à celui de préserver la vie, la mienne et celle d'autrui, celle qui nous entoure comme celle qui est au-delà de l'horizon. La bassesse de quelques-uns nous rabaisse tous lorsque la passivité de ceux qui sont chargés de garantir notre droit à nous lier raisonnablement avec l'environnement naturel, avec la formidable biodiversité de laquelle nous dépendons, se manifeste comme de la complicité avec les sauvages et les promoteurs de la sauvagerie.

Il est urgent de créer, outre des lois qui sanctionnent les mauvais traitements infligés aux animaux, des politiques qui montrent et soulignent l'importance des devoirs propres au genre humain, même s'ils contredisent les arguments grossiers des propriétaires de réserves de chasse, les débiles mentaux qui parlent de folklore rural, les astuces mercantiles des patrons de l'industrie cosmétique ou les pathologies sexuelles des chasseurs espagnols qui affichent leur déshonneur d'être les plus grands exterminateurs d'espèces protégées au monde.

Ne confondons pas le caractère indispensable de nos devoirs éthiques et moraux avec la reconnaissance de droits pour les poulets ou les ânes, encore que je suis sûr que l'âne investi comme tribun ne brairait jamais pour exiger que les ânesses touchent une retraite moindre que les mâles parce qu'elles vivent plus longtemps.

Accomplissons nos devoirs humains, faisons que leur respect soit la norme, car c'est ainsi que l'on pourra exercer le plus grand de nos droits : celui de vivre en harmonie.

EFFETS SOLAIRES

Il y a quelques jours, j'observai un couple de Nord-Américains sur la plage. La femme se protégeait du soleil brûlant sous un parasol à fleurs, tandis que l'homme rôtissait au mépris des conseils de sa conjointe qui l'invitait à partager son abri. Tout à coup, l'homme se redressa et, d'un pas décidé, se dirigea vers la buvette, sans doute à la recherche d'un rafraîchissement. Nous étions nombreux à le regarder marcher avec cet air de maître du monde si caractéristique de la candeur yankee, immunisé contre la paranoïa qui pénalise le simple fait de prendre le soleil, aussi fûmes-nous étonnés de le voir se cogner violemment contre un mur de pierre, à une vingtaine de mètres de la buvette.

Quelle châtaigne ! Il s'effondra le front ouvert et je sus qu'ils étaient nord-américains car je dus aider la femme, qui ne comprenait pas un mot d'espagnol et se méfiait des infirmiers asturiens. Du cou de l'homme pendait une chaîne avec une plaque des marines. Autrement dit, c'était un homme entraîné à supporter des conditions climatiques extrêmes telles que celles d'Irak ou d'Afghanistan, et pourtant il était allongé sur le dos sur une plage de la côte cantabrique.

Comment avait-il pu se cogner contre le mur ? Cette question et bien d'autres nous occupèrent un peu plus tard pendant que nous procédions à une hydratation de rigueur dans une cidrerie. L'un de nous, qui les avait vus manger, assura que c'était la conséquence d'un plat de fèves aux moules arrosé de Coca-Cola. Un autre, plus versé en questions solaires, expliqua que s'exposer ainsi au soleil, comme des gambas au gril, provoquait des délires passagers ou des attaques de connerie foudroyantes. Plusieurs verres de cidre nous poussèrent à rendre unanimement le soleil responsable de l'accident, jusqu'à ce que l'un de nous demande s'il ne faudrait pas que les Nations unies interdisent aux Nord-Américains de s'exposer au soleil, car se cogner contre un mur de pierre est une connerie pardonnable, mais décider au nom du monde quels dirigeants doivent avoir les Palestiniens, autoriser l'assassinat, en état de légitime défense, de Saddam Hussein, ou prévenir que sera attaqué tout pays faisant partie de l'Axe du mal, s'agit-il encore de conneries anodines ?

Le cidre est un extraordinaire hydratant pour la peau et l'esprit. Un des serveurs de *La Galana*, l'échanson le plus adroit et rapide de ce rivage des Asturies, expliqua à son tour que les cadres de Xerox auraient dû rester à l'ombre, car si les rayons solaires leur ont fait oublier les quelques milliers de millions de dollars qu'ils doivent au fisc, cela signifie, au moment où leur pays est en guerre, que le soleil fait fondre la patine protectrice du patriotisme. C'est bien vrai, renchérit un des réhydratés de notre groupe. Et il faut croire que les banquiers espagnols sont eux aussi contaminés puisqu'ils en oublient leurs gains dans les paradis fiscaux. Mais où ont-ils tous attrapé cette insolation ? Il faudrait inventer une crème solaire pour l'honnêteté, conclut-il.

Une dame soupira avant de s'hydrater avec le verre qu'on lui tendait et déclara que, connaissant bien la question, elle conseillait de revenir à la bonne vieille huile d'olive espagnole, la meilleure défense contre les ravages solaires. Regardez les hallucinations que provoque le soleil chez ce pauvre Pío Cabanillas, qui voit dix là où il y a cent mille, et cent mille là où il y a quatre pelés et un tondu, où encore chez ces garçons de la Royal Navy qui envahissent l'Espagne persuadés de se trouver aux Moluques, juste au moment où le ministre Piqué s'apprêtait à prendre un bain de soleil au sommet du Rocher de Gibraltar. Et tout cela à cause de ces tartines de crèmes et ces mixtures de la modernité ! s'exclama cette brave dame.

Vous êtes prévenus : prenez un bain de soleil, mais bien protégés, car cet été s'annonce très chaud et il n'est rien de pire que de se cogner contre les murs, qu'ils soient d'orgueil ou de connerie.

Entre le moment où le *Prestige* a lancé son premier SOS et le 10 décembre, le gouvernement espagnol a cité plus de cinquante fois l'opinion d'"experts" qui conseillaient d'éloigner au large le navire en perdition, mais jusqu'à maintenant aucun de ces experts n'a été identifié, de sorte qu'il est très difficile de savoir qui sont les responsables de ce qui s'est passé. Un fantôme hante l'Espagne, le fantôme de l'euphémisme qui appelle rejet une horrible marée noire, situation sous contrôle un manque absolu d'idées, et qualifie d'absence de solidarité le sans-gêne de ceux qui, lorsqu'ils gouvernaient, n'avaient non plus rien fait pour prévenir les catastrophes écologiques.

Qu'un gouvernement s'entoure d'experts, c'est logique et souhaitable, mais eux seuls seront habilités à conseiller et, de plus, le gouvernement choisit seul les experts qui l'aideront à prendre les décisions les plus fondées. Les Galiciens comptent beaucoup de gens de mer, de véritables experts, des connaisseurs du milieu marin, capables de juger et d'agir face à une urgence aussi terrible que celle de la marée noire provoquée par le naufrage du *Prestige*, et pourtant nul ne sait si un pêcheur ou marin galicien se trouve parmi les experts que le gouvernement maintient dans un étrange et mystérieux anonymat.

Les Galiciens, qui ont aussi l'expérience des feux de forêt, conseillent d'isoler le foyer de l'incendie, permettant ainsi de l'étouffer après qu'il a provoqué des dégâts limités. En aucun cas, ils ne recommandent de fragmenter ou d'éparpiller le feu, et c'est aussi ce que suggèrent les centaines de connaisseurs de la mer quand on annonce l'imminence d'une tragédie. Et non seulement en Galice, mais aussi dans les Asturies et au Pays basque, dans tous les bars de la côte, ceux qui savent ce qu'est une tempête, un bateau avarié, un tanker en difficulté et une marée noire, se désespèrent en voyant qu'on ne prend pas les mesures nécessaires qui s'imposent en de tels cas et tiennent en peu de mots : face au risque d'une grande tragédie, il faut chercher à limiter les dégâts.

La créativité déployée par les pêcheurs galiciens, qui ont transformé leur attirail de pêche en capteurs de merde noire, démontre que c'étaient eux, avant tout autre, qui auraient dû être consultés sur les premières mesures à prendre, mais malheureusement s'est imposée la solution autoritaire consistant à envoyer le bateau "au diable vauvert et que les autres (les Portugais) aillent se faire foutre", estampille d'un gouvernement de plus en plus loin des citoyens, de plus en plus aveuglé par l'orgueil de sa majorité absolue et conduit par un dirigeant plus déterminé à entrer dans l'histoire comme le bras droit de Bush qu'à gouverner l'Espagne.

À la solitude des Galiciens, des Asturiens et des Basques, qui connaissent la mer, vient s'ajouter l'indignation provoquée par les interventions du leader de l'opposition, plus soucieux de comptabiliser les mensonges du gouvernement que de reconnaître que les socialistes sont eux aussi responsables de la tragédie, et cela par omission, puisque confrontés par le passé à des catastrophes similaires, ils n'ont pas doté l'Espagne des mécanismes légaux, techniques et scientifiques qui auraient rendu impossible la répétition de la tragédie.

Le parti populaire comme le parti socialiste doivent certes consacrer leurs efforts à consolider les avancées démocratiques, c'est pour cela qu'on les paie, mais cela ne signifie pas qu'ils doivent rivaliser dans la gestion d'un même modèle économique fondé sur le profit pour le profit, en sacrifiant les principes afin de démontrer que, s'agissant de la défense de la liberté du marché, ils sont plus royalistes que le roi. Les politiques environnementales en Espagne sont et ont été un désastre conduit par des dilettantes sans idées. Tout ce qu'ont fait les successifs ministres de l'Environnement est d'errer sur une mer qu'ils ne connaissent pas et que, conséquence d'une idéologie du développement privée d'éthique, ils méprisent.

Il est bien tard, trop tard, pour prendre les mesures qui auraient dû être prises préventivement, mais nous avons encore le temps d'écouter le discours honnête, sans euphémisme, qui dira une fois pour toutes aux citoyens la véritable ampleur de la tragédie et, surtout, qui leur apprendra en vertu de quel accord secret on permet à des épaves flottantes comme le *Prestige* de sillonner les mers avec leurs cargaisons mortelles. Permettre que les mafias russes embarquent du combustible sur des navires aux pavillons de complaisance, aux équipages inexpérimentés et mal payés, qui naviguent "dans l'attente d'instructions" pour savoir à qui ils vont vendre leur chargement en violant de multiples lois du commerce international, ne relève pas du hasard. Est-ce là une manière de renforcer l'économie russe pour en faire un grand pouvoir d'achat face aux nations de l'Est qui intègrent l'Union européenne ? Les citoyens d'Europe méritent de connaître la vérité, le dessous des cartes. Par exemple, nous méritons de savoir si nos hommes politiques sont prêts à nous défendre de la voracité du mercantilisme irrationnel qui s'est immiscé dans la politique, au détriment de l'éthique sur laquelle elle devrait se fonder.

Il y a quelques années, j'ai assisté à des réunions avec des pêcheurs galiciens, asturiens et basques. Le débat, d'une grande honnêteté, portait sur la nécessité d'en finir avec la pêche à la traîne, non seulement pour préserver les espèces marines, mais surtout une forme de vie, de sociabilité, de culture. On demandait aux pêcheurs un énorme sacrifice et ils l'ont accepté. Que je sache, on n'a jamais demandé à un pétrolier le moindre sacrifice au nom de la préservation de la vie.

L'écrivain nigérien Ken Saro-Wiwa a été assassiné le 10 novembre 1995 sur l'ordre exprès de la Shell Oil Corporation. Son grand tort avait été d'exiger des mesures de prévention environnementales auprès des grandes mafias du pétrole.

C'est le plus beau des mots car il recèle un désir qui ne peut se prononcer que libre de tout cynisme, et que l'on répond à ce mot en le répétant avec la même sincérité. *Shalom*, que la paix soit avec toi, *Shalom*, que la paix soit avec nous.

Mais aujourd'hui, ce mot fondamental, fondateur pour la coexistence humaine, a chaque jour moins de valeur, moins de poids, car une situation d'injustice délibérément maintenue entraîne les Palestiniens dans le tunnel sans issue du terrorisme et laisse les mains libres aux secteurs les plus durs de la société israélienne, aux faucons comme Sharon, pour commettre les pires crimes au nom d'une idée messianique, celle du grand Israël.

J'écris tous les jours à mes amis juifs, qui sont pacifistes, laïques et représentent la seule garantie d'une coexistence réelle entre cultures différentes mais voisines. Ils représentent aussi la partie la plus saine d'Israël, celle qui désire une société démocratique et civile, libre de la pression des fondamentalistes religieux, libre de la grande perversion engendrée par la manipulation de l'histoire, qui donne aux victimes d'hier le droit d'être les bourreaux d'aujourd'hui. Mes amis me disent qu'à chaque attentat terroriste meurent des civils, des passants qui mangeaient une glace ou sortaient du cinéma, et qu'à chaque réplique de Sharon meurt une partie d'Israël.

Hier, l'holocauste nous a horrifiés, et la Shoah est devenue une part de la mémoire collective de l'humanité. En regardant des photos de Treblinka ou d'Auschwitz, nous sommes saisis d'effroi, de honte, mais aussi de la détermination de ne pas permettre qu'un autre peuple serve de bouc émissaire et soit anéanti du seul fait d'être différent. *Shalom* fut le seul mot qui est venu à nos lèvres pour saluer les six millions de juifs assassinés par les nazis.

Mais aujourd'hui, que pouvons-nous dire aux centaines, aux milliers de Palestiniens assassinés par la démence d'un général à la pathologie biblique ?

Les nazis tatouaient des numéros sur la peau des juifs, aujourd'hui les juifs marquent des numéros sur la peau des Palestiniens, et un officier de l'armée israélienne a beau préciser que "ces numéros peuvent s'effacer", nous assistons à la même perversion, et les nations, surtout l'Europe, la contemplent avec la même passivité qu'autrefois l'holocauste.

Il est naturel que l'Europe ressente une dette historique envers à la société israélienne, il est logique qu'Israël soit un partenaire invité et privilégié par l'Union européenne, il est normal que l'Europe mette l'accent sur ses devoirs envers Israël, mais il est aussi naturel, normal et logique, et plus encore c'est une obligation morale, que l'Europe exige d'Israël le respect des lois universelles, lesquelles, par exemple, interdisent de considérer les hôpitaux comme des objectifs militaires, d'empêcher l'assistance aux blessés, de tirer sur le personnel médical ou sanitaire, de bombarder des écoles et de répondre à des attentats terroristes, aussi détestables et condamnables soient-ils, par d'autres attentats terroristes que sont les assassinats ciblés.

Le désespoir d'un peuple sans patrie, sans droits, privé de la certitude d'une terre ou d'une maison, est le meilleur bouillon de culture pour le terrorisme. Et cependant rien de cela ne justifie le terrorisme, tout comme rien, aucune considération, aucun statut de victime, ne justifie qu'Israël maintienne les Palestiniens dans un tel état de désespoir.

Hier comme aujourd'hui, nous haïssons les nazis pour ce qu'ils ont fait subir aux juifs, aux tziganes, aux homosexuels, aux opposants. Aujourd'hui, demain, les juifs seront-ils haïs à cause de ce qu'une caste guerrière commandée par Sharon se permet de faire subir aux Palestiniens ? À Auschwitz et à Mathausen, à Sabra, Chatila et Gaza, le nazisme et le sionisme se donnent la main.

Avec tout le scepticisme qu'engendre la réalité, les Européens qui veulent réellement la paix espèrent que le sommet de Barcelone, que la présidence espagnole de l'Union européenne servent au vieux continent à récupérer sa souveraineté et à imposer ce qu'il a de meilleur au Moyen-Orient : la raison.

L'Europe ne doit pas consentir à ce qu'un guerrier texan et un soldat de la haine noient le mot *Shalom* dans un autre bain de sang.

"MONDO CANE"

Il y a deux jours, je me suis arrêté pour faire le plein dans une station-service de Castille-León. La matinée était splendide et après avoir bu un café, j'ai décidé de faire quelques pas pour me détendre les muscles, ce qui est à conseiller lorsqu'il reste encore trois cents kilomètres avant d'arriver chez soi. Je vis alors un type qui, discrètement, le regard torve, l'air sournois, attachait un chien aux barbelés séparant les champs de la station-service. Après quoi il s'éloigna à la hâte, monta dans sa voiture sans tourner la tête et démarra en trombe.

Je sais que l'histoire est classique et sa fin prévisible : un pauvre clébard abandonné sur la route et écrabouillé par un camion. Comme j'ai des chiens et que je les aime, je décidai de tordre le destin de ce nouvel orphelin, je m'approchai, le détachai et le vis s'élancer désespérément vers l'autoroute. Là, il flaira l'air pur du matin, gémit et se coucha, résigné à son sort, ou peut-être confiant dans le retour de son maître. Il reviendra, il ne peut pas être si dur, semblait penser le chien.

C'était un berger majorquin au poil brillant, dont les grandes pattes trahissaient un âge de moins d'un an. On distinguait encore sur son cou la marque du collier qui portait peut-être une plaque à son nom. Je m'approchai plus près de lui et, tremblant de peur, il se laissa embarquer sur la banquette arrière de ma voiture. Au bout de cinq minutes de route, il était assis à côté de moi, tel un compagnon silencieux qui me regardait de temps en temps puis tournait la tête vers la route.

– Patience, camarade. On va le retrouver, lui dis-je. À quoi le brave toutou répondit par un profond soupir de doute.

Deux heures plus tard, dans une autre station-service, je reconnus la voiture du fugitif et me garai à côté. L'homme ne tarda pas à sortir de la cafétéria, l'oreille collée à son téléphone portable. Dès qu'il le vit, le chien entama un concert d'aboiements joyeux, je lui ouvris la portière et il se précipita vers son maître avec des bonds de jubilation, en remuant la queue, peut-être lui pardonnant de l'avoir abandonné et promettant de ne plus mettre la moquette en charpie, renverser les pots de fleurs ni déchirer ses journaux sportifs.

Le type blêmit.

– Je te rappelle, dit-il avant de ranger son téléphone. Il mentit aussitôt, niant connaître ce chien qui ne cessait de bondir autour de lui.

– Ça ne se fait pas, ce genre de chose, vous ne pouvez pas être aussi dur, lui dis-je pour engager la conversation.

On a beau avoir vécu dans différents pays et parler plusieurs langues, l'accent d'origine nous trahit et le bonhomme crut trouver dans ce détail un argument salvateur.

– Fais gaffe à toi. Je peux te faire virer du pays, menaça-t-il avec l'assurance de celui qui sait que la stupidité et la toute-puissance jouissent d'une impunité absolue.

– C'est bien possible, mais avant ça tu vas aller faire un tour avec le chien à la SPA et tu vas leur expliquer pourquoi tu veux t'en débarrasser. Après on verra, répondis-je à cet Européen qui sentait la friture. Ce qui l'incita à lâcher quelques jurons et à ressortir le portable – que beaucoup de crétins considèrent comme une baguette magique.

– Je vais appeler la police et tu vas comprendre ! annonça-t-il sans composer le moindre numéro.

Flairant quelque chose de bizarre entre nous, le chien cessa de gambader. Ce type était son maître, son chef, mais il l'avait abandonné. Moi, je m'opposais à la volonté de son maître, j'étais contre lui, lequel des deux devait-il croire ? semblait-il se demander.

Finalement, le type ouvrit sa portière d'un geste rageur, le chien grimpa dans la voiture et, tout triste, s'installa sur la banquette arrière. J'imagine que certains chiens doivent sentir la lâcheté.

Je le suivis à une certaine distance, décidé à sauver le chien s'il l'abandonnait de nouveau, jusqu'à ce que la voiture s'arrête devant un immeuble. Et là eut lieu le miracle : un gosse se débarrassa de son sac à dos d'écolier et se précipita pour embrasser le chien.

Fin de l'histoire. Non. Je repris la route, la sortie du tunnel du Negrón baignait dans un épais brouillard typiquement asturien et je m'y enfonçai avec reconnaissance, car le voile d'humidité m'abritait de tant de misère humaine.

LE JUSTICIER

Il y a quelques jours j'arrivai à l'aéroport des Asturies pour un long vol vers Göteborg. Le ciel était nuageux, comme souvent dans le Nord, et je me félicitais d'être témoin des merveilles technologiques qui rendent chaque fois plus sûrs les transports aériens. Au comptoir de Spanair, rivale d'Iberia, régnait une solitude inquiétante, alors que nous étions à une demi-heure du décollage pour Madrid. Optimiste incorrigible, je souhaitais que le café matinal fasse du bien aux filles en bleu qui, je n'en doutais pas, allaient apparaître dans deux minutes. En attendant et comme le ciel restait nuageux, je fis des commentaires à voix haute sur les nouveaux instruments de la tour de contrôle qui permettaient de faire décoller et atterrir les avions dans les pires conditions. Certains passagers réagirent en souriant, d'autres me regardèrent comme un dément.

Alors qu'il restait à peine quinze minutes avant le décollage, les gens commencèrent à rouspéter, réclamant à cor et à cri le contrôleur, le "responsable", quelqu'un. Enfin, une fille superbe en uniforme bleu arriva en courant et, attendant que l'insupportable sonorisation propre à tous les aéroports couvre sa voix très basse, elle murmura que le vol était suspendu pour "raisons techniques" et, d'un geste, nous invita à quitter les lieux.

Comme personne n'avait compris, un chœur furieux lui demanda de répéter et, une fois de plus, elle attendit le fond sonore pour dire la même chose.

Aux murs de cet aéroport, comme dans la plupart, est suspendue une curieuse décoration : une immense affiche aux lettres bleues qui informe sur les droits, garantis par mille clauses, les accords internationaux et les dispositions diverses dont peuvent bénéficier les passagers. L'une d'elles porte sur l'obligation de la compagnie de faire en sorte, en cas d'annulation du vol, que le voyageur puisse arriver à destination. Ce dont je me prévalus pour indiquer qu'un vol d'Iberia partait dans vingt minutes et qu'il y avait peut-être des places libres.

La fille en bleu me regarda décontenancée avant de préciser qu'une telle décision serait à mes frais et, une fois de plus, tenta de s'éclipser, mais les passagers frustrés l'en empêchèrent, commençant, à l'espagnole, à raconter leurs mésaventures ou celles de parents proches, culminant dans un "la plaisanterie a assez duré !", "jusqu'à quand on va se moquer de nous !", mais aucun ne fit allusion à ses droits, pourtant si bien affichés aux murs.

La scène était observée par un gamin de cinq ou six ans qui, d'une petite voix timide, rappelait à son père – lequel était en train de raconter les péripéties d'un vol Cancún-Madrid – qu'il lui avait promis une glace. Le garçonnet portait un masque – de Zorro ou du Cavalier masqué –, qui lui donnait un air de justicier, mais personne ne lui prêtait attention. C'était au fond une représentation de la vieille histoire de l'humanité. Le vol fut tout bonnement annulé : la culture du décret autoritaire est contagieuse. Tout le monde se retira furieux.

Pendant que j'attendais au guichet d'Iberia, je vis de nouveau le petit justicier masqué avec une glace à la main. Il la goûtait et faisait la grimace. Je lui demandai pourquoi il ne l'aimait pas, cette glace, et il me répondit qu'elle était acide, au citron, et qu'il en voulait une à la crème. Je lui posai une autre question : "Tu as vu ce qui s'est passé ?" et il fit oui d'un hochement de tête. "Si tu fais ce que je crois que tu veux faire, je t'achète une glace à la crème", murmurai-je au petit vengeur masqué. Le gamin acquiesça et se dirigea à pas menus vers le comptoir de Spanair, où il se hissa sur la pointe des pieds et répandit l'odieuse glace avec plaisir et une délectation manifeste.

Je tins parole et lui achetai une double glace à la crème, car les justiciers, il faut toujours bien, très bien les traiter.

ET LÀ-DESSUS L'ORAGE ÉCLATA

Au début des années 80, j'ai eu l'honneur de rencontrer Graham Greene au Panama. Des nombreux souvenirs que je garde de cette conversation, chez le général Torrijos, il en est un que j'aime particulièrement. Greene, le méditatif scrutateur de l'âme humaine, se sentait frustré de n'avoir pas été capable d'écrire un roman dont il n'avait que la dernière phrase : "Et là-dessus l'orage éclata." Il s'agissait d'une histoire où la stupidité se déchaînait dans un groupe d'hommes au cours d'un été torride, et l'orage était destiné à ramener la raison et l'ordre naturel des choses.

Quand on pense à la débauche de stupidité de l'été dernier, qui n'a été ni torride ni estival, on aimerait que quelque chose vienne rétablir la raison et un tant soit peu d'ordre. Et, comme si cela ne suffisait pas, les orages se sont succédés sans toutefois parvenir à refroidir les esprits enfiévrés d'un Bush déclarant à West Point que les États-Unis attaqueraient sans préavis ceux qui s'opposeraient à eux, d'un John Ashcroft, ministre de la Justice, expliquant la nécessité de faire de chaque citoyen un mouchard dans le style de ceux de la Stasi ou de la Gestapo, d'un Gaspar Llamazares ayant perdu le nord, incapable de comprendre que, d'un point de vue éthique de gauche, face aux nazis d'ETA et de ses collaborateurs, on ne doit pas céder un pouce de terrain démocratique, d'un José Maria Aznar annonçant son absence au rendez-vous le plus important de la planète, le sommet mondial sur le développement durable à Johannesburg, car au moment où les estivants fuyaient l'Espagne à cause des modifications climatiques provoquées par le monde industrialisé, les trois quarts de la population mondiale auraient aimé entendre du dernier président de l'Union européenne un rapport sur son action pour lutter contre l'effet de serre, la faim dans les pays pauvres, les causes du grand problème de l'immigration et pour élargir les mesures de précaution contenues dans le protocole de Kyoto. La défection d'Aznar priva une fois de plus l'Europe d'une précieuse occasion d'affirmation morale, de rétablissement de dialogues fondés sur la raison – invention européenne majeure – face à l'unilatéralisme criminel des États-Unis. À tout cela s'ajouta une fois de plus l'intellectuel texan qui, comme un salut dépourvu de toute provocation au sommet de Johannesburg, annonça sa détermination à lutter contre les incendies forestiers en abattant les arbres des grandes forêts d'Amérique du Nord. Jamais il ne fut plus vrai que ce sont les arbres qui cachent la forêt.

Et pendant ce temps il pleuvait, la moitié de l'Allemagne disparaissait sous les eaux de l'Elbe, des villes russes inondées étaient évacuées, on ne sait combien il y eut de morts en Chine à cause des crues, mais cet orage nécessaire, celui qui aurait dû refroidir les esprits des dirigeants du monde développé ne se produisit pas et, semble-t-il, ne se produira jamais, car face aux problèmes urgents de l'humanité, la présidence danoise de l'Europe débute par une proposition bien singulière : contrôler toutes les communications personnelles des citoyens de l'Union européenne, y compris les courriers électroniques et les appels téléphoniques, et les stocker (où ? par qui ? pourquoi ?) pendant un an.

Inutile de dire que le gouvernement espagnol approuve cette mesure, puisque le 11 juillet dernier, la majorité du parti populaire a approuvé la loi 34/2002 de services de la Société d'information et de commerce électronique (LSSI), qui reconnaît dans son article 12 le "devoir de rétention de données relatives aux communications électroniques".

Comme Graham Greene, j'ai bon espoir qu'un jour toute cette bêtise sera balayée d'une phrase : "Et là-dessus l'orage éclata."

Un soldat obéit et se tait, prône l'abject catéchisme militaire qui, on a du mal à le croire, compte encore des adeptes. Une année s'est écoulée depuis que l'intellectuel texan qui préside les États-Unis a déclaré la guerre aux talibans, à la population afghane et à deux familles pachtounes qui ont eu l'arrogance de célébrer un mariage sans la permission des autorités d'occupation, mariage qui s'est terminé par les restes des mariés, des témoins et des invités éparpillés sur un rayon d'un kilomètre. Ces bergers afghans faisaient partie de "l'Axe du mal" qui menace, selon Bush, la "liberté" et "notre mode de vie", notions qui à force d'être répétées par un handicapé moral ont perdu toute valeur et toute transcendance.

L'Europe a envoyé des soldats combattre l'Axe du mal sur l'aride sol afghan, et à l'intellectuel texan se sont jointes des lumières du vieux continent : Aznar et Berlusconi sous couvert de majorités absolues qui portent gravement atteinte au jeu démocratique, et Tony Blair, dont l'inefficacité politique devait trouver de toute urgence une porte de sortie pour faire bonne figure. Ces quatre "hommes d'État" – du moins à leur manière car ils ne comprennent leur rôle de gouvernants que par le refrain "l'État, c'est moi" – s'apprêtent à envoyer des soldats européens en Irak.

Les soldats doivent se taire, mais parfois ils parlent, ce qu'a fait un groupe d'officiers des forces d'élite allemandes, en un bilan plus que désolant sur la présence et la participation européenne en Afghanistan. Profitant d'un stage d'entraînement intensif dans le désert d'Arizona destiné à les familiariser avec l'environnement irakien, ces soldats ont fait part de leur crainte de se retrouver dans une voie sans issue où ils ne seront que des cibles de la colère que provoquent toujours des forces d'occupation, car ce sont les Européens qui assument les "erreurs de calcul" des pilotes nord-américains qui ont fauché de trop nombreuses vies de civils ou "d'éléments non impliqués".

Selon ces officiers allemands, il est absolument faux qu'il existe un commandement international auquel participent les pays qui envoient des troupes. Ce sont uniquement les Nord-Américains qui donnent les ordres et décident des objectifs à attaquer, sans la moindre consultation des forces européennes positionnées en première ligne sur l'hypothétique front, lesquelles, par exemple, ont prévenu les bombardiers nord-américains que l'un des édifices qualifiés de caserne d'Al Quaida, était en réalité une enclave alliée, occupée par des soldats hollandais. Les Américains ont bombardé et cinq soldats hollandais sont tombés sous le "feu ami". Il n'y eut ni excuses ni explications, et il n'y aura aucune enquête.

Un officier allemand se demande : "Je tombe sur une humble femme âgée qui a peur pour ses deux chèvres et ses six poules, et deux jours plus tard le commandement américain informe que cette vieille femme fournit des vivres à Al Quaida. Ma formation de soldat m'incite à ouvrir une enquête, mais le commandement américain ordonne un "*dog and pony show*" et, d'un hélicoptère, ils mitraillent la vieille, les chèvres et les poules. Les Nord-Américains sont convaincus de mener une guerre sainte. À leurs côtés, nous pouvons oublier toute notre formation sérieuse".

Les officiers allemands disent que l'Afghanistan a été nettoyé des terroristes d'Al Quaida et ils savent que, avec les autres forces européennes, ils devront rester sur place jusqu'à ce que le commandement américain en décide autrement, ce qui leur paraît improbable puisque le sol aride d'Afghanistan et la misère de ses habitants sont devenus la chasse gardée des pilotes US. Un autre officier explique : "Ça donne la nausée d'entendre les pilotes de l'US Air Force se vanter de la précision de leurs bombardements, de leurs détecteurs de chaleur qui révèlent la présence humaine sur les cibles, sans qu'aucun d'eux ne se demande qui sont ceux dont la chaleur guide les bombes."

Ces déclarations de soldats accroissent le refus allemand de participer à l'aventure belliqueuse contre l'Irak. Il suffit pour s'en rendre compte de consulter la presse allemande de ces deux dernières semaines. Pourvu qu'en Espagne quelqu'un se soucie de savoir ce que pensent les Européens qui vivent au-delà des Pyrénées.

Il n'est pas de plus grande satisfaction que de recommander un livre que l'on aime, que l'on relit souvent, en accomplissant le rituel du choc de deux états d'esprit – ainsi que "Papa Ernest" définissait l'acte de lire – et en quittant ses pages avec l'agréable sensation d'avoir rendu visite à un ami chez qui les portes sont toujours ouvertes et où se trouve une gourde débordante de vin, d'amitié et d'histoires.

La première fois que j'ai lu *Le Vieil Homme et la Mer* j'avais seize ans, l'âge où une loi naturelle nous rapproche des grandes découvertes et des révélations majeures. Ce livre m'a marqué et a déterminé ma passion de lecteur. J'ai découvert dans ses pages que la vie n'avait de sens véritable que si nous l'assumions, décidés à mener à bien nos entreprises, sans nous soucier de savoir si elles comptent pour les autres. La grande solitude du vieux pêcheur est pleine de gloire, son rêve est pur car il culmine avec la réussite d'un objectif personnel ; lui seul peut aller jusqu'au bout de son aventure, et s'il ne le fait pas, lui seul sera responsable de l'échec et n'aura de comptes à rendre qu'à lui-même. Et cette illustre solitude le rend universel, héritier de Prométhée et d'Icare, d'Ulysse et de Don Quichotte. Lors d'un voyage à Cuba, j'ai eu la chance de connaître Gregorio "Goyito" Fuentes, un pêcheur canarien ami d'Hemingway, qui lui servit de modèle pour son magistral personnage. Chez lui, à Cojimar, il m'a raconté que Papa Ernest passait souvent de longues heures le regard perdu vers la mer, ou qu'il palpait la consistance de l'appât et le sentait avant de le piquer aux hameçons, ou encore que, au risque de se couper les doigts, il tenait la ligne pour en sentir les vibrations et les secousses. Intrigué, Goyito voulut savoir pourquoi il faisait tout cela et Hemingway lui répondit par une autre question : “Tu crois que dans le golfe il y a un poisson pour nous ? Pas n’importe quel poisson. Je te parle de *notre* poisson.”

C’était pendant les premiers mois de 1951 et Ernest Hemingway qui, un an auparavant avait publié *Au-delà du fleuve et sous les arbres*, feignait de se sentir très heureux dans son rôle d’écrivain qui, ses devoirs accomplis, profitait de vacances bien méritées. Mais Goyito savait que ce n’était pas vrai. Papa Ernest s’installait à la poupe du *Pilar*, le bateau qu’il partageait avec le pêcheur canarien – et qui se trouve toujours à Cojimar –, et lui demandait d’ouvrir des bières pendant qu’il taillait les crayons qu’il avait toujours sur lui. Puis il lui disait : “Et maintenant, mon vieil ami, partons à la recherche de notre maudit poisson”.

Un jour de la même année, l’écrivain offrit à son ami une page de cahier, et vingt ans plus tard, Goyito la sortit de la boîte de havanes où il rangeait ses trésors pour me la montrer. Papa Ernest avait écrit : “Tout en lui était vieux, sauf ses yeux ; ceux-ci avaient la couleur même de la mer, ils étaient joyeux et invaincus.”

Avec *Le Vieil Homme et la Mer*, j’ai découvert que la littérature immortelle est la littérature des grands personnages et que les écrivains comme Hemingway misent tout, mettent tout en jeu pour que rien ne vienne troubler l’omniprésence des personnages, car ce sont eux qui racontent réellement l’histoire à un écrivain qui met en forme leur récit.

Le Vieil Homme et la Mer est peut-être le plus hemingwayien de ses romans, car le vieux sait perdre presque aussi bien que l’auteur et ne recule ni ne rejette rien devant la fatalité.

Gregorio Goyito Fuentes est mort l’an dernier, âgé de cent quatre ans, un cigare Cohiba entre les lèvres. Mais Santiago continue de remorquer sa dignité, de la défendre contre toutes les bêtes, sans savoir s’il pourra arriver au port d’origine.

Ernest Hemingway s’est suicidé à Ketchum, dans l’Idaho, en 1961, mais l’écrivain Papa Ernest continue de vivre dans ses livres et une photographie qui le montre serein, avec ses cheveux blancs au vent et sa barbe chenue encadrant les “taches foncées du cancer bénin de la peau que le soleil provoque par ses reflets sur la mer tropicale".

Bienvenue à un classique. Bienvenue à la rencontre avec le grand roman de la dignité d'un homme, qui a marqué beaucoup de générations. Bienvenue aux pages du *Vieil Homme et la Mer.*

DIRTY LINE...

Il y a quelques jours, avec un bon ami que je ne nommerai pas, nous parlions de la stupidité, humaine bien sûr, car nous sommes la seule espèce à jouir d'une telle qualité. L'ami en question avait découvert un beau jour que la stupidité avait évolué jusqu'à atteindre le rang de négoce, et fort rentable, ainsi que le révèlent les millions d'onanistes qui se branchent sur Internet tous les soirs et ceux qui dépensent l'argent qu'ils n'ont pas en appelant les plus étranges services de téléphonie érotique. Mon ami décida d'ouvrir une ligne rose, dont je ne donnerai pas le numéro pour ne pas le saturer avec un surcroît d'appels.

Dans les pages "Relaxation" et "Services" d'un journal, il publia l'annonce suivante: "Pepe, grossier, vulgaire, humiliation verbale." Quelques heures à peine après l'arrivée du journal dans les kiosques, il reçut le premier appel. "Comment tu t'appelles, connard?" salua mon ami. "Manolo, insulte-moi", répondit le client. "Donne-moi une bonne raison, crétin", insista mon ami. "Je suis d'accord avec la réforme de l'éducation", dit le client, qui reçut naturellement plusieurs minutes d'insultes, d'humiliations et de mauvais traitements verbaux qui le laissèrent heureux et détendu, du moins s'il faut en croire les halètements et les soupirs qu'il émit avant de raccrocher.

La richesse lexicale est désignée par le vocable allemand *Wortschatz*, trésor de mots. Et les Allemands appelleraient *Schmutzschatz*, trésor de saleté, la richesse d'insultes de mon ami, richesse qui lui fut très utile pour répondre aux centaines d'appels qu'il reçut les premiers jours et qui firent le bonheur des dirigeants de Telefonica. Mais voilà que la deuxième semaine, il fut appelé par un type qui se présenta comme un militant du PSOE, opposant qui ne s'opposait pas et convaincu que celui qui dort avec un chien ne se réveille pas forcément avec des puces. Il fallut alors recourir aux meilleurs livres publiés ces dernières années, dont l'*Inventaire général des insultes* qui, au format du dictionnaire de l'Académie royale, devrait figurer dans toute bibliothèque ou toute *dirty line* qui se respecte…

Partisans de l'éducation religieuse, investisseurs de Gescartera, cadres d'Iberia, animateurs de radio, responsables de programmes de la télévision publique, gauchistes qui ne savent plus où est le fascisme, abonnés de la presse érotique, criticaillons littéraires et bien d'autres individus du même acabit reçurent les humiliations pour lesquelles ils payaient, recommandèrent la *dirty line* à leurs collègues en perversions et mon ami commença à perdre sa voix car sa conscience professionnelle lui disait que la bonne insulte et l'humiliation optimale devaient être accompagnées d'emphase, de cris péremptoires, de cette saine émotion de l'homme ordinaire qui, à l'heure de l'apéritif, allume son téléviseur pour voir et entendre son président dire qu'entre Saddam Hussein et Bush il préfère ce dernier, et s'exclame : "Ben voyons, et moi entre manger de la merde et manger un amuse-gueule je préfère ce dernier, mais pourquoi diable devrais-je envisager de bouffer de la merde, je n'ai pas voté pour ça !"

À la perte de voix succéda l'épuisement des insultes, l'humiliation verbale sans substance, le dénigrement féroce changé en chamaillerie de grand-mère, car le type en question, après avoir écouté le silence des gouvernants et des leaders devant une guerre impériale – quoi que dise l'ONU et quels que soient les méandres du raisonnement – dont l'unique objectif est le pétrole, et où seuls se partageront le butin du peuple irakien ceux qui baisseront leurs pantalons face à l'empire, ce type donc, s'appropria les insultes et en fit le seul langage possible pour répondre aux ignorants et aux pusillanimes qui n'ont pas cherché la signification du mot guerre et moins encore à réfléchir à ses conséquences.

Mon ami est sur le point de fermer sa *dirty line* mais, incurablement optimiste, il s'apprête à en ouvrir une autre. Les jours prochains, il compte publier une annonce dans les pages "Détente" : "Pepe, moralité, cohérence, intelligence et éthique. Politiciens soumis s'abstenir".

ANNONCES D'ESPOIR

Nous, les êtres humains, avançons seuls en traînant nos doutes comme s'il s'agissait d'un patrimoine scandaleux qu'on nous a légué de force et rien ni personne ne se soucie d'y apporter une réponse. Il y a même des annonces qui nous remplissent d'un espoir soudain pour ensuite accroître notre déception. Dans le Madrid des Habsbourg j'ai vu dans la vitrine d'une mercerie un avis qui était une véritable invitation : "Nous donnons des explications." Je suis entré et j'ai demandé à une dame, d'un âge indéfini, de m'expliquer pourquoi un diplomate ne peut soutenir qu'il préfère les solutions diplomatiques aux bombardements sans être publiquement blâmé. Cette brave dame me menaça avec ses ciseaux et me montra la porte. Un peu à l'écart, dans la rue Cartagena, il existe une quincaillerie ornée d'une autre annonce prometteuse : "On prend les mesures." Le patron, un quincaillier à l'ancienne, béret sur la tête, patient, m'a écouté sans marquer le moindre étonnement quand je lui ai demandé de prendre des mesures contre ceux qui refusent aux jeunes le droit de compter sur un toit et quatre murs, et nient la spéculation foncière en alléguant que de toute façon nous avons trop d'argent. Plus loin encore, à Cáceres, j'ai trouvé une pharmacie qui, sur seize azulejos, finement travaillés, offre des "doses exactes". Décidé à m'initier à la philanthropie, j'ai demandé au pharmacien de me préparer plusieurs doses exactes de mesure, d'honnêteté et de décence, pour les envoyer immédiatement à plusieurs dirigeants de multinationales, mais sans succès, car l'apothicaire s'est contenté de me montrer un flacon d'aspirine *light*, peut-être la dose exacte pour guérir d'un demi-rhume, se libérer de la moitié de la morve et soulager une moitié de la tête de la gueule de bois.

À Barcelone, dans les labyrinthiques rues de Gracia, une vannerie annonçait : "Ici on fabrique des armatures", mais ils se sont refusé à fabriquer une armature légale qui obligerait Israël à respecter les résolutions de l'ONU ou ferait comprendre à Ibarretxe qu'il y a de nombreux Basques qui ne sont pas nationalistes. À Bilbao, une boutique de décoration offre généreusement des "idées pour tous", mais l'annonce n'est pas assez visible. À Sepúlveda, un innocent décret municipal dit qu'il est interdit "d'uriner et de déféquer en public", menaçant le contrevenant d'une amende de deux pesetas. Avec les scandales de Gescartera et du lin, c'est sur nos têtes qu'on a déféqué et les auteurs d'une telle prouesse n'ont même pas reçu la sépulvédienne sanction de deux pesetas.

Le monde est plein d'annonces inquiétantes. Dans un magasin de Bogotá j'en ai vu une promettant la "tranquillité à domicile", mais le local était vide. À Jalisco, dans une ébénisterie de Tlaquepaque, on peut lire : "nous respectons toutes les nuances", mais personne n'invite le président des États-Unis à visiter ce temple de la tolérance. Dans le quartier portègne de San Telmo, un antiquaire annonce : "merveilles d'autrefois", mais rares sont les habitants de Buenos Aires qui osent franchir le seuil du magasin.

J'ai des photos de nombreuses annonces, mais il en est une qui m'inquiète particulièrement depuis quarante ans. Je l'ai découverte dans la rue Nataniel, à Santiago, quand j'étais tout jeune. Dans une vitrine, un carton déteint annonçait : "œuf à vendre". Ma première intention, il y a si longtemps, fut d'appeler et de suggérer d'écrire œuf au pluriel, mais je ne le fis pas. Ainsi donc quelqu'un tente de vendre un œuf ? De quel oiseau ou reptile ? Quelle créature jurassique se cache dans cette cellule de calcium ? Chaque fois que je vais au Chili, je passe devant cette vitrine et je tremble devant la présence de ce fantôme du passé, à peine contenu dans la fragilité d'une coquille.

Pour ma consolation, en me promenant dans Oviedo j'ai découvert une annonce prometteuse : "Je donne des cours de tout", preuve qu'il y a encore des savants dans le monde, et dans le quartier de Cimadevilla, à Gijón, l'honnêteté à outrance, la promesse sans équivoque, l'offre sincère s'annonce sans simagrées sur la façade de la Taverne du Pléonasme : "On cuisine à manger."

Ma grand-mère Susana a vécu cent deux ans et le seul mot grossier qu'elle prononça, mais très souvent, fut *picaro*, qui lui servait à qualifier certains personnages qui le méritaient réellement. Nous, les Chiliens, sommes amoureux des jurons de gros calibre, et ce *picaro* dans sa pure sonorité nous paraissait inoffensif, mais il suffisait de voir l'expression de ma grand-mère quand elle prononçait ce mot et il ne subsistait aucun doute sur sa signification.

Il y a des gens qui vantent le *picaro*, en référence à la picaresque, comme s'il s'agissait d'une vertu. Rien de plus erroné, car le *picaro* n'a d'autre but que celui de causer du tort à autrui, à l'abri de l'impunité concédée par l'acceptation de la picaresque comme un moindre mal, voire un mal sympathique.

Ainsi, par exemple, le plombier qui après un examen oculaire des dégâts dans les canalisations de la maison, réfléchit, se livre à des calculs qu'il est le seul à comprendre, prend son temps, jusqu'à ce que notre porte-monnaie commence à s'angoisser et que nous demandions le prix de la réparation. Alors, un cure-dents à la bouche et regardant ailleurs, le plombier questionne : "Avec ou sans facture ?" Si la réponse est "sans facture", immédiatement le *picaro* nous jette un regard en coin et nous inscrit dans son répertoire des pigeons mais si, exerçant nos devoirs de citoyen qui valorise le mode de vie d'une société civile et civilisée, nous lui répondons "avec facture", parce que nous voulons que la Sécurité sociale et les transports en commun fonctionnent, que l'éducation publique ne meure pas, et pensons que tout cela et plus encore s'obtient en payant des impôts que nous considérons justes, alors le *picaro* se vengera en annonçant un prix exorbitant et, plus tard, au bar, en compagnie d'autres *picaros*, il racontera qu'il est tombé sur un couillon et cocu par-dessus le marché.

Si les *picaros* n'habitaient que dans notre quartier, ce ne serait pas mieux pour autant. Car si nous acceptons un moindre mal comme prix de consolation, de quel droit allons-nous critiquer les *picaros* installés aux plus hauts postes ?

Il y a quelques jours, à propos de la visite d'Aznar aux États-Unis, la presse a révélé l'existence de quatre citoyens espagnols détenus parmi les milliers – on ne sait combien ni où ils sont – d'étrangers arrêtés pour déterminer les responsabilités et les complicités avec les auteurs des attentats terroristes contre les Twin Towers et le Pentagone. Bush est un *picaro* texan qui, en annonçant au compte-gouttes la première guerre du siècle, demanda aux dirigeants européens : soutenez-vous cette guerre, avec ou sans facture ? La facture s'appelle respect des conventions de Genève, sécurité pour la population civile, engagement formel de ne pas bombarder des objectifs civils, garanties du respect inconditionnel des droits de l'homme de toutes les parties impliquées et, dans le cas de pays alliés, le plein exercice du droit à informer et à être informés. Mais les dirigeants européens ont glissé le cure-dents de la picaresque entre les lèvres et répondu : sans facture.

Des quatre Espagnols détenus, l'un, Angel F.N., est un malade mental qui, selon les autorités nord-américaines, est en prison depuis plus de deux mois à cause de son visa périmé. Un tel crime le condamne à ne pas avoir d'assistance juridique, à ce que sa famille ne soit pas informée de ses conditions et lieu de détention, à ne pas connaître les faits qui lui sont reprochés en relation avec l'enquête. Le cure-dents picaresque à la bouche, les autorités américaines ont informé que les trois autres sont des Espagnols d'origine pakistanaise, et les *picaros* installés dans les salles de rédaction du modèle unique de désinformation, ont insisté sur ce détail, sans qu'aucune voix ne se soit élevée pour faire remarquer que la citoyenneté est une et qu'il n'existe pas de catégories déterminées par l'origine.

En apprenant le futur incertain qui attend ces quatre citoyens espagnols, Aznar, au lieu d'exiger que ses compatriotes bénéficient de toutes les garanties légales auxquelles ils ont droit, se contenta, le cure-dents au bec, de recommander de "renouveler de temps en temps son visa pour éviter d'avoir une grande frayeur".

Ceux qui ne partagent pas l'éthique discutable de la picaresque savent que ces quatre Espagnols ont eu un peu plus qu'une simple frayeur : leurs droits ont été violés et ils risquent d'être jugés par des tribunaux militaires, selon des lois d'exception et privés d'un avocat librement choisi.

Et nous savons aussi que le visa, comme tous les papiers qui nous lient à une société civilisée garantissant nos droits, ne se renouvelle pas "de temps en temps", car les devoirs qui nous incombent ne s'accomplissent pas selon le désir arbitraire du *picaro.*

L'empire de la picaresque est triste. Que diront de moi, au bar, les *picaros* qui liront ces lignes ?

Bush, à qui l'on venait de mentionner un pays sud-américain, tourna aussitôt son visage d'intellectuel texan tourmenté vers Donald Rumsfeld, lequel ne pouvait dissimuler sa tristesse devant les quelques sénateurs en désaccord avec son modèle de société fondé sur le citoyen mouchard. Uruguay, lui répéta-t-on, une main respectueuse lui enleva des mains la carte de l'"Axe du mal" constellée des objectifs à bombarder et lui rappela – car aux présidents il faut toujours rappeler – qu'il s'agissait d'un petit pays, d'une société très cultivée, avec tous les dangers que cela comporte, servant depuis vingt ans de paradis fiscal aux alliés secondaires de l'empire. Une grande partie de l'argent employé par les multinationales pour corrompre la classe politique globalisatrice latino-américaine est passée par les banques internationales installées à Montevideo et à Colonia. Et une grande partie de l'argent des corrompus est passée par ces mêmes banques avant d'atterrir dans les institutions plus sérieuses des îles Caïman, de la Suisse ou de Monaco. Les banques nationales comme la BHU, une institution bien enracinée destinée à financer des plans de logements sociaux, ou la Banque de la République orientale d'Uruguay, symbole de la confiance citoyenne, n'ont jamais participé aux bénéfices de la globalisation, autrement dit, elles n'ont pas participé à la vague de corruption, mais devant le retrait accéléré de fonds provoqué par la crise manifeste d'une économie alimentée par la spéculation, elles ont été obligées de mettre en place le même *corralito*, cet enclos qui a kidnappé, volé, ratiboisé les économies des Argentins.

Le système fonctionne ainsi : un corrompu ou une entreprise étrangère argentine, brésilienne ou chilienne retire ses bénéfices et les dépose dans un paradis fiscal, l'Uruguay en l'occurrence.

La banque internationale, généralement liée à ces entreprises corrompues, place ces fonds pour les multiplier. Quand survient une situation critique, toujours provoquée par la croissance ou la non-croissance de l'empire, à son tour dépendant de l'impunité des magouilles en son sein, les corrompus et les investisseurs décident de retirer leurs fonds, et comme la banque internationale les a déjà investis, on puise dans les caisses publiques du pays et si ce n'est pas suffisant dans l'épargne de ses habitants. Cette formule, à laquelle Keynes n'avait même pas songé et qui n'avait pas traversé l'imagination de Marx, est le *modus operandi* du Fonds monétaire international. C'est sa grande recette et de son application dépend l'"aide" qu'il fournira pour résoudre la crise.

Cette explication, que Bush comprit à sa manière, le conduisit tout d'abord à ordonner que tous les Uruguyens soient enfermés à Guantánamo, mais une voix sereine, peut-être celle de Colin Powell, lui fit remarquer que cela faisait beaucoup de monde. Alors, sur un coup de théâtre très à l'américaine et qui dépasse le meilleur Berlanga, Bush décida de retirer 1 500 millions de dollars de la réserve fédérale, en petites coupures, lesquelles, escortées par un détachement de marines, furent transportées par avion à Montevideo.

Une telle générosité "américaine" fut bien accueillie par la banque internationale et les cipayes locaux s'empressèrent de légiférer, ou plutôt de légitimer le vol infligé à la classe moyenne et aux pauvres d'Uruguay. Mais ils oublièrent de mentionner que ces 1 500 millions de dollars devaient être payés immédiatement, en retirant la moitié des 3 000 millions accordés par le FMI pour résorber un manque de liquidités avoisinant les 6 000 millions.

L'économie est complexe, son langage quasi cryptique, bien peu lisent les pages saumon des journaux, mais désormais plane un grand doute planétaire : peut-on faire confiance aux banques ?

Les intimes de Bush, ce patron raté qui a réussi à faire fortune en vendant des actions au-dessus de leur prix quelques heures avant qu'elles chutent, assurent que le dirigeant de la première puissance mondiale n'a confiance qu'en sa propre tirelire, un petit cochon de Disney très discret et facile à transporter.

En Amérique du Sud, les tirelires ont la forme de petits cochons, de vaches, de poules ou d'autres animaux sympathiques, les gens aussi ont confiance en elles, mais ils savent qu'à tout moment le FMI peut les suspecter d'être des militants d'Al Quaida et les enfermer dans n'importe lequel des *corralitos*, des enclos à venir.

Un fantôme hante le monde : le livre de Joseph E. Stiglitz, le meilleur manuel pour comprendre pourquoi le système ne fonctionne pas.

Daniel Moore savait piloter les avionnettes. Il me l'a raconté avec son humour habituel un soir d'automne à Stockholm, pendant que nous parcourions une belle forêt au cours d'une partie de chasse. Nous cherchions des escargots, ces gros escargots que Daniel allait préparer au beurre et à l'ail et servir sur de grands plateaux ornés de petits drapeaux suédois.

Daniel aimait et admirait la Suède. Comme de nombreux exilés, il entretenait une relation passionnelle avec ce pays fraternel et solidaire qui lui avait offert un toit, du travail, l'amour et des amis, de nombreux amis pour toute la vie, car Daniel était de ces hommes qui vouent un culte à l'amitié.

Lors de ce pantagruélique festin d'escargots, il y avait, parmi de nombreux Suédois, des invités chiliens. Je me rappelle Kalki Glauser, acquiesçant en silence aux indications de Daniel qui s'efforçait de nous faire comprendre que la dynamique du vol consiste à résister à deux pressions, et le poète Sergio Infante Reñasco, plus soucieux de la distribution équitable du vin que des audaces aéronautiques de notre hôte.

Daniel aimait la Suède et le monde scandinave. Les longues, les interminables nuits d'hiver qui étaient une invitation à la lecture, à l'étude, et les interminables journées d'été où la vie se réconcilie avec les hommes. Il connaissait le système politique suédois et je crois qu'il avait raison de soutenir que c'était une voie possible pour un pays comme le Chili, à l'époque encore sous l'atroce dictature de Pinochet. Il expliquait patiemment comment les Suédois avaient réussi à établir un modèle de bien-être palpable, non une misérable invention statistique, qui servait de base à un exercice vaste et honnête de toutes les libertés. Il analysait, étudiait, se livrait à des comparaisons historiques pour formuler un projet social-démocrate applicable à la réalité chilienne. C'était un beau rêve, un bel envol de Daniel Moore, qui s'écrasa contre le crétinisme et la pauvreté intellectuelle d'une classe dirigeante qui n'a pas eu le courage de comprendre que le plein exercice des libertés est la base du développement et que celui-ci a impérativement besoin de justice.

Durant ce mémorable festin d'escargots, un Chilien lui demanda de raconter une anecdote sur lui et Salvador Allende, qui lui avait longtemps valu le détestable surnom de morveux. C'était arrivé après les tragiques événements de Lo Hermida, en plein gouvernement populaire. Les carabiniers avaient tiré sur les gens, faisant plusieurs morts, ce qui provoqua d'âpres discussions au sein de l'Unité populaire. Allende se rendit à Lo Hermida où il engagea un rude débat avec Daniel. Fatigué, Allende finit par lui dire : "Écoutez, camarade, vous avez raison, et moi aussi, mais je vous rappelle que vous appreniez encore à vous moucher quand j'étais depuis longtemps déjà dans la politique." Daniel encaissa la réplique du vétéran et sa relation affectueuse avec Allende commença ce jour-là.

Nous avions dit qu'un de ces jours, sans préciser lequel, nous irions voler dans le ciel du Chili, mais il fallait d'abord abattre la dictature et Daniel y consacrait tous ses efforts. Développer la solidarité suédoise et internationale avec les persécutés, accélérer les démarches de demandes d'asile de nombreux camarades qui arrivaient en Suède, les inscrire dans des cours de langue, leur procurer un toit, un travail, un peu de paix. Réaliser des collectes, rassembler des fonds institutionnels pour la revue *Análisis*, autant de tâches accomplies par Daniel Moore.

Après plusieurs années sans nous voir, nous nous retrouvâmes à Santiago, le jour même où Patricio Alwyn accédait à la présidence et où s'achevait formellement la dictature, le jour de la joie promise. Il formait une chaîne humaine avec les jeunes du mouvement Sebastián Acevedo qui, devant La Moneda, s'interposaient entre des provocateurs et les forces de répression qui finirent par charger contre ceux qui essayaient d'éviter l'affrontement. Au milieu des gaz lacrymogènes, nous nous sommes donné l'accolade et rappelé l'engagement de voler dans le ciel chilien.

Nous ne pûmes jamais le faire, mais nous en parlions à chacune de nos rencontres. Puis il partit. Il retourna en Suède d'où il décolla pour son dernier vol.

Peu importe, camarade. Chaque fois que je regarde le ciel, c'est pour me rappeler que nous avons un vol en attente, qui se fera dans un roman, dans le ciel turbulent du Chili ou dans le paisible ciel de Suède, ce pays solidaire qui t'a offert ton dernier refuge.

LE BIEN ET LE MAL

Bertrand Russell, un des rares savants ayant le sens de l'humour ("S'arrêter de fumer est très facile, je l'ai fait cent fois"), commençait souvent ses conférences ainsi : "Les choses sont plus ou moins comme ça", énoncé qui est aujourd'hui plus que recommandable pour comprendre les événements. Pendant des siècles, nous avons tenté de définir la frontière entre le bien et le mal, tâche qui s'est compliquée de manière directement proportionnelle à la capacité caméléonesque du mal et à la pauvre ingéniosité du bien. Mais, par chance, l'humanité possède un Colin Powell, ce petit brun qui nous a fait miroiter la diplomatie avant de nous mettre le pistolet sur la tempe, et, avec la candide simplicité du *soul,* nous a expliqué que le bien est distinct, identifiable, clairement visible et, comble de ridicule, porte la marque Made in USA sur son code barres.

Les sociologues, économistes et historiens peuvent gagner du temps et cesser de chercher des explications à une guerre globale qui en quelques jours à été réduite aux dimensions de l'Irak. En Espagne, le gouvernement a pris parti pour le bien et la majorité des Espagnols pour le mal. La très sainte Trinité des Açores a illuminé les trois protagonistes de la crise majeure de la légalité mondiale, ainsi que le sympathique Portugais qui servait des verres d'eau déguisée en porto, car l'un des trois ne tolère ni l'odeur ni la vue d'un bouchon, et pendant ce temps le Malin sortait d'une mer de goudron et s'introduisait dans les consciences d'une majorité écrasante, mais sans défense face à la volonté du mal.

L'explication de Powell – chante-t-il de languides *spirituals* dans les réunions de la Maison Blanche ? – incite à brûler sur-le-champ des centaines de bibliothèques et à fermer d'urgence de nombreuses universités, car pourquoi chercher midi à quatorze heures s'il est clair que les attentats du 11 septembre ont été l'œuvre du Mal et non la tragique conséquence de la désastreuse politique extérieure américaine ? Un autre 11 septembre, celui de 1973, dont le même Powell, tout en faisant du chantage au président chilien Lagos, a dit ne pas se sentir "très fier", a été un incontestable triomphe du bien. Les invasions de Grenade et de Panama, les massacres en Indonésie, à Sabra et Chatila, sont de candides victoires du bien, que seuls les partisans du mal persistent à voir d'une autre manière, et des plus perverses, au moyen de la raison et de l'étude.

Les arguments de ce guerrier sérieux converti en prédicateur confirment les nombreux soupçons que les partisans du bien ont toujours nourris envers les Français. Un pays qui a inventé le bidet ne peut être que du côté du mal, et les Lumières, le cinéma et les droits de l'homme sont de toute évidence inspirés par le mal. Et que dire des Allemands, bien que leurs créations tels la *blitz krieg* – la guerre éclair – et les bombardements de populations civiles comme à Guernica ou Lidice aient été, bien sûr, des éclairs du bien ; plus tard le mal s'empara d'eux, les transformant en promoteurs de ce chef d'œuvre du mal qu'est le rêve d'une vieille Europe unie et respectueuse de la légalité internationale.

Grâce aux paroles de Colin Powell, nous savons enfin où est le bien et où est le mal, qui sont les bons et les méchants, notions qui n'admettent de nuances qu'aux yeux du mal.

Et puis arriva le pape. Je suppose naïvement que le copyright de l'éternelle discussion entre le bien et le mal appartient à l'église catholique. Possédant les droits, le pape aurait dû faire un rappel à l'ordre. Lui qui fut acteur dans sa jeunesse et qui est véritablement un homme très cultivé sait bien qu'en Europe, dans la vieille Europe cultivée, on préfère écouter la vieille discussion entre le bien et le mal en latin et, mieux encore, chantée par les moines de Silo. Les litanies spirituelles de petits bruns aux yeux blancs écarquillés sont très bien au cinéma et ne doivent pas sortir de l'écran, elles y sont à l'abri du mal qui, apparemment, grandit sans donner de signes de vouloir s'arrêter. Les choses sont plus ou moins comme ça.

Il y a trente ans que je porte cette date maudite, comme la pierre tombale qu'un pays, les États-Unis, a posée sur ma jeunesse et sur des milliers d'autres comme moi. Car le putsch militaire fasciste qui mit fin à la démocratie au Chili ne fut pas une idée de Pinochet et des autres parjures, ni même la responsabilité du seul Kissinger, qu'on aimerait voir devant le Tribunal pénal international, ni de Nixon en personne, ce grand farceur des années 70. Ceux qui décidèrent d'écraser la démocratie chilienne sont les mêmes qui viennent de ruiner l'Argentine, l'Uruguay, l'Équateur, voire le Brésil, car ils savaient que le jeu démocratique loyal ne leur aurait jamais permis d'implanter des modèles économiques reposant sur la négation de toutes les valeurs de la civilisation occidentale, auxquelles les citoyens du Tiers-Monde ont droit eux aussi. La grande tragédie de la fin du XXe siècle et du début du XXIe commença au Chili, car mon pays fut un champ d'expérimentation, un précédent qui permit plus tard à Margaret Thatcher et à Ronald Reagan d'assurer la victoire de l'empire du marché sur l'éthique, du darwinisme économique sur l'idée légitime d'égalité des chances.

C'est au Chili qu'a commencé l'expérimentation globale qui a dénaturé la politique, corrompu “l'art du possible” et imposé la force comme unique argument du pouvoir. C'est la grande défaite de ma génération, c'est ma défaite de citoyen du monde, et elle pèse comme une pierre tombale, de tout son poids, chaque 11 septembre.

Il y a un an, à cette date maudite s'ajouta la tragédie prévisible de New York car il n'était pas nécessaire d'être un grand spécialiste du Moyen-Orient pour comprendre que les Américains avaient déchaîné une force de haine irrépressible en formant des terroristes en Afghanistan, en soutenant les satrapes d'Arabie Saoudite, du Koweit, des Émirats arabes, ces pays où on ne respecte pas un seul des droits de l'homme, et en avalisant la politique raciste de la droite en Israël. La politique internationale des États-Unis a toujours été la politique d'une nation sans histoire, de clans liés au pouvoir économique ou de lobbies qui dictent leurs décisions au gouvernement. L'unilatéralisme de George Bush n'est pas nouveau, il obéit à une forme traditionnelle de l'être nord-américain égocentrique et ignorant, à la conviction que la logique n'est pas un exercice de la raison mais un calcul de bénéfices pour le clan au pouvoir.

J'ai de la peine pour les victimes de mon 11 septembre, et aussi pour celles du 11 septembre nord-américain, mais il y a une grande différence : mes camarades savaient pourquoi on les tuait, ils savaient que c'était là le prix à payer pour rêver d'un monde meilleur, en revanche les pauvres victimes du World Trade Center n'ont pas su pourquoi elles mouraient.

Les morts de mon 11 septembre réclament justice. Ceux des tours jumelles aussi. Mais à qui ? Au FBI ? À la CIA ? À Bush, averti du danger par Mubarak ? Sur les victimes de New York s'abattit la pire pierre tombale destinée à empêcher de déterminer les responsabilités : la stèle du chauvinisme, la saloperie de l'*american way of life*. Des milliers de drapeaux, le show de la douleur diffusé à la télévision, un type comme Rudolph Giuliani, qui a converti la police de New York en juge et bourreau au mépris de toutes les lois, présenté comme le héros de la journée, Bush changé en cinquième cavalier de l'Apocalypse, déclarant la guerre à "l'Axe du mal", annonçant à West Point que les États-Unis attaqueraient qui que ce soit, où que ce soit et à tout moment, qu'il y ait ou non des raisons d'attaquer, et tout cela face à la soumission et à la pusillanimité de dirigeants européens parmi lesquels on compte de prodigieux intellectuels comme Aznar ou des monuments de moralité comme Berlusconi. Auxquels il faut ajouter les leaders de cet hybride appelé centre gauche européen, qui ne se sont jamais prononcés pour dire s'ils étaient solidaires des victimes gisant sous les décombres ou de l'empire et de ses appels à vengeance.

À cette date maudite, j'ai mal pour mes morts, ainsi que pour ceux de New York, mais mal aussi pour les milliers d'hommes et de femmes – on ne sait combien – qui depuis plus de deux ans se trouvent dans des prisons secrètes, sans inculpation, sans défense, sans jugement, sans existence réelle : des disparus.

À cette date maudite, j'ai mal pour les centaines de pauvres diables – on ne sait combien –, misérables analphabètes au service des seigneurs de la guerre afghans, toujours financés par les États-Unis, qui pourrissent aujourd'hui à Guantánamo, sans inculpation, sans procès, sans défense, les mains liées, les yeux bandés, les oreilles bouchées, sans savoir où ils sont : des disparus.

À cette date maudite, j'ai mal pour les morts et les vivants de Palestine, soumis à la corruption d'Arafat, à la volonté exterminatrice de Sharon et à la terreur de l'extrémisme islamique, et j'ai surtout mal pour mes amis d'Israël, les gens de gauche en Israël, les meilleurs hommes et femmes du monde, qui continuent de croire en la paix et la possibilité d'une société laïque, civile et démocratique.

ADIEU, MAESTRO !

À 0 h 30, le 5 août, Francisco Coloane, capitaine de la *Mer du Sud*, donna un coup de barre et mit le cap de sa vie d'honnête homme, d'immense écrivain, d'ami très cher, de camarade et de maître, sur le port définitif d'un voyage final et sans retour.

Alors que je suis en train d'écrire, bouleversé par cette nouvelle, je revois son allure robuste de marin, debout face aux vagues et cherchant du regard les passes entre les îles de l'archipel de Chiloé, aux Guaitecas, au milieu du canal Moraleda, ou encore débouchant des eaux tumultueuses du canal Baker dans le golfe des Peines. Le vent de la Terre de Feu souffle avec force, mais don Pancho manœuvre habilement pour placer le bateau côté sous le vent et permettre à tous ces gens simples, humbles et héroïques, qui ont navigué dans les livres de ce généreux capitaine des pauvres du Sud, d'aborder sains et saufs.

De Coloane j'ai appris que nous, les écrivains, ne pouvons être que d'un côté de la barricade, que nous sommes d'abord des hommes, des citoyens, des défenseurs des droits de l'homme et, s'il nous reste du temps, des écrivains. De Coloane j'ai appris la rigueur et le respect avec lesquels je dois écrire sur les miens, sur les marginaux de la terre, sur ceux qui créent la richesse et n'en profitent jamais. De Coloane j'ai appris la discipline, le travail quotidien, la satisfaction de la page et du livre écrits sans concession. Il m'a appris beaucoup et maintenant que la nuit est tombée, devant la mer cantabrique chahutée par les vents du nord, je pleure en serrant les dents, comme pleurent les hommes du Sud avant d'accepter le naufrage. Cela aussi, don Pancho Coloane me l'a appris.

Je le revois à Rome, à Madrid, à Paris, entouré de centaines de lecteurs. Tout à coup vient le tour d'une jeune fille qui lui tend un livre pour qu'il le signe. Don Pancho lui demande son nom, elle répond "Rosella", et Coloane lui dit qu'ainsi s'appelait une belle goélette qu'il avait vu accoster dans un port de Chine et que la première personne qui avait posé le pied sur la terre ferme était une très belle femme chargée d'une mission aussi secrète que dangereuse. Ne partez pas, avait dit don Pancho à Rosella, quand on aura terminé, je vous raconterai la fin de l'histoire.

Il marchait un jour dans Saint-Malo lorsqu'un garçon, un de ses fervents lecteurs français, lui dit qu'il avait l'air très fort. Fort, moi ? s'exclame don Pancho. L'Olonnais était fort ! Tu vois les pieux du brise-lames ? Comme il ne disposait pas de beaucoup de temps à terre, l'Olonnais faisait attacher un câble aux pieux, à l'autre bout il donnait deux tours de cabestan et comme ça, avec la toile côté au vent, il réglait lui-même la tension du câble, si bien que le navire était en permanence prêt à appareiller. Lui, c'était vraiment un homme fort !

Un autre jour, à Madrid, à la sortie du café Gijón, je le vois, enthousiaste, avec deux jeunes auxquels il raconte le sort tragique de tous ceux qui se sont lancés à la recherche de la cité perdue des César, dans les mille vallées d'une région appelée Trapananda, et qui, dit don Pancho, n'était peut-être qu'une invention du génial García Hurtado de Mendoza.

J'avais quinze ans quand j'ai commencé à dévorer ses livres et aujourd'hui je suis ému de constater que ses lecteurs, en France, Italie, Espagne, Grèce, Portugal, Allemagne, Belgique, Hollande, Danemark et Slovénie, sont majoritairement des jeunes, amoureux de ses histoires, de sa prose impeccable et de sa manière unique de raconter.

Je l'ai lu à l'âge de quinze ans et je l'ai rencontré pour la première fois à plus de quarante ans. Avant de partir à Santiago, j'avais commandé dans le meilleur magasin d'articles de marine de Hambourg une casquette bleue réservée aux officiers de la marine marchande. Quand je suis allé la chercher, on m'a demandé le grade de l'officier, son nom et celui du bateau pour les inscrire sur l'étiquette. J'ai répondu : Francisco Coloane, capitaine de la *Mer du Sud.* Quelques jours plus tard, j'ai frappé à sa porte et j'ai su immédiatement que le vent croisé du Beagle rend fou les marins, que les courants du Corcovado sont traîtres comme les barracudas, que seul le lent déplacement des cachalots permet de repérer les bancs de sable de la mer de Weddell, et que nous étions des amis, de grands amis, embarqués sur le même navire.

Quand les bateaux quittent Hambourg et descendent l'Elbe vers l'estuaire de Cuxhaven, à Wedel, un vieux loup de mer les salue au mégaphone, en criant: "Ohé! Marins du *Red Star* en route pour Valparaíso! Bon vent et bonne mer! Ohé! Ohé! Ohé!"

Ce soir, devant la mer cantabrique, je hisse à ma fenêtre le drapeau de salut et je crie à la mer houleuse: "Ohé! Francisco Coloane! Bon vent et bonne mer! Ohé! Ohé! Ohé!"

UN HÉROS DU *FUMBO*

J'aime le football, le foot, le ballon rond, comme on voudra, et je déteste tout autant le *fumbo*, grotesque phonème employé par les violents fiers-à-bras qui avilissent ce noble sport populaire. Il y a quelques jours, les télévisions du monde entier diffusaient une lamentable scène de violence avec Rivaldo, le "meilleur joueur du monde", numéro cent des dix dernières années. Il semble qu'un spectateur mécontent avait manifesté un légitime désaccord face à un sous-doué dont le seul talent est de bien manœuvrer le ballon, quand il le veut, quand la cote de ses jambes est à la baisse et qu'il faut faire quelque chose pour animer l'esprit rien moins que sportif des dividendes, des gains et toutes ces magouilles qui sont l'apanage de ce qu'on appelle le monde du sport professionnel.

L'homme qui reçut une raclée de Rivaldo – et de quelques-uns de ses soigneurs – s'était peut-être contenté de lui dire ce que réclamait son cœur de supporter, et on peut se demander ce qui se serait passé si ses critiques avaient porté, par exemple, sur la disproportion criante entre les gains des dirigeants de clubs et le triste état des stades, entre l'avidité des contrats et le mépris envers le sport amateur, entre les salaires, les primes et les prix des joueurs d'élite et l'abandon de tant de vieilles gloires qui ont fondé l'art des rencontres bien jouées.

Un garçon modeste qui se distingue entre mille, peut-être meilleurs mais qui restent à mi-chemin, devient facilement un crétin au volant d'une Jaguar. La grande machinerie commerciale le transforme en tee-shirts, brosses à dents, porte-clés et, ce qui est pire, en modèle à suivre, en référence pour une jeunesse qui rejette la notion d'effort pour parvenir au succès et se résigne à accepter le triste succédané de la chance. C'est ce que m'a expliqué dans un restaurant de Lisbonne un grand du ballon rond, un vrai : Eusebio.

Rivaldo, l'idole, s'imagine que la chance l'autorise à s'en prendre à quiconque ose le critiquer. De là à l'acceptation des guerres ou des attaques préventives il n'y a qu'un pas, et très petit, et si les idoles fabriquées dans la boue des favelas et à coups de dollars deviennent un modèle à suivre, il ne faut pas oublier que la peste et le crétinisme se propagent à la même vitesse.

On peut se demander comment il réagirait – du moins s'il comprend de quoi il s'agit – si un supporter manifestait son étonnement parce qu'un groupe inscrit à l'UEFA dispose d'un budget supérieur à celui de la santé ou de l'éducation de nombreux pays d'Afrique ou d'Amérique latine, ou exprimait sa réprobation face aux milliards que brasse le football publicitaire. Un rapport récent de l'Organisation mondiale de la santé indique que 25 % à peine de ce qu'engrangent les clubs grâce à leurs soi-disant "sponsors" auraient suffi à éradiquer le SIDA dans toute l'Afrique.

J'aime le football, le foot, le ballon rond, ou comme on voudra. En Espagne, je suis un supporter du Sporting de Gijón et j'en suis très fier. Je souffre de voir ses faibles moyens, mais je suis ému par l'opiniâtreté des jeunes valeurs de sa pépinière. En Amérique latine, je suis un mordu du Chaco Forever, bien que la vieille équipe du Chaco ne figure même plus en troisième division et joue sur des terrains sans lumières ni vestiaires. Et en Europe, mon cœur vibre pour La Roma, une équipe qui, lorsqu'elle a gagné la Ligue des champions, a donné une fête populaire de deux semaines qui a redonné la joie à la capitale italienne assombrie par la grossièreté berlusconienne. J'aime le sport des sports, pratiqué par des hommes de l'envergure de Kubala, Pelé, Luis Enrique, Maradona, Carlitos Cazelly, mais je déteste profondément les petits rufians qui roulent en Porsche et ne sont pas fichus d'aligner deux mots.

Rivaldo mérite une sanction exemplaire de la FIFA, qu'elle n'infligera pas car l'argent est roi. Quevedo aurait été un supporter acharné du Valencia et, comme don Francisco l'aurait sûrement dit, j'affirme que les seules jambes qui méritent d'être assurées sont celles de Maribel Verdú.

L'Europe est un continent qui possède des valeurs et un patrimoine culturel servant précisément à préserver ces valeurs. Voir Chirac et Schröder dîner à La Cigale – vin blanc allemand et vin rouge français – tandis que de l'autre côté de l'Atlantique Donald Rumsfeld déclarait avec mépris que ces deux hommes d'État étaient la "vieille Europe" provoqua un soupir de tranquillité chez tous ceux qui croient que de la souveraineté politique européenne dépend le fragile équilibre du monde civilisé, dans le sens où ce qui constitue l'avancée majeure de la civilisation est le plein respect du droit et la résolution pacifique des conflits.

Rumsfeld, ministre de la Défense des États-Unis, affirmait que le dynamisme européen était désormais à l'Est et citait, avec une ferveur propagandiste, les récentes adhésions à l'OTAN et à l'Union européenne comme une inclinaison de la balance en faveur du clan des faucons rêvant de retourner à l'époque de la guerre froide.

Ce qui est véritablement "vieux", c'est de revenir à une époque de confrontation irrationnelle et il est lamentable qu'un intellectuel comme Vaclav Havel ait oublié que la guerre nucléaire, évitée grâce aux efforts allemands par la signature des accords ABM, avait pour cadre le sol européen. Demain, le ressentiment du monde arabe humilié retombera sur l'Europe. Que la construction de l'Union européenne n'ait pas été un chemin facile et que les institutions communautaires soient encore faibles et nombre de leurs résolutions peu efficaces, les Européens ne le savent que trop ; mais ils savent aussi que le sentier conduisant à une unité croissante est irréversible, à moins qu'un grand conflit mondial, une guerre aux proportions imprévisibles ou un violent bouleversement géopolitique viennent détruire tout ce qui a été obtenu. C'est là le grand danger et pour le conjurer il est urgent de redéfinir de nombreux aspects des relations avec les États-Unis. L'un d'eux consiste à savoir si l'OTAN est composée de partenaires ou de sujets.

L'avenir des pays de l'Europe de l'Est, de nombreuses nations africaines et de toute la communauté ibéro-américaine – la rencontre entre Lula et Chirac ne pouvait être plus éloquente – dépendra dans une large mesure d'une Union européenne forte et fidèle à ses principes culturels qui, cette dernière décennie, ont signifié la lutte de la raison contre la force. L'Europe est la grande alternative pour s'opposer à un pouvoir hégémonique qui ne peut conduire qu'à la tragédie d'une palestinisation des relations avec le monde arabe, comme le disent des milliers de scientifiques, d'artistes, de penseurs, et même le général Norman Schwarzkopf. Que l'Europe ait une dette envers les États-Unis pour leur participation décisive à la Deuxième Guerre mondiale, c'est incontestable; mais il ne faudrait pas pour autant ignorer le sacrifice de milliers de résistants. L'Europe ne doit pas oublier non plus qu'il en a coûté vingt millions de morts à la défunte Union soviétique pour en finir avec le cauchemar du fascisme, que nombre de combattants de la Division Leclerc qui libéra Paris étaient des Espagnols, mais que les États-Unis n'ont absolument rien fait pour en finir avec le franquisme, comme l'a timidement rappelé le leader de l'opposition espagnole, timidité incompréhensible maintenant que l'urgence est aux déclarations claires et nettes. Que Saddam Hussein soit un dictateur, c'est indéniable, mais Pinochet, Videla, Somoza et Ríos Montt l'étaient tout autant, et au service des États-Unis.

L'histoire européenne de ces cinquante-cinq dernières années ne peut continuer d'être une invention du cinéma américain, il y a des vérités auxquelles ne résistent pas les mensonges de circonstance et il est urgent de dire que la guerre annoncée n'a d'autre but que le pétrole irakien. C'est une guerre impérialiste voulue par Bush qui fut, comme par hasard, entre 1978 et 1984, un des dirigeants de la compagnie pétrolière Arbusto-Bush Exploration, et entre 1986 et 2000, de la compagnie pétrolière Harken ; voulue par Dick Cheney qui fut, comme par hasard, entre 1995 et 2000, président de la compagnie pétrolière Halliburton ; voulue par Condolezza Rice qui fut, comme par hasard, une dirigeante de la compagnie pétrolière Chevron. Cela fait vraiment beaucoup de hasards, auxquels s'ajoute, comme par hasard, le fait que personne n'a encore vu les preuves que l'Irak possède des armes de destruction massive.

Aucun Européen n'a de motif d'être anti-américain, mais la raison et le bon sens conseillent de s'opposer à la domination impérialiste des cartels du pétrole. Dire non à la guerre, c'est dire oui à l'Europe, avec tout ce que cela signifie.

Il y a tout juste deux semaines, l'opposition dénonçait la subvention accordée à la Fondation Francisco Franco et les eaux de l'oubli emportaient ce qui aurait dû être un débat plus que nécessaire, car donner de l'argent public, venant des impôts que nous payons, à une institution d'une si douteuse utilité, est non seulement inacceptable mais aberrant.

Seuls les nostalgiques du franquisme, ceux qui soupirent au souvenir du charme particulier du fascisme, c'est-à-dire les ennemis acharnés de l'Espagne démocratique, peuvent trouver quelque mérite intellectuel à la triste et détestable figure de Franco. Les 41 000 euros si généreusement accordés seront, selon la Fondation Franco, destinés à ce qui suit : "Diffuser la connaissance de Francisco Franco dans ses dimensions humaine, politique et militaire, ainsi que les réussites et les réalisations de son régime politique" et "encourager la recherche historique, éducative et culturelle sur l'Espagne de Franco".

Si la ministre de la Culture et de l'Éducation estime nécessaire de faire mieux connaître la figure du dictateur, sa dimension humaine des plus réduites (c'était en effet un être humain, comme le sont les terroristes de l'ETA, c'est bien pourquoi la question basque est si complexe), sa dimension politique (malheureusement, les êtres les moins doués intellectuellement trouvent dans la politique une solution à leurs carences, sauf qu'ils ne conçoivent pas la politique comme art du possible mais comme empire du pouvoir), sa dimension militaire (hélas, certains voient encore dans les militaires une caste en marge de la société civile à laquelle il faut faire allégeance) ; bref, si tout cela lui paraît nécessaire, il serait beaucoup plus logique, et sans doute plus cohérent avec la réduction du déficit, d'inciter les étudiants à s'intéresser à l'histoire de la société civile espagnole et de ses conquêtes démocratiques, à l'histoire des victimes de celui qui a plongé l'Espagne dans quatre décennies de ténèbres, pendant lesquelles le mot "Espagne" a été synonyme de tortures, d'exécutions, d'exil, de censure, de bigoterie, de stupidité et d'intolérance. Ce furent là les seules gloires du franquisme et les conserver ne mérite aucune subvention.

Une subvention du ministère de la Culture et de l'Éducation doit servir à encourager l'éducation et la culture. Selon la fondation Francisco Franco, l'héritage culturel du caudillo figure dans vingt-neuf mille documents qui exigent un classement technique pour pouvoir être consultés. Ces documents font partie des notes de Franco et appartiennent aux citoyens, les seuls qui ont le droit de juger l'histoire du franquisme, et pour cela ils n'ont besoin d'aucune subvention.

Parmi les projets pour lesquels sont sollicités ces 41 000 euros, figure celui-ci : "Organisation de manifestations commémoratives, dont la célébration du 20 novembre (jour de la mort de Franco) et le renouvellement permanent de fleurs sur les tombes de Franco et de José Antonio Primo de Rivera, à la basilique de Valle de los Caídos." Autrement dit, il s'agit de faciliter la vie des Tejero, des Sáenz de Inestrillas, des skins qui tabassent des immigrés et assassinent des femmes dominicaines. Autre projet nécessitant ces 41 000 euros : "Émission de médailles commémoratives à chaque anniversaire de la mort du caudillo, en or, argent et bronze, avec motifs variés." Projettent-ils d'organiser des olympiades fascistes ? De décerner un prix aux meilleurs représentants d'un pouvoir à poigne, à ceux qui battent les femmes, à ceux qui proposent que les veuves touchent une pension inférieure à celle des hommes parce qu'elles vivent plus longtemps, à ceux qui se mêlent de la vie privée des gardes civils en leur niant le droit d'avoir leur propre sexualité, aux cogneurs de gitans, aux arrogants invités des émissions de radio qui pendant la "crise de Perejil" appelaient à "casser de l'Arabe" ?

Même un individu aussi intellectuellement limité que Berlusconi n'a pas eu l'idée de subventionner un projet la mémoire de Mussolini en Italie. Pas plus que le plus grand démagogue allemand, Franz Joseph Strauss, n'a eu son esprit bavarois traversé par l'idée d'organiser une kermesse à l'endroit où Hitler s'est suicidé.

Winston Churchill a dit qu'un politicien véritablement habile est celui capable de reconnaître à temps ses erreurs. On devrait conseiller à ceux qui ont approuvé cette absurde subvention de méditer cela, car nous allons avoir bientôt des élections et les citoyens ont le droit et le devoir de sanctionner par leur vote ceux qui subventionnent la nostalgie d'un passé atroce et d'un homme qui fait honte au genre humain.

Si le CESID réalisait un sondage d'opinion en Amérique latine pour savoir comment les Latino-Américains perçoivent l'Espagne, le résultat serait entaché de la révoltante réaction de mépris que suscite la politique extérieure du gouvernement espagnol en général et d'Aznar en particulier. En refusant de donner suite à la demande d'extradition formulée par le juge Garzón, qui ouvrait la possibilité de juger enfin trente-neuf des plus grands criminels, responsables de génocide, de crimes contre l'humanité et de violation systématique des droits de l'homme, qui se sont acharnés sur la nation argentine, le gouvernement espagnol a donné une fois de plus une preuve du mépris qui est le sien pour la communauté latino-américaine, mépris qui se manifeste, entre autres formes, par l'odieuse obligation de visa pour les Équatoriens, le renvoi fallacieux de personnes dans leurs pays avec la promesse, jamais tenue, de les aider à résoudre les difficultés légales qui les empêchent de vivre en Espagne, ou l'opposition éhontée à ce que la justice espagnole sanctionne ceux qui dans leur pays ne le seront pas. On a encore en mémoire les déclarations de MM. Cardenal et Fungariño lorsque Pinochet était détenu à Londres, grâce à l'action du juge Garzón, et qu'existait une mince possibilité qu'il soit extradé en Espagne.

Les Latino-Américains ont toujours eu beaucoup de compréhension et de sympathie pour l'Espagne. Et cela n'a rien à voir avec la supercherie de la "mère patrie", mais bien plutôt avec le fait indéniable que nous sommes parents et que, pour le meilleur et pour le pire, nous avons des liens de sang beaucoup plus fort que ceux qui tiennent à l'histoire. Les Latino-Américains, qui comprennent les convulsions de l'histoire et sont capables de se projeter dans l'avenir, ont toujours cru au rêve d'une communauté hispano-américaine, fondée sur des relations égalitaires, délivrée de ce pesant néo-colonialisme, hélas typiquement aznarien, consistant à jouer le rôle d'avant-poste des intérêts européens et de délégué de la politique extérieure américaine.

De Gaulle affirmait qu'avant de formuler un raisonnement ou une assertion, un homme d'État devait en pondérer les effets risquant d'affecter ceux qui ne sont pas en mesure de répondre. Cette capacité de jugement a été remplacée par le mépris pendant la dernière visite d'Aznar aux États-Unis. Prétendre que les centaines de milliers de Latino-Américains surexploités, privés de droits, soumis à l'humiliation et à la peur, arrivent en "Amérique" séduits par le "rêve américain" et qu'ils y reçoivent un traitement digne du "pays de tous les possibles", c'est méconnaître la réalité, non par manque d'information, mais par simple mépris. De la même manière, refuser de faire extrader et de juger en Espagne les trente-neuf criminels argentins est une preuve de mépris envers l'Amérique latine et la démonstration autoritaire du double langage de la droite espagnole face au problème du terrorisme. Les terroristes tuent pour semer la terreur, sachant qu'ils ne peuvent imposer leurs idées inconsistantes que par le crime. C'est exactement ce qu'ont fait les militaires argentins. Et de même que derrière le terrorisme taliban il y a Ben Laden et le mollah Omar, de même les responsables intellectuels qui ont prescrit le terrorisme en Argentine, au Chili et au Guatemala, conçu les méthodes terroristes et armé les terroristes ont été des Nord-Américains de l'acabit de Nixon, Kissinger et Reagan. Est-ce que la droite espagnole ignore l'existence de l'École des Amériques, cette grande université du terrorisme où les militaires latino-américains ont appris de leurs instructeurs venus de Fort Bridge comment exterminer "l'ennemi intérieur" ?

Un procès indépendant, avec toutes les garanties qu'offre la légalité espagnole, conduirait à la confirmation de ce qu'on sait déjà, à cette certitude qui a besoin de toute urgence d'un appui légal. Si Pinochet avait été jugé en Espagne, un des témoins appelé à comparaître eût été Kissinger, or nous savons ce que pensent les Américains de la justice internationale. La perle légale de l'administration Bush a été de décréter une impunité universelle pour les militaires et les civils nord-américains. Et si les trente-neuf assassins argentins avaient comparu devant le juge Garzón, on aurait eu confirmation que tous les actes terroristes commis contre la société argentine faisaient partie d'un plan plus vaste, baptisé Opération Condor, préparé et ordonné à Washington.

Il n'est pas de plus grande preuve de mépris que de priver la société latino-américaine de son droit à voir sanctionnées toutes les crapuleries qu'elle a subies.

M. ANSAR

L'oisiveté est utile. Ainsi, par exemple, je consacre quelques heures du dimanche à naviguer sur les pages web des États-Unis et j'y découvre des merveilles que, par négligence latine, perdent ceux qui ont des doutes sur la grande nation américaine.

Les Nord-Américains créent des héros en veux-tu en voilà et se fient à eux. Une candide quinquagénaire, pesant cent vingt kilos à force de se goinfrer de graisses transgéniques, a confiance en Shrek car il est américain, étant entendu que ne sont pour elle des Américains que ceux qui vivent dans ce merveilleux pays coincé entre le Canada et le Mexique. Dans sa candeur adipeuse, elle ne voit pas que le bonhomme vert ressemble beaucoup à un Autrichien affecté d'incontinence salivaire patriotique. Cet individu incarne un autre héros américain, Terminator, et il se moque comme de sa première chemise que chaque jour un jeune Américain tombe sous les balles irakiennes. C'est que les héros ne voient pas, ils sont aveuglés de solennité. Avant de demander de l'aide à son père lorsqu'il a des problèmes, un adolescent américain préfère prendre dans l'armoire un fusil automatique et régler son compte à l'infâme professeur de gymnastique qui a voulu lui faire sauter le chevalet en dépit de ses cent vingt kilos de cochonneries précuites. Et si ce n'est pas suffisant, il invoque Hulk, un autre héros tout aussi vert qui déchire les chemises chaque fois qu'il est de mauvais poil. À chaque exploit de Hulk, meurent ou se volatilisent des personnages extérieurs à l'affaire qui le rend vert de rage. Il ne les voit pas. Sa culture américaine le poussant à accepter comme inévitable qu'il y ait des "victimes non impliquées" fait partie de sa cécité de héros.

Un autre héros vient de naître, un certain M. Ansar, qui tient du taurillon Ferdinando et de Speedy González, outre une petite moustache qui offusquait tant Billy Wilder, lequel disait que les hommes portant une petite moustache chaplinesque cherchent à interposer une barrière entre eux et le miroir, car ils ne se supportent pas. Mais je ne crois pas que M. Ansar, le nouveau héros américain, soit touché par l'opinion de Billy Wilder car, en bon héros, il est non seulement sourd mais aussi aveugle.

M. Ansar est le personnage d'un scénario dans lequel la communauté hispanique vivant aux États-Unis tout simplement n'existe pas. Adorno disait que la perception de la réalité s'arrête toujours à la supercherie, par commodité et manque de rigueur. J'ignore si M. Ansar a lu Adorno, mais sa perception de la réalité est très approximative. M. Ansar voit dans les "dos mouillés", qui s'humilient jusqu'à des extrêmes d'indignité pour échapper à la misère de leurs pays, eux aussi américains, une preuve d'affection pour la grande nation de la liberté et de la démocratie. M. Ansar voit dans les femmes "latines" disparues, puis retrouvées atrocement mutilées, un autre témoignage de sacrifice en l'honneur du grand pays aux grands idéaux. Dans les régions frontalières d'El Paso, Tijuana, Mexicali, meurent en moyenne deux femmes par jour, soit qu'elles ne sont plus "compétitives" dans les bordels de la grande nation, soit que leurs organes sont nécessaires pour prolonger la vie d'individus comme Hulk ou quelque sénateur républicain, par ailleurs très soucieux d'intégrer ces *bastards* d'Hispanos, comme on les appelle si affectueusement en Californie ou au Nouveau-Mexique. M. Ansar connaît sans doute le légendaire Zorro, mais non les *zorros*, héros des pauvres et des humiliés, qui chassent les scorpions et les serpents dans le désert, permettant ainsi aux "dos mouillés" de survivre. Si M. Ansar avait visité le Bronx, à New York, il aurait constaté que la majorité des Portoricains sont indépendantistes et qu'ils mettent un point d'honneur à ne pas être des gringos. Dans le cœur du Bronx, il aurait pu visiter l'institution qui maintient l'hispanité vivante : la commune culturelle dirigée par Victor "Melinka" Toro, dont le centre d'assistance sociale et juridique reçoit par semaine en moyenne deux mille Hispanos discriminés, humiliés, spoliés.

Comme tous les héros américains, M. Ansar est sourd, aveugle et cynique, autrement dit il ment effrontément. Mais, que diable, c'est un héros américain!

Nous croyons tous aux Nations unies, une partie de nos impôts finance les activités de l'ONU et notre crédibilité s'est accrue étant donné que l'Espagne va intégrer le Conseil de sécurité. Nos impôts et notre crédibilité soutiennent aussi les inspecteurs qui cherchent depuis presque deux mois des armes de destruction massive en Irak. À ce jour ils n'en ont pas encore trouvé, ni même de traces qu'on en ait fabriqué, mais les États-Unis et l'Angleterre déclarent déjà inévitables le conflit, la guerre et l'occupation de l'Irak.

Les États-Unis ont une magnifique constitution, un beau texte fondateur que peu de citoyens nord-américains ont lu, ne le connaissant que par les films chauvins qui le citent, mais dépouillé de sa valeur réelle. Aujourd'hui, le destin du monde – car de cette guerre nous pâtirons tous – est entre les mains d'un homme gris, médiocre et fanatique, qui n'a pas hésité à faire ce genre de déclarations: "Il devrait y avoir des limites à la liberté", "Ce truc de la politique extérieure, c'est un peu frustrant", "Nous sommes prêts à faire face à tout événement imprévu qui peut ou non survenir". George Bush représente la plus grande régression culturelle des États-Unis et la pire menace pour un monde qui, avec la détente, avait instauré les bases d'un dialogue permanent en faveur d'une solution pacifique des conflits. Il est terrible d'éprouver de la tristesse pour les victimes de cette guerre à venir, pour les familles espagnoles et italiennes qui recevront les restes de leurs enfants enveloppés dans le drapeau yankee, pour nous-mêmes qui sommes si près du théâtre des opérations, et en même temps de ressentir de la compassion pour les États-Unis, cette nation qui compte peu de génies et trop de médiocres, condamnée à l'éternelle médiocrité qu'engendrent les empires pour se maintenir sans ennemis intérieurs.

Les Nord-Américains ont fait, sous notre nez, des plans d'occupation de l'Irak, au mépris du rapport final des inspecteurs de l'ONU, et voilà que des gouvernements européens, comme ceux d'Espagne et d'Italie, médiocres et incapables de résoudre leurs problèmes internes autrement que par des démonstrations de force peu démocratiques, n'hésitent pas à accepter ces plans et à offrir le sang de nos garçons au maître impérial.

En 1945, le général MacArthur était devenu le dictateur du Japon. Entre 1975 et 1985, John Negroponte, conseiller de Bush, était derrière les pires dictatures d'Amérique centrale, comme chef des escadrons de la mort. Un destin similaire attend l'Irak, avec un général US qui aura tous les pouvoirs, présidera les conseils de guerre contre les survivants et – selon le plan conçu par Condolezza Rice, future cliente du Tribunal pénal international – sera chargé de maintenir l'intégrité de l'Irak comme État et de décider quelles puissances amies se partageront le pétrole.

Le 11 septembre fut un cadeau du ciel pour les médiocres et les fanatiques de tout poil. La partie sensée et majoritaire de l'humanité avait déjà manifesté son inquiétude devant certains signes de l'irrationalité de Bush, tels que son refus de ratifier le protocole de Kyoto sur le contrôle des émissions de gaz à effet de serre, le traité ABM de contrôle des missiles stratégiques, base de la politique mondiale de détente, le traité de 1972 de vérification des armes biologiques, l'accord mondial pour en finir avec les mines antipersonnel, sans compter le honteux chantage destiné à empêcher le fonctionnement du Tribunal pénal international.

Les gouvernements espagnol et italien, les deux alliés les plus dociles de Bush, n'ont pas manifesté le moindre désaccord face à ces démonstrations d'omnipotence et de mépris impérial pour le monde civilisé. Aujourd'hui, si un citoyen espagnol ou italien ose critiquer ces mesures, il sera inévitablement accusé de complicité avec le terrorisme.

Au nom de la Raison, cette invention européenne que nous ont léguée, entre autres, Giordano Bruno, Garibaldi et Jovellanos, il serait peut-être temps de descendre dans la rue pour dire NON ! NON à la guerre ! NON à l'envoi de nos soldats à la mort ! NON à l'ordre unique de l'empire ! Aujourd'hui, plus que jamais, l'anti-impérialisme est un devoir de l'espèce humaine.

BÂCLAGE

Ce mot, peut-être le plus détestable de la langue, évoque nettement ce qu'il désigne et, tel un virus, s'installe dans les replis de la société. Le bâclage est un parent proche de la picaresque, cette malédiction dont nous aurons tant de mal à nous libérer jusqu'à ce que nous comprenions que nous dépendons les uns des autres et que c'est là quelque chose de très sérieux.

Il m'arrive de regarder des émissions télévisées sur le bricolage – il n'est jamais trop tard pour apprendre – et voilà que dans l'une d'elles, parrainée par une multinationale française qui a coulé les indispensables quincailliers, un maître ès bricolage apprenait à construire un porte-revues en bois tout en faisant l'apologie de la cécité, de la surdité et de l'intoxication. Il rabotait les planches sans gants, sans lunettes et sans masque de sécurité. Après quoi il appliquait une colle en mettant en garde contre sa toxicité, toujours sans gants, sans lunettes et sans masque de sécurité. Mais si, après avoir suivi ces instructions, l'amateur de bricolage se retrouvait à l'hôpital, le maître oserait-il qualifier ce bâclage d'accident ?

Il m'arrive aussi de regarder la remise des prix Goya et les journaux télévisés, et je dois dire que la dernière cérémonie fut la meilleure depuis des années, car c'est justement dans ces cérémonies que ceux que nous admirons pour leur talent se montrent dans leur dimension humaine et du coup humanisent l'art cinématographique. Mais si après le simple et profond exercice d'un droit tel que celui d'exprimer librement une opinion, un cadre de la télévision publique déclare qu'il ignorait ce qu'acteurs et réalisateurs allaient dire, s'agit-il des excuses sincères d'un censeur pris au dépourvu ou d'un simple bâclage commis par quelqu'un qui, méconnaissant l'essence de la liberté d'expression, ne devrait pas être à la télévision ?

Supposer, présumer, insinuer que l'augmentation de l'insécurité est directement liée à l'arrivée d'immigrés, est-ce une déclaration naïve destinée à s'attirer les voix de ceux qui de toute façon voteront pour celui qui propose des solutions simplistes à des problèmes complexes ou un bâclage qui se résout par un bâclage pire, comme celui consistant à dire que ses propos ont été mal interprétés ?

Comme tout le monde, je crains la guerre et je fais donc tout mon possible pour qu'elle n'ait pas lieu. Mais s'il n'en était pas ainsi, si l'aliénation belliciste me possédait au point de m'autopersuader de mon ardeur guerrière et que, malgré l'opinion contraire de mes propres alliés, j'insistais au risque de rester seul comme un naufragé, serait-il crédible d'affirmer qu'ils se trompent tous et que je suis le seul clairvoyant ou que mon mépris de l'opinion des autres ne serait qu'un lamentable bâclage ?

Il est légitime de rêver d'être un grand architecte ou un formidable charpentier. Mais endommager les fondations de la maison que j'habite, est-ce un acte qui me hausse au niveau de Gaudi, ou un bâclage maladroit uniquement destiné à faire preuve d'un talent dont personne n'a besoin ?

Nous, les amoureux du bricolage, détestons le travail bâclé, nous méditons et suivons les conseils des professionnels, nous savons qu'un clou ne chasse pas l'autre et nous recommandons des mesures prophylactiques contre la cécité, la surdité et l'intoxication journalistique. Tout le reste est bâclage.

UN CONTE DE NOËL

Il y a quelques jours, je grelottais de froid en buvant un café insipide, dans une station-service de l'autoroute qui relie Augsbourg à Munich, et je pensais à un conte de Noël que je m'étais engagé à remettre le jour même.

Je déteste Noël, les sapins, les illuminations, tous ces débiles habillés en rouge et l'hypocrite air de bonté qu'arborent tant de canailles. Mais il fallait que je trouve l'inspiration pour écrire cette stupide histoire qui ne montrait pas le bout de son nez, et pour couronner le tout je n'avais plus de cigarettes brunes. Mais soudain la lumière est venue et j'ai vu l'enfant qui est supposé incarner l'esprit de Noël.

Il était dans une voiture garée devant la cafétéria. Son visage effrayant s'écrasait contre la vitre et, au milieu des larmes, de la bave et de la morve collées, se détachait son crâne rasé dans le style skin, ou moudjahidin pour faire plus contemporain. Aux vitres embuées je compris que le gamin manquait d'air et j'essayai d'ouvrir une portière, puis une autre, mais elles étaient toutes verrouillées, si bien que, débordant d'un désir de bonté propre à la période de Noël, j'entrai dans la cafétéria et demandai qu'on appelle au micro les propriétaires du véhicule immatriculé etc.

Peu après apparurent trois barbus et une femme voilée. Ses yeux avaient la mystérieuse beauté levantine et je pensai que c'était la mère de l'enfant. Un des barbus demanda en marmonnant ce qu'il se passait et je lui montrai l'auto.

Je crois que l'enfant a des problèmes, parvins-je à dire avant qu'un autre barbu ne m'écarte de son chemin d'une bourrade peu conforme à l'esprit de Noël. Ils ouvrirent l'auto et le gamin tomba sur l'asphalte. Ses petites mains tenaient une mitraillette UZI en plastique qu'il ne lâcha à aucun moment et il portait candidement une tenue de camouflage. La mère – s'appelait-elle Marie ? – le releva en lui tirant l'oreille et avec un mouchoir lui barbouilla le visage de larmes, de morve et de salive. Aussitôt, un des barbus, peut-être le père – s'appelait-il Joseph ? – le saisit par l'autre oreille et lui appliqua deux taloches sonores que l'enfant encaissa avec stoïcisme et sans lâcher son UZI. Puis ils le firent rentrer dans la voiture et retournèrent dans la cafétéria, non sans avoir baissé une vitre pour que le gosse ait un peu d'air.

Ils passèrent devant moi avec des gestes de guerriers et j'observai l'enfant moudjahidin. Avec son UZI, il mit en joue un petit gros qui prenait du diesel, puis une femme qui faisait le plein de sans-plomb et un peu plus tard un camionneur qui trottinait, les bras chargés de miches de pain. Quand il n'eut plus de victimes en vue, il me chercha dans la mire de son innocent jouet en vente dans tous les centres commerciaux du monde.

Je vous jure que j'ai senti le plomb me mordre le ventre, car le petit moudjahidin savait viser les parties du corps qui, comme l'apprend si bien le cinéma nord-américain, occasionnent une agonie douloureuse et tandis que j'attendais le coup de grâce en implorant le roi Hérode, si injustement traité, le miracle de Noël se produisit.

Le père Noël, sans doute un chômeur qui faisait ses premiers pas habillé en débile, sortit des toilettes de la station-service en remontant sa braguette. Il capta immédiatement l'attention homicide du petit moudjahidin qui le mit en joue avec son arme, mais le père Noël ne se laissa pas intimider et lui adressa un affectueux, épiphanique et généreux bras d'honneur que j'applaudis en pleine agonie.

Je n'ai pas écrit ce conte de Noël, et je ne compte pas le faire, mais j'en garde la morale : lecteur, si tu décides de te joindre au troupeau de moutons des consommateurs qui renient le caractère spontané d'un cadeau, fais-le, mais n'achète pas d'armes ni de vidéos qui apprennent comment attaquer l'Irak. Et si tu veux faire un joli cadeau, rends-toi immédiatement en Galice et sur la côte cantabrique, emballe délicatement quelques galettes de goudron et envoie-les à quelqu'un qui n'a pas encore vu la merde noire qui a pourri le Noël de milliers de familles. Je suis sûr qu'il t'en sera reconnaissant. Je regrette, mais ni en Galice ni dans les Asturies nous n'avons le cœur à nous souhaiter joyeux Noël.

Au moment où vous lisez ces lignes, une balle, un éclat ou une onde expansive emporte la vie de quelqu'un en Irak. "Il y a plus de gens qui meurent dans des accidents de la route" assure un philosophe stupide. Et voici qu'un vulgaire alcoolique, pas encore guéri, s'est déguisé en pilote pour déclarer "la fin des hostilités" tandis qu'une centaine de jeunes gens retournent, dans des sacs en plastique, au pays de tous les possibles, dont le drapeau, au dire d'une autre lumière européenne, représente le futur, car les autres sont trop chargés "d'histoire et de ressentiment". La télévision n'a pu éviter de montrer l'assassinat de journalistes ni les images bouleversantes du petit Ali aux bras amputés. Il faut dire qu'Ali a survécu car les corps de ses frères, de ses parents, de ses cousins et d'un homme qui passait par là ont amorti l'impact d'un projectile qui nous a tous sauvés du terrorisme islamiste. Au moment où vous lisez ces lignes, Ali porte avec succès des bras orthopédiques que la générosité occidentale lui a offerts, car l'Occident est ainsi, humain, raisonnable et généreux en prothèses, et si le petit Ali insiste à lever une pince en guise d'index, pour demander la parole et dire qu'il veut revenir auprès des membres de sa famille que la bombe intelligente n'a pas éliminés, alors l'Occident prendra la voix de ce philosophe stupide pour dire que, pareil à tous les Arabes, ce gamin est un ingrat et qu'il est temps de faire intervenir les brigades anti-émeutes, que tout le monde croit consubstantielles à la démocratie. Vive l'Espagne et à l'attaque!

Au moment où vous lisez ces lignes, dans plus de cent cinquante foyers de Noirs et d'Hispano-Américains qui vivent aux États-Unis, on maudit les trois petits cochons des Açores et on lit *Stupides hommes blancs* de Michael Moore avec une ferveur identique à celle que Rumsfeld, Rice, Wolfowitz, Cheney, Bush et toute la mafia du pétrole mettent à lire leur version Disney des Évangiles. Auxquels il faut ajouter dix-sept familles italiennes dont les garçons formidablement bien étripés se retrouvent dans les non moins formidables sacs en plastique made in USA.

Au moment où vous lisez ces lignes, nous savons tous que l'invasion de l'Irak a été justifiée par des mensonges énormes, une accumulation de fausses accusations, que de toute façon l'Irak allait être attaqué et que si la majorité des citoyens du monde s'y opposaient, eh bien on ferait intervenir les brigades anti-émeutes !

Au moment où vous lisez ces lignes, les estomacs de nombreux journalistes les obligent à remplacer le mot terrorisme par celui de résistance et les Nord-Américains annoncent qu'ils rendront en juin sa souveraineté au pays envahi, mais pas question de partir, et encore moins les mains vides. Clausewitz l'a déjà fait remarquer : "Les guerres se font pour gagner, mais pas toujours pour gagner la guerre." Un lieu commun dit que dans toute guerre la première victime est la vérité, mais si le Texan illuminé a décrété la fin des hostilités, que diable attend-on pour rétablir la vérité ? Ou est-ce que l'empire de la non-vérité a fini par nous convaincre tous ? Les trois petits cochons des Açores ont déformé la vérité des résolutions de l'ONU. Lichtenberg, dans un superbe aphorisme, dit qu'il n'est pas de pire mensonge que la vérité légèrement déformée. Un autre lieu commun pointe le droit à l'information comme un des droits de l'homme et certains, parmi lesquels vous et moi nous nous comptons, au risque de provoquer l'intervention de la police anti-émeutes, veulent que ce droit fasse partie de la constitution européenne, mais à cause de Berlusconi l'article premier dira : "Merde à celui qui le lira."

Au moment où vous lisez ces lignes, le petit Ali lève ses bras de titane et fait un bras d'honneur orthopédique à l'Occident.

Dans les vieilles histoires de pirates, tout était à sa place, la jambe de Long John Silver était effectivement en bois et les bateaux appareillaient toujours de l'île de la Tortue. Mais aujourd'hui, malgré les satellites qui surveillent la navigation, les radars et les officiers portuaires, un bateau comme le *Prestige*, qui vient de faire naufrage, peut naviguer sous le drapeau d'une ubiquité dont eût rêvé Stevenson pour accroître le mystère de ses histoires.

Les dirigeants russes d'Alfa, une compagnie maritime à l'adresse inconnue mais qui opère à travers Crown Ressources, une autre entreprise russe domiciliée dans le serein paradis fiscal de la Suisse, affirment que le *Prestige* a appareillé de Saint-Petersbourg à destination de Singapour et, bien qu'ils n'aient plus à redouter une inspection, ils n'osent pas déclarer combien de tonnes de fioul transportait le navire. Gibraltar, cette odieuse et ultime enclave colonialiste enkystée dans la dignité de l'Espagne, paradis fiscal, patrie de voyous aux prétentions étatiques, se consacre à la vente de combustible à des prix généreux, ce que permet le fait de n'avoir de comptes à rendre qu'à l'Angleterre. C'est en quelque sorte une station-service exonérée d'impôts, qui a transformé le rocher en un symbole de la pollution marine, dans une Europe qui n'hésite pas à sanctionner ses citoyens à chaque crise énergétique.

Le bouc émissaire de la catastrophe provoquée par le naufrage du *Prestige* est pour le moment son capitaine, dont les déclarations contredisent celles de ses employeurs : le bateau est parti du port letton de Ventspils et sa destination était Gibraltar. C'est le capitaine qui commande, pas le matelot ni un contractant domicilié en Suisse. La responsabilité anglaise est manifeste, mais on nous cache quelque chose, un étrange dessein boucanier nous empêche de connaître toute l'histoire. Quel qu'ait été le port de la Baltique d'où le bateau a appareillé, il n'en reste pas moins qu'il est passé par plusieurs ports européens dont les autorités maritimes connaissaient les sanctions qui lui avaient été infligées peu de temps auparavant à New York et Rotterdam pour ne pas avoir respecté les normes de sécurité exigées par le transport de matières dangereuses, et le fioul est une cargaison très dangereuse. Cependant, personne n'a vu naviguer le *Prestige*, un brouillard soudain a enveloppé le bateau et l'a rendu invisible, comme dans les vieilles histoires de pirates, sinon on ne peut expliquer que Suédois, Danois, Allemands, Français et Espagnols n'aient pas pris les mesures de contrôle qui s'imposaient quand le navire croisait au large de leurs côtes. Une main mystérieuse jette un voile sur les mécanismes de contrôle maritime et les bateaux capables d'appareiller de deux ports en même temps naviguent dans une absolue tranquillité, jusqu'à ce qu'une tempête modérée se charge de faire remonter quelques vérités à la surface, mais à un prix très élevé pour les hommes qui vivent de la mer et pour elle.

Le combustible est transporté par des navires qui violent les normes de sécurité, les équipages sont formés de déshérités du Tiers-Monde, les drapeaux sont ceux de pays incapables d'assumer leurs responsabilités et les propriétaires de la cargaison les éludent dans le brouillard des plus douteux domiciles fiscaux. Et comme si cela ne suffisait pas, le destinataire de la cargaison est une pustule coloniale d'un pays européen qui lèse les intérêts de ses partenaires européens.

Le *Prestige* gît à présent par quatre mille mètres de fond, la catastrophe a endeuillé les côtes galiciennes, mais ce n'est pas fini. Un jour ou l'autre, la pression détruira les cuves du navire, soixante mille tonnes de fioul se répandront sur une surface incalculable du fond marin et les éléments les plus volatils du combustible, les plus polluants, affecteront la vie de l'Atlantique pendant un temps que l'on ne peut davantage évaluer.

Cette catastrophe était parfaitement évitable, il suffisait pour cela de respecter la législation en vigueur, mais ceux qui étaient chargés de le faire sont, comme par hasard, ceux qui sont intéressés par la répartition du pétrole irakien et donc par le sabotage de toute tentative de développement d'énergies alternatives. Espérons que Blair et Aznar oublient pour quelques instants leurs prétentions à devenir les amiraux de la planète et qu'ils en finissent avec cette patente de course qui soutient l'économie de Gibraltar.

LA COSA NOSTRA ET LA NOSTRA COSA

Il y a quelques jours j'étais à Bari, au sud de l'Italie, et j'ai eu la curieuse occasion de faire la connaissance d'un vieux retraité de la Camorra, cette association de gentlemen en marge de la loi, mais qui fait régner sa propre loi du sud de Rome jusqu'aux confins de la botte italienne. C'était un petit grand-père paisible, un *nono*, un pépé, parmi tant d'autres retraités qui lancent des mies de pain aux pigeons. Il n'a pas moufté quand je lui ai posé des questions sur l'organisation mafieuse, et après avoir poussé un long soupir, il m'a expliqué que la Camorra était injustement discréditée parce qu'on lui attribuait des délits commis par Cosa Nostra, une autre association d'avocats, d'économistes, d'usuriers, de sénateurs et de notaires qui, de leur base folklorique en Sicile, s'étend sur tout le territoire italien et européen.

De cette voix douce, presque murmurée des gens du Sud, il m'a exposé son point de vue. Selon lui, la Camorra s'inquiétait des agissements de Cosa Nostra, ce qui signifie en clair des carences de l'État, des trois pouvoirs qui laissent trop de personnes sans défense, et il a poursuivi en faisant remarquer que lorsque l'État est faible, les gens cherchent la protection d'un parrain fort qui leur garantira tout ce que la nation est incapable de leur offrir. *Manca laboro*, il n'y a pas de travail, le chômage augmente et que fait l'État ? Des statistiques ! Le chômeur va à l'agence pour l'emploi, expose sa situation, décline les prénoms de ses enfants, évoque l'hypertension de sa femme, la verrue tenace qui gâche la vie de sa belle-mère et que fait le fonctionnaire ? Il ne l'écoute pas et se contente de lui remettre un formulaire. Alors, le chômeur part à la recherche d'un Don et celui-ci l'écoute, le félicite pour sa fécondité, pour le choix des prénoms de sa marmaille, s'enquiert du diamètre de la verrue de la belle-mère et, finalement, l'envoie à une adresse où on lui donnera du travail. Le chômeur sait que dans un travail obtenu par la voie légale on lui enlèvera une partie de son salaire. Les impôts, lui dira-t-on. En revanche, le Don ne lui réclame rien, à peine insinue-t-il que demain, peut-être, un jour, il lui demandera un petit service. Ainsi fonctionne la Camorra, explique le vieux. Ce qui se passe avec Cosa Nostra, c'est qu'ils considèrent que tout le pays est *nostra cosa*, que tout leur appartient.

Les chômeurs ne vont pas voir Cosa Nostra. Dans un bar de Palerme, un *dottore* a rendez-vous avec un gentleman qui voudrait bien être ministre. Le *dottore* en prend bonne note, s'excuse de ne pouvoir prendre de décision mais lui garantit que "quelqu'un" s'occupera de l'affaire et en effet, au bout d'un certain temps, le candidat reçoit un portefeuille ministériel. Dans son premier discours, il évoquera son engagement à lutter contre la corruption.

Le Don de la Camorra opère dans un bar napolitain ; le parrain de Cosa Nostra dans un élégant studio milanais dessiné par Armani ou dans un bureau de la 5e avenue, à New York. Quand un protégé de la Camorra va trop loin ou commet une bourde, le Don le convoque et lui explique qu'il devra passer un certain temps en *galera*, mais qu'il ne doit pas s'inquiéter car pendant qu'il sera en taule, il n'arrivera rien à sa famille et elle n'aura pas à souffrir de la misère. L'important est de *non fare casino*, ne pas faire de vagues, *capito ?* Quand un protégé de Cosa Nostra commet une grosse bourde, on consulte une liste de personnes honorables qui sont redevables de quelques services et on réforme les lois, car l'État est *nostra cosa*.

La Camorra sait que ses protégés peuvent atteindre un certain niveau, conseiller municipal ou chef de travaux publics, mais on leur fait comprendre à mots couverts que l'ambition est mauvaise conseillère. Pendant un certain temps, Cosa Nostra a appliqué le même stratagème dans ses relations avec les honorables dignitaires, dépositaires du mandat populaire. Ministre, oui, mais au-delà, c'est *pericoloso*. Malheureusement pour la mafia, certains protégés ont des ambitions démesurées et de nombreux gentlemen tremblent en voyant l'un des leurs ni plus ni moins que président en exercice de l'Union européenne.

Le grand-père n'avait plus de mies de pain à lancer, les pigeons s'envolèrent avec leur opportunisme habituel et avant de regagner ses pénates, le vieil homme déclara : il n'est pas bon d'exercer le pouvoir sans les conseils d'un Don et ce *regazone* s'est cherché un parrain qui est le crétin des crétins, un type qui fait la guerre et dont les soldats commencent à être tués à peine a-t-il proclamé la victoire. Les traditions se perdent. C'est triste, vraiment triste. *Buona serata, signore.*

Nous pouvons perdre beaucoup de choses sans que cela altère notre vie, mais quand nous commençons à perdre notre capacité d'étonnement, alors nous devons nous inquiéter, car l'étonnement a l'effet d'une gifle qui nous fait réagir en nous arrachant à la léthargie ou à l'hystérie.

Le Royaume-Uni sollicite de ses pairs de l'Union européenne que, des trois pays ayant reçu le plus d'aide des fonds de cohésion ou des aides structurelles, la Grèce, le Portugal et l'Espagne, ce dernier cesse d'en recevoir, au bénéfice des nouveaux pays qui intégreront l'UE en 2004. Il est étonnant qu'aucun ministre espagnol ne réagisse, que le président du gouvernement reste muet sur la question et que l'opposition elle-même ne s'empresse pas d'expliquer ce que signifie cette perte pour l'économie espagnole. Nous comprenons bien que le gouvernement est trop occupé par la guerre, que ses ministres et porte-parole compulsent le dictionnaire de l'Académie royale à la recherche de mots qui étayent un discours, en espagnol et sans accent tex-mex, capable de convaincre les citoyens de la nécessité de bombarder des écoles et des hôpitaux irakiens pour obtenir la paix dans le monde. Et, curieusement, nous ne sommes pas étonnés du silence de l'opposition sur le retrait de ces aides qui, soit dit en passant, proviennent des contribuables de la "vieille Europe" si méprisée par Donald Rumsfeld.

Quelques jours plus tard, nous apprenons que les dirigeants d'Espagne et du Royaume-Uni ont décidé de jouer de nouveau les dynamiteurs – mais, disent-ils, avec l'intention de maintenir l'unité européenne – en s'autoproclamant leaders et paladins en matière de création d'emplois et en suggérant modestement que l'ensemble européen les prenne comme modèles. Est-ce que quelqu'un s'étonne ? Personne ne connaît donc la vérité sur l'économie du Royaume-Uni, dont la précarité de l'emploi est restée invariable depuis l'époque révolutionnaire de Margaret Thatcher ? Personne ne s'étonne donc de ce mépris de l'idée qui sous-tend l'unité européenne et qui est l'élargissement de "l'état de bien-être" ? Que propose le Royaume-Uni ? Sa recette est de toute évidence la massification des spectacles du style de *Full Monthy* où des travailleurs se livrent à un strip-tease total en balançant au public les conquêtes sociales enveloppées dans des slips en dentelle et en confondant la dignité qu'il y a à affronter le capital avec la soumission consistant à offrir son cul.

Et l'Espagne ? On prétend que c'est la deuxième économie d'Europe pour la création d'emplois après le Royaume-Uni. Il n'y a vraiment personne pour s'étonner d'un tel manque de sérieux ? N'avons-nous rien appris de ces vieux régimes d'Europe de l'Est qui confondaient statistiques et réalité ? En Espagne, le grand mythe est celui de la création d'emplois grâce à l'expansion du marché des services. La recette pour transformer l'Europe en un continent de garçons de courses et de café souffre cependant d'un petit défaut nourri par une énorme ignorance. Pour que les gens aillent dans les restaurants, les hôtels et les bars, ils ont besoin d'argent, donc d'un travail stable. Personne ne s'étonne d'un tel hiatus ? Il est vrai que l'Espagne compte les garçons de café et de restaurant les mieux formés du monde. Philologues, sociologues, ingénieurs de l'image et du son, diplômés en philosophie et en lettres, et une longue liste de professions victimes d'un évident retard de développement, tels sont les curriculums du personnel servant dans des milliers de bars espagnols. N'est-il pas étonnant que cette réalité-là soit élevée à la catégorie de modèle pour toute l'Europe ?

Cette perte de la capacité à s'étonner est très inquiétante et si les choses continuent ainsi, nous pouvons être sûrs que nous resterons impassibles en voyant les étudiants espagnols privés de cours d'éthique alternatifs à l'enseignement de la religion catholique. Ou est-ce déjà le cas et qu'une avalanche d'ignorance crasse nous a ensevelis sans que nous nous en étonnions ?

Le XXe siècle n'a pas connu un seul jour de paix, ni du reste les siècles précédents, et celui que nous venons d'inaugurer menace de voir se poursuivre les mêmes horreurs. Un homme, un stratège aux ambitions d'homme d'État dont le nom devrait être effacé de l'histoire, a dit que la guerre était la continuation de la politique par d'autres moyens, et les apprentis stratèges ont rabâché jusqu'à épuisement cette monstrueuse assertion jusqu'à en faire un mot d'ordre, une catégorie, légitimant et faisant prévaloir cette forme de la politique.

De vieilles peintures flamandes représentent deux armées en ordre de bataille, dans la campagne. Les critiques et professeurs d'art déshumanisent ce qu'il y a de vrai chez ces hommes en insistant sur la perfection du trait et le talent de l'artiste. Aucun ne mentionne la peur des soldats du premier rang, certains de mourir, ni l'horreur de ceux des deuxième et troisième rangs, certains de tomber sur les corps de leurs camarades. Aucun artiste n'a peint ce qui se passe après la bataille, le retour des survivants, des bergers, artisans, paysans, orfèvres et étudiants convertis en tueurs. La bourgeoisie a toujours chanté l'excellence de la guerre, mais les protagonistes se sont tus, car tout le monde meurt dans une guerre, et il ne reste que des débris d'humanité. Le mythe du courage guerrier et la stupidité de mourir pour un drapeau ont transformé le désir naturel de vivre en comportement honteux.

Les poètes et les écrivains rêvent et croient au pouvoir anticipateur des mots, convaincus qu'à force de nommer les choses celles-ci finiront par exister, mais cela n'a jamais marché avec le mot paix, peut-être parce que, n'ayant jamais connu la paix, nous sommes incapables de l'imaginer même si nous pressentons sa splendeur.

La guerre, nous a-t-on rabâché, nous la faisons contre l'ennemi, mais depuis trop longtemps nous sommes devenus l'ennemi. Les Africains ont été l'ennemi des puissances coloniales, les drapeaux européens se sont couverts de gloire dans d'écrasantes victoires sur l'ennemi, mais les guerres coloniales ont eu lieu outre-mer, si bien que les thuriféraires de l'histoire glorieuse de l'Europe n'ont jamais vu les yeux de l'ennemi. Les Américains du sud du Río Grande ne connaissaient pas le bonheur de la paix avant l'arrivée des conquistadors, c'étaient des ennemis disséminés sur tout le continent et, comme par magie, ils se sont transformés en un seul ennemi irréductible des puissances européennes. Après les indépendances, la paix n'est pas non plus venue, bien au contraire nous nous sommes changés, sans le vouloir, en ennemis de la grande puissance de la rive nord du Río Bravo.

Toute tentative pour former une société, des modèles de comportement qui visent à la coexistence pacifique, a été assimilée à un acte d'agression contre les États-Unis, lancé depuis notre propre sol et comme tel écrasé sur notre propre sol. "Nous ne serons jamais heureux", prophétisait Simon Bolivar dans l'amertume de son rêve trahi, et ses paroles ont traversé la mer. Ainsi, le destin malheureux de la communauté ibéro-américaine fut celui d'un ennemi vaincu par des héros.

Nous avons été capables d'incarner de belles idées sur lesquelles nous avons essayé d'établir une vie paisible : à chacun selon ses besoins et son travail, personne ne doit avoir plus de pain que ce qu'il peut manger, aucun homme ne peut posséder trois manteaux si son frère tremble de froid, ni se reposer dans son palais si ceux qui l'ont construit dorment à la belle étoile. Ni maîtres ni serviteurs : humanité. Et plus nous nous sommes rapprochés de la concrétisation de telles idées, plus la punition a été grande, la punition implacable réservée à l'ennemi.

Aujourd'hui, à l'aube du XXIe siècle, nous pouvons parler d'un saut qualitatif quant à l'identification de l'ennemi. Quelque chose, quelqu'un, mais qui ? a revendiqué un droit apparent à l'héroïsme et nombre d'entre nous ne sont plus l'ennemi. L'ennemi, c'est le pauvre, l'immigré qui traverse la mer sur une coquille de noix pour nous envahir. L'ennemi, c'est la victime de siècles de spoliation des ressources énergétiques, celui auquel on a dénié systématiquement toute possibilité d'évolution sociale, culturelle et politique, en le rejetant dans le puits obscurantiste de fondamentalismes religieux soutenus et tolérés à notre convenance. Nous fermons cyniquement les yeux devant les despotes car ils tiennent l'ennemi en respect et nous entretenons l'ardeur guerrière car elle nous maintient à l'écart du danger de redevenir l'ennemi.

Il y a quelques mois, quatre pelés et un tondu marocains ont occupé un ridicule îlot sans la moindre importance stratégique ou géopolitique appelé Perejil, mais en Espagne les voix qui ont appelé à la prudence n'ont pas eu autant d'écho que celles qui se sont répandues dans les médias en appelant à "casser de l'Arabe". Ni le gouvernement ni l'opposition ne se sont élevés contre cette incitation manifeste à la haine, à la violence, à la guerre, car depuis que nous avons cessé d'être l'ennemi nous jouissons de la liberté d'expression. En revanche, si l'autre, l'ennemi, s'avise d'en dire autant, il doit être implacablement sanctionné pour incitation à la haine, à la violence, à la guerre.

L'ennemi, c'est l'autre, généralement celui qui ne crée pas le problème. Il y a peu, un groupe de respectables écrivains et d'intellectuels basques ont publié une déclaration très édifiante à ce sujet. Un des points faisait remarquer qu'un jeune qui incendiait un conteneur d'ordures à Valence ne recevait pas la même sanction qu'un jeune Basque inculpé pour le même délit. Que je sache, il n'y a pas d'Espagnols ou de Basques non nationalistes qui assassinent des Basques nationalistes, et s'il y en a eu, il s'agissait de délinquants manipulés par le pouvoir qui ont écopé d'une sanction méritée. La différence tient à ce que le jeune de Valence qui incendie une poubelle est un voyou, un pauvre crétin, alors que le militant de la *kale borroca,* du combat de rue, qui fait la même chose, est un nazi en herbe cherchant à gagner du galon pour se voir remettre un pistolet et assassiner l'ennemi, l'autre, celui qui, selon sa misérable conception du monde, doit être éliminé, car tel est le destin naturel de l'ennemi.

Aujourd'hui, l'ennemi c'est "l'Axe du mal", selon la définition du plus obtus, ignorant et grossier des dirigeants américains. Le 11 septembre 2001, une poignée de terroristes a commis un crime atroce sur le sol nord-américain et la nation la plus puissante du monde s'est lancée dans une opération de vengeance, adoucie plus tard en punition, dont la première action de guerre fut de finir de détruire l'Afghanistan. Tous les Afghans étaient-ils des ennemis ? L'indéniable magnitude du crime terroriste justifiait-elle de pousser le monde au bord d'un conflit global ? Un autre 11 septembre, celui de 1973, a provoqué plus de victimes que l'attentat contre les tours jumelles. L'ordre en avait été donné par un terroriste international nommé Henry Kissinger, à côté duquel Ben Laden est un amateur, mais aucun Chilien n'a songé à convoquer les Nations unies pour exiger une action de représailles contre le peuple nord-américain. Le 11 septembre 2001, l'ennemi a agressé le héros, en revanche, le 11 septembre 1973, le héros a puni l'ennemi dans une opération de guerre officieuse.

Nous savons tous que le régime irakien est despotique, mais qui l'a soutenu ? Qu'importe. Tous les Irakiens ont été déclarés ennemis et doivent être punis. Une fois, et je crains que ce ne soit qu'une référence littéraire, on a parlé d'"éthique de la guerre", de "lois de la guerre", et il y a même eu des soldats pour y croire. Aujourd'hui on annonce sans la moindre honte que le butin pétrolier d'Irak ne sera partagé qu'entre ceux qui auront accompagné les États-Unis dans leur offensive contre l'ennemi.

Ceux qui s'opposent à cette guerre, à toutes les guerres, font clairement partie du camp ennemi, et peut-être que les générations futures nous regarderont avec étonnement, lorsqu'elles résisteront derrière les barricades de la raison, de la culture, de l'intelligence, le seul héritage qu'elles recevront de nous. Nous, l'ennemi.

Ce qui est nié n'existe pas, c'est pourquoi il ne faut pas s'en inquiéter. Telle était la logique de la propagande nazie qui n'a cessé d'être imitée chaque fois que l'humanité s'est trouvée sur le fil du rasoir. Aux États-Unis, les photos des cadavres calcinés dans le désert irakien, pendant l'opération Tempête du Désert, ont disparu et les terrifiantes scènes d'autres guerres comme celles du Viêtnam ou d'Afghanistan ne figurent dans aucun organe de presse. Elles ont même été enlevées des archives payantes d'Internet. Le destin des morts est la solitude et l'oubli.

Le Premier ministre allemand et son ministre des Relations extérieures, le président français et son ministre des Relations extérieures comprennent parfaitement les discours en espagnol, italien et anglais. Mais, malheureusement, on ne peut pas en dire autant des dirigeants espagnols, portugais et italiens, de sorte que s'ils ne comprennent pas bien certaines déclarations de principe répétées par Bush pour justifier la voracité des compagnies pétrolières qui sont derrière la guerre annoncée, c'est la faute des traducteurs. Il y a quelques jours, à Nashville, le président nord-américain à lâché quelques merveilles d'intelligence : "La liberté n'est pas un cadeau que l'Amérique fait au monde. La liberté est un cadeau de Dieu à chaque créature humaine de ce monde. L'Amérique affronte de grands défis sur son sol et à l'étranger. Nous avons été appelés (par Dieu) pour étendre les promesses de ce pays à chaque citoyen qui y vit. Dieu nous a appelés à défendre notre pays et à conduire le monde vers la paix. Nous relèverons ces deux défis avec courage et confiance en nous-mêmes." "Les terroristes détestent que dans ce pays grandiose nous priions Dieu tout-puissant en accord avec ce que nous sommes et ils enragent de savoir que nous n'allons pas changer." "Dans les Saintes Écritures, Dieu nous ordonne de tendre la main aux autres pour arriver au pardon mutuel. Il promet que les fruits de la foi et de la fraternité, de la dévotion et du pardon, seront cueillis par les autres, s'ils ont la force que nous avons pour les cueillir."

Si les dirigeants d'Espagne, d'Italie et du Portugal ne sentent pas dans ces déclarations un fumet de guerre sainte, c'est parce que leurs traducteurs sont très mauvais.

Selon les résultats d'une enquête Gallup de l'année 2001 publiée par l'hebdomadaire allemand *Der Spiegel*, la société chrétienne nord-américaine compte 1 % de mormons, 25 % de catholiques, 51 % de protestants divisés entre méthodistes, luthériens, presbytériens, épiscopaux, baptistes, pentecôtistes et autres sectes qui représentent 12 % de la totalité des protestants. Les 33 % restants se répartissent entre juifs, musulmans, bouddhistes et non-croyants. Pieux pays aux pieuses coutumes qui, espérons-le, ne seront pas imitées aux réunions de cabinet du G8. Un formidable article, jamais démenti, signé Hans Hoyng et Gerhard Spörl, deux journalistes du *Spiegel*, décrit très bien comment débute une réunion ministérielle dans le pays le plus puissant du monde : "Le président demande à un ministre de prononcer quelques mots et tous ceux qui sont dans la pièce courbent la tête, ferment les yeux et joignent leurs mains. Donald Rumsfeld demande à Dieu de leur donner de la 'force pour l'action'". Naturellement, personne n'est obligé de participer au rite, mais il existe une liste où sont rigoureusement notés le nom des pieux et de ceux qui s'abstiennent. Le même fondamentalisme religieux que l'on critique dans l'Islam est pratiqué à l'identique à la Maison Blanche. L'auteur des discours de Bush, un certain David Frum, romancier et scénariste raté, est parvenu à décrire très bien l'environnement dans lequel il travaille : "Un évangélisme moderne baigne la belle maison de l'avenue Pennsylvania."

Nous savons que le chef des inspecteurs de l'ONU en Irak s'appelle Hans Blix. Nous supposons que lorsqu'il a pris ses fonctions, il devait avoir des informations sur l'existence ou non d'armes de destruction massive et sur la capacité des Irakiens de les produire. Ce que nous ne savons pas, bien que Bush le sache, ainsi peut-être que le G8, c'est que Blix a reçu de son prédécesseur, le Suédois Rolf Ekeus, chef des inspecteurs de l'ONU en Irak de 1991 à 1997, certaines informations qui, rendues publiques, auraient augmenté le nombre de participants à la journée pour la paix du 15 février. Selon Ekeus, le régime de Saddam Hussein ne dispose ni des moyens de produire des gaz mortels, ni de les stocker, ni de scientifiques compétents dans ce domaine. Il ajoute que le gaz moutarde, ou le gaz innervant VX, exige des moyens de stockage très sophistiqués que l'Irak ne possède pas. Quand Colin Powell a exhibé son petit flacon de sel lors de la réunion du Conseil de sécurité de l'ONU, la ministre espagnole des Relations extérieures préparait son coup de canon et Hans Blix se rappelait les paroles d'Ekeus écartant formellement la possibilité de produire des gaz mortels dans des laboratoires ambulants, car il n'existe pas de camions assez grands pour y mener de telles expériences. À l'accusation de Bush-Powell-Aznar-Blair selon laquelle l'Irak dissimule à l'ouest de son territoire de grandes concentrations d'armes de destruction massive, s'oppose le rapport qu'Ekeus a remis à Hans Blix. Il y est écrit que ce sont là de pures suppositions sans fondement technique et scientifique, outre qu'elles contredisent les capacités militaires des États-Unis et de la Grande-Bretagne, car pour de tels lieux de stockage il faudrait faire venir l'eau dans cette zone désertique, poser des lignes électriques, construire des routes destinées à des véhicules spéciaux, autant de choses parfaitement contrôlables depuis le ciel.

Pourquoi nous a-t-on caché le rapport de Rolf Ekeus ?

Il était une fois un jeune Texan qui aimait bien lever le coude. Un jour qu'il conduisait plein comme une barrique, il perdit le contrôle de son auto et fonça dans les poubelles de la maison paternelle. Son père le réprimanda durement, sa mère, Barbara, admit que le garçon avait de sérieux problèmes d'alcool et, pour l'aider à se corriger, ils firent confiance à Dieu, qui est américain, et à quelques millions de dollars que le gamin perdit avec fracas dans de très mauvaises affaires pétrolières. Ayant démontré qu'il était incapable de gérer sa propre tirelire, il reprit furieusement le chemin de l'alcool. Bourbon, bière, vin californien, tequila dévalaient le gosier du jeune Texan jusqu'à ce qu'un jour survienne le miracle attendu. Il s'appelait Billy Graham, le plus grand *showman* religieux protestant du pays. Alleluia! Loué soit Dieu! s'écria le jeune Texan dans des stades bourrés d'alcooliques et d'aliénés comme lui. Et Dieu lui vint en aide. Il est maintenant président des États-Unis d'Amérique et un intellectuel raffiné, comme nous le rappelle son discours prononcé à l'université de l'élite de la côte Est, quelques mois après avoir pris ses fonctions: "Quand je suis arrivé, je n'avais aucune idée de ce que je devais faire. Certains avaient un plan, mais très vite il s'avéra que nous attendaient toutes les victoires possibles comme toutes les défaites, celles qui nous causent généralement de grandes surprises."

Cet intellectuel est l'homme le plus puissant du monde et ceux qui s'inclinent devant lui veulent manifestement lui ressembler.

BRÈVE HISTOIRE D'UN HOMME DIGNE

À l'heure du trentième anniversaire du coup d'État militaire fasciste qui a assassiné la démocratie chilienne, les idées, les pensées, les réflexions se succèdent dans le violent kaléidoscope de la mémoire. Les noms des hommes indignes jaillissent et répètent leur insultante présence, les traîtres, encore loin de l'enfer dantesque auquel ils appartiennent, trahissent de nouveau et les hommes dignes, courageux, loyaux, comme Salvador Allende et tous ceux qui ont été à ses côtés dans des postes de responsabilité et de combat, doivent demander l'autorisation aux nouveaux indignes, aux nouveaux lâches, aux nouveaux traîtres qui gèrent aujourd'hui la défaite du peuple pour dire qu'eux et eux seuls sont les dignes protagonistes de la geste chilienne.

Trente ans ont passé depuis le 11 septembre 1973. J'avais vingt-trois ans en cette matinée pluvieuse. Aujourd'hui j'en ai cinquante-trois et, pour parodier Osvaldo Soriano, je dirai que "l'inventaire de mes pertes" est très long mais qu'elles peuvent se résumer à une seule : un ami me manque, mon camarade, mon frère Sergio Leiva.

Nous étions nés tous les deux en 1949, mais éloignés l'un de l'autre par des milliers de kilomètres et d'histoires. Nous nous sommes connus à dix-huit ans, quand nous militions au sein d'une génération prête à tout donner pour la révolution latino-américaine car, comme l'écrivit sur notre peau le poète cubain Fayad Jamis, "pour cette révolution, il faudra tout donner et ce ne sera jamais assez".

Il y a cinq ans, lors d'une rencontre de solidarité à Milan, Osvaldo Peredo, alias "Chato", le dernier commandant guérillero bolivien, dernier de l'héroïque dynastie combattante fondée par ses frères "Inti" et "Coco", racontait à des centaines de jeunes Italiens un combat qui avait eu lieu à la gare d'Oruro. Un détachement de l'ELN* chilien, qui venait de reprendre le flambeau du Che, était tombé dans une embuscade de l'armée qui avait l'ordre de ne pas faire de prisonniers. Osvaldo Peredo se rappelait trois prénoms : "Ramón", le nom de guerre de Sergio Leiva, "Gonzalo", celui d'Agustín Carrillo, champion de boxe panaméricain des poids welters, et "Ivan", le mien, ce jour-là de 1969. Deux Chiliens et trois Argentins tombèrent fauchés par les balles sur le sol froid de la gare. Osvaldo couvrait la retraite de ceux qui couraient encore en vidant le chargeur de leur Garand Ml. Soudain Ramón se rua sur les soldats, arracha un pistolet des mains d'un officier bolivien et, à la stupéfaction de la troupe, enfonça le canon dans la bouche d'un officier de Rangers portoricain, appelé Roy Pacheco, un mercenaire à la solde des Nord-Américains. Grâce à cette démonstration de courage et de sang-froid nous sortîmes de là vivants et l'amoureuse broussaille de la clandestinité bolivienne se chargea de nous protéger. Je ne devais revoir Osvaldo Peredo que vingt-cinq ans plus tard, à Milan. Il me demanda des nouvelles de Ramón. "Il est mort, il a été tué", répondis-je. À ces mots, Osvaldo se mordit les lèvres et dit : "Je venais parler de santé publique, je suis médecin, mon frère, mais je vais parler de lui, d'un homme courageux avec lequel j'ai combattu en Bolivie."

Sergio Leiva et moi étions repartis au Chili. Agustín Carrillo avait pu atteindre les montagnes du Teoponte et, quatre mois plus tard, il tombait au combat avec le grade de commandant guérillero.

Pendant le voyage de retour à Santiago, tandis que nous traversions le désert d'Atacama à l'arrière d'un camion, nous parlâmes de ce que nous allions devenir, du futur qui nous attendait et que nous allions construire dès que nous serions citoyens d'un continent libéré. Sergio Leiva était une sorte d'étrange troubadour. Il écrivait de beaux, d'inquiétants, d'énigmatiques poèmes, qu'il mettait en musique et chantait en

---

* *Ejercito de liberación nacional*: Armée de libération nationale. *(NdT)*

s'accompagnant de sa vieille guitare. Un jour que je parlais avec Victor Jarra, le grand chanteur épique du Chili me fit part de son étonnement que Sergio Leiva n'enregistre pas ses chansons et que tout son talent tienne dans un cahier froissé qu'il avait toujours dans un coin de son sac à dos. Sergio était un militant de l'ELN, une fraction du parti socialiste, et il participait parfois à des actions armées dont le seul but était d'avertir la bourgeoisie chilienne qu'elle ne pourrait pas confisquer le triomphe électoral d'Allende qui s'annonçait. Il lui arrivait aussi de chanter dans les grands rassemblements, les grèves, les soupes populaires, où bouillonnait l'espoir de ceux qui avaient crié *basta*!

Dans le vent salé d'Atacama, il m'avoua avec son éternel sourire que lorsque viendrait le jour de penser à lui et à son art, il écrirait un grand opéra, un opéra heureux d'où la douleur serait absente. Son projet coïncidait avec le roman que je pensais écrire quand viendrait le jour de penser à moi.

Le 4 septembre 1970, nous allâmes voter ensemble. Nous ne croyions pas à la voie électorale, mais nous avions confiance en Allende et en tout ce qu'il représentait. Ce soir-là, nous nous rendîmes à la Fédération des étudiants du Chili pour célébrer le triomphe d'Allende qui ouvrait enfin, comme il l'a dit, de vastes avenues où marcheraient les hommes libres. Les gens chantaient, s'embrassaient, pleuraient de joie, et nous les embrassions aussi et jurions que nous donnerions tout pour que ce médecin, ce camarade appelé Salvador Allende, puisse appliquer son programme. Nous donnerions tout et ce ne serait jamais assez.

La bourgeoisie commença à conspirer dès le premier jour du gouvernement populaire. Des millions de dollars sortaient du pays et il fallut y mettre un terme. Sergio commanda plusieurs opérations armées d'expropriation de dollars, d'argent noir destiné à sortir du Chili. Oui, c'est Sergio Leiva qui a commandé la grande expropriation de dollars du local 39 du passage Matte. Oui, c'est nous qui avons exproprié une petite succursale de la Banque de crédit et d'investissement, rue Santa Rosa, et c'est encore nous qui avons remis à la Banque centrale un paquet contenant près d'un demi-million de dollars réquisitionnés dans une succursale bancaire d'un quartier pauvre.

Face aux avancées du gouvernement populaire, aux conquêtes sociales qui commencèrent à améliorer notablement la vie des Chiliens les plus pauvres, la bourgeoisie chilienne fit appel à l'organisation fasciste Patrie et Liberté pour commettre des attentats terroristes, assassiner des dirigeants, semer la panique et tuer des militaires loyaux comme le général René Schneider. Sergio Leiva commanda de nombreuses actions armées destinées à barrer la route au fascisme et à faire cesser les préjudices commis contre les intérêts du peuple chilien. Pablo Rodríguez, aujourd'hui avocat de Pinochet, qui était en 1971, le *führer* de Patrie et Liberté, n'a sûrement pas oublié la leçon que nous lui avons donnée dans les champs de l'École d'agronomie, dans les Andes, lorsque nous avons empêché que soient empoisonnées, avec des toxines *made in USA*, les milliers de tonnes de lait en poudre destinées au projet de distribution d'un demi-litre de lait quotidien à tous les enfants du Chili. Et c'est encore sous les ordres de Sergio Leiva et à coups de feu que nous avons arrêté les fascistes à la mine El Yeso, où ils avaient stocké des explosifs pour faire sauter l'aqueduc de Vizcachas qui alimentait en eau potable le grand Santiago. Et entre chaque action, Sergio Leiva chantait: "Hé, doña Petra, écoutez-moi, allez donc au JAP*, avec votre voisine et la tante Juana, et distribuez équitablement le peu qu'il y a."

Nous dormions peu, mangions encore moins, mais nous nous organisions pour nous retrouver parfois le dimanche chez sa mère. Là, pendant que nous mettions un morceau de viande à griller ou que nous dévorions des moules crues, nous parlions de ce que nous avions fait, lu et nous étions heureux de voir nos rêves se multiplier, surtout lorsque dans les bras de nos compagnes, près du feu, nous songions à l'avenir que nous

---

* *Junta de abastecimientos y precios.* Organisation populaire qui empêchait l'accaparement de vivres et assurait la distribution pendant le gouvernement de l'Unité populaire. *(NdT)*

allions construire pour Aleida del Yuro et Carlos Lenín, nos enfants qui étaient nés à quelques semaines d'intervalle.

Nous nous sommes vus pour la dernière fois le 11 septembre 1973. En pleine fusillade, dans le quartier de San Miguel, je pensais à lui, mon ami, mon camarade, mon frère, et soudain je l'ai vu apparaître dans une petite Fiat 500 hérissée de canons, de fusils pris aux soldats pendant les premières heures de combat. Le toit était ouvert et Sergio en émergeait avec un fusil-mitrailleur. Il était accompagné de Lucho Acuña, dit "Z-yeux bleus", de Tati Aracena, "la Blonde", de Shalako Perez et de tout le courage du monde.

Nous avions des ordres précis et la fierté militante intacte. Nous nous donnâmes l'accolade. "Prends soin de toi, poète", me dit-il. "Prends soin de toi, poète", répondis-je.

Il a été tué en janvier 1974, à l'ambassade d'Argentine. En juin 1981, je suis allé en Suède. Au bord d'un beau lac, à Kristianstadt, j'ai parlé avec Lucho Acuña qui m'a raconté les circonstances de la mort de Sergio.

Il s'était battu dans Santiago jusqu'au 16 septembre 1973. Puis il entra dans la clandestinité en organisant les restes de la résistance, mais l'encerclement se resserra de plus en plus. Les militaires exigeaient qu'il se rende sur-le-champ, puis ils annoncèrent qu'il serait exécuté où qu'il se trouve. À contrecœur, il obéit à l'ordre de se réfugier à l'ambassade d'Argentine, il sauta le mur d'enceinte, entra et découvrit quelques jours plus tard que certains camarades et des fonctionnaires avaient en leur possession de grosses sommes d'argent dont ils se refusaient à expliquer l'origine. Alors il agit en militant et confisqua l'argent.

Après quoi Sergio abandonna l'ambassade et cet argent confisqué fut très utile à la résistance. Il fallait changer de planque chaque semaine, nourrir les camarades, soigner les blessés. Après deux ou trois semaines dans la résistance clandestine, il retourna à l'ambassade, franchit de nouveau le mur et trouva une fois de plus de l'argent d'origine douteuse. Il sortit ainsi trois fois de l'ambassade. Trois fois, il servit d'émissaire de la résistance.

En 1989, quand j'ai pu retourner au Chili, j'ai rencontré plusieurs personnes qui l'avaient connu au cours de ses escapades. “Bien sûr que je l'ai connu.” “Quel chic type, ce Leiva.” “Le poète Leiva.” “Son pseudo, c'était Iván.” “Il se faisait appeler Ramón.” “Son nom de guerre était Pedro.” “Il a attaqué un camion de bonbonnes de gaz et les a distribuées aux pauvres de Lo Hermida.” “Il a commandé des braquages sympathiques*.”

Il s'apprêtait à sauter pour la troisième fois le mur de l'ambassade lorsqu'un carabinier l'interpella en pointant sur lui sa mitraillette Karl Gustav. “Te casse pas la tête, mon frère, ou tu tires ou tu te tires”, dit Sergio sans se départir de son éternel sourire. Et le carabinier Villalba, âgé de vingt-sept ans, tira. Une balle transperça le poumon gauche de Sergio, une autre lui sectionna l'aorte et la troisième lui déchira la gorge. Sergio Leiva tomba dans le jardin de l'ambassade et mourut quelques minutes plus tard, en territoire argentin.

En 1992, j'ai pu rencontrer le carabinier Villalba. Il vivait dans une masure de Navia, un des quartiers les plus pauvres de Santiago. Il m'a regardé avec une expression de panique quand je lui ai dit: “Tu as tué mon frère.” Et il a fondu en larmes. C'était un déchet, il ne méritait ni châtiment ni pardon. Je n'en suis pas sûr, mais ses voisins m'ont affirmé qu'il était devenu fou deux ans après avoir tué Sergio et avait été expulsé des carabiniers.

Trente ans ont passé et, comme le dit Neruda, “nous, ceux d'alors, ne sommes plus les mêmes”. Pour mon cinquantième anniversaire, des amis du monde entier sont venus à la fête, et parmi eux Patricia, la compagne de Sergio, et Aleida del Yuro et Carlos Lenín jouèrent de la vieille guitare de Sergio. Mais Sergio n'était pas là et c'était dur de boire mon verre et le sien.

Trente ans ont passé. J'ai perdu un pays et ça m'est égal, j'ai vécu une jeunesse fugace entre les combats, la prison et l'exil, mais le bilan final me remplit de fierté. Et je vis intensément

---

* Ainsi qualifiait-on les actions de propagande armée qui se concluaient par des distributions de vivres et de marchandises dans les quartiers pauvres.

parce que tous mes actes, tous mes rêves et toutes mes aspirations sont habités par cette présence qui me manque, celle de Sergio Leiva, mon ami, mon camarade, mon frère.

NOTE POUR L'ACADÉMIE : MARÉE NOIRE

Il existe trois définitions de cet atroce phénomène engendré par la voracité des partisans de l'économie néo-libérale.

1) Oubli profond de l'assassinat de l'écrivain nigérien Ken Saro Wiwa, commis le 10 novembre 1995 par la dictature nigérienne qui gère les intérêts de Shell dans ce pays d'Afrique. Ken Saro Wiwa était un intellectuel courageux qui dénonçait les crimes contre l'humanité et l'environnement commis par les multinationales du pétrole.

2) Se dit de la substance noire et visqueuse, hautement toxique, que vomissent les politiciens de droite, les dilettantes des ministères de l'Environnement en Europe, et qui s'installe en premier lieu dans la masse encéphalique du “centre-gauche” pour continuer ensuite son chemin vers toutes les plages du monde.

3) Déchet intellectuel aznaro-franquiste.

TROP TÔT

À trois heures du matin, j'ai reçu un appel de Santiago du Chili. C'était un journaliste d'un magazine de la capitale qui "voulait connaître mon opinion sur la mort de Roberto Bolaño". Peut-on avoir une opinion sur la mort ? Quand un écrivain, un bon écrivain, meurt dans la plénitude de sa vie littéraire, tout ce que nous pouvons dire une fois de plus c'est que la vie obéit à des règles très injustes. Le journaliste en question était de *La Tercera*, un journal à sensation et à ragots dont le code déontologique ignore que l'éthique journalistique est justement l'esthétique du comportement professionnel. Fidèle à cette ignorance, le journaliste voulait à tout prix que Roberto Bolaño et moi ayons engagé une dure polémique, qui en réalité n'avait jamais eu lieu.

Roberto Bolaño était un écrivain de race ; c'est terrible de parler au passé. Doté d'une culture littéraire étonnante, très influencé par Borges, il a tenté – et largement réussi – d'écrire une littérature agile et dépourvue de toute complaisance *light*. Ce ne fut pas facile. Il écrivait en rognant du temps aux emplois les plus divers qu'il a occupés et la reconnaissance qu'il a obtenue, depuis le prix Anagrama jusqu'au Romulo Gallegos pour son roman *Les Détectives sauvages*, est on ne peut plus méritée. Malheureusement, ces stimulants arrivèrent quand il était déjà gravement atteint par la maladie qui l'a conduit à la mort.

C'était un homme peu bavard, fuyant les apparitions publiques, et la plupart de ses déclarations furent épouvantablement déformées dans certains journaux chiliens et exploitées de la pire façon dans d'autres médias européens, tout aussi provinciaux que la presse de son pays.

Je ne l'ai jamais rencontré et n'ai échangé avec lui que deux conversations téléphoniques. Il a apparemment laissé l'image d'un provocateur, mais je me refuse à partager cette opinion car c'était un écrivain intelligent et ne provoquent que ceux qui manquent d'arguments. Si je devais définir sa position, à propos de laquelle on a tenté de créer une polémique, alors je dirais que son projet littéraire, amer, mais à la manière géniale de Céline, l'a conduit à reconnaître une vérité douloureuse : celle de n'avoir pas participé joyeusement, ludiquement, aux efforts de sa génération, qui est aussi la mienne, pour changer la société chilienne. Borges, il est vrai, fut un grand provocateur, le plus génial de tous. De sa place d'immense écrivain, Roberto Bolaño a visé malheureusement quelques-uns d'entre nous qui, pour une question de principe, ne répondent pas aux francs-tireurs.

Roberto Bolaño est mort trop tôt. Il avait encore beaucoup à écrire. Son talent commençait à donner les meilleurs fruits, et c'est là un motif supplémentaire d'affliction. Hélas, certains profitent de sa mort pour fouiller dans la poubelle à la recherche de quelques déclarations maladroites, qu'il a, j'en suis sûr regrettées, pour être ainsi tombé dans le piège de la presse à sensation.

Il ne fait aucun doute que sa mort prématurée est une immense perte pour la littérature de langue espagnole.

La farce des Açores a été le dernier camouflet infligé par trois individus à l'opinion publique mondiale, à cette diversité raciale, ethnique, religieuse, politique et générationnelle qui a dit clairement oui à la paix lors de milliers de manifestations massives. L'opinion publique, cette abstraction prétendument malléable, facilement influençable, voire irresponsable selon les trois mousquetaires de la guerre, a fait une interprétation collective de la résolution 1441 du Conseil de sécurité des Nations unies qui, curieusement, était en pleine harmonie avec l'interprétation de la majorité des nations représentées à ce Conseil. Et pourtant s'est imposé le critère guerrier des trois paladins du plomb et de la mitraille.

Qui jugera l'attitude de Bush, Blair et Aznar ? Certainement pas les historiens, mais plutôt les psychologues et les psychiatres, car les trois leaders autoproclamés du monde libre ont plusieurs rendez-vous en attente sur le divan des aliénistes. Bush est un ex-alcoolique qui n'a pas donné de preuves convaincantes de son amendement, à moins que nous acceptions le fanatisme religieux comme substitut à l'habitude de lever le coude à la manière sauvage des Texans. Et comme l'alcool détruit irréversiblement certains neurones, un ivrogne ne doit pas être habilité à décider de l'avenir d'une fourmi, et moins encore d'un peuple ou de la paix mondiale. Un ivrogne texan qui a eu une vision et l'appui du lobby pétrolier nord-américain pour faire coïncider cette vision messianique avec l'horrible tragédie du 11 septembre. Blair était social-démocrate par convenance, plus héritier de Margaret Thatcher que de l'idée européenne de bien-être, et il a eu à son tour une vision économico-messianique de la "troisième voie", projet qu'il n'a jamais commencé à expliquer, mais qui avait besoin d'un leadership personnel inspiré par le portrait de Dorian Gray ou celui Peter Pan. Une guerre, où et contre qui que ce soit, devait lui donner l'éternelle jeunesse pour incarner son ambition politique.

Et Aznar, quelle était la vision d'Aznar? Avec sa singulière syntaxe de l'insulte et de la disqualification démagogique, et le soutien d'une galerie fidèle, inconditionnelle, sans faille, docile, soumise à son leadership, il a gribouillé quelques caractéristiques de sa vision miraculeuse: une Espagne aux côtés des pays qui décident, peu importe lesquels, de ceux qui servent, peu importe qui, et loin des recoins obscurs de l'histoire. Mais sa petite course aux Açores pour être sur les photos à côté du kapo, la participation, en tant que plus grande sourde du royaume, de sa ministre des Relations extérieures au Conseil de sécurité de l'ONU ont relégué l'Espagne dans un triste recoin et détruit deux décennies de respectabilité internationale qu'il sera difficile de rétablir. Dans sa vision, il s'est vu comme un consul romain moderne. Le développement économique, social, politique et culturel de l'Europe au cours des cinquante dernières années ne compte pas; la seule chose qui compte, c'est d'être à côté de l'empereur. Peu importe, la vox populi qui a assumé son destin européen en lui signifiant nettement qu'il se fourvoyait. Et le plus triste c'est que cette vision a le soutien unanime d'une majorité parlementaire absolue, représentée par des hommes et des femmes qui ne doutent pas, ne se posent pas de questions, n'éprouvent aucun vertige à décider de la vie et de la mort d'autres êtres humains. Si telle est la conception de la politique et de la société du parti populaire, une nouvelle majorité absolue pourrait bien surprendre prochainement les Espagnols dûment confessés.

Et maintenant? Allons-nous pleurer les morts d'Irak? Payer les dommages collatéraux? Une vieille coutume veut – malgré les majorités, toujours provisoires – que lorsqu'un gouvernement ne représente plus l'opinion des citoyens, le droit à la désobéissance s'impose. Il est peut-être temps de commencer à prolonger le NON à la guerre et, au mois de mai, de démontrer catégoriquement que les dirigeants actuels sont seuls, qu'il leur reste encore deux années de gouvernement avec une majorité absolue, mais qu'ils sont entourés par une autre majorité, celle des citoyens qui ne les laisseront pas en paix, car chaque civil, chaque enfant, chaque femme, chaque vieillard qui meurt en Irak, baignera de son sang les consciences de ceux qui ont donné à ce gouvernement une majorité absolue.

En Espagne et en Amérique latine, c'est toujours la gauche qui a témoigné de convictions démocratiques et du respect de la légalité internationale. En Espagne et en Amérique latine la droite n'a jamais respecté les règles du jeu démocratique et de la légalité internationale. Que le NON à la guerre relègue les dirigeants actuels dans leurs traditions corporatistes, sur le tas de fumier du fondamentalisme impérialiste, et qu'ils y restent à jamais !

Le 14 février 1929, Al Capone ordonna de liquider la bande de Bugs Moran, événement connu comme le massacre de la Saint-Valentin. Les familles mafieuses étaient parvenues à un gentlemen's agreement quant à la répartition du territoire nord-américain et le négoce de l'alcool clandestin était florissant, ainsi que le racket et la participation à la vie politique de la nation la plus puritaine du monde. Mais l'accord sur le partage territorial ne suffisait pas à Capone. Ses hommes, fanfarons, analphabètes, bornés, profondément "patriotes américains", débordaient sur le territoire d'autres familles, qui s'en offusquaient ouvertement. Pour régler le différend, Al Capone ajouta à l'accord une sorte de bulle garantissant l'impunité de ses gangsters sur toute l'étendue de l'Union. Bugs Moran refusa catégoriquement et se retrouva le corps truffé de plomb.

Soixante-quatorze ans plus tard, un autre puritain et patriote américain, lui aussi mafieux et, pire encore, manœuvré par des mafieux, car seuls des mafieux sont capables d'inventer une menace pour justifier le vol et la violation systématique de la légalité, ce mafieux, donc, exigea du monde une soumission unique dans l'histoire de l'humanité : l'impunité totale pour le personnel civil et militaire des États-Unis dans tous les pays. Le besoin de justice et les mesures qu'il impose sont inhérents à la civilisation. C'est la seule manière de comprendre l'existence du Tribunal pénal international, première étape pour forger des lois qui protègent tous les êtres humains sur la base d'un précepte sacré : tous les hommes sont égaux devant la loi.

Une simple lecture, et non pour autant moins réaliste, de la prétention étasunienne, donne plus ou moins ceci : si un militaire, agent de la CIA ou simple missionnaire yankee, viole ma petite sœur paralytique, je pourrai seulement lui demander si ça lui a plu et m'excuser sincèrement si la réponse est négative.

Certains pays ont refusé, dont la Colombie, à moitié envahie par le plus grand consommateur de drogue de la planète sous le prétexte de lutte contre le trafic de drogue, ainsi que l'Uruguay, un petit pays qui a fait le dos rond en échange de quelques miettes. D'autres pays qui ont également refusé (ne pas dire oui peut être une façon de dire non temporairement) se préparent à intégrer l'OTAN à la suite de la première grande preuve de soumission qu'ils ont donnée à l'empire en trahissant l'unité européenne pour se joindre à la croisade contre l'Irak.

La Lettonie, la Lituanie, la Slovaquie, la Slovénie et la Bulgarie s'apprêtent à leur tour à entrer dans l'UE, sans que les Européens aient été consultés pour savoir s'ils désirent cet élargissement ou le considèrent comme nécessaire. Par leur appui inconditionnel à l'agression contre l'Irak, ils ont démontré ne rien comprendre à l'idée d'Europe comme unité économique, politique et culturelle, mais voilà qu'aujourd'hui l'empire les condamne, avec l'Andorre, la Suisse, la Suède, l'Irlande et un total de cinquante nations, à ne pas recevoir d'aide militaire américaine pour refuser de considérer que les Nord-Américains sont intouchables, que des criminels avérés tels que Henry Kissinger et John Negroponte sont à l'abri de l'action de la justice ici, là-bas et où que ce soit.

Que signifie ne pas recevoir d'aide militaire? Un peu plus que ne pas avoir de tanks ou de picotin pour son âne. Toute l'industrie de la haute technologie nord-américaine, surtout celle à usage civil, comme le contrôle aérien, est entre les mains de la mafia de l'armement des États-Unis. Pour fabriquer un simple *by pass*, il faut des éléments de haute technologie et payer des royalties à l'industrie d'armement nord-américaine.

Cinquante pays passent à "l'Axe du mal". Est-ce que le trio des Açores projette d'envahir l'Andorre ou Saint-Marin? Comme Chirac et Schröder doivent se sentir seuls! Et comme doivent se sentir seuls tous ceux qui rêvent encore d'une Europe souveraine, indépendante, défendant la Raison face à l'hégémonie impériale ! Et à l'acte mafieux des sanctions vient s'ajouter la présence de Berlusconi à la tête de l'Union européenne. Si un individu fortement soupçonné de fraude fiscale (comme Al Capone), probablement lié à des intérêts douteux, avec une liste infini de procès bloqués et qui, se prévalant de sa charge de Premier ministre italien, promulgue des lois assurant son impunité, si cet individu n'est pas un attentat à la décence, alors il nous faudra inventer une nouvelle définition de ce mot. Pauvre Europe, avec sa tête enfouie dans le dictionnaire crapuleux des euphémismes.

Bric-à-brac ou la double morale des vainqueurs

Cambalache (bric-à-brac) est le titre d'un tango immortel parce que prémonitoire. Quelque chose marche mal, quelqu'un a perdu ses papiers et nous ne bronchons pas de le voir pleurer comme une Madeleine à côté d'un chauffe-eau ; plus personne ne se pose les questions fondamentales, faisant appel à ce minimum d'intelligence qui nous différencie des macaques. Par exemple, vous décidez de faire un barbecue dans le jardin et, au meilleur moment, au moment sublime où les braises sont à point pour poser les chorizos sur la grille qui seront suivis des côtelettes d'agneau, tandis que les côtes de bœuf rouges et juteuses attendent leur tour, si à ce moment-là le téléphone se met à sonner, allez-vous demander au chat de surveiller la viande ? Ou allez-vous confier la tâche à n'importe qui d'autre, car vous êtes plus intelligent qu'un chimpanzé et vous savez que vous ne pouvez faire confiance au chat ? Alors pourquoi ne pas employer cette même intelligence pour empêcher un individu douteux d'accéder à la présidence de l'Union européenne ? Nous sommes des citoyens, ce qui signifie que nous avons des droits et des devoirs. L'un d'eux, peut-être le plus important, est de veiller, d'être attentif, de contrôler le pouvoir et de déléguer des fonctions d'autorité à des personnes en qui nous pouvons avoir confiance. Mais s'il arrive que vous acceptiez qu'un voleur occupe une fonction avec pouvoir de légiférer, ne vous plaignez pas si plus tard, après avoir décrété une loi qui dépénalise l'escroquerie, l'escroc garde votre portefeuille.

Pauvre Europe, pauvres Européens qui, il y a un peu plus d'un mois ont été des témoins privés du droit de rouspéter à la dernière réunion du G8. Là, sans crier gare, les pays les plus riches, qui ne servent qu'à soutenir l'économie des États-Unis, ont décidé de poignarder "l'état de bien-être" et, en passant, de nous condamner au travail à perpétuité. Les huit ont versé, à leur manière, des larmes pour l'Amérique latine, en condamnant avec emphase les stupidités du régime cubain, mais aucun ne s'est soucié de rappeler au Premier ministre japonais que dans son pays réside un fugitif que la justice péruvienne recherche pour avoir volé des millions de dollars à un des pays les plus pauvres du continent américain. Le voleur, Fujimori, a fui Lima en pleine nuit avant même l'échéance de son mandat. Puis les huit se sont félicités des progrès dans la lutte mondiale contre le terrorisme et dans le respect des lois. Mais aucun n'a rappelé à Bush qu'il y a aux États-Unis de nombreux "disparus" à la suite du 11 septembre, des gens dont on ne sait où ils sont, et qu'à Guantánamo croupissent des centaines d'Afghans alors qu'aucune charge n'a encore été retenue contre eux. L'invasion de l'Irak est devenue un fait consommé, fâcheux, tout au plus contrarié par la clameur universelle pour la paix. Qui se soucie des morts d'Irak ? Aujourd'hui nous savons que Blair a menti, que Bush et le troisième homme des Açores ont menti comme des arracheurs de dents à leurs pays respectifs. Qui s'en soucie ?

Aussitôt après les dernières élections, Madrid a été le théâtre d'une triste farce pour ceux qui croient encore en la démocratie. Discours vides de convictions, accusations qui, si elles n'ont pas la rigueur des preuves, ne sont que misérables trépignements, mais personne n'a élevé la voix pour affirmer qu'il est illicite d'inscrire des filous sur les listes électorales et que la spéculation immobilière est un cancer. Mais qui s'en soucie ?

Tout cela s'appelle une double morale, et elle n'est pas le monopole exclusif de la droite. Sinon, comment expliquer l'attitude du "centre gauche" italien qui préfère une trêve, un pacte de paix bâtard, et baisser avec plaisir ses pantalons tant que dure la présidence italienne de l'Union européenne ? Double morale ou cynique euphémisme, pour ne pas dire absence de morale. Bush, un pauvre analphabète texan, ex-alcoolique encore affligé d'un delirium tremens qui lui fait voir une Amérique impériale et sans frontières, décide que les procès de

Guantánamo doivent commencer. De son doigt de cow-boy il désigne les cinq premiers inculpés : deux Britanniques, un Canadien et trois Afghans. Fidèle aux barbares coutumes texanes, il ordonne de construire le lieu des exécutions avant la salle d'audience où se dérouleront les procès sommaires. Ces cinq-là sont déjà condamnés et personne ne s'en soucie. Amnesty International mène toutes les campagnes possibles pour dénoncer ces atrocités mais ne rencontre aucun écho dans aucun gouvernement. Le responsable de ces procès à venir, Paul Wolfowitz, un des faucons de l'équipe de Bush, s'est empressé de déclarer que "s'ils s'avéraient innocents, ce qui est improbable *(sic)*, ils ne seraient pas remis en liberté car ce sont des combattants hostiles". Qui se soucie de ces cinq hommes ? Qui a entendu parler de la convention de Genève ? Mon cher Joschka Fisher, je me rappelle encore ta thèse verte sur l'extension de la convention de Genève aux prisonniers politiques du monde entier car ce sont des prisonniers de la dernière grande guerre, la guerre contre la perversité du capitalisme. Mais c'était une autre époque, qui fleurait encore le bon air de 68. Pauvre monde, pauvre Europe !

Berlusconi a assumé la présidence de l'Union européenne après que le parlement italien, lui aussi affligé de la monstruosité des majorités absolues, eut approuvé les lois qui ont fait du *cavaliere* un intouchable. Sa présidence a été plutôt triste et s'est terminée par un lifting dans une clinique suisse.

Si c'est là l'éthique politique du nouveau siècle, nous pouvons être sûrs que le monde a été et sera une porcherie. Nous apprendrons ainsi à nous déplacer avec le portefeuille entre les dents et le cul bien collé au mur.

Dans les ruines de la cité maya de Chichén Itza se dressent des pyramides orientées selon le déplacement du soleil et toutes ont un serpent sculpté qui descend du sommet à la base. Pendant des siècles la Lumière a glissé sur le dos de ce serpent et quand elle atteignait le sol, les Mayas considéraient que le jour commençait. Toutes leurs activités étaient réglées en fonction du moment précis où la terre et la Lumière s'unissaient. Ce moment fugace d'union entre l'indiscutable, l'insaisissable, l'impalpable et le monde, était pour eux la seule éternité possible, ainsi que l'affirme le *Popol Vuh*, le livre sacré des Mayas : "La Lumière descend sur le dos du serpent, laissant derrière elle ce qui est fait, déjà dans l'ombre, et en allumant sa gueule elle nous indique ce que nous devons faire. Ainsi en sera-t-il jusqu'à la fin du temps, qui est la fin de la Lumière."

Un jour, en Australie, je me suis arrêté pour contempler les étranges silhouettes de deux aborigènes. C'était l'heure du crépuscule et ils regardaient l'horizon, mais le soleil se couchait derrière eux. Corps immobiles, une jambe levée, la plante du pied appuyée sur le genou de l'autre qui soutenait tout le poids et les unissait à la terre argileuse. Têtes au port altier, paraissant le centre de l'équilibre, mains refermées sur une longue lance et les yeux fixant un point indéfini de l'horizon. Soudain je les ai vus sombrer dans un profond sommeil, d'abord un, puis l'autre, sans changer de position ni bouger un muscle. Quelques jours plus tard, j'ai appris qu'à la fin de la journée, chaque aborigène choisit un point de l'horizon et attend que la Lumière y projette son ombre. C'est pourquoi ils se tiennent dos au soleil, ignorant la singulière beauté du crépuscule australien, et attendent que leur ombre s'étire jusqu'au point du paysage sur lequel ils centrent leur attention. Quand cela arrive, quand l'ombre couvre ce point, c'est que l'univers s'est obscurci, la Lumière est fatiguée d'avoir nommé tout ce qui existe car, assurent les aborigènes, la Lumière invite à donner un nom à ce que l'on voit et la somme des noms est la chanson de la Lumière.

L'hiver dernier, à Turin, j'ai été invité à un spectacle de jeux de lumière. Des artistes italiens et d'autres nationalités avaient illuminé les belles places turinoises avec des jeux très imaginatifs d'ombres et de lueurs. À côté du maire, j'attendais le moment où la merveille allait surgir, la force électrique courir le long des fils, et où, comme dans la Bible, la Lumière serait. Et ce moment arriva, la Lumière dessina des arabesques sur les pavés d'une place, écrivit des vers de Dante et de Leopardi sur une autre, créa en hologrammes des fontaines, des cascades, des icebergs flottant dans les airs. Les gens applaudissaient, manifestaient leur admiration et leur plaisir, quand soudain des gamins se mirent sous les projecteurs pour jouer avec la Lumière et là le spectacle eut enfin la magnificence espérée. Ces enfants qui ouvraient les bras et, les yeux fermés, se baignaient dans des arabesques, des vers et des eaux virtuelles, donnaient à ce spectacle artistique l'ingénuité naturelle de la Lumière, car la Lumière est ludique et ingénue. Il n'y a pas d'espace pour le mal sous son empire.

Au Japon, j'ai rencontré des vieillards survivants d'Hiroshima. Tous étaient aveugles et j'ai voulu savoir s'ils se rappelaient l'instant précis où la bombe avait explosé, provoquant un massacre inutile pour punir la population civile d'un pays vaincu. L'un d'eux récita quelque chose et j'ai appris un peu plus tard que c'étaient des vers de Kenzaburo Oe : "Certains disent que nous avons vu une grande lueur / mais c'est un mensonge / nous avons vu la mort de la Lumière."

Dans le désert d'Atacama, tout près de la vallée de la Lune, se dressent des promontoires qui ressemblent de loin à des menhirs, mais ce ne sont pas des constructions dues à la main de l'homme. Il s'agit de vestiges aussi vieux que le monde, dressés comme des index qui demandent la parole pour dire quelque chose de la plus haute importance. Le matin ils sont noirs, cuivrés quand le soleil est au zénith, et dans le soleil du crépuscule, quand le vieux dieu Inti s'enfonce dans le Pacifique, ils répandent une luminosité multicolore, scintillante et violente au début, puis s'atténuant jusqu'à l'obscurité totale.

C'est le discours de la terre, des milliers de minerais qui se sont formés au cours de millions d'années et nous rappellent que la vie est éphémère, fragile, et que cette planète appartient à tous, pas seulement aux maîtres de l'argent. J'ai écouté ce discours et je l'ai adopté, grâce à la Lumière qui est la voix de la vie.

Parfois, le simple rituel du matin, tout chargé de vie, se teinte de mort. Ainsi aujourd'hui, lorsque j'ai allumé la radio, cette fidèle compagne, et reçu comme un coup de griffe la nouvelle de l'adieu définitif de mon amie Dulce Chacón, écrivain de race, fragile et forte, toujours décidée à défendre bec et ongles la tendresse et à donner de la tendresse aux combats pour la vie.

Dans son dernier roman, *La Voix endormie*, si justement récompensé, célébré et loué par ses lecteurs, l'écrivain d'Estrémadure donnait la parole à ces femmes qui avaient souffert du pire de la dictature franquiste : la répression d'un système bigot et pervers, et un odieux machisme, ancré même chez ceux qui se disaient libertaires. Dulce avait parcouru l'Espagne, déterré des témoignages, dépoussiéré des souvenirs, afin que nous puissions écouter les paroles de ces miliciennes de la République qui ont entretenu l'espoir jusqu'au dernier moment.

Dulce Chacón était de ces écrivains qui, pour reprendre le poème de Brecht, sont indispensables. Le succès littéraire ne l'intéressait pas, ni le prestige d'être regardée ; son métier, sa vocation d'écrivain, sa persévérance à prêter sa voix à celles et ceux qui l'ont perdue conduisirent des vedettes de prix et d'agapes littéraires à la considérer comme un oiseau rare, ou une "ringarde" qui n'aimait pas les paillettes d'une post-modernité aussi prétentieuse que vide.

Elle écrivait en silence, mon amie Dulce, ma douce amie. Un jour, elle m'a confié que son endroit favori pour écrire était la cuisine, car elle y respirait les arômes de la vie. J'ai participé avec elle à des rencontres et des colloques où elle préférait toujours intervenir la dernière, mais sa douceur se transformait alors en arguments puissants et tranchants lorsqu'il s'agissait d'appeler un chat un chat et une crapule une crapule.

Sa trilogie, *Blanca s'envole demain*, *Un amour qui ne tue pas*, *Parle-moi, muse, de ce garçon*, et son roman *La Voix endormie* ont fait d'elle un des auteurs les plus intéressants de ces quinze dernières années et un écrivain aimé par ses lecteurs fidèles, militants de la vie qui trouvaient dans ses textes cette chaleur si nécessaire.

Elle est partie trop jeune, ma douce amie, quarante-neuf ans à peine, presque à la fin de l'automne, à l'entrée d'un hiver où nous serons très seuls et très pauvres sans elle. Adieu, ma douce amie, ma camarade.

Si la honte faisait rougir les visages de ceux qui ne connaissent pas ce sentiment, l'Oncle Sam serait une espèce de tomate murcienne archimûre. Cet individu vêtu d'un frac de clown et d'un chapeau de magicien merdique s'est présenté au dernier Sommet extraordinaire des Amériques, à Monterrey, avec un répertoire qui, loin de causer l'étonnement, a provoqué des moues de lassitude.

L'Oncle Sam propose que les gouvernements corrompus d'Amérique, de cette Amérique immense et prometteuse qui s'étend au sud du Río Grande, soient exclus de l'Organisation des États américains, mais sans mentionner que c'est précisément le gouvernement des États-Unis qui a soutenu les individus les plus corrompus du continent tout au long de son histoire. Des tyrans comme Batista, Pérez Jiménez, Duvalier, Trujillo, les putschistes brésiliens, les gorilles uruguayens, argentins et chiliens, le révérend Rios Montt, tous ont été portés au pouvoir par l'intervention de l'Oncle Sam. Quand la communauté internationale, dégoûtée de ces individus bestiaux, qualifiait Batista, Videla ou Pinochet de fils de pute, le département d'État répondait : "Fils de pute, oui, mais ce sont les nôtres." Un corrompu de l'acabit de Domingo Cavallo, complice de Menem dans des délits qui vont de la contrebande d'armes jusqu'à la banqueroute argentine, a été qualifié de "héros de l'humanité" par Warren Christopher, secrétaire d'État pendant l'administration Clinton. Mais aujourd'hui, à la veille des élections et avec un avenir très incertain, l'intellectuel texan qui a sorti l'Espagne de son coin découvre que la corruption "affaiblit les institutions publiques et privées, dénature les économies, érode la morale des peuples et porte atteinte à l'État de droit". Qui le lui a dit ? La ministre Ana Palacio ?

L'Oncle Sam a plongé la main dans son chapeau et en a tiré un lapin bavard qui a déclaré : "Les États-Unis réaffirment leur engagement à collaborer avec le développement des processus démocratiques garantissant la transparence des élections." Eux qui ont favorisé les entorses les plus criminelles à l'État de droit, ont renversé des gouvernements démocratiques et fermé les yeux devant l'assassinat de leurs propres citoyens ! Eux qui lors de la dernière élection présidentielle ont passé deux mois à recompter les votes en Floride ! Ils comptaient et Al Gore gagnait. Ils recomptaient et Al Gore gagnait encore, jusqu'à ce que Jeb Bush – un autre intellectuel texan qui a visité il y a peu la "république d'Espagne" et lui a proposé de bonnes affaires en Irak – invente l'arithmétique de la fraude. L'actuel président nord-américain n'a pas gagné les élections. Et les États-Unis donnent des leçons de transparence électorale ? Qui peut les croire ? Un "homme d'État mondial" ?

L'Oncle Sam a ensuite tiré un pigeon parlant de son chapeau : "Les États-Unis se proposent de sanctionner le secteur public impliqué dans la corruption." Et le secteur privé ? Pourquoi garantir l'impunité aux entreprises et aux multinationales qui corrompent, subornent, encouragent les détournements d'argent public ? Des canailles comme le Péruvien Alberto Fujimori, le Nicaraguayen Arnoldo Alemán et une longue liste de responsables de la ruine de millions de Latino-Américains n'ont-ils pas reçu des pots-de-vin, des commissions, des cadeaux des multinationales qui s'appropriaient des pays en profitant des privatisations les plus sauvages ? Pauvre Oncle Sam ! Qui est convaincu de la pureté d'Enron, de la générosité et du désintérêt des multinationales et de l'éthique de l'argent ? Berlusconi ? Le comptable de Gescartera ?

L'Oncle Sam traverse en ce moment une très mauvaise passe. À Monterrey on a démontré que l'Amérique latine, cette puissance en gestation emmenée par le Brésil, veut une relation d'égal à égal, sans complexes et enfin sans intervention dans ses affaires intérieures. La relation entre l'Oncle Sam et l'Amérique latine ne sera plus celle de Donald, le canard pédéraste, avec ses trois tapettes de petits-neveux. Il a aussi connu un sale moment à l'Organisation mondiale du commerce, où il a été bien clair que nul sommet des Açores ne lui permettrait de poursuivre son odieux protectionnisme impérial.

Il faut aider l'Oncle Sam, par exemple en imposant le fichage et un visa aux citoyens américains dans tous les pays du monde, ainsi comprendraient-ils les bienfaits de la légalité, ou en envoyant des observateurs étrangers lors de la prochaine élection présidentielle. Des hommes à l'expérience démocratique éprouvée tels que Théodore Obiang ou Augusto Pinochet seraient sûrement volontaires pour une si noble tâche.

PAPA NOËL

Ce personnage m'a toujours franchement révulsé, surtout si l'on considère que, dans le pays de mon enfance, il fait quarante degrés au mois de décembre. Voir ces gros types bourrés de coussins, dégoulinant de sueur sous leur barbe de coton, avec des gants polaires pour ajouter au martyre, provoque en moi une répulsion plus forte que la doucereuse bonhomie des chants de Noël. Je l'ai détesté pendant presque cinquante ans, jusqu'à ce que je rencontre à Munich, il y a une semaine, un type appelé Ibrahim Nassir, un vrai gros jouant les pères Noël parmi tant d'autres qui agitaient une clochette et souhaitaient de joyeuses fêtes aux passants devant la mairie.

Après avoir effectué quelques achats de rigueur, je suis entré dans un bar pour boire une bonne bière bavaroise de blé et, soudain, il s'est retrouvé à côté de moi, tout aussi assoiffé. La serveuse arborait un décolleté très généreux provoquant un silence de légitime admiration, qui fut brisé par un "Dieu veille sur eux, Maria !" lancé par le père Noël, souhait auquel les huit ou dix clients de la table se joignirent avec enthousiasme. La serveuse prit bien le compliment et, toute souriante, déclara que la prochaine tournée était pour elle. La bière rend bavards jusqu'aux faux Scandinaves et c'est ainsi que ce père Noël, après avoir accepté une cigarette, m'avoua qu'il détestait autant que moi ce personnage, et cela depuis deux ans.

Ibrahim Nassir était né en Palestine, un de plus de cette diaspora qui enthousiasme tant Sharon, et il s'était retrouvé à New York, au "pays de tous les possibles". Il avait été cuisinier dans un restaurant libanais, garçon dans un bar de Coney Island, jusqu'à ce qu'un ami lui fasse remarquer que ses cheveux et sa barbe fournis étaient très recherchés par les entreprises publicitaires de ce pays où dominaient les glabres. Il tenta sa chance avec une marque de shampoing et réussit, et bientôt son visage barbu et sa chevelure abondante commencèrent à apparaître sur les écrans. À chaque film où le réalisateur décidait qu'un barbu et chevelu devait passer devant la caméra, Ibrahim Nassir était sollicité. Comme tous les Palestiniens amoureux de la vie, Ibrahim Nassir laissa son corps gagner en volume, ce qui fit de lui un père Noël très recherché par les grands magasins. Avec ses propres cheveux blancs, sa propre barbe blanche, sa propre graisse et même son propre habit rouge, il prenait les enfants dans ses bras, recevait des lettres remplies de souhaits mesquins, agitait sa cloche, s'exclamait ho ! ho ! ho ! et souhaitait joyeux Noël à la cantonade dans un anglais émaillé d'accents méditerranéens. Mais ce rôle de débile habillé en rouge commença à le fatiguer et il décida d'y ajouter quelque chose, une petite phrase en arabe qui suivait son joyeux Noël. Lorsqu'un employé de Marks & Spencer voulut savoir ce qu'il disait, il répondit que c'était un petit supplément de Noël en finlandais, juste un détail qui donnait plus de poids aux souhaits du vieux Scandinave.

Pourtant, bien que ce petit supplément en arabe fût marmonné entre les dents, la malchance voulut qu'en décembre 2001 un trouble-fête juif, avec chapeau et papillotes, l'écoutât avec attention, pour immédiatement le dénoncer à la police.

– Et que diable disais-tu ? lui ai-je demandé à la quatrième bière.

– Ho ho ho ! Joyeux Noël, enfoiréd'sharon !

À la Noël 2001, les événements du 11 septembre étaient très proches, la chasse aux sorcières avait à peine commencé – elle n'est pas encore finie – et, encore déguisé en débile, Ibrahim Nassir et sa barbe se retrouvèrent dans une prison secrète. Il fut tondu, rasé, interrogé, isolé, piétiné. Sa femme, allemande, courut les commissariats et les bureaux fédéraux en invoquant la déclaration des droits civiques et autres arguments hollywoodiens jusqu'à ce qu'il soit enfin relâché. Après tout, Ibrahim Nassir était aussi un citoyen allemand.

La vie est dure, en Allemagne non plus il n'y a pas de travail si on a plus de cinquante ans, et il est toujours là, Ibrahim, dans son accoutrement débile devant la sévère mairie de Munich. Nous nous sommes serré la main en nous souhaitant bonne chance.

– Ho ho ho ! Joyeux Noël enfoiréd'sharon ! me lança le père Noël.

– Joyeux Noël enfoiréd'sharon ! lui répondis-je, car il faut bien que l'esprit de Noël serve à quelque chose.

LE SENS COMMUN

Je termine l'année fidèle à mon agnosticisme qui m'incite à consulter le dictionnaire chaque fois que la stupidité du pouvoir se transforme en un facteur d'angoisse. Il y a deux heures, dans la queue du rayon jambon d'un supermarché, un homme a jeté violemment le journal qu'il lisait en s'exclamant : quel manque de sens commun !

Ce curieux attribut, gratuit et malheureusement non contagieux, se réfère à la manière de penser et d'agir commune à la plupart des personnes, ainsi que l'indique le dictionnaire avec son habituelle ingénuité, car dernièrement même les mots les plus courants se teintent d'ingénuité. J'ignore ce que lisait ce monsieur, mais sa colère m'a conduit à penser à tout ce que j'ai lu, vu et entendu ces dernières semaines, et je ne peux faire autrement que me solidariser avec cette colère, car réfléchissons un peu : y a-t-il un sens, surtout un sens commun, à ce que Mme Esperanza Aguirre formule l'idée de solidarité comme une discipline olympique ? Sur quelles lois mathématiques ou pataphysiques, se fonde-t-elle pour affirmer qu'un Madrilène est quatre fois plus solidaire, généreux et somme toute meilleur qu'un Catalan ? Ce n'est pas une démonstration de sens commun que de formuler des affirmations gratuites susceptibles d'attiser les braises de haine du nationalisme, surtout s'il s'agit d'un nationalisme démocratique et civilisé. Mettre dans le même sac ceux qui affirment le besoin d'approfondir une discussion historique devant nécessairement conduire à une synthèse partagée et les tenants violents et grossiers de l'ethnicisme néo-fasciste, c'est à tous points de vue un manque flagrant de sens commun.

Qu'un président du gouvernement emploie sa dernière prise de parole au Parlement non pour prendre congé avec la générosité et la simplicité d'un homme d'État mais pour jeter du sel sur la plaie ouverte qu'a provoquée dans la société espagnole cette malédiction de la démocratie dite de majorité absolue, est-ce là une démonstration de sens commun ?

Il y a peu, André Glucksman, un philosophe français qui a étudié les origines de la violence, soutenait dans un article que les soldats italiens morts en Irak étaient tombés pour défendre les valeurs de l'art de la Renaissance. On peut supposer que le ministre Trillo n'a pas lu cet article ou qu'il ne s'intéresse pas à l'art, car une telle assertion lui aurait permis d'ajouter que les morts espagnols, militaires et civils, avaient offert leurs vies pour Velásquez – jamais pour Goya – et que près de deux cents Nord-Américains sont morts en récitant des poèmes de Walt Whitman. Est-ce une preuve de sens commun que de continuer à nier que l'occupation de l'Irak est une voie sans issue ?

La passivité avec laquelle on permet à Sharon d'édifier un mur de haine, en sachant que cela ne fera qu'accroître le désespoir des Palestiniens et par conséquent le nombre d'attentats terroristes, est-ce là faire preuve de sens commun ? Saluer le gouvernement nord-américain pour avoir réduit son protectionnisme en faveur de la production d'acier et ne pas condamner l'odieux protectionnisme qui affecte les produits agricoles européens et latino-américains, qui ne peuvent tout simplement pas entrer aux États-Unis, est-ce là faire preuve de sens commun ?

Si quelque chose caractérise l'année qui se termine, c'est le manque absolu de sens commun, et comme il est de rigueur de souhaiter que la nouvelle année soit meilleure, disons alors que le seul souhait possible tient à une urgence de bon sens. Que les résultats des élections, et elles seront nombreuses, soient délivrés de la malédiction des majorités absolues, que le dialogue reprenne, les accords, les consensus, que la politique redevienne le vieil et noble art du possible et non le vil espace du complexé. Souhaitons donc une année 2004 décente où le sens commun sera la norme.

Je me demande souvent comment fut mon enfance vue de l'extérieur, c'est-à-dire par ceux qui étaient avec moi. De la maigre famille qui me reste je n'ai obtenu en réponse que des phrases sympathiques, si bien que, au risque d'être arbitraire, je dois faire appel à mes souvenirs pour voir, avec le recul, ces années qui, du moins pour moi, m'ont toujours semblé heureuses.

Je suppose que nous commençons à être dès le moment où la mémoire devient notre grand signe d'identité, et ma mémoire commence un jour de 1952, quand j'avais trois ans. Ma mère, mon père et moi vivions dans une vieille maison de la rue Cienfuegos, à Santiago. Nous louions une espèce d'appartement improvisé dans ce qui avait été autrefois une demeure patricienne de Santiago. Elle n'existe plus mais j'ai vu des photos et c'est pourquoi je sais que c'était une maison d'architecture européenne, peut-être allemande, aux pièces vastes et hautes et aux couloirs bien éclairés.

Dans cette maison avait vécu une famille de riches émigrants ou de créoles fortunés. Le quartier compte nombre de maisons semblables. Elle faisait partie de ce que l'on appelait le "quartier civique" de Santiago. Ce quartier avait connu sa splendeur entre 1870 et 1930, mais après l'effondrement du nitrate chilien et l'arrivée à Santiago de presque un demi-million de chômeurs du désert d'Atacama (Santiago comptait alors à peine un million d'habitants), les familles possédantes se sentirent menacées par les pauvres qui fondèrent non loin des quartiers comme Vivaceta, Recoleta, Independencia, Conchalí et découvrirent les agréments des hauteurs de Santiago. De sorte que la bourgeoisie construisit ses palais sur les flancs de la cordillère des Andes et que leurs anciennes demeures furent abandonnées aux pluies et aux fréquents tremblements de terre qui secouent le Chili, ou dans le meilleur des cas divisées en pièces et petits appartements à louer.

C'est de là que partent mes souvenirs. Mon père sortait très tôt le matin et ma mère un peu plus tard. Tous deux travaillaient et me laissaient aux bons soins d'une vénérable et silencieuse femme qui avait la mission de jeter un coup d'œil sur moi toutes les demi-heures, pendant les pauses que cette pauvre femme prenait entre la cuisine, le lavage et le repassage, après quoi elle devait aussi s'occuper de son mari, un ex-conducteur de tramway qui avait eu les deux jambes sectionnées dans un accident atroce. Cet homme ne cessait jamais de se plaindre et de maudire les responsables de sa tragédie, collé à un poste de radio où il écoutait des tangos à n'en plus finir.

Je crois que je n'ai jamais donné beaucoup de soucis à Mme Amanda, car je passais les heures solitaires dans un espace réduit qui me procurait un grand bonheur.

À cette époque, les maisons étaient chauffées par des braseros de charbon et le linge était mis à sécher sur une sorte de cloche à baguettes d'osier, d'un mètre et demi de haut pour un mètre de diamètre. Ce séchoir était placé au-dessus du brasero et la chaleur des braises mourantes séchait et parfumait le linge. Rien ne me plaisait autant que me mettre sous le séchoir et demander à Mme Amanda de me couvrir d'une couverture. Je passais ainsi de longues heures, assis ou enroulé comme un chat. Je ne sais à quoi je pensais, je ne m'en souviens plus, mais je sais que j'étais heureux, intensément heureux sous cette cloche d'osier.

Le soir – je ne me rappelle que des soirées d'hiver, pas d'été –, je retrouvais mes parents dans la salle à manger tandis que la pluie glissait sur les vitres. Après dîner, ma mère tricotait, c'était une grande tricoteuse et j'aimais suivre des yeux à en avoir le tournis le mouvement énergique, rapide et précis de ses mains. Mon père allumait la radio, une RCA avec le petit chien penché sur le gramophone, et cherchait patiemment des stations sur les ondes courtes. J'étais tout content quand, après les sifflements et les grincements de l'éther, il arrivait à capter Radio Neederland en espagnol. Alors il soupirait et nous disait qu'un de ces jours il nous emmènerait en Hollande et que de là nous irions à Hambourg qui était très près. Je n'ai jamais su d'où lui venait cette obsession de Hambourg, mais je suppose que c'était un de ses grands secrets qui, tout bavard et communicatif que fût mon père, le plongeaient parfois dans le puits sans fond du silence.

Pendant mes trois premières années je n'eus pas de contacts avec d'autres enfants. Je crois que de cette époque vient cette tendance à la solitude qui inquiète souvent mes amis. Heureusement, ma famille connaît ce point faible et le respecte.

J'appris à compter les jours de la semaine en désirant qu'arrive enfin le vendredi, car c'était le jour où, à midi, venait me chercher ma grand-mère Susana, la "mamie" qui, une fois la messe terminée, montait l'escalier craquant de la maison.

J'adorais sa façon de m'embrasser, son parfum "bois d'Orient" et ses petits sacs miraculeux qui étaient comme la source de mes bonbons préférés, ceux à la violette.

Elle insistait pour me porter, malgré mes protestations, et nous allions ainsi, d'abord à la place d'Armes, à la Casa Hombo, un magasin de jouets tenu par un Japonais, puis à La Gallina où elle achetait des millefeuilles, au Pinpilinpauxa (papillon en basque), un café où ma grand-mère parlait dans sa douce langue basque, pour moi incompréhensible, avec des amis, et de là nous allions chercher mon grand-père Gerardo qui déjeunait tous les vendredis au Centre asturien, où il buvait le robuste vin des républicains en insultant Franco toutes les deux minutes.

Le dimanche, vers sept heures du soir, je rentrais à la maison avec mes parents. Je retournais sous mon séchoir d'osier et j'observais par la fenêtre les chats qui évoluaient dans leur monde à eux, sur les toits de tuiles du quartier.

Un soir, à l'heure du dîner, je déclarai que j'aimerais avoir un chat. Ma mère s'arrêta de tricoter et mon père dit : "Tu vas avoir beaucoup mieux, tu vas avoir un frère."

J'ai cinquante-quatre ans et mon frère en a maintenant cinquante. J'aime Carlos. Je crois que j'ai commencé à l'aimer dès l'instant où mon père m'a fait poser la tête sur le ventre de ma mère et que j'ai entendu les battements de son cœur. Quelques jours plus tard, mon grand-père Gerardo m'a annoncé, avec un sérieux inhabituel, que, plus qu'un frère, dans le ventre de ma mère grandissait un compagnon, ce grand compagnon uni à moi par le plus fort des liens humains : la fraternité.

Et il en fut et en est ainsi. Ceux qui nous connaissent disent que nous, les Sepúlveda, sommes comme une mafia. Je suis heureux quand je réunis tous mes enfants, Carlos, né au Chili et maintenant suédois, Paulina, équatorienne, Sebastián, Max et León, allemands, et Jorge, qui ne distille pas le même sang biologique, mais que les autres Sepúlveda se sont chargés d'introniser dans la mafia, avec tous les droits et les devoirs qu'impose l'amour filial. Je suis heureux de les voir ensemble, parce que je vois reproduits les mêmes sentiments et attitudes qui m'unissent à mon frère Carlos.

Mon frère a connu le mépris et la prison. Il aurait pu les éviter en prononçant un seul nom, le mien, et je lui aurais pardonné, mais il n'en a rien fait. Il s'est tu pour me protéger et n'y a jamais attaché d'importance.

J'ai toujours senti que je devais un roman à mon frère. Il est peu d'hommes qui ont un véritable sens de l'honneur et de l'engagement politique. Mon frère est l'un d'eux. Il a sauvé de nombreuses vies pendant la dictature. Il a vécu dans la clandestinité la plus dure car, peut-être marqué par les leçons de notre grand-père Gerardo, il a su très jeune qu'il ne luttait pas pour être libre : mon frère s'est battu parce qu'il était un homme libre.

Le 20 septembre 1953, à l'hôpital Barros Luco, à Santiago, mon père m'avait montré un petit être enveloppé dans des langes. On aurait dit un petit Asiatique. Il était encore tout luisant de l'humidité maternelle et ses petits yeux s'ouvraient sur le monde avec étonnement. Je l'ai pris dans mes bras avec toutes les précautions d'usage, sous le regard du grand-père Gerardo. Soudain, le petit être m'a saisi un doigt avec force. J'ai vu pleurer grand-père et quand je lui ai demandé ce qu'il avait, il m'a dit : "Rien, putain, je pleure pour l'Espagne !"

D'une certaine manière, mon frère a grandi en me tenant par la main. Nous avons déménagé à Maipo, un village à cinquante kilomètres au sud de Santiago. Nous avions l'air frais, la campagne, des fruits en abondance, une maison pleine de poules, de lapins et de canards. J'ai appris à monter à cheval en emmenant mon frère avec moi. Mon grand-père m'a appris à lire bien avant que j'aille à l'école et mon frère a été mon premier public. Je lui lisais les aventures de Pepelucho, un classique chilien, les histoires que publiait *El Peneca*, les aventures de Tom Sawyer, de Sandokan, le Tigre de Malaisie, d'Huckleberry Finn, et nous avons passé des mois à lire *Le Tour du monde en quatre-vingts jours*, de Jules Verne.

Un jour, mon frère a dû lui aussi aller à l'école, la même que la mienne : l'école Olea. Un odieux uniforme y était obligatoire : pantalon blanc très amidonné, souliers noirs lustrés, chemise blanche et veste bleu marine. Mon frère entrait évidemment en première année alors que j'étais en quatrième, et dès le premier jour il a déclenché une émeute. Il braillait et réclamait ma présence à cor et à cri. Malgré les quolibets de mes camarades, j'ai assisté à sa classe pendant quelques semaines, jusqu'à ce qu'il accepte enfin de rester seul et qu'on ne se voie qu'aux récréations et à la sortie. Ce jour-là, nous nous sommes donné l'accolade et Carlos a dit : n'oublie pas que nous sommes frères et amis. Je ne l'ai pas oublié, nous ne l'avons pas oublié. Pendant trente ans, nous nous sommes écrit et toutes nos lettres commençaient par : cher frère ami.

Chez mes parents, je lisais pour mon frère, puis avec lui. Un jour, un menuisier nous a construit un superbe meuble : une bibliothèque en bois où nous avons rangé nos livres préférés, ceux qui étaient généralement des cadeaux de grand-père Gerardo et d'oncle Pepe, le frère aîné de mon père : Salgari, Verne, Jack London, Francisco Coloane, Lautaro Yankas, Manuel Rojas, Baldomero Lillo, Jorge Hinostroza.

Chez mes grands-parents, notre grand plaisir était d'écouter les contes que la mamie, plus que lire, déclamait les après-midi d'été sous l'immense treille familiale et les histoires prodigieuses que grand-père Gerardo racontait d'une voix particulière. Tous deux étaient arrivés au Chili au début du siècle, leur timbre de voix avait la douceur de l'accent chilien, mais lorsque grand-père lisait un chapitre du *Quichotte*, des vers de León Felipe ou de García Lorca, sa voix retrouvait l'accent de sa lointaine Andalousie.

Il est un jour d'août que je n'oublierai jamais. Il faisait très froid et, à côté du brasero, nous pelions des châtaignes grillées tout en écoutant grand-père qui nous lisait le chapitre final de *Don Quichotte*. Puis il referma ce gros livre magique, illustré par Gustave Doré. Ce fut la première fois que je compris l'importance du silence.

J'avais quinze ans quand mon grand-père mourut. Un curé, le père Vicente Zuloaga, basque comme ma grand-mère, tenait absolument à lui administrer les sacrements, mais mon grand-père l'envoya au diable. Ces deux hommes s'aimaient, pendant quarante ans ils avaient joué aux échecs et aux dominos, et s'étaient copieusement insultés comme seuls peuvent s'insulter un anarchiste et un curé. À un moment, mon grand-père me fit venir près de lui.

– "Ne sois pas triste, me dit-il, quand j'étais à la prison d'Almería, je me suis juré que je vivrais, pas pour voir le triomphe de la révolution sociale, mais pour lire le *Quichotte* à mes petits-enfants. J'ai tenu parole et tu dois faire pareil."

Une heure plus tard, on recouvrait son corps du drapeau rouge et noir de la CNT. Tandis que les vieux Espagnols chantaient *A las barricadas*, je me suis juré que je ferais comme lui. J'ai fondé un foyer loin de l'endroit où je suis né, j'ai des enfants et j'ai bien l'intention de lire un jour le *Quichotte* à mes petits-enfants. Quand ce jour-là arrivera, à la chaleur du foyer, je pourrai dire que j'ai accompli toutes les tâches dont la vie m'a chargé et la certitude de la mort sera comme d'être au buffet d'une gare où je boirai un verre de vin en attendant le train qui m'emportera pour le dernier voyage.

Il m'est arrivé de parler, avec d'autres collègues écrivains, de ce moment où nous découvrons ce qu'on appelle une vocation littéraire et qu'Osvaldo Soriano préférait définir comme "avoir des doigts pour le piano". J'ai des amis écrivains et j'en suis heureux, surtout parce que nous avons formé une espèce de cercle informel, fondé sur l'estime mutuelle, la confiance et l'absence absolue d'envie. Je me sens très proche de collègues de ma génération comme le déjà nommé et toujours aimé Soriano, l'Uruguayen Mario Delgado Aparaín, l'Espagnol Juan Madrid (je l'admire mais je ne le lui ai jamais dit), l'Argentin Mempo Giardinelli, le Mexicain Antonio Sarabia, les Chiliens Hernán Rivera Letelier et Ramón Díaz Eterovic. Ils exercent tous leur métier avec responsabilité, jamais comme un devoir ou une obligation. J'ai connu trop d'écrivains qui voient la littérature comme une compétition sportive où tout est bon pour se distinguer et triompher. Heureusement, ceux que je viens de nommer préfèrent vivre d'abord et écrire ensuite.

Nous avons tous connu un premier moment initiatique, long ou bref. Dans mon cas, j'ai découvert que je voulais être écrivain quand j'ai su avec une certitude absolue que je pouvais écrire des textes qui racontaient une histoire, mais cela n'était pas suffisant car, pressentant l'énorme responsabilité que suppose le fait de se consacrer à plein temps au métier d'écrivain, j'ai fait mes premiers pas littéraires en volant du temps à d'autres activités, politiques, journalistiques, sociales, ou simplement aux loisirs. Je n'ai pas la moindre inhibition à reconnaître que, tout discipliné que je sois dans mon travail, j'ai une prédilection particulière pour le vagabondage. J'adore me perdre sans but et, si possible, sans faire autre chose que marcher et respirer l'air pur.

Pour mettre de l'ordre dans mes idées, disons que j'ai découvert la littérature et son pouvoir de fascination quand j'étais enfant. Je suis un lecteur passionné, quand j'aime un roman, je le raconte au téléphone à mes amis et j'insiste sur sa qualité au risque de passer pour un rabâcheur. D'où mon angoisse et mon irritation quand j'ouvre un livre et que je commence à lire pour arriver à la vingt-cinquième page sans éprouver une once de séduction ou d'enthousiasme, après quoi je dois jeter l'ouvrage dans la corbeille à papiers destinés au recyclage.

J'étais très jeune lorsque j'ai découvert la poésie et que j'en suis devenu un amoureux pour toujours. Au Chili, le poète de référence était Neruda, dont je lisais et récitais les vers sans grande conviction. Je préférais les poètes espagnols, Antonio Machado, León Felipe, Miguel Hernández, García Lorca, Gabriel Celaya ou Marcos Ana qui écrivait dans les prisons franquistes où il est resté enfermé vingt-sept ans. Ils m'offraient ce que j'attendais de la poésie : un motif de fierté du simple fait d'être un homme, d'être vivant et de vouloir changer le monde. Ainsi, tout à mon admiration pour les poètes républicains, j'ai osé écrire mes premiers vers et même les publier.

À cette époque, il y avait au Chili une institution à laquelle la littérature chilienne doit beaucoup : l'imprimerie Aranciba Hermanos, appartenant à deux exilés espagnols qui n'ont jamais dit non à un poète ou un écrivain venu leur apporter un manuscrit. L'édition de trois cents modestes exemplaires coûtait dans les dix mille pesos, l'auteur n'avait pas un centime mais laissait néanmoins le manuscrit que les deux frères imprimaient, puis ils le prévenaient que c'était prêt et lorsque l'auteur tout ému contemplait son "œuvre" imprimée, ils lui demandaient comment il comptait payer. Quand est venu mon tour de répondre, j'ai dû avouer, comme tant d'autres, que je n'avais que deux cents pesos. Et comme à tant d'autres ils ont répondu, très bien, je pouvais emporter un paquet de dix exemplaires. Ce qui obligeait à vendre les livres, à les placer chez des amis ou à être plus audacieux.

Un matin, je suis sorti très tôt de chez moi en portant une petite table et un tabouret avec lesquels je me suis installé à la foire d'art populaire qui se tenait à Santiago, au Parque Forestal, au bord du filet d'eaux immondes que trace le Río Mapocho à travers la ville comme une horrible cicatrice.

Je me suis installé parmi des peintres qui exposaient leurs tableaux et c'est là qu'est née mon amitié avec Carlos Catasse, aujourd'hui un des peintres sud-américains les plus prestigieux, avec le sculpteur Sergio Silva, un des hommes les plus nobles que j'aie connus, et avec le cameraman Hugo Araya, dit Le Sauvage, assassiné par la dictature. Nous étions tous militants des jeunesses communistes.

Le premier jour, je n'ai pas vendu un seul livre. Des passants jetaient un coup d'œil, d'autres le feuilletaient, la plupart l'ignoraient. Le lendemain, j'ai vendu le premier livre de ma vie. Une jeune fille l'a acheté après l'avoir lu presque en entier. *Crépuscule de la tristesse* – j'ai encore honte du titre – comptait quarante-six pages. J'avais écrit en dédicace : "Rosa María, que ces vers soient pour toi comme les traces d'un voyageur qui t'emporte à jamais dans sa mémoire."

Ce deuxième jour, je vis s'approcher de ma table un homme énorme, imposant, au regard difficile à soutenir. C'était le grand poète Pablo de Rokha, que je lisais avec admiration ; il écrivait avec une telle force que la lecture d'un poème me laissait épuisé. Don Pablo prit un livre, le feuilleta et m'en demanda le prix. Je lui répondis en bafouillant que je tenais à le lui offrir. Rokha ôta ses lunettes, m'examina tel un entomologiste devant un insecte inconnu et dit : "Écoutez, camarade, si vous n'êtes pas convaincu de la valeur de votre travail, faites autre chose. Alors, combien coûte votre livre ?"

C'est ainsi que j'ai vendu le deuxième livre de ma vie à Pablo de Rokha.

Au bout de trois ou quatre jours, grâce au talent déclamatoire de Carlos Catasse et de l'acteur Jorge Guerra, je réussis à vendre une trentaine d'exemplaires et je me sentais très heureux lorsque don Pablo fit une nouvelle apparition.

Une fois de plus, il m'examina comme une bête curieuse avant de parler : "J'ai lu vos poèmes, camarade. Ils sont très mauvais, mais vous avez du talent et il faut qu'on en parle. Je vous attends lundi chez moi."

Ainsi commencèrent mes visites chez le poète, rue Valladolid. De Rokha était un géant et tout ce qui l'entourait était à sa démesure. Il aimait lire et écrire assis sur son lit, tout habillé, coiffé d'une casquette en cuir noir enfoncée jusqu'aux oreilles. Dès que j'arrivais, il me demandait si j'avais mangé et, sans attendre ma réponse, ordonnait à sa bonne : "Sandra, préparez six œufs sur le plat avec du bacon pour le camarade et ajoutez aussi une tranche de rôti."

De Rokha fut mon grand maître. Nous nous asseyions dans le patio de sa maison – il aimait chaque plante, s'adressait avec une tendre rudesse aux mauvaises herbes, caressait les fruits de ses arbres avec une dévotion paternelle – et il m'ouvrait les portes de la grande littérature.

Pendant que nous cassions des noix, dénoyautions des cerises, hachions du céleri, broyions des amandes, pour mettre le tout dans des bouteilles remplies de la meilleure eau-de-vie du Chili, afin que le temps produise ces mistelles qui étonnaient les hôtes toujours assoiffés du poète, celui-ci m'initiait aux œuvres des auteurs qu'il considérait comme ses pairs : *La Divine Comédie*, du "caballero" Dante Alighieri, *Faust*, du "caballero" Goethe, l'œuvre de Leopardi que Rokha appelait le "grand caballero de la poésie".

Pendant les chauds après-midi d'été, ou à l'intérieur, en hiver, je m'imprégnais ainsi de Lampedusa, Calvino, Melville, Balzac, Maupassant, Faulkner ou encore de Cervantes, Tchekhov, Tolstoï, Tourgueniev, Gorki, Homère, Aristophane, et d'inoubliables réflexions sur le troisième tome des *Annales*, de Tacite, auquel don Pablo accordait le rang de premier écrivain révolutionnaire de l'histoire de l'humanité.

Pablo de Rokha, que j'ai aimé comme un père, m'a offert avec une générosité incomparable une grande partie de son savoir littéraire, son amitié, et il m'a surtout fait comprendre l'importance de la rigueur et la valeur de l'autocritique.

De Rokha était un géant, mais un géant blessé. Il n'avait jamais pu surmonter la douleur provoquée par la mort de sa compagne de toute une vie, la poétesse Whinett de Rokha et le suicide de son fils Carlos, poète lui aussi. Et le suicide de son fils Pablo acheva de le plonger dans la plus grande des solitudes. Peut-être que sa "Ballade du vieux mâle", un long poème prémonitoire, annonçait déjà qu'il avait perdu la bataille pour la vie. Un jour, j'arrivai très tôt chez lui, la bonne n'y était pas, j'appelai mais personne ne répondit, alors j'ouvris la porte en pressentant le malheur, en respirant l'air épais de la tragédie.

Je le trouvai effondré sur son bureau. Il s'était tiré une balle avec un revolver que lui avait offert Mao Tsé-toung lors d'un voyage en Chine. Je ressentis une immense tristesse de le voir ainsi, vaincu, lui le grand poète de l'épopée sociale américaine, l'auteur de *Jésus-Christ*, d'*Épopée des nourritures et des boissons du Chili*, d'*Écriture de Raimundo Contreras*, le grand ami qui m'avait dit un jour : "Camarade, vous êtes jeune et vous devez comprendre que la bataille pour la vie, nous la perdons dès l'instant où nous naissons, et cependant l'héroïsme consiste à l'affronter, cette bataille, à la vivre en voulant la gagner."

La mort de mon maître fut dure à surmonter, mais peu après arrivèrent entre mes mains deux livres qui furent un appel définitif à ne jamais abandonner la littérature : *Cent ans de solitude*, de Gabriel García Márquez, et *Marelle*, de Julio Cortázar.

C'est à ces deux livres que je dois d'être ce que je suis, ils m'ont fait découvrir le plus infini des horizons : celui de la création littéraire.

Quand on publie son premier livre, on le cherche dans les librairies, on le regarde avec orgueil, qui dit le contraire est un menteur. Mais ensuite les livres se multiplient et on les oublie, et si on les voit en vitrine on ressent la même chose que lorsqu'on voit son reflet dans un miroir par surprise : tiens, c'est moi, ça. Il y a quelque temps je suis passé dans une librairie à Barcelone et j'ai vu sur la table des nouveautés mon roman *Le Vieux qui lisait des romans d'amour*, publié il y a plus de dix ans. J'avoue que cela m'a fait plaisir et sur le chemin du retour à l'hôtel, je me suis souvenu que j'avais commencé à écrire ce roman alors que j'avais vingt-huit ans et aucune certitude de pouvoir fêter d'autres anniversaires. Je venais de quitter la forêt amazonienne après avoir passé sept mois chez les Shuars, une expérience qui m'a marqué pour toujours et m'a fait d'abord douter puis modifier ma conception de l'homme et du monde. Mon patrimoine de l'époque était assez restreint : ma mémoire, un document froissé et abîmé par les pluies amazoniennes qui me reconnaissait le statut de réfugié politique en Équateur, et le désir d'écrire quelque chose, je ne savais ni ne voulais savoir la forme que prendrait ce texte, je l'imaginais comme un hommage très personnel aux gens extraordinaires que j'avais connus dans la forêt, les Shuars qui m'avaient sauvé la vie et avaient tout partagé avec moi, ainsi qu'à cette Amazonie menacée qui m'avait prodigué toute sa tendre violence pendant la courte période où elle avait été ma patrie.

Lorsque je suis revenu à Quito avec des cheveux jusque sur les épaules, une barbe qui me couvrait la moitié de la poitrine et un collier de perles protectrices autour du cou, j'écoutais avec mauvaise humeur ceux qui me conseillaient d'améliorer mon aspect puisque j'étais un "homme civilisé" et je préférais me réfugier sur la partie la plus haute du mont Panecillo. De là je regardais vers l'orient, vers l'endroit où j'avais volontairement abandonné une façon de vivre qui me paraissait pleine et même souvent heureuse. Là, navigant sur les eaux calmes du souvenir, j'ai commencé à écrire l'histoire d'un vieux qui vivait seul dans la forêt, sans autre compagnie que ses romans d'amour. Je faisais cela sans papier et sans machine à écrire car les Shuars m'ont appris que le narrateur, celui qui le soir près du foyer relate le jour qui s'achève et ce faisant raconte l'univers, se le raconte à lui-même pour le comprendre dans son infinie complexité.

Pendant dix ans j'ai ruminé cette histoire, me la racontant sans cesse, certains de mes amis l'ont aussi entendue, en particulier Chico Mendes, et alors que je venais d'avoir trente-huit ans j'ai senti que les mots avaient trouvé leur ordre, que la trame avait pris le caractère fluvial indispensable pour parler de la forêt vierge.

Un jour de juillet 1987, je me trouvais à Mali Losinj, une île de l'Adriatique, appelé à la rescousse pour le scénario d'un film qui n'a jamais été tourné. Je louais à Artatore une maison, sans électricité ni téléphone, et j'étais assez heureux de me nourrir de ce que je pêchais, d'huile d'olive, de fromage de chèvre et d'un merveilleux vin rouge monténégrin. Je me souviens que dans la nuit du 19 juillet j'avais bu à la santé de tous mes amis tués au Nicaragua pendant la révolution sandiniste et que le lendemain matin je me suis réveillé en proie à une étrange inquiétude : pendant la nuit, un orage d'été avait éclaté, et l'air et la terre, tout, sentait la forêt. Le ciel était encore couvert et gris, mais cela m'était égal.

Tandis que l'eau du café chauffait sur le fourneau, j'ai installé une table dans le jardin, j'y ai placé ma chère Olivetti de Luxe, du papier et des cigarettes, et je me suis mis à écrire : "Le ciel était une panse d'âne gonflée qui pendait très bas, menaçante, au-dessus des têtes..." Ce jour-là sont nées les quatre-vingts pages qui contenaient l'histoire que je voulais raconter. Je reconnais que je suis un perfectionniste, de ceux qui dans les temps avant l'ordinateur – ah le temps béni de la machine à écrire – enlevaient la feuille à la moindre faute et la changeaient, mais ce jour-là j'ai oublié tous ces détails, coquilles et fautes d'orthographe, et sentant que les quatre doigts de mon incompétence dactylographique étaient les affluents qui amenaient les secrets de mon Amazonie jusqu'au grand fleuve du papier blanc, j'ai laissé l'histoire couler avec la liberté incontrôlable de l'eau.

Des mois plus tard, à Hambourg, j'ai entrepris le lent travail de polissage de la version qui s'est imposée comme définitive. J'avais un texte de trois cents et quelques pages que je devais transformer en roman de la forêt, et l'unique présence de l'auteur, du "je" narrateur, qui m'est apparue légitime a été d'attribuer au personnage le plus terrible de mes signes d'identité. C'est ainsi le Vieux, exilé de deux mondes, habitant d'une terre qui n'appartient à personne, m'a permis de raconter cette longue journée qu'est ma vie et de comprendre mon propre exil.

Le roman impeccablement mis au propre a passé quelques mois dans ma cuisine, sur un buffet à côté de la corbeille à pain. Je le regardais tous les jours et je ressentais la satisfaction du travail bien fait. Je supposais qu'un jour mes fils le liraient et je n'étais pas pressé de le publier. J'avais mis dix ans à l'écrire et j'étais prêt à attendre dix ans de plus, mais un ami m'a parlé d'un prix littéraire pour les romans inédits à Oviedo, dans les Asturies, et convaincu qu'il n'est pire démarche que celle qu'on ne fait pas, j'ai fait les photocopies nécessaires à Altona.

Six mois plus tard, j'étais sur le point de partir à l'aéroport pour aller au Salvador où j'étais le correspondant d'un magazine allemand lorsque le facteur m'a remis un télégramme. C'était mon cher ami Pedro da Silva Jovellanos, alors président de la région des Asturies, qui me félicitait car j'avais reçu le prix Tigre Juan de roman. C'est ainsi que le Vieux a entamé un chemin plein d'accidents, comme les sentiers de la forêt.

En 1989, il fut publié par Jucar, une maison d'édition asturienne, et comme en Espagne seuls les livres publiés à Madrid ou à Barcelone existent, il fut largement ignoré, mais un exemplaire partit pour le Chili et mes camarades de la revue *Analisis*, dont j'étais un collaborateur, décidèrent de célébrer la fin de mon exil et mon retour au pays avec une édition qui s'épuisa rapidement mais un exemplaire partit pour la France et le Vieux continua son chemin.

Maintenant, en écrivant ces lignes, je regarde du coin de l'œil la bibliothèque qui contient les éditions successives et les traductions dans presque toutes les langues de la terre, et ma tendresse pour le monde vert qui m'a accueilli reste inchangée.

Parfois, sur le rivage de la mer Cantabrique, je laisse mon regard se perdre à l'horizon. Je sais que de l'autre côté, en remontant le grand fleuve Amazone et les mille fleuves qui l'alimentent, au cœur de la forêt, Antonio José Bolivar Proaño, avec vingt ans de plus sur les épaules, est debout, un livre ouvert sur sa table, en train de lire lentement ses romans d'amour, à l'abri de l'infatigable barbarie humaine.

CE N'EST PAS VRAI, MANOLO

Voilà ce que j'ai lu en première page de *Il Manifesto*, et ce journal ami m'est tombé des mains alors que je marchais dans une rue de Rapolano, tout près de Sienne. L'automne couvrait d'or la campagne toscane et, à peine quelques heures plus tôt, les organisateurs de Greenaccord, une rencontre sur l'éthique et les communications, avaient lu une contribution de Manuel Vázquez Montalbán, dans laquelle il adressait aux écrivains et aux journalistes venus des quatre coins du monde un message de rigueur et d'urgence.

Si nous avons eu un écrivain aimé et admiré, c'est bien Manolo. Sérieux et profond, mais jamais grave. Cohérent avec sa culture illimitée et pour cela même désacralisateur de l'intelligentsia. Peu d'hommes sont capables de comprendre que le prestige conquis à la force du poignet et grâce au talent peut être aussi un pavé pour de nécessaires barricades. Les Chiliens n'oublieront jamais Manolo, trempé par les autopompes, pleurant sous l'effet des grenades lacrymogènes, couvert de bleus à la suite d'un matraquage, mais s'obstinant à distribuer des tracts appelant à en finir avec la dictature. Les Mères de la place de Mai et les enfants de HIJOS, se souviendront aussi de lui, marchant au premier rang sous les soleils de l'Argentine et de l'espoir qui éclaire plus encore. Les Mexicains du Chiapas se souviendront de lui, solidaire, curieux, impassible sous la voracité des moustiques de la forêt lacandone, remerciant en langue tzotzil ou tojolabal pour un verre d'eau ou une tortilla. Et se souviendront aussi de lui tous ceux qui ont assisté à la remise du titre de docteur *honoris causa* de l'université de Valence, à Marcelino Camacho, il y a moins de six mois. Nous étions peu nombreux à accompagner ce grand syndicaliste, ce grand camarade qui a passé les meilleures années de sa vie dans les prisons franquistes. Nous étions peu, mais Manolo était là pour nous rappeler que notre lien avec la gauche n'était pas purement sentimental, comme l'assurent de tristes sires dépourvus de principes, ou de principes échangés contre un plat de lentilles made in USA. Manolo soulignait que notre lien avec la gauche tenait à des valeurs impérissables et qu'il était moral, intellectuel, vivant.

Gianni Mina, le salutaire journaliste italien proscrit par les acolytes de Berlusconi, marchait tête basse en murmurant : "Ce n'est pas vrai, Manolo, ce n'est pas vrai", car l'absence de Manolo ouvrait un énorme vide sous nos pieds. En Amérique latine, en Italie, en France, lorsque quelqu'un nous demandait : "Comment va Manolo ?", il attendait des nouvelles d'un homme-histoire-continent dont le seul point cardinal était le nord de la solidarité.

Aujourd'hui nous ne pourrons plus répondre, nous ouvrirons un carnet pour en sortir et déplier la coupure d'une de ses chroniques où il livrait ses réflexions mordantes et précises sur la réalité, et cela avec humour, cet humour surtout qui nous renforçait face à la félonie et au crétinisme qui caractérisent ceux qui tiennent la poêle par la queue. Nous restons seuls et encore plus apatrides à Bangkok.

Pendant que j'écris ces lignes, il pleut sur les Asturies et je me rappelle les promenades avec Manolo après un dîner à La Ciudadela, avec la mer en toile de fond, pour laisser un délicieux loup de mer en croûte de sel se transformer en nostalgie, tandis qu'il égrenait réflexions, points de vue, observations aiguës sur le traité de libre commerce ou la politique étrangère espagnole, ou encore accoudés au comptoir de Cimadevilla, en train de boire du whisky au petit jour, tandis que Manolo expliquait à de jeunes écrivains quelques trucs du métier pour faire coïncider les lignes narratives, ou à Göteborg quand, invités par une université, nous avons assisté à un cocktail d'inauguration des plus spartiates, où se distinguaient, selon Manolo, "la fugacité du saumon et l'évanescence du champagne" ainsi qu'un poète chilien qui se chargea de gâcher l'intervention de Javier García Sánchez. Javier avait à peine commencé une passionnante conférence sur la littérature contemporaine, lorsqu'il fut interrompu par une grosse voix déclarant : "La poésie est un métier de mots." Compréhensif et courtois, Javier poursuivit son exposé, mais trente secondes plus tard il apprit de nouveau que "la poésie est un métier de mots". Les étudiants suédois et latino-américains voulaient écouter García Sánchez, et le doyen, lui aussi chilien, suggéra de virer le poète à coups de pied au cul, mais celui-ci, cherchant un regard compréhensif, trouva les yeux de Manolo, qui répondit par un signe d'acquiescement, ce qui donna des ailes au poète chilien pour répéter une trentaine de fois "la poésie est un métier de mots". Mais il ne sut jamais que son slogan se transforma en salut, en un appel pratique qui évitait de devoir crier nos noms dans le brouhaha d'un aéroport ou d'une foire du livre. Il suffisait de s'exclamer "la poésie est un métier de mots" pour que l'accolade inaugure une autre rencontre inoubliable.

Dehors, il continue de pleuvoir. Il est peut-être temps de boire un verre devant la bibliothèque, devant Manolo qui est là, avec la force ininflammable de ses livres.

LE CINÉMA DU BOUT DU MONDE

Un vent froid balaie les rues de Punta Arenas et agite les eaux grises du détroit de Magellan. Nous sommes à la mi-mars et les bandes d'outardes qui abandonnent la Terre de Feu indiquent que le bref été austral est terminé. Les journées vont bientôt raccourcir, la Patagonie sera envahie par le froid, la neige, les ombres des longues nuits et les habitants du bout du monde se demanderont : que diable allons-nous faire maintenant ?

Il y a plus de quatre-vingts ans, deux pionniers de la Terre de Feu se posèrent la même question. Antonio Radonic était un Croate pour qui la fortune consistait à trouver un endroit où vivre en paix et José Böhr un Chilien, fils d'émigrants allemands, qui avait fait le tour du monde, avant son vingt-cinquième anniversaire, à la recherche de la même chose que son ami croate. Ils arrivèrent ensemble dans un hameau de quatre ou cinq maisons plantées au bord des eaux de Bahía Inútil et organisèrent la cérémonie qui baptisa du nom prometteur de Porvenir cet endroit éternellement fouetté par le vent. J'imagine que pendant leur première nuit hivernale les deux associés se demandèrent : que diable allons-nous faire maintenant ? Et la réponse fut : ouvrir une salle de cinéma, ignorant qu'ils parlaient de la première salle de cinéma de l'Amérique du Sud.

– Ça va secouer, nous prévient le pilote du Piper d'une blancheur de cygne qui nous attend à l'aéroport de Punta Arenas. Porvenir est situé presque en face de Punta Arenas, mais survoler le détroit de Magellan par un vent de cinquante kilomètres heure exige de faire une longue boucle vers l'Atlantique, à la recherche d'un isthme qui permette de se poser en cas d'urgence.

– Allez, on va au ciné ! lance le pilote, et l'avionnette commence à bringuebaler sur la piste. Quelques minutes plus tard nous sommes en plein ciel, survolant des colonies de pingouins impassibles qui nous observent dans des poses élégantes.

En 1912, José Böhr qui visitait Paris avait été séduit, conquis, convaincu par la plus grande des inventions : le cinéma. Il avait vu tous les films réalisés par les fondateurs de l'industrie cinématographique, s'était imprégné de la technique du plus formidable des arts et, puisant dans ses économies, avait acheté une caméra, une Pathé, numéro 1210 pour être précis.

Il arriva un an plus tard à Punta Arenas où, à la stupéfaction de son associé Radonic, qui finança son premier film, et des gauchos employés comme assistants et au transport du matériel, il tourna *Un mariage yamaná*, un court métrage de huit minutes montrant la cérémonie nuptiale de deux Indiens Yamaná, membres d'une ethnie australe aujourd'hui disparue.

Böhr, Radonic, les gauchos et les Yamaná durent attendre un an qu'un bateau français accostât à Punta Arenas, un jour de 1914, pour leur livrer un précieux colis : la bobine de la pellicule développée. *Un mariage yamaná* fut le premier documentaire réalisé en Amérique du Sud et le premier projeté devant un public sidéré d'émigrants, de gauchos et d'Indiens dans une *pulperia*, une épicerie-bar de Terre de Feu.

Mais pendant que la pellicule était développée dans un laboratoire parisien, José Böhr avait tourné son deuxième film : utilisant comme décor le village de Porvenir et employant son associé Antonio comme acteur, il réalisa *Un billet de loterie*, une histoire amusante de douze minutes racontant la mésaventure d'un homme qui, après avoir lu dans le journal le numéro gagnant de la loterie, découvre que c'est le sien et se met à sauter de joie, quand brusquement une rafale de vent emporte le billet. *Un billet de loterie* est le premier film de fiction tourné en Amérique du Sud.

L'atterrissage en Terre de Feu se fait en douceur et, après avoir informé les autorités aéronautiques de notre arrivée, comme le veut l'usage, nous prenons l'unique taxi de Porvenir et partons à la recherche de la première salle de cinéma du bout du monde.

Porvenir est un quadrillage de six rues parallèles orientées est-ouest et de six rues transversales qui se terminent devant les eaux de Bahiá Inutíl. La plupart des maisons datent de l'époque où la ville fut fondée. Elles sont construites dans le bois des forêts autrefois si riches de la Terre de Feu (aujourd'hui il n'en reste guère tant elles ont été dévastées par les éleveurs de bétail) et, pour se protéger du vent incessant capable de passer dans le chas d'une aiguille, les habitants les ont coiffées de plaques de zinc. Nous sommes accueillis dans une de ces maisons par la señora Morrison qui, dans l'espagnol lent des gens du Sud, nous précise qu'elle continue à se considérer comme écossaise, la nationalité de ses parents arrivés fin 1800 pour coloniser la région, et par don Tomás Radonic, fils d'Antonio, l'associé et compagnon d'aventures de José Böhr.

– Ecrivez que mon père s'appelait Antonio Radonic Scarpa, nous demande-t-il. Je déteste qu'on oublie le nom de ma grand-mère.

Les présentations terminées, ils nous offrent un siège au coin du feu et un silence embarrassant s'installe, que personne n'ose rompre. La señora Morrison nous jette de temps à autre un regard méfiant tandis que don Tomás se balance dans un fauteuil à bascule.

– Alors, qu'est-ce que vous attendez de nous ? demande enfin la señora Morrison, et don Tomás se racle la gorge pour ponctuer la question de sa femme.

– Être ici, simplement, venir vous saluer et visiter la salle de cinéma, je me risque à répondre. À cet instant, nous sommes rejoints par le cadet des Radonic, un prestigieux footballeur chilien, et sa belle fiancée.

– Excusez pour la méfiance, mais chaque fois que quelqu'un de Santiago vient à Porvenir, c'est pour emporter quelque chose, nous explique le jeune Radonic. Nous avions plus de cent films réalisés par José Böhr et mon grand-père, aujourd'hui il n'y en a plus aucun. On nous avait promis de les restaurer et de nous en donner une copie, mais la promesse n'a jamais été tenue. On nous a même offert de remettre le cinéma en état et de le classer monument d'intérêt culturel. Autre promesse en l'air.

C'est là l'éternelle histoire de la Patagonie et de la Terre de Feu, considérées de tout temps comme des territoires à spolier. Au nom de l'élevage et du progrès on a exterminé des ethnies, des races, et quand il n'est plus resté aucun Indien vivant, on a recherché leurs restes, leurs momies pour les envoyer dans les musées du monde entier. Le plus probable est que les films de José Böhr et d'Antonio Radonic se trouvent aujourd'hui dans des cinémathèques privées dont les administrateurs ne se demanderont jamais comment ils sont arrivés entre leurs mains.

En Terre de Feu, le silence fait partie de la communication. Le silence possède une éloquence particulière et son message est clair. C'est peut-être ce qui incita la señora Morrison à nous ouvrir la porte de la première salle de cinéma d'Amérique du Sud.

La vaste salle aux murs en bois, servant aujourd'hui d'entrepôt de vieux meubles, dégageait encore l'air de fête du cinéma d'autrefois. Il manquait les sièges, les fauteuils, mais la scène où restait le chassis de l'écran invitait à s'asseoir encore pour attendre le moment où les lumières s'éteindraient, laissant place à la magie du cinéma, à l'entrée dans un monde entièrement créé par le génie humain dans son acharnement le plus noble et le plus glorieux à vaincre la tyrannie du temps.

Dans cette salle unique, où les spectateurs regardaient autrefois des films tirés de leur propre univers et de leur vie quotidienne, qui montraient les fêtes, les coutumes, les travaux, les peines et les joies, des films joués par des voisins, des cousins, des amis, la réalité avait dû se voir récompensée par l'expression artistique comme peu souvent dans l'histoire de l'humanité. Dans la cabine, le projecteur attend encore, bien droit, prêt à servir, que des mains diligentes placent une bobine et glissent la pellicule dans ses mystérieux pivots qui maintiennent une tension constante et un déroulement régulier, et conduisent les photogrammes vers le cyclopéen arc voltaïque qui, de toute la force de la lumière, poussera les personnages vers l'écran.

À côté, sur le meuble où étaient posées les bobines, il ne reste que des chutes de pellicules, témoins muets de la spoliation, et les prises de courant vides évoquent des veines ouvertes dans l'attente du retour des personnages capturés par la caméra Pathé de José Böhr, pour leur transmettre une fois encore l'énergie qui leur permettait de s'animer sur l'écran.

José Böhr et Antonio Radonic se séparèrent en 1925. Le Croate continua de s'occuper de la salle de cinéma, la maintenant en activité jusque dans les années 50. Böhr, séduit par l'industrie cinématographique, partit tenter sa chance à Hollywood, où il fit un peu de tout, travaillant comme acteur, scénariste et compositeur de musique de films.

Au milieu des années 50 il retourna pourtant dans les confins australs, non en personne mais sous la forme circulaire d'un enregistrement musical. Il s'agissait d'une chanson de sa composition, un fox-trot qu'il interprétait lui-même, accompagné par l'orchestre de Xavier Cugat, et qui devint un grand succès. Le refrain de ce fox-trot fut chanté dans toutes les langues et des milliers de fêtes : "Elle avait un grain de beauté sur la joue et j'en étais tout émoustillé !" Tout le monde imagina que ce refrain était dédié à une des jolies filles que Böhr avait aimées à Hollywood mais, dans le petit musée de Porvenir consacré aux deux amis et pionniers du cinéma où est exposée la caméra Pathé avec laquelle avaient été tournés les premiers films d'Amérique du Sud, on peut aussi voir la momie d'une Indienne Yahgan que les deux amis avaient trouvée dans l'île Tres Mogotes, tout près du cercle polaire, au cours d'une expédition organisée en 1918.

Cette Indienne, qu'ils avaient baptisée Kel-ha – belle, en langue yaghan –, conserve aujourd'hui encore la perfection de son visage et, sur sa joue droite, se détache un grain de beauté noir, séducteur et mystérieux comme le monde austral.

Après avoir fait nos adieux à la señora Morrison et aux Radonic, nous regagnâmes l'avionnette qui devait nous ramener à Punta Arenas. Il n'est rien de comparable au survol du détroit de Magellan au crépuscule. Le soleil qui se retire vers le Pacifique incendie les plaines et transforme l'horizon en une gigantesque braise. Alors, comme les anciens navigateurs et les pionniers qui sont restés ici, on murmure avec respect : “En effet, c'est bien la Terre de Feu.”

“Dans dix jours, c’est le printemps”, dit Carlitos Paz en ajoutant du bois dans le feu autour duquel nous nous réchauffions. Il avait raison, nous attendions tous impatiemment l’arrivée du printemps qui couvrirait de vert la ville de Santiago et rendrait le ciel multicolore, car les Chiliens célèbrent le printemps en lançant des cerfs-volants, des *cometas*, comme nous disons, ces oiseaux aux formes variées, aux plumes en papier et au squelette de bambou.

Nous étions à la station d’eau potable de Vizcachas, sur les flancs de la cordillère qui s’élève doucement au sud-est de Santiago. Nous étions huit camarades, deux femmes et six hommes, qui avions reçu l’ordre de surveiller cette installation vitale pour la ville. À plusieurs reprises nous avions dû repousser à coups de feu des tentatives de dynamitage ou d’empoisonnement de l’eau avec des toxines que la CIA employait au Viêtnam, où les États-Unis commençaient à perdre la guerre, et qui étaient arrivées entre les mains du mouvement fasciste Patrie et Liberté, une organisation terroriste d’extrême droite dirigée par Pablo Rodríguez, dont l’action majeure avait été l’assassinat du général René Schneider, un soldat loyal à la Constitution, commandant en chef de l’armée chilienne.

Ce mardi-là, le jour s’était levé sur un ciel gris, couvert, qui annonçait la pluie, et autour du feu nous nous préparions à la relève. Quatre camarades iraient dormir, tandis que quatre autres prendraient leur tour de garde diurne. Nos armes, deux pistolets colt 9 mm et un fusil de chasse calibre 14, changeraient de mains. Santiago aurait de l’eau. Il ne manquerait pas une goutte.

À cinq kilomètres de là, à Puente Alto, trois mille camions bénéficiaient d’une protection policière. Les camionneurs étaient en grève, une grève financée par le département d'État nord-américain, comme le prouveraient plus tard les documents secrets de la compagnie ITT. Les États-Unis dépensaient un quart de millions de dollars par jour pour soutenir cette grève destinée à paralyser le pays. Malgré cela, le Chili fonctionnait, car un immense mouvement de volontariat se chargeait de transporter, avec tous les moyens disponibles, les marchandises, la nourriture, les médicaments.

À sept heures du matin, nous reçûmes une nouvelle qui anticipait les événements à venir : la marine de guerre chilienne, qui participait conjointement à des navires de l'US Navy aux manœuvres de l'opération UNITAS, s'était soulevée à Valparaíso.

– Que personne ne bouge de là, c'est votre poste de combat, ordonna au téléphone Arnoldo Camú, responsable du service de sécurité du parti socialiste.

Des huit camarades que nous étions à surveiller la station d'eau potable, l'aîné avait vingt-cinq ans et le benjamin dix-huit. "El Tuco" fit le compte des munitions : cinquante balles de 9 mm et trente cartouches de 14. À sept heures et demie du matin, en tant que responsable politique du groupe, je m'adressai aux travailleurs de la station. Ils étaient quinze, ouvriers et techniciens, un seul décida de partir, les autres se joignirent à nous pour défendre cette installation vitale.

Les minutes les plus longues de notre vie commencèrent, notre jeunesse se consumait dans les montres. Nous étions suspendus au téléphone et à un transistor. L'une après l'autre, les stations de radio remplaçaient leurs émissions habituelles par des marches militaires, jusqu'à ce que commencent les communiqués et que nous entendions pour la première fois la voix criarde de Pinochet. Il parlait d'une mission divine destinée à rétablir la démocratie afin de sauver le pays de la domination marxiste-"lininiste", il annonçait que quiconque opposerait une résistance serait fusillé sur-le-champ et enjoignait le président de la République à se rendre immédiatement, faute de quoi le palais de La Moneda serait bombardé. Mais Salvador Allende résistait à son poste de combat, avec à ses côtés La Payita, le

"Perro" Olivares, "Coco" Paredes et les formidables garçons du GAP (Groupe des amis du président), sa garde personnelle. Mon ami et frère Oscar Lagos Ríos résistait lui aussi aux côtés d'Allende. Il venait d'avoir vingt et un ans et m'avait remplacé au GAP, où il avait à son tour l'honneur de veiller sur la sécurité de notre camarade président.

Le feu s'éteignit et le froid cessa de nous gêner. Chacun pensait à tout ce que nous avions vécu et fait pendant ces mille jours qui avaient commencé le 4 septembre 1970, et tous avaient des raisons d'être fier. Par-delà les problèmes matériels, nombreux, trop pour si peu de temps, nous avions obtenu par notre effort collectif que le Chili soit un pays plus juste. Les riches étaient moins riches, mais l'important était que les pauvres étaient moins pauvres et que l'avenir cessait d'être une misérable hypothèse.

L'un de nous, je jurerais que ce fut "El Tuco", parvint à capter radio Magallanes et nous entendîmes alors les paroles sereines, tranquilles, posées de Salvador Allende dans son dernier discours. Il dénonçait la trahison, appelait les travailleurs à ne pas se laisser écraser, à ne pas se laisser tuer, il réaffirmait sa volonté de ne pas renoncer à sa charge de président, fidèle ainsi à la volonté populaire, il nous disait que c'était la dernière fois que nous entendions le "timbre serein de sa voix" et nous assurait que "s'ouvriraient bientôt de vastes avenues où marcheraient les hommes libres". "Nous vaincrons!" s'écria un ouvrier d'une voix brisée. "Nous vaincrons!" reprîmes-nous en chœur, et l'écho des montagnes emporta définitivement notre jeunesse. Être jeune, c'est rêver. Le poète juif Avrom Sützkever a écrit: "Nous, les rêveurs, devons parfois nous transformer en soldats."

Trente années ont passé et je sens encore la chaleur de l'accolade que nous nous donnâmes avant de redescendre vers les cordons industriels du sud de Santiago, où l'on se battait durement contre les militaires putschistes. Je me souviens de "Joaco", un Uruguayen qui, aux Cristalleries Chili, nous avait remis des fusils pris aux soldats. Je me souviens de mon plus cher ami, le poète Sergio Leiva, en train de tirer avec un fusil-mitrailleur monté sur le toit d'une Fiat 500. Je me souviens d'une infirmière de l'hôpital Barros Luco, où l'on avait fusillé médecins, infirmières et patients, qui courait au milieu des balles et des morts pour mettre en sûreté des poches de sang. Je me souviens d'Alberto López, agronome, vingt-cinq ans, la poitrine en bouillie, demandant que l'on dise à son fils que son père était mort comme un révolutionnaire. Je me souviens de "Tati" Olivares demandant qu'on lui explique comment changer le chargeur d'un fusil FAL presque aussi grand que lui. Je me souviens des gosses du quartier de La Legua qui ramassaient des douilles, d'un vieux qui, à San Joaquín, lançait des cocktails Molotov contre les militaires et d'un chien qui hurlait près du cadavre de son maître dans la rue Santa Rosa. Je me souviens des soldats qui brûlaient des livres devant la bibliothèque municipale de San Miguel. Je me souviens de ce matin de poudre et de sang.

Je me souviens du "Tuco", qui mourut en 1982 au Salvador comme pilote du Front Farabundo Martí, en train de peler une orange dans ses mains noires, en disant : c'est fini, nous ne sommes plus des jeunes, frérot, maintenant nous sommes des combattants de la résistance.

À la mi-journée de ce maudit mardi, il commença à pleuvoir. Et le printemps n'arriva jamais.

VENEZ VOIR LE SANG DANS LES RUES

Venez voir le sang dans les rues de Madrid. C'étaient des femmes, des hommes, des enfants, des vieillards, la simple et pure humanité qui commençait une nouvelle journée, une journée de travail, de rêves, d'espoirs, sans savoir que la volonté meurtrière de quelques misérables avait décidé que ce serait la dernière.

Venez voir le sang dans les rues de Madrid, cette ville aimée où tout le monde vient et est le bienvenu. Venez voir les cahiers, les livres, les outils éparpillés parmi les restes du massacre. Venez voir une journée morte et la douleur d'une société qui a clamé mille fois son droit à vivre en paix.

J'écris ces lignes en écoutant les informations et je ne peux que penser à la tristesse des salles de classe, à la tristesse des tables, des foyers où ne rentreront pas ces centaines de citoyens, de sœurs, de frères dont les vies ont été fauchées par un misérable acte de haine, car le seul mobile du terrorisme est la haine de l'humanité, car il n'est pas de cause qui puisse justifier un assassinat collectif, pas d'idée qui légitime un génocide, pas la moindre justification à la barbarie.

Venez voir le sang dans les rues de Madrid, assassins, et constatez que s'il est vrai que vous nous avez plongés dans la douleur, il est tout aussi vrai qu'avec ce crime inqualifiable vous n'avez, une fois de plus, rien obtenu. Le courage des Madrilènes qui se sont aussitôt portés au secours des blessés, ont donné leur sang, facilité le travail des forces de sécurité et des sauveteurs, fut la réponse morale immédiate d'une ville fraternelle et de ses habitants responsables et solidaires.

Pendant que j'écris ces lignes, les assassins sont dans leurs tanières, dans leurs dernières planques nauséabondes, car il n'y aura pas d'endroit sur ou sous terre où ils pourront se cacher et échapper au châtiment d'une société blessée. Je sais qu'ils regardent la télévision, qu'ils écoutent la radio, qu'ils liront la presse pour mesurer la portée de leur lâcheté, dresser l'infâme bilan d'un acte répugnant que l'humanité entière a condamné.

Venez voir le sang dans les rues de Madrid, venez voir une journée inachevée, venez voir la douleur qui ravage, sentir dans l'air de l'hiver finissant ce "pourquoi ?" qui flotte dans les parcs amoureux, les usines, les musées, les universités et les rues d'une ville dont la seule façon d'être est et sera toujours l'hospitalité.

Assassins, votre griffe haineuse nous a infligé une blessure qui ne cicatrisera jamais, mais nous sommes plus forts que vous, nous sommes meilleurs que vous, et l'horreur n'interrompra pas ni ne fera plier le genou à cette normalité civique, citoyenne, démocratique, qui est notre bien le plus précieux et le meilleur de nos droits.

Venez voir le sang dans les rues de Madrid et la force des Madrilènes. La douleur et l'indignation nous unissent et nous rendent plus forts, les marques d'affection, la solidarité avec les familles des victimes, voilà ce qui justement nous différencie des tueurs.

Venez voir le sang dans les rues de Madrid, mais aussi le cynisme de ceux qui cherchent à tirer profit de la douleur de tous, de ceux qui manipulent les larmes et le désespoir, de ceux qui ne voient pas des orphelins, des veuves et des êtres humains atrocement mutilés, mais des bulletins de vote. Venez voir le sang dans les rues de Madrid, de cette ville qui a crié PAIX ! d'une seule voix et dont le cri a été ignoré par un misérable serviteur de l'impérialisme nord-américain, par un laquais de ce seigneur de la guerre qui prétend gouverner le monde et n'a fait qu'apporter l'horreur à Madrid, en Espagne, en Europe.

Venez voir le sang dans les rues de Madrid, le travail serein des médecins et des infirmières, le visage triste des gouvernants solidaires, mais aussi le sourire infâme d'un bouffon italien, le seul au monde à avoir soutenu Aznar et ses mensonges.

Venez voir le sang dans les rues de Madrid, trempez-y vos mains et écrivez PAIX sur tous les murs du monde.

TABLE

BIBLIOTHÈQUE HISPANO-AMÉRICAINE

Histoires d'amour d'Amérique latine
Présentées par Claude Couffon

Federico ANDAHAZI
La Villa des mystères

José María ARGUEDAS
Yawar fiesta

J. BLANC, J. HOCQENGHEM, Y. LE BOT ET R. SOLIS
La Fragile Armada
(La marche des zapatistes)

Alfredo BRYCE-ECHENIQUE
Le Petit Verre de ces dames
Ne m'attendez pas en Avril
Noctambulisme aggravé
L'Amygdalite de Tarzan
Guide triste de Paris

Jesús DÍAZ
Les Paroles perdues
La Peau et le masque
Parle-moi un peu de Cuba
Les Initiales de la terre

Ramón DÍAZ-ETEROVIC
Les Sept Fils de Simenon
La Mort se lève tôt

Mario DELGADO APARAÍN
La Ballade de Johnny Sosa
Une histoire de l'humanité

Santiago GAMBOA
Perdre est une question de méthode
Les Captifs du Lys blanc
Esteban le héros

Mempo GIARDINELLI
Fin de roman en Patagonie

Javier GONZALEZ RUBIO
T'aimer fut mon châtiment

Sylvia IPARRAGUIRRE
La Terre de Feu

Alejandro JODOROWSKY
L'Arbre du Dieu pendu
L'Enfant du Jeudi noir

Miguel LITTIN
Le Voyageur byzantin
Le Bandit aux yeux transparents

Elsa OSORIO
Luz ou le temps sauvage

Leonardo PADURA
Electre à la Havane
L'Automne à Cuba
Passé parfait
Le Palmier et l'Étoile
Vents de carême

Alfredo PITA
Le Chasseur absent

Horacio QUIROGA
Contes d'amour de folie et de mort
Anaconda
Les Exilés
Au-delà
Le Désert

Hernán Rivera LETELIER
La Reine Isabel chantait des chansons d'amour
Le Soulier Rouge de Rosita Quintana
Mirage d'amour avec fanfare
Les Trains vont au purgatoire
Les Fleurs noires de Santa María

Carlos SAMPAYO
L'Année où le lion s'est échhappé

Pablo DE SANTIS
Le Théâtre de la mémoire
La Traduction
Le Calligraphe de Voltaire

Antonio SARABIA
Le Ciel à belles dents
Les Invités du Volcan

Luis SEPÚLVEDA
Histoire d'une mouette et du chat qui lui apprit à voler
Journal d'un tueur sentimental
Le Monde du bout du monde
Le Neveu d'Amérique
Les Roses d'Atacama
Rendez-vous d'amour dans un pays en guerre
Un nom de torero
Le Vieux qui lisait des romans d'amour
Yacare Hot line
La Folie de Pinochet

Karla SUÁREZ
Tropique des silences

Paco Ignacio TAIBO II
Le Rendez-vous des héros
De Passage
L'Année où nous n'étions nulle part
Archanges
Ces foutus tropiques

Cet ouvrage a été composé par
Atlant'Communication
aux Sables-d'Olonne (Vendée)

Achevé d'imprimer sur les presses de

BUSSIÈRE
GROUPE CPI

à Saint-Amand-Montrond (Cher)
en novembre 2004

N° d'édition : 1671001 – N° d'impression : 044818/1.
Dépôt légal : janvier 2005.

Imprimé en France